普通高等教育“十一五”国家级规划教材

精细农业

第三版

何 勇 赵春江 刘 飞◎主 编

Precision Agriculture

(Third Edition)

ZHEJIANG UNIVERSITY PRESS
浙江大学出版社
·杭州·

图书在版编目（CIP）数据

精细农业 / 何勇，赵春江，刘飞主编. —3版. —杭州：浙江大学出版社，2020.10（2022.10重印）
ISBN 978-7-308-20961-8

Ⅰ. ①精… Ⅱ. ①何… ②赵… ③刘… Ⅲ. ①精准农业－高等学校－教材 Ⅳ. ①S127

中国版本图书馆CIP数据核字（2020）第251182号

精细农业（第三版）

JINGXI NONGYE

何　勇　赵春江　刘　飞　　主编

策划编辑　黄娟琴
责任编辑　黄娟琴　汪荣丽
责任校对　沈巧华
封面设计　续设计
出版发行　浙江大学出版社
（杭州市天目山路148号　　邮政编码　310007）
（网址：http：//www.zjupress.com）
排　　版　杭州林智广告有限公司
印　　刷　杭州高腾印务有限公司
开　　本　787mm×1092mm　1/16
印　　张　25
字　　数　505千
版 印 次　2020年10月第3版　2022年10月第2次印刷
书　　号　ISBN 978-7-308-20961-8
定　　价　75.00元

浙江大学出版社市场运营中心联系方式：0571-88925591；http：//zjdxcbs.tmall.com

《精细农业》编委会名单

序

民以食为天。粮食安全是“国之大者”。悠悠万事，吃饭为大。经过艰苦努力，我国以占世界9%的耕地、6%的淡水资源，养育了世界近1/5的人口，从当年4亿人吃不饱到今天14亿多人吃得好，有力回答了“谁来养活中国”的问题。但我国农业发展基础差、底子薄、发展滞后的状况没有根本改变，空天地一体化数据获取能力较弱、覆盖率低，重要农产品全产业链大数据、农业农村基础数据资源体系建设刚刚起步、创新能力不足，关键核心技术研发滞后，农业专用传感器缺乏，农业机器人、智能农机装备适应性较差。随着我国城镇化、现代化持续推进，新一代农村人口加速向城镇流动，农村劳动力老龄化态势明显，青壮年劳动力短缺成为常态，农业生产人力成本逐年攀升，高素质农业从业人员短缺，解决好“谁来种地、怎样种地”的需求日益迫切。对标2035年基本实现社会主义现代化目标，我国农业农村发展仍然是经济社会发展最大的短板，是国家现代化最突出的“短腿”。

精细农业是20世纪末在欧美发达国家开始发展的一种新型农业生产模式，也是数字农业、智慧农业及无人农场的基础。其目的是提升农产品品质、高效利用农业生产资源和保护环境，推动农机装备与智能信息技术、农艺制度、农业经营方式、农田建设相融合、相适应，引领农机装备创新发展，加快推进农业机械化向全程、全面、高质、高效发展,为保障粮食等重要农产品有效供给、全面推进乡村振兴、加快农业农村现代化提供有力支撑。

国外许多大学已经将“精细农业”课程列为农业与生物系统工程类专业和其他农学相关专业的基础必修课。“精细农业”课程是农业工程专业的核心课程，通过信息技术、遥感技术、变量作业技术，实现以3S（RS、GIS、GPS）技术为支撑的农田信息快速定位感知，通过物联网、无人机和变量作业装备，根据动植物生长需求实现设施智能化管控和肥水药精准化管理，使学生深刻认识中国及世界农业的发展现状及需求，培养他们的科学素养与社会责任感。在充分理解基本原理及具体实践后，学生能够应用信息科学的最新技术成果，分析并解决农业生产全过程中的高效管理和可持续发展问题。

2003年，由浙江大学牵头组织国内相关高校编著出版了《精细农业》教材，它被列为普通高等教育“十五”国家级规划教材。2006年，该教材修订版被列为“普通高等教育‘十一五’国家级规划教材”。浙江大学“精细农业”课程于2005年获“国家精品课程”，2016年获“国家级精品资源共享课程”，2020年获首批“国家级一流本科课程”。

本教材的作者团队是我国最早开展精细农业、数字农业、智慧农业技术实践的学者，他们在汇聚了几十年相关技术应用成果及经验的基础上，集众家之长，借鉴发达国家精细农业的实践，结合中国乡村振兴和农业现代化发展的现状，编写了《精细农业》（第三版）。本教材既反映了国外精细农业理论和实践的最新成果和发展趋势，又结合中国国情，将国内学者的最新研究成果和应用案例纳入其中，并充分体现了中国北斗卫星导航等自主创新技术。本教材注重培养学生的“大国三农”情怀，引导学生以强农兴农为己任，强化对精细农业技术的应用；培养学生严谨求实、精益求精的学风，注重分析信息农业关键技术中的“卡脖子”问题；培养学生服务农业农村现代化、服务乡村全面振兴的使命感和责任感；培养学生“懂农业、爱农村、爱农民”的情怀；鼓励学生把论文写在祖国大地上。

相信本教材的出版，能够极大地推动“理工农”多学科交叉、“空天地”高技术融合的智慧农业类人才培养，满足现代农业生产对高层次、复合型科技人才的需求，快速推进精细农业技术在我国的研究、示范和推广，为我国农业科技整体实力进入世界前列做出贡献。

中国工程院院士

罗锡文

2020年10月

前言

精细农业是20世纪末在欧美发达国家开始出现的一种新型农业生产模式，是数字农业、智慧农业及无人农场的基础，其目的是提升农产品品质、高效利用农业生产资源和保护环境。精细农业属于信息技术和生命科学交叉融合的领域。国外许多大学已经将“精细农业”课程列为农业工程类专业和其他相关专业的基础必修课。浙江大学的“精细农业”课程是农业工程专业核心课程，2005年获“国家精品课程”，2016年获“国家级精品资源共享课程”，2020年获首批“国家级一流本科课程”。2003年由浙江大学牵头组织国内相关高校编著出版了《精细农业》教材，2006年本教材修订版被列为“普通高等教育‘十一五’国家级规划教材”。本教材的作者团队是我国最早实践精细农业、数字农业、智慧农业技术的学者。在汇聚了几十年相关技术应用成果及经验后，他们集众家之长，于2020年编写了《精细农业》（第三版）教材。

本教材通过讲授信息技术、遥感技术、变量作业技术，实现以3S技术为支撑的农田信息快速定位感知，通过物联网、无人机和变量作业装备，实施根据动植物生长需求的设施智能化管控和肥水药精准化管理，使学生深刻认识中国及世界农业的发展现状及需求，培养他们的科学素养与社会责任感。在充分理解相关基本原理及具体实践后，能够应用信息科学的最新技术成果，分析并解决农业生产全过程的高效管理和可持续发展问题。本教材力争深入挖掘课程教学内容中蕴涵的人文精神与科学精神，注重培养学生的“大国三农”情怀和“大国工匠”精神，引导学生以强农兴农为己任；强化对精细农业技术应用的改进与优化，培养学生严谨求实、精益求精的学风；注重分析信息农业关键技术中的“卡脖子”问题，增强学生服务农业农村现代化、服务乡村全面振兴的使命感和责任感；注重学生学习能力、实践能力、创新能力、合作能力、表达能力和国际视野的培养；形成“理工农”多学科交叉、“空天地”高技术融合的智慧农业类人才培养新模式；培养“懂农业、爱农村、爱农民”，立志把论文写在祖国大地上的创新型工程人才。

本教材共9章。第1章概述，主要介绍了精细农业的基本概念、技术思想、技术支撑及发展趋势。第2章全球导航卫星系统及其应用，介绍了全球导航卫星系统的发展过程、GPS和BDS的构成及定位原理、接收机的工作原理和测量误差的来源及影响因素。第3章地理信息系统及其应用，介绍了地理信息系统的基本功能及其常用的软件平台。第4章遥感技术及其应用，介绍了遥感的基本概念与分类、大气的透过特性与大气窗口、航空与航天遥感技术、地物和植物光谱的反射特性，以及精细农业中常用的典型遥感图像处理软件。第5章智能决策与处方图技术，介绍了决策支持系统、智能管理分区技术、精确管理决策支持系统的设计开发及其在精细农业中的应用。第6章智能化农业机械装备技术，介绍了适应精细农业的各种智能化农业作业技术装备，支持精细农业的各种变量作业机械和农业机器人的工作原理。第7章农业航空技术，介绍了农业航空低空遥感技术与装备、农业航空植保喷施技术与装备、农业航空撒播作业技术与装备，以及农业航空的其他应用。第8章精细农业技术集成与应用，介绍了精细农业数据模型与交换标准、软件集成平台、通信与智能控制集成技术及其应用。第9章精细农业典型应用，介绍了精细农业技术在大田、果园、设施农业、水产养殖、畜禽养殖等领域的典型应用。作为一本完整的教材，本书各章均配备了一定数量的思考题，以利学习。为了配合各高校精细农业教学和学生学习的需要，本教材还以二维码的形式嵌入了相关数字资源。

本教材由浙江大学何勇教授、国家农业信息化工程技术研究中心赵春江院士、浙江大学刘飞教授任主编。浙江大学冯雷副教授、南京农业大学朱艳教授、国家农业智能装备工程技术研究中心陈立平研究员任副主编。各章主要负责人如下：第1—2章由浙江大学何勇、冯雷负责，第3、4章由浙江大学何勇、方慧负责，第5章由南京农业大学朱艳负责，第 6章由吉林农业大学姜鑫铭和李春荣、华南农业大学李震负责，第7章由浙江大学刘飞、华南农业大学周志艳、西北农林科技大学苏宝峰负责，第8—9章由国家农业信息化工程技术研究中心赵春江、国家农业智能装备工程技术研究中心陈立平负责。此外，参加编写及提供和整理资料的还有王文俊、王宏斌、王金武、王珂、王校帅、王福林、王聪、刘羽飞、刘燕德、安晓飞、许丽佳、李道亮、杨亮、吴华瑞、吴建伟、岑海燕、宋灿灿、张钟莉莉、张淑娟、张馨、陈天恩、周浩、郑文刚、孟志军、赵凯旋、赵艳茹、姚霞、聂鹏程、郭文忠、曹强、翟长远、熊本海等专家学者。

本教材参考了国内外同行的相关论著中的观点和图表资料，由于篇幅限制，没能一一列出出处，谨此致谢。本教材中的部分成果得到了国家重点研发计划、“863计划”、国家科技支撑计划、国家自然科学基金和高等学校优秀青年教师教学科研奖励基金等多项课题的资助。浙江大学出版社、浙江大学本科生院、浙江大学研究生院也为本书的出版给予大力支持，在此一并致谢。

由于编著者水平有限，书中不妥和错误之处，恳请广大读者批评指正。

编者

2020年10月

目　录

CONTENTS

第 1 章　概 述

1.1 精细农业的基本概念　1
1.2 精细农业的技术思想　4
1.3 精细农业的技术支撑　8
1.4 精细农业的发展趋势　21

第 2 章　全球导航卫星系统及其应用

2.1 卫星定位技术的发展　24
2.2 GPS 系统构成　28
2.3 GPS 基本原理和方法　34
2.4 GPS 系统的特点及其应用　47
2.5 中国北斗卫星导航系统　53
2.6 其他卫星定位系统的介绍　57

第 3 章　地理信息系统及其应用

3.1 地理信息系统概述　62
3.2 GIS 的数据组织管理　68
3.3 GIS 的基本功能　82
3.4 GIS 软件平台简介　91
3.5 GIS 在精细农业中的作用　98

第 4 章　遥感技术及其应用

4.1 遥感的概念及特点　106
4.2 遥感技术的分类　109
4.3 大气的透过特性和大气窗口　111
4.4 航空遥感技术　112
4.5 航天遥感技术　116
4.6 地物、植物光谱反射特性　128
4.7 典型遥感软件介绍　132
4.8 遥感的农业应用　135

第 5 章　智能决策与处方图技术

5.1 决策支持系统的概念、类型与特征 147
5.2 农业智能管理分区技术 153
5.3 基于模型和 3S 的精确管理决策支持系统 156
5.4 精确管理决策支持系统的应用案例 167

第 6 章　智能化农业机械装备技术

6.1 农业机械自动导航技术及其应用 179
6.2 智能化农业作业技术装备 192
6.3 具有测产功能的谷物联合收获机 203
6.4 农业机械通信相关标准 ISO 11783 215

第 7 章　农业航空技术及其应用

7.1 农业航空技术发展现状与趋势 224
7.2 农业航空低空遥感技术与装备 231
7.3 农业航空植保喷施技术与装备 246
7.4 农业航空撒播作业技术与装备 259
7.5 农业航空的其他应用 270

第 8 章　精细农业技术集成与应用

8.1 精细农业数据模型与交换标准 282
8.2 精细农业软件集成平台 285
8.3 精细农业通信与智能控制技术集成 302

第 9 章　精细农业典型应用

9.1 大田精准生产技术集成示范 328
9.2 果园精细管理技术集成应用 344
9.3 设施农业精细管理技术集成示范 357
9.4 水产精细养殖技术集成示范 369
9.5 畜禽精细养殖技术集成示范 377
9.6 精细农业技术应用总结分析 386

第1章 概 述

CHAPTER 1

1.1 精细农业的基本概念

农业是国民经济的基础产业，保障世界的食品安全和农业的可持续发展，是全球性的永恒主题。过去的50年里，世界农业发生了重大变化。生物和农艺技术转化为大规模生产力的现代农业工程技术以及不断改善的农业系统经营管理技术，使得世界食品产量的增长速度超过了人口的增长速度。20世纪后半期，世界农业的高速发展基本上是依靠生物遗传育种技术的进步、耕地和灌溉面积的扩大、物理与化学产品投入的大量增加获得的。由此引起的水土流失、生态环境恶化、生物多样性损害等问题，已经引起国际社会的严重关切，并成为推动技术创新，实现农业可持续发展的重要驱动力。

改革开放以来，中国农业和农村经济得到了飞速发展，但仍面临严峻的挑战，应尽快实现从粗放经营到精细农作的转变。《农业科技发展纲要（2001—2010年）》提出，要"推进新的农业科技革命，实现传统农业向现代农业的跨越"。"实现传统农业向现代农业的跨越，尽快缩小与发达国家的差距，必然要在农业科学研究与技术开发上取得重大突破，促使先进适用技术及时充分地应用到农业生产中去，加速科学技术，特别是高新技术全面向农业渗透，大幅度提高农业科技整体水平，实现农业生产力水平质的飞跃"。知识经济时代，迅速发展与普及的计算机和信息技术将推动人们科学利用资源，发展节本增效的生产方式，改善和保护生态环境，突破许多传统的模式和观念。现代农业技术对传统产业的改造日益广泛和深刻，对农业更有其特殊意义。

精细农业（precision agriculture，PA）是20世纪80年代末由美国、加拿大的一些农业科研部门提出的。中国、日本、英国、丹麦等国也在积极进行这方面的研究并付诸实践。它是一种以知识为基础的农业微观管理系统，其核心是根据当时当地测定的作物实际需要确定对作物的投入。这种具有创新意义的技术思想，已经引起一些国家的政府和科技决策部门的重视。美国国家研究委员会曾为此专门立项组织了一个多学科专家组对有关发展研究进行评估。研究报告经过由美国科学院、工程院和医学科学院院士组成的评估组审议后，于1997年出版。（研究专著*Precision Agriculture in the 21st Century: Geospatial and Information Technologies in Crop Management*）该研究专著全面分析了信息技术为改善作物生产管理、提高经济效益提供巨大支撑的可行性，阐明了精细农业技术体系研究的现状、面临的问题及其支持技术产业化应用的发展前景。1998年夏，日本政府拨专款支持若干大学进行精细农业应用研究。日本农林水产省与洋马公司和久保田公司等企业合资成立了研究机构，开发利用卫星定位系统的农业机械技术。据测算：采用精细农业技术，可以节约30%以上的肥料和农药，可使作物生产成本降低20%以上。想要在减少投入的情况下增加（或维持）产量，一要节约资源、降低成本，二要减少环境污染、保护生态环境。因此，推广精细农业技术成了近几年兴起的新热点。遥感（remote sensing，RS）和地理信息系统（geographic information system，GIS）技术于20世纪80年代就已应用于农业领域，并发挥了良好作用。1995年，美国全球定位系统(global position system，GPS）民用后，RS、GIS、GPS这三项技术构成了一个相得益彰的完整体系，俗称3S技术。它在农业中的应用如图1.1所示，利用RS作宏观控制，GPS精确定位地面位点到米级，GIS将地面信息（如地形地貌、作物种类和长势、土壤质地和养分水分状况等）进行储存、处理和输出，再与地面的信息转换、实时控制、地面导航等系统相配合，按区内要素的空间变量数据精确设定最佳耕作、施肥、播种、灌溉、喷药等多种农事操作。

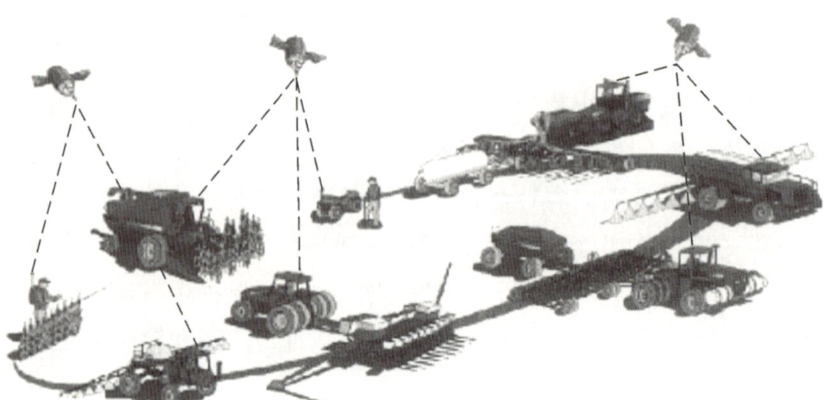

彩图

图1.1　先进农作技术

传统农业是以亩[①]甚至是百亩为单位的地块作为统一的操作单元的，而同一地

① 1亩≈666.67平方米。

块单元内的地形、土壤、作物生长状况差异很大。3S技术可将操作单元缩小到平方米，使传统的粗放生产变为精细农作，可以显著提高水、肥、药的利用效率，以最经济的投入获得最佳产出并减少对环境造成的污染。精细农业技术既适用于种植业，也适用于畜牧业、园艺和林业。精细农业在欧美一些国家已进行试验和推广应用，取得了显著效果。

信息技术支持下的农业，由经验性到量化、规范、集成和智能化，由粗放生产到精细操作，由分散封闭到有效获取和利用信息，由经济判断到宏观测报和科学管理，是传统农业的一次深刻革命。抓住信息化改造的机遇，中国农业就会提升到一个新的水平，就会在向现代农业和市场经济的转变中，显著提高人力、物力和财力的投入效益，减少或避免损失。显然，精细农业是中国农业发展的必由之路。精细农业是基于现代电子信息技术、作物栽培管理决策支持技术和农业工程装备技术等集成组装起来的作物生产精细经营管理技术。其主要目标是更好地利用耕地资源潜力，科学利用投入，提高产量，降低生产成本，减少农业活动带来的不良环境后果，实现农业生产系统的可持续发展。

"精细农业"译自国外近年来趋于统一的"precision farming"或"precision agriculture"。20世纪80年代初，国外的有关技术思想的早期实践，曾使用过"spatially-variable crop management"（空间变量作物管理）、"prescription agriculture"（处方农业）、"prescription farming"（处方农作）等名称，到20世纪90年代中期，由于GPS、GIS等的集成应用和有关装备技术的产业化，统一为"precision agriculture"和"precision farming"的学术名词被国际科技与产业界广泛采用（Sonka et al.，1997）。国内一些学者曾将其译作"精确农业""精准农业""精致农业""精细农作"等，本书统一用"精细农业"。许多学者和机构对"精细农业"的概念和内涵进行了界定和描述，从不同的角度提出了许多有见地的论述，主要有以下几种。

其一，精细农业是使用信息技术，收集多种资源的数据，产生相关的作物生产决策的经营管理策略。（Sonka et. al.，1997）

其二，精细农业将遥感、地理信息系统、全球定位系统、计算机技术、通信和网络技术，自动化技术等高科技与地理学、农业生态学、植物生理学、土壤学等基础学科有机地结合起来，实现在农业生产全过程中对农作物、土地、土壤从宏观到微观的实时监测，以实现对农作物生长、发育状况、病虫害、水肥状况以及相应的环境状况进行定期信息获取和动态分析，通过诊断和决策，制订实施计划，并在全球定位系统与地理信息系统集成系统支持下进行田间作业。这是一种信息化的现代农业。（李德仁，1998）

其三，精细农业是基于知识和信息的大田作物、设施农作、养殖业和加工业的精细管理与经营的技术思想和体系的整体发展。精细农业技术体系是农学、农业工程、电子与信息科技、管理科学等多种学科知识的组装集成。目前国外关于精细农业的研究，主要是集中于利用3S空间信息技术和作物生产管理决策支持技术为基础的面向大田作物生产的精确农业技术，即基于信息和先进技术为基础的现代农田“精耕细作”技术。（汪懋华，1999）

尽管存在多种不同的表述，但人们对精细农业的理解都包含以下几个共同点：一是精细探查差异，采取针对性调控措施，随时随地挖掘潜力，达到全局优化；二是使用GPS、GIS、RS、决策支持系统、先进传感技术、智能控制技术、计算机软硬件技术、网络技术、通信技术等高新技术手段；三是通过合理调控，提高效率来提升正面效果，抑制负面效应，全面提高经济效益、社会效益和环境效益。此外，精细农业实践的理论基础是信息论（包括生物信息论）、系统论、控制论和农学理论。由于目前国外进行的有关精细农业的实践主要是集中在大田作物管理方面，而实际上农业活动涉及农、林、牧，种、养、加，产、供、销等领域，因此，可将基于大田作物的精细农业实践延伸到整个农业领域，即实施精细调控的精细种植、精细养殖和精细加工等领域。

综上所述，精细农业是利用遥感技术进行宏观控制和测量，利用地理信息技术采集、存储、分析和输出地面或田块所需的要素资料，利用全球导航卫星系统对地面进行精细测量和定位，再与地面的信息转换和定时控制系统相配合，做出决策，按区内要素的空间变量数据精确设定和实施最佳播种、施肥、灌溉、用药、收割等农事操作，在减少投入的情况下增加（或维持）产量、降低成本、减少环境污染、节约资源、保护生态环境，实现农业的可持续发展。

1.2 精细农业的技术思想

精细农业技术思想的核心是，获取农田小区作物产量和影响作物生长的环境因素（如土壤结构、地形、植物营养、含水量、病虫草害等）以及实际存在的空间和时间差异性信息，分析影响小区产量差异的原因，采取技术上可行、经济上有效的调控措施，区别对待，按需实施定位调控的“处方农作”，如图1.2所示。正是信息技术革命为这一技术思想的实践提供了先进的技术手段。千百年来的作物生产都是以地区或田块为基础，在区域或田块的尺度上，把耕地看作具有作物均匀生长条件的对象进行管理，如利用统一的耕作、播种、灌溉、施肥、喷药等农艺措施，满足于获得区域、农场或田块的平均产量，很少顾及对农田的盲目投入及过量施肥、施药造成的生产成本增加和环境污染后果。

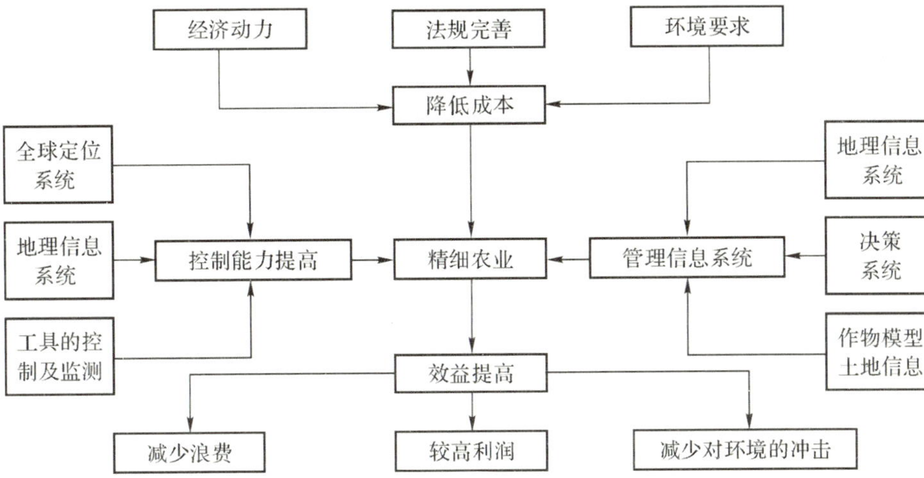

图1.2 精细农业基本技术思想

传统的农业技术推广模式，也是在区域尺度上进行品种选择、土肥监测，将通过地区试验积累的适于当地的栽培管理措施推荐给农户使用。实际上，在同一农田内，地表上、下影响作物生长的条件和产量存在明显的时空分布差异性，包括农田内作物病、虫、草害总是先以斑块形式在小区域内发生，再逐步按时空变化蔓延的特性，早已为人们所认识。几个世纪前，农民把土地划分为小田块来耕作经营，正是受到对作物生长环境和产量空间变异的感知的影响。我国农民几千年来在小块土地上经过密集的劳动投入和丰富生产管理经验的积累而形成的“传统精耕细作”技术，也可以在小块农田内达到很高的经济产量，只是没有现代科学方法的定量研究和现代工程手段的支持来形成大规模的生产力。20世纪初，科学家就研究过作物产量和田间土壤特性，如N、P、K、pH、土壤有机质（soil organic matter，SOM）含量等在田间分布具有明显的差异性。1929年，美国伊利诺伊大学有学者建议农户应绘制自己田区内的土壤酸度分布图，并按小区需求使用石灰。之后，一直都有关于农田土壤和收获量空间变异性研究的报道。20世纪80年代以来，关于在农田中实施土壤肥力、植保和作物生产定位管理的技术研究受到广泛重视。世界著名厂商先后向市场提供了装有空间定位和产量传感器的现代谷物联合收获机，其可以在收获过程中自动采集以12～15 m^2为单元的小区产量与对应地理坐标位置的数据，并进一步通过模糊聚类分析软件自动生成农田内作物产量分布图。多年的实践表明，田区内小区平均产量的最大差异可以超过100%。作物生产还受气候变异的影响，连续多年对同一田区积累的数据表明，同一小区年际产量差异性也是十分明显的。上述田区内产量明显的时空分布差异性，显示了农田资源利用存在的巨大潜力。除了小区产量的空间差异分布外，农田内土壤养分和病虫草害等也具有明显的时空分布差异性。但是，以往的农作管理对这些差异性考虑不足，而以农田大片土地为单位平均播种、施肥和喷药。这样既不能保证耕地生产潜力的充分发挥，又容易造成过量投入农资而产生生产成本增加和农田水土污染、农产品品质下降的严重后果。其中化肥和农药的投入最受社会公众的重视。现代农业生物技术与电子信息技术的发展，使定量获取这些影响作物生长的因素及最终收成的空间差异性信息，实施基于知识和现代科技的分布式调控，达到田区内资源潜力的均衡利用和获取尽可能高的经济产量。

图1.3是精细农业技术思想的示意。其实施过程可描述为：带定位系统和产量传感器的联合收获机每秒自动采集田间定位及对应小区平均产量数据 → 通过计算机处理，生成作物产量分布图 → 根据田间地形、地貌、土壤肥力、墒情等参数的空间数据分布图，作物生长发育模拟模型，投入、产出模拟模型，作物管理专家知识库等建立作物管理辅助决策支持系统，并在决策者的参与下生成作物管理处方图 → 根据处方图采用不同方法与手段或相应的处方农业机械，按小区实施目标投入和精细农业管理。

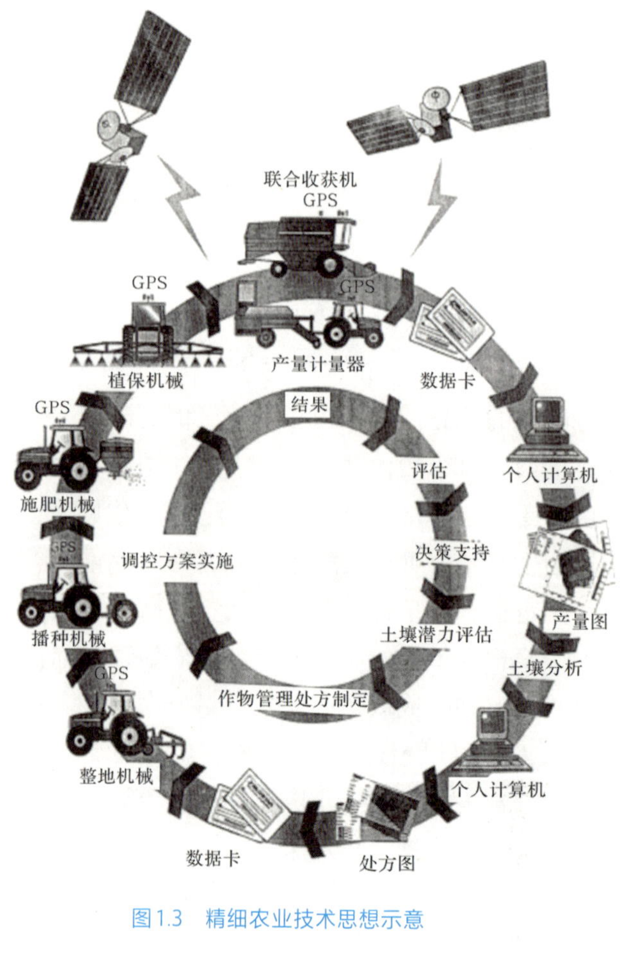

图1.3 精细农业技术思想示意

由图1.3可以看出，这一技术思想通过多次循环实践，不断改善农田的资源环境，积累知识，逐步达到作物生产管理精细化的过程。由于大田作物生产受到众多时空变化因素的影响，利用生产潜力的处方措施，还需要兼顾生产力、经济、环境的优化目标，因此，其技术思想并不是单纯追求技术措施的“准确”。在实际操作上，对获取的空间信息还需要通过模糊聚类处理，生成技术上可行、经济上合理的处方图来指导处方农作，因而还谈不上“精准”的操作。随着技术的不断进步，特别是农田土壤、作物苗情、病虫草害信息实时快速采集技术的突破，处方农作操作也将愈益精细化。

上述精细农业技术体系在许多发达国家的试验和应用表明，精细农业技术可以显著提高耕地的生产潜力，减少种子、化肥、农药和能源投入，获得良好的经济效益，受到农户的欢迎。产业界不断向市场推出其技术支持产品，并建立提供精细农业社会化服务的新模式。近年来，日本、韩国、巴西等国的试验研究也有了快速发展。作为信息化时代的现代农田精耕细作技术，其应用实践可根据不同国家、不同地区的社会、经济条件，围绕提高生产、节本增效、保护环境的目标，采用不同的技术组装方式，逐步提高作物生产管理的科学化与精细化水平。

获取农田小区产量空间分布的差异性信息是实践精细农业的基础。有了小区产量分布图，农户既可以根据自己的经验知识，分析小区产量产生差异的原因，选择经济适用的对策，在现实可行的条件下采取适当措施实施调控，也可以根据技术经济发展的条件，利用先进的科学手段或智能化变量处方农业机械实现生产过程的自动调控。

综上所述，精细农业与传统农业相比，主要有以下特点。

（1）合理施用化肥，降低生产成本，减少环境污染

精细农业采用因土、因作物、因时全面平衡施肥，彻底扭转传统农业中因经验施肥而造成的三多三少（化肥多，有机肥少；氮肥多，磷、钾肥少；三要素肥多，微量元素少），氮、磷、钾肥比例失调的状况，因此，有明显的经济效益和环境效益。

（2）减少水的消耗，节约水资源

目前，传统农业因大水漫灌和沟渠渗漏，对灌溉水的利用率只有40%左右，精细农业可由作物动态监控技术定时定量供给水分，可通过滴灌、微灌等一系列精准灌溉技术，使水的消耗量最低，并获取尽可能高的产量。

（3）节本增效，省工省时，优质高产

精细农业采取精细播种、精细收获技术，并将精细种子工程与精细播种技术有机结合，实现农业低耗、优质、高产。在一般情况下，精细播种比传统播种增产

18%～30%，省工2～3个。

（4）农作物的物质营养得到合理利用，保证了农产品的产量和质量

精细农业通过采用先进的现代化高新技术，对农作物的生产过程进行动态监测和控制，并根据其结果采取相应的措施。

总之，精细农业与传统农业相比最大的特点是，生产者以高新技术投入和科学管理换取对自然资源的最大节约。它是一项综合性很强的系统工程，是农业实现低耗、高产、优质、环保的根本途径。

建立一个完整的精细农业技术体系，需要有多种技术知识和先进技术装备的集成支持。许多支持技术手段还不十分成熟，有待不断研究完善，这为农业工程师提供了进行技术创新的机遇。精细农业及其支持技术研究与实践，将带动一系列支持农业资源和作物生产和科学管理的先进适用技术的研究与开发，传播基于信息技术推动传统农业改造的技术思想，从而为我国农业科技整体实力进入世界前列做出贡献。

1.3 精细农业的技术支撑

精细农业通过分析作物营养状况、土壤供肥能力和病虫害的空间及时间变化量，制定耕作和田间管理决策，实施科学的农业投入。它既保证了作物生产潜力的充分发挥，又避免了过量施用化肥、农药造成的生产成本增加、农田水土环境污染和农产品品质下降等后果。实现这些目标的关键技术是全球导航卫星系统、地理信息系统、遥感技术、农田空间信息采集传感技术、作物生产管理辅助决策支持系统和智能化变量作业农业机械等（Daniel et al.，2010）。

1.3.1 全球导航卫星系统

全球导航卫星系统是精细农业技术体系的关键技术之一，是在作物生产管理中，根据农田小区产量和生长环境因素的空间差异性，通过空间信息的聚类处理，实施定位处方农作。因此，进行以农田空间定位为基础的作物小区平均产量和影响作物生长主要环境信息的采集与处理，是实施精细农业的基础。20世纪90年代初，全球导航卫星系统（global navigation satellite system，GNSS）的完善，为实践农田作物生产的定位精细管理提供了基本的条件（见图1.4）。全球导航卫星系统能在地球表面或近地空间的任何地点为用户提供全天候的三维坐标和速度以及时间信息的空基无线电导航定位系统。全球导航卫星系统国际委员会公布的全球4大卫星导航系统供应商，包括美国全球定位系统（GPS）、俄罗斯格洛纳斯卫星导航系统（global navigation satellite system，GLONASS）、欧盟伽利略卫星导航系统（Galileo navigation satellite system，Galileo）和中国北斗卫星导航系统（BeiDou navigation satellite system，BDS）。

下面重点介绍应用最为广泛的美国全球定位系统和中国北斗卫星导航系统。

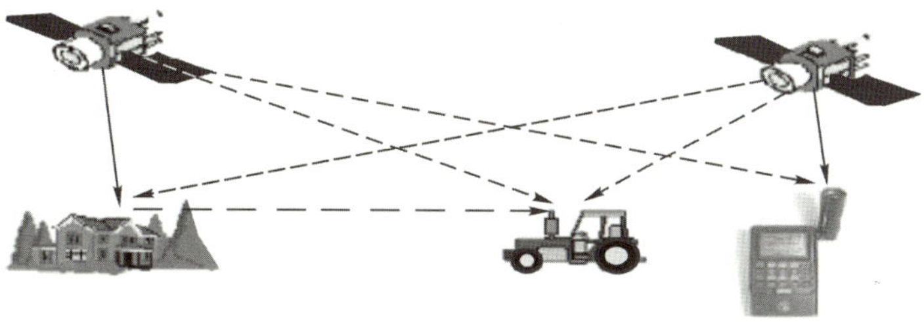

图1.4 全球导航卫星系统定位示意

美国全球定位系统，包括由几十颗地球卫星组成的空间部分，由地面控制站、一组地面监测站组成的地面监控部分和用户接收机3个主要部分。GPS卫星是一组能发射精细的卫星轨道参数和时钟信号，在2万余公里高空环绕地球运转的轨道卫星系统。这些信号穿越太空、电离层和大气层到达地面，被接收机接收，经过数字信号处理进行定位计算。空间卫星的布局，可以保证在地球表面任何地方、昼夜任何时间和任何气象条件下，接收机均可获得其中4颗以上卫星发出的定位定时信号。理论上只要用户能接收到4颗卫星信号，即可解算出用户所在的三维位置（如经度、纬度和海拔高度等）定位信息和定时信息，并将此信息转换成计算机可接收的格式。GPS有两种接收模式：单一接收模式（single receiver mode）及用两个接收器的差分接收模式（differential receiver mode）。单一接收模式是最方便、最廉价的接收方式，但瞬时位置误差高达10 m，无法满足精细农业的需要。因此，为了提高GPS接收机的定位精度，需要采用差分GPS系统（differential global positioning system，DGPS），以便能满足定位精度要求。差分接收模式是将一个接收器装在一个位置，另一个接收器装在作业者或机器上，采取差动修正办法来减小瞬时位置误差，根据不同的作业需要，可达到相当高的位置分辨能力。DGPS是实践精细农业的基础，其作用主要表现在定位和导航两个方面：DGPS的定位功能主要用于绘制农田边界和产量分布图、农田管理调查、土壤采样等；DGPS的导航功能主要用于农业机械田间作业和管理的导航，引导农业机械定位变量投入。在翻耕机、播种机、田间取样机、施肥喷药机、收获机等农具上安装DGPS，可以准确指示机具所在的位置坐标，使操作人员可以按计算机上GIS操作指示定点作业，并精准地绘制产量图。美国明尼苏达州的汉斯卡农场曾经利用DGPS指导施肥，节省了约1/3的化肥施用量，同时提高了作物产量，使每英亩[①]的甜菜收入从599美元增加到744美元，经济效益大大提高。

中国北斗卫星导航系统，是着眼于中国国家安全和经济社会发展的需要，自主建设运行的全球导航卫星系统，是为全球用户提供全天候、全天时、高精度定

① 1英亩≈4046.86平方米。

位、导航和授时服务的国家重要时空基础设施。北斗系统由空间段、地面段和用户段三部分组成。其中，空间段由5颗地球静止轨道卫星、27颗中圆地球轨道卫星和3颗倾斜地球同步轨道卫星组成，运行在3个轨道面上，播发3个频段信号（B1：1561.098 MHz，B2：1207.140 MHz，B3：1268.520 MHz）。采用3种轨道卫星组成的混合星座，与其他卫星导航系统相比高轨卫星更多，抗遮挡能力更强，尤其在低纬度地区性能优势更为明显。地面段包括主控站、时间同步/注入站和监测站等若干地面站，以及星间链路运行管理设施。用户段包括北斗及兼容其他卫星导航系统的芯片、模块、天线等基础产品，以及终端设备、应用系统与应用服务等，提供多个频点的导航信号，能够通过多频信号组合使用等方式提高服务精度，具备定位导航授时、星基增强、地基增强、精密单点定位、短报文通信和国际搜救等多种服务能力。北斗系统采用北斗坐标系（BeiDou coordinate system，BDCS），其定义与2000中国大地坐标系（China geodetic coordinate system 2000，CGCS 2000）定义一致，符合国际地球自转服务组织规范。北斗时（BDS time，BDT）与协调世界时（universal time coordinated，UTC）的偏差保持在100 ns以内。

北斗卫星导航系统由400多家单位、30余万名科技人员集智攻关，攻克了星间链路、高精度原子钟等160余项关键核心技术，突破500余种器部件的国产化研制，实现北斗三号卫星核心器部件国产化率100%。北斗卫星导航系统的全球范围定位精度优于10 m，测速精度优于0.2 m/s，授时精度优于20 ns，服务可用性优于99%，亚太地区性能更优。北斗卫星导航系统已在交通运输、农林渔业、水文监测、气象测报、通信时统、电力调度、救灾减灾、公共安全等领域得到了广泛应用，产生了显著的经济效益和社会效益。北斗与5G移动通信、人工智能技术等领域深度融合，不仅促进5G芯片中嵌入北斗高精度定位能力，助力手机、汽车、机器人和物联网终端实现自动地图生成、智能路径规划、自动环境识别、远程平台监控等功能，还将打造资产跟踪、人员定位、蜂窝辅助定位、冷链运输、智能井盖等各种精品应用。

1.3.2 地理信息系统与地图软件

地理信息系统是一个应用软件，是精细农业的“大脑”，是用于输入、存储、检索、分析、处理和表达地理空间数据的计算机软件平台。它以带有地理坐标特征的地理空间数据库为基础，将同一坐标位置的数值相互联系在一起。地理信息系统事先存入专家系统等决策性系统及持久性数据，并接收来自各类传感器（如变量耕地实时传感器、变量施肥实时传感器、变量栽种实时传感器、变量中耕实时传感器等）及监测系统（如遥感、飞机照相等）的信息。GIS对这些数据进行组织、统计分析后，在共同的坐标系统下利用这些数据绘制信息电子地图（见图1.5），做出决策，绘制作业执行电子地图，再通过计算机控制器控制变量执行设备，实现投入量或作业量的调整。

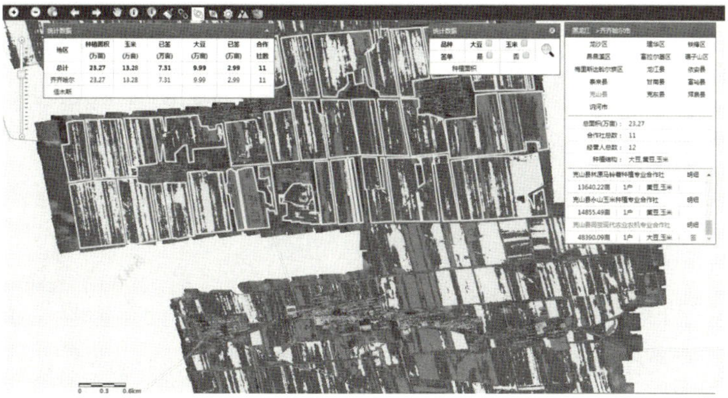

彩图

图1.5　信息电子地图

在精细农业实践中，GIS主要用于建立农田土地管理、土壤数据、自然条件、生产条件、作物苗情、病虫草害发生发展趋势、作物产量等的空间信息数据库和进行空间信息的地理统计处理、图形转换与表达等，为分析差异性和实施调控提供处方决策方案。在GIS中能够生成多层农田空间信息分布图，将其纳入作物生产管理辅助决策支持系统，与作物生产管理与长势预测模拟模型、投入产出分析模拟模型和智能化作物管理专家系统一起，在决策者的参与下根据产量的空间差异性，分析原因、做出诊断、提出科学处方，落实到GIS支持下形成田间作物管理处方图，分区指导科学的调控操作。

作为处理地理数据的软件，不同种类的地理信息系统在功能与价格上都有很大的不同，但一般都能将地理数据以图形显示出来。不太复杂的软件能显示单一的数据层，如产量图；功能全面的GIS软件则能更好地显示更复杂的关系，如时间关系、多要素间的比较。通过原始数据的组合而得到的数据层能产生关于作物生长过程中各因素间的空间差异性信息。

当前的各类GIS软件涵盖了从简单的地图显示系统到能分析与合并复杂的空间数据库的功能全面的系统。数据能以多边形格式存储，并且多边形各区域内的属性值（如土壤类型）是均匀的。数据也能按不同的属性值存储在统一的栅格单元阵列或像素中，如遥感图像及美国地质勘查地面高程数字地图就是这种格式。目前，功能最全面的系统能将这些格式的数据进行转换，从而能更方便地将来自不同数据源的数据结合起来。

数据库函数是GIS各项功能中最重要的一项。数据库函数组用来记录农田数据，比较管理决策的好坏、产量、虫害情况、地下水质量以及其他与过去和现在的与农作相关的因素。GIS能将输入与输出的农田记录存储在一个空间阵列中。例如，关于作物轮作、耕地、养分、杀虫剂的应用、产量、土壤类型、道路、梯田或排水管等信息都能被存储在GIS中。GIS还能增强精细农业的其他组成部分的功能，如产量的监测、基于农田的研究（如作物建模、高效测试等）的功能，并为生产者提供更好的记录存储。GIS能与一系列作为精细农业实践决策基础的空间分布式的处理模型（如变化率应用模型）一起使用，这样的软件有能力综合所有类型的精细农业信息，并能与其他决策支持工具进行交互，输出可以被精细农业利用的地图。

1.3.3 产量分布图生成系统

产量分布图（见图1.6）记录了作物收获时产量的相对空间分布，收集了基于地理位置的作物产量数据及湿度含量等特性值。它的结果可以明确地显示在自然生长过程或农业实践过程中产量变化的区域分布。在大多数管理决策中，产量是一个首要的因素，需要用精确的产量图来确定空间处理方案。

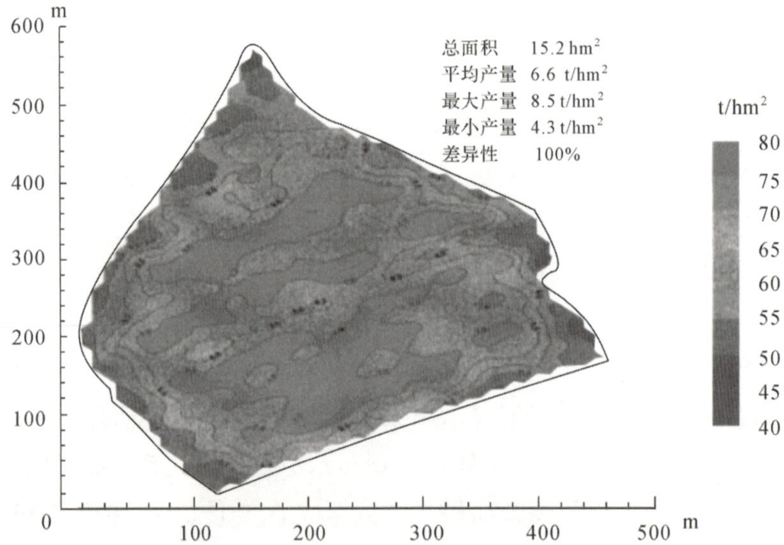

彩图

图1.6 产量分布

作物小区产量和空间分布图是实施精细农业的起点。作物产量是作物生长在众多环境因素和农田生产管理措施综合影响下的结果，也是实现作物生产过程中科学调控投入和制定管理决策措施的基础。自1992年以来，谷物的产量图是通过使用决定谷物数量的流量传感器与湿度传感器以及记录作物位置信息的GPS接收器绘制完成的。带DGPS和流量传感器的联合收割机在田间作业时，每秒给出收获机在田间作业时DGPS天线所在地理位置的经度、纬度坐标的动态数据。同时，流量传感器每秒自动计量累计产量，根据作业幅宽换算为对应作业的单位面积产量，从而获得对应小区的空间地理位置数据（经度、纬度坐标）和小区产量数据。这些原始数据记录在数据卡中，转移到计算机后，利用专用软件生成产量分布图。

产量监测器测量谷物的流量、谷物的湿度、收获的面积，从而得到修正湿度后每英亩的产量。这种大流量的测量是在联合收割机的谷物清运系统内完成的，这样在收获机处有一个从谷物被收割的位置到谷物被测量的位置的偏移，这个偏移导致了动态的不精确性。大部分的数据处理设备还无法完全消除这种不精确性。通常认为，大田块修正偏差后的总产量数据比测量小的子田块的结果准确。尽管谷物监测设备已被广泛使用，但仍需改进，提高其精确性，从而有利于精细农业技术的推广应用。（迄今，用于小麦、玉米、水稻、大豆等主要作物的流量传感器已有通用化产品，关于棉花、甜菜、马铃薯、甘蔗、牧草、水果等作物的产量传感器，近几年学者已做了许多研究，有的已在试用阶段。）

产量分布图揭示了农田内小区产量的差异性，下一步的工作就是要进行产量差异的诊断，找出造成差异的主要原因，提出技术上可行、按需投入的作业处方图。农田产量差异诊断的步骤如下：首先根据经验和历史记录进行分析，如农田形成的历史、往年的病虫草害、内外涝情等因素对产量差异的影响，如有必要，则应分析农田土壤物理特性、化验土壤化学特性等。然后，找到局部低产的原因，可根据专家经验或作物生长模型提出解决方案，并加以量化，以数据卡或处方图的形式把指令传递给智能变量农业机械，实施农田作业。

1.3.4 变量控制技术

变量控制技术是指安装了计算机、DGPS等先进设备的农机具，根据它所处的耕地位置自动调节农业物料投入速率的一种技术。变量控制设备随着空间位置变化而改变种子、化肥、农药等农业物料的投入量。变量控制技术系统包括控制特定物质流速变化的仪器，或同步控制多种物质流速变化的仪器，使得处于行驶中的机械自动改变物质投入量，以达到预期效果。根据施用的物质和确定局部施用量的信息来源的不同，变量控制系统有不同的设计方法。

当前变量控制技术系统有以下两种：

一是基于地图的，需要一个GPS/DGPS地理信息定位系统和一个用于存储施用计划的命令单元。该施用计划包含了田块内每一位置的施用量期望值。

二是基于传感器的，不需要地理信息定位系统，但需要一个动态命令单元。在田块内所到的每一位置通过实时分析土壤传感器与（或）作物传感器的测量数据确定相应的施用量。

变量控制技术是在20世纪80年代中期由美国工业界提出的。根据预先收集的数据（如拍摄的土壤图或栅格式土壤采样），确定处方图，然后在经济型喷洒器上同步改变氮、磷、钾肥等的施用量，如图1.7所示。农业机械安装了这种携带标准的液体混合器变量控制技术系统后，在运行中根据测得的土壤属性，实时调整多种化肥的施用量，以达到最佳效果。

彩图

图1.7　变量控制作业

目前，经济型喷洒器已在一定范围内使用了基于传感器的变量控制技术。精细农业技术可以实现调整变量的内容包括施肥量、除草剂或杀虫剂施用量、农药施用量、灌水量、耕地深度、播种量及密度和深度、中耕、产量评估等。

变量控制技术采用了反映有机物、阳离子交换量（cation exchange capacity，CEC）、表土层深度、土壤湿度、土壤硝酸盐含量、作物光谱反射系数的传感器。研究人员发现，土壤、作物和环境数据比基于地图方法测得的数据变化快，从现在的局限于每秒一个样品和一次控制量变化的GPS/DGPS/GIS方法中不能得到最佳的作物管理结果。根据土壤硝酸盐和阳离子交换量的测量值施氮肥，以及根据用光谱反射系数得到的小麦含氮量施氮肥，这两个变量控制技术例子是基于实时传感技术的，而不是基于GPS/DGPS/GIS系统的。

实时传感变量控制技术有优于基于地图的变量控制技术之处。实时传感是对土壤、作物和环境属性的一种直接且连续的测量，相比离散点采样，其未覆盖到的采样面积较小。在基于地图的变量控制技术应用中，一种不确定性是由于地图通常建立在有限的采样点上，这样在估计采样点之间的情况时就存在潜在的误差；另一种不确定性与GIS有关，主要是某地的样品按当时的测量值标定成为地图，而在一段时间后再按图做出响应，这就存在时间上的不连续性。例如，对于土壤含氮量或害虫分布等动态变量来说，在成图与最后按图作业这段时间间隔内，这些变量在数量与属性分布上都会发生显著的变化。

在农场中，一些采用基于传感的变量控制设备可以完成以下的农作：按土壤类型的不同变量施固态氨肥；按土壤不同的CEC与表土层深度改变种植密度；按土壤的有机组成的不同变量施除草剂；按土壤CEC的变化变量施催肥剂；按土壤CEC、表土层深度和硝酸盐浓度变量施氮肥。

基于地图的变量控制技术系统不仅广泛地应用在农用拖拉机上喷洒液体肥料、固态氨、除草剂及种子，而且可用在枢轴式灌溉系统中以控制水和肥料。在用商用高悬浮式喷洒设备大量喷洒磷肥、钾肥和石灰时，常采用基于地图的变量控制技术。因为高悬浮式喷洒设备的气体或液压控制的系统需要额外提供维护费用，所以其应用成本比常规悬浮喷洒技术要高。典型的悬浮粒状肥料变量喷洒系统比非变量喷洒系统的成本每英亩要高2～3美元。

在拖拉机上安装控制器，使之实现变量控制技术的成本是非常小的。升级一个控制器使之能自动调整喷洒的速度是一个费用较少的技术方案，仅需要一个软硬件的接口就能完成。然而，用户也必须有一台用于处理GIS数据及发送变量控制信号给其他控制单元的计算机，以及一个GPS/DGPS接收器。只有技术上较成熟的生产企业才能装配这样的系统。在其他情况下，多种化学制品混合喷洒系统作为预装单元与GPS/DGPS/GIS成一整体，是一个更复杂且昂贵的变量控制系统。不论农民采用哪种类型的变量控制系统，基于地图的变量控制系统都需要全面考虑相关的成本，包括数据的获取、用GIS及GPS/DGPS创建与实施处方图，掌握恰当地使用这种技术的方法。

获取与解释土壤测试信息的费用，是一个限制特定地点实施基于地图的变量控制技术的因素。为降低收集与分析的成本，通常按每2.5英亩一个样的标准对土壤进行采样。在美国伊利诺伊州的一次测试中，将2种栅格大小的化肥需求量与常规的施肥量进行对比。当栅格大小为2.5英亩时，每英亩节省0.25美元；当栅格大小为0.156英亩时，所需的化肥量显著减少，每英亩可节省18美元。然而，在更小的栅格上收集样品所需的费用远远超过从化肥上节省下的费用。改进基于地图的变量控制技术效率的关键在于，寻找既能节约成本又有更高采样密度的传感方法。

1.3.5 农业生物信息采集技术

精细农业技术是一种以信息为基础的农业管理系统，快速、有效采集和处理农田空间分布信息，是实践精细农业的基础。田间信息采集技术利用传感器及监测系统来收集当时，当地所需的各种数据，如土壤水分、土壤含氮量、pH、压实度、地表排水状况、地下排水状况、植冠温度、杂草、虫情、植物病情、拖拉机速度、降雨量、降雨强度等，再根据各因素在作物生长中的作用，由GIS系统迅速做出决策。采用地面传感系统，需要开展一些勘测土壤和作物生长过程的基础性研究。在采样密度达到一定要求时，基于手工定点采样与实验室分析相结合的方法，耗资费时，难以较精细地描述这些信息的空间变异性，而传感器则能自动收集土壤、作物、害虫数据，满足密度要求。不同田区的资源数据差异可能是非常明显的，增加采样数量将会更准确地反映田间数据属性值的变化。在一个土壤和作物参数采样密度较高的田块上，变量控制技术与作物模型的效果将会大大提高。从这个意义上说，拥有快速、高效的评估所测因素对作物产量影响的传感器尤为重要。

目前需要从地面传感器上得到的信息包括土壤的有机组成、阳离子交换量、硝酸盐氮、土壤的压实、土壤的质地、土壤的盐度、杂草的检测、作物收获后残余覆盖情况等。这些参数及土壤pH、磷肥与钾肥利用率不能通过遥感技术获得，并且应用实时的地面传感器可以使种植者能根据定时采集的数据控制作物生长（见图1.8），这是航空或航天遥感做不到的。

目前的传感器已经或正在向着对土壤或作物生长环境条件的测量发展，包括土壤有机组成、土壤湿度、电导率、土壤养分等级、作物和杂草反射率。不间断实时的电气化学和土壤化学成分传感器，现已用于测量硝酸盐含量和玉米施肥中。实时声学土壤质地传感器及实时土壤压实测试仪正在开发中。

图1.8　田间信息采集

一些重要的实时指示值可能是由它们与其他变量的关系决定的，而不是由测定值直接决定的。例如，土壤电导率与同时测得的盐分、土壤湿度、有机组成、阳离子交换量、土壤类型与土壤质地测定值相关。电导率成分分析方法被国外一些农机公司用来进行基于地理位置的数据采集与分析，以及农作物的变量控制。用电磁法测表层土壤电导率是监测黏粒含量、黏土层深度、土壤水分、水压指数、生产率的一个方法，也是产量监测的一个可靠的替代方法。

对磷和钾的测量，在农业行业中目前还没有推荐使用的测量传感器。有时，在变量控制技术首次应用的玉米种植区，磷和钾的含量非常高，田地的可用性已远远超过生产者种植当年或近几年作物对田地的要求。在其他一些区域，如美国西部各州，土壤稳定成分含量较低是非常普遍的现象。对于这些类型的养分，非连续性养分测试成图法有望做到在各个分散田地上收集与分析土壤样品。国外正在开发能自动提取与分析土壤样品的磷、钾及其他养分的系统。如果可采用更多的数据采集与分析手段，就能加强信息获取的及时性且增加其数量。传感器将是精确施肥、精确除虫及其他投入精确化所需的各项支持技术中的一个重要角色。实际上，田间信息快速采集技术的研究仍远远落后于精细农业的其他技术发展，它已成为国际上众多单位攻关研究的重要课题。

1.3.6 遥感技术

遥感，泛指从远处探测、感知物体或事物客观存在的技术，即从遥远的地方，如从无人机、直升机（见图1.9）或卫星上获得信息。遥感技术通常依据电磁波谱信息，进行空间定性、定位分析，为定位处方农作提供大量的田间时空变化信息，是精细农业的重要信息来源。

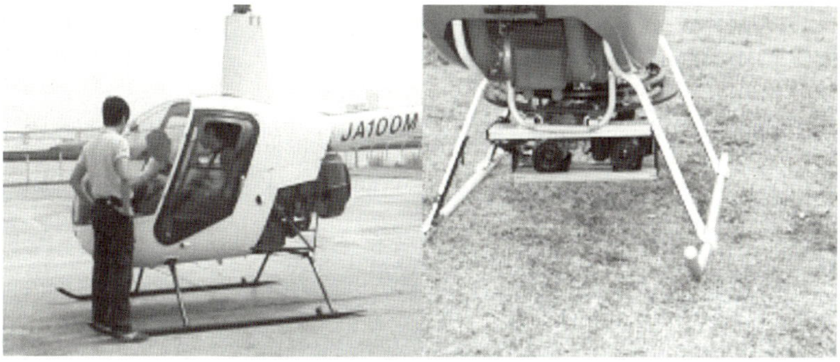

图1.9 带有遥感设备的直升机

遥感在技术上易于实现大范围测量，测量结果具有综合、宏观的特点。遥感技术实现手段多，可选多个波段，有些波段已有成熟应用，如农业上常用的可见光和红外波段计算、各种植被指数、叶面积指数等；有些波段的功能应用还没有完全开发出来，如太赫兹技术、毫米波技术等。不同的遥感技术可应用于不同的地物信息探测，部分技术能探测地物内部信息。在新型的遥感平台技术支持之下，遥感具有获取信息快、更新周期短的特点；而且遥感技术在动态监测时获取信息受限制条件少，用途广、效益高。

遥感系统主要由信息源、信息的获取、信息的传输和记录、信息的处理和信息的应用五大部分组成。在农业上，遥感应用主要为采用高分辨率传感器，通过有关大气窗口，在太空获取地球表面的地物反射和发射的光谱信息，从而在不同的作物生长期，实施全面监测。遥感技术被认为是作物管理信息中颇有价值的来源。已有研究表明，红外航空图像可用于检测小麦及其他小粒谷类作物因病害的生长而受限的状况。

遥感技术可以分为地面遥感、航空遥感、航天遥感、航宇遥感四大类。地面遥感、航空遥感、航天遥感都大量应用于农业生产与研究中。20世纪70年代，已有很多将航天数据用于大面积作物的研究报告。1984年，研究人员描述了遥感在作物管理应用上的潜力，并强调其关键在于提供足够的频率覆盖、快速的数据传送、5～20 m的空间分辨率以及将农业数据、气象数据并入专家系统。基于卫星系统的航天遥感一直是遥感的主要方式，航空遥感也逐步体现出及时性，且较容易获取更高分辨率的图像。近年来，航空遥感被更多地应用于农田作物的长势估测、农田病害情况分析等。而且，从飞行器上用数字摄影拍摄多谱段视频，进而得到并处理多谱段图像技术得到迅速发展。这个方法既有获取航空摄影的灵活性，又具有数字多谱段图像的优点。无论是航空遥感还是航天遥感，其某段时间内系列的遥感数据都能较为方便地用于植物的时空变化分析。一段时间内，一系列遥感图像可提供田块内作物随着时间推移的生长变化，也便于我们分析因自然生长或耕作引起的不同地块或相同地块不同位置的田间空间分布差异。与传感器采样方法相比，这些信息不受采样点分布、间隔或地理统计插值法的限制。

精细农业的快速发展推动了遥感、全球定位系统、产量监测系统与产量图、地理信息系统、变量处理技术、计算机、电子通信技术等从理论到实际的快速演化。技术在生产实际中遇到的问题，反过来又推动了理论的发展。作为精细农业的核心技术之一的遥感技术，正不断发展，使遥感模型能更稳定、更可靠地用于农业生产实际。应用热红外遥感、多波段遥感、微波遥感对土壤水分的监测，以及应用近红外多频带辐射仪测定作物氮素状况和应用高分辨率光谱仪识别作物和杂草等技术已逐渐进入产业化。

1.3.7 作物生产模型

作物生产模型包括作物生长模型与作物管理知识模型两大类。作物生长模型是指利用系统分析方法和计算机模拟技术，对作物生长发育过程及其与环境参数等的动态关系进行定量的描述和预测；作物管理知识模型是指在充分理解分析农业专家经验与知识的基础上，基于作物与环境的关系，提炼和总结出有关作物生育与管理调控指标的定量化模型。

作物生产模型一般具有机理性、预测性、动态性、通用性等多个特性。其中，机理性和预测性是最基本的特性。机理性，即依据作物生长发育原理及其与环境、技术之间的关系，对作物阶段发育、器官建成、同化物积累与分配、产量和品质形成、水分和养分吸收利用等进行机理描述。预测性，即通过建立系统的主要驱动变量及其与状态变量之间的动态关系，做出可靠而准确的预测。动态性，即系统包括受环境因子和品种特性驱动的各个状态变量的时间变化及不同生育过程间的动态变化关系。通用性，即模型原则上适用于任何地点、时间和作物品种。

种植区内的不同地形，影响给水和排水，造成土壤湿度空间分布上的差异；土壤质地、土壤成分及温度等因素的不同，也会对作物生长产生影响，导致不同小区作物产量发生变化。因此，分析作物在生长过程中相关生育参数的时空差异性，可以为智慧农业的实施效果提供可靠的评价依据。一些作物模型通过分析生态学和生物气象学的数据，已经能预测每小时、每天、每年的土壤水分蒸发、蒸腾损失量及相应的作物光合作用状况。上述模型能够帮助农业生产决策者预测有关作物生长发育和产量形成过程及其与环境、技术因素的关系，支持和加强用户的农业生产策略分析和判断，提升作物生产的效能和效率。随着作物学及农学、数学、信息科学等多学科的不断交叉和发展，有关作物生育和管理调控方面的知识将逐渐被定量化，所构建的作物生产管理系统将会不断提升其智能化水平。

1.3.8 决策支持系统

精细农业中生产作业处方的生成，主要由基于专家系统、生长模型或知识模型等建立的决策支持系统（decision support system，DSS）完成。通过综合考虑气候条件、土壤特性、作物品种特征及作物生长信息等，以小区为生产管理单位，针对不同的决策目标分别给出最优作业管理方案，用以指导田间作业操作。整个过程涉及农业信息采集与分析、智能管理分区、精准作业决策等不同关键技术。

在早期精细农业实践中，根据作物生长、作物栽培、经济分析、空间分析、时间序列分析、统计分析、趋势分析以及预测分析等模型，综合土壤、气候、资源、农用物资及作物生长等有关数据进行决策，结合农业专家知识，DSS根据不同的决策目标分别给出最优方案，用以指导田间操作。例如，由农业技术人员通过天气预报或传感器检测获得数据，使用相关农业生产软件处理和分析后，做出播种、施肥、收获等关键作业环节的时效性较好的决策建议，为当地农场服务。20世纪90年代，GIS、RS等技术被引入精细农业研究及应用，基于模型和GIS或RS的农业决策支持系统开始出现。美国佛罗里达大学研制了将作物模型与GIS相耦合的农业决策支持系统。我国学者结合本国国情和区域自然条件开发的农田施肥、不同作物栽培管理、病虫害预测预报、农田灌溉等农业专家系统，围绕实现作物高产、稳产、节本、高效的应用目标，在生产实践中发挥了重要的作用。但相关作物模拟模型、农业专家系统、决策支持系统的开发研究，主要还是基于农田或农场尺度上的作物生产管理决策支持，与现代农业的智能化发展需求尚有一定的距离。

人工智能技术的最新成果被引入决策支持系统，使系统的决策水平和决策自动化程度得到了提高。例如，常用的神经网络、随机森林、支持向量机等机器学习算法，可以简化对作物生长与环境交互内在机理的探讨，强调外部环境变量与预测目标之间的非线性关系，提高作物生长模型的模拟精度和应用能力。同时，由于机器学习模型输入为非数值型特征数据，提高了区域辅助环境变量的可获取性，如年份、灾害等级、品种类型均可以作为输入特征，加之较强的泛化能力及非线性映射能力，机器学习模型已经被广泛应用于作物区域产量预测中。智能化的作物生产管理决策支持系统（见图1.10）已经成为智慧农业领域的重要研究方向。

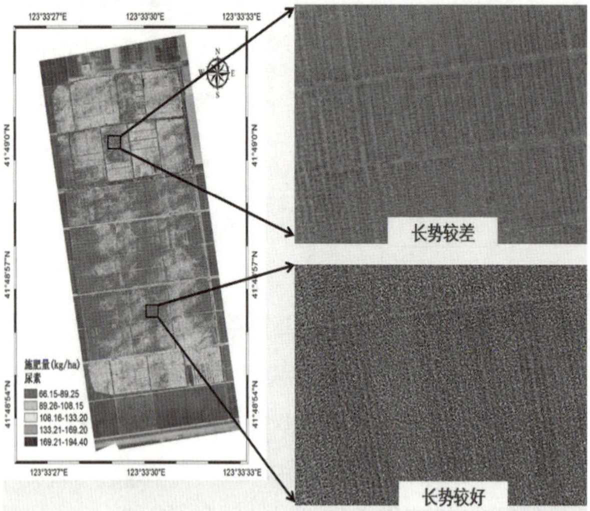

彩图

图1.10　决策支持系统示意

1.3.9　智能化变量农业机械

智能化变量农业机械是实践精细农业的标志，已经成功实现变量应用的有施肥、喷药、播种和灌溉等农业机械。国际上几个大型的农机制造企业相继生产出带有GPS定位系统和产量传感器的收割机（见图1.11）与其他支持精细农业生产的智能化农业机械，并研制开发了相应的信息处理系统。其中具有代表性的是美国约翰·迪尔（John Deere）公司推出的绿色之星（GreenStar）系统、凯斯（CASE）公司的先进耕作系统（advanced farming system，AFS）、英国爱科（AGCO）公司的农田之星（FieldStar）系统等。变量施肥机可以根据事先绘制的施肥处方图，对地块中的肥料撒施量进行定位定量控制调整。例如，美国Ag-Chem公司生产的“SOILECTION”施肥系统可进行固态或液态肥料的洒施。它根据施肥处方图，分别对磷肥、钾肥和石灰的施用量进行调整。美国和欧洲生产的变量施肥机（GreenSeeker、N-Sensor）都是通过在线光学（光谱）测量确定肥料需求，并同时完成按需变量施肥。变量处方灌溉设备利用调整喷灌机械的行驶速度、喷口大小和喷水压力等进行喷水量的控制。国外的自动灌溉系统装有GPS和遥控装置，利用通信网络和计算机相连，根据计算机内事先生成的变量处方图，实施定位变量灌溉。例如，美国爱达荷州阿伯丁的一个圆形变量喷灌系统，采用主从微处理器分布式控制，使得臂长达392 m的喷灌功能随时调节喷洒流量，以适应农田小区因土壤质地、耕作层厚度、地形以及产量潜力不同而对水分有不同的要求。

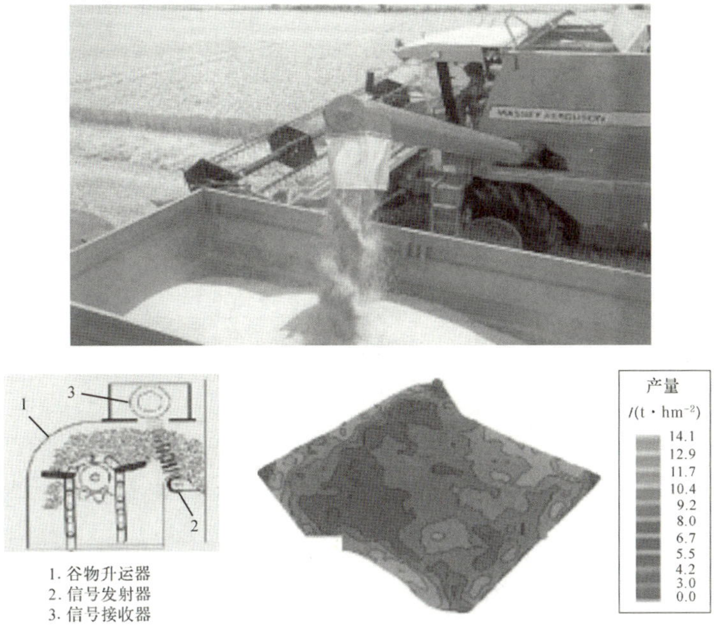

彩图

图1.11 带有产量传感器的联合收割机及其产量

1.4 精细农业的发展趋势

20世纪70年代初期，美国和欧洲部分农场与电脑公司合作，进行农业生产信息资料的分析，充分了解土壤状况对作物产量的影响，进而把一个农场划分为若干个小地块，对每一个地块进行更深入的了解，以便采用不同的农业作业措施，这是精细农业的启蒙时期。随着精细农业技术的发展，目前世界上精细农业的实践已涉及配方施肥、精量播种、病虫草害防治、精准喷滴灌、精准收获、谷物测产、精准畜牧水产养殖、精准农业航空、多机协同作业、智能机器人等领域。在美国从事精细农业研究的高校主要包括爱荷华州立大学、普渡大学西拉法叶分校、伊利诺伊大学厄本那香槟分校、康奈尔大学、加利福尼亚大学戴维斯分校、得克萨斯农工大学、佛罗里达大学、内布拉斯加大学林肯分校、北卡罗来纳州立大学、俄亥俄州立大学、威斯康星大学麦迪逊分校、弗吉尼亚理工学院暨州立大学、密歇根州立大学、俄克拉何马州立大学、肯塔基大学、堪萨斯州立大学、华盛顿州立大学、阿肯色大学等。

日本、韩国等亚洲国家开展了应用甘蔗、茶叶、水稻等产量信息采集技术改进生产管理的研究工作，得到了政府有关部门和相关企业的大力支持。日本模式的精细农业追求的是以信息技术为基础，在保护环境的同时提高效益与生产性。它以实用和微观为主，与欧美模式的精细农业有较大区别。日本专家认为，发展精细农业在于准确理解精细农业的三要素（农田测绘技术、变量作业技术、决策保障体系技术）与农业五要素（作物、农田、技术、地区特点和农户主观愿望）之间的关系。

在日本、韩国从事精细农业研究的高校主要包括东京大学、京都大学、北海道大学、东京农工大学、忠南大学等。

我国科学家在1994年就提出进行精细农业研究应用的建议，随着信息技术的飞速发展，信息技术在农业上的应用也提上了重要的议事日程。1999年，国家在“863计划”（国家高技术研究发展计划）中列入了精细农业的内容，国家计划委员会和北京市政府共同出资在北京建设精细农业示范区。国内的农垦地区、新疆生产建设兵团等区域在精细农业技术和装备的实践与应用方面成效显著，从事精细农业研究的高校主要包括中国农业大学、浙江大学、华南农业大学、江苏大学、吉林大学、西北农林科技大学、东北农业大学、南京农业大学、华中农业大学、石河子大学等。其中，浙江大学开设的“精细农业”课程于2005年被评为“国家精品课程”，2016年被评为“国家精品资源共享课程”，2020年被评为“国家级一流本科课程”。

从大趋势看，精细农业将向着完全的时间和空间变量管理和决策支持方向发展。愈来愈多的技术开发和实验研究成果见诸国际学术刊物，成为近十年来国际农学界和农业工程学术界的重要研讨内容。在美国和欧洲，每年都举办相当规模的国际“精细农业”“智慧农业”“精准农业航空”等学术研讨会和有关装备技术产品展示会。国内外精细农业领域吸引了农学、农业工程、信息技术、农业化学工业与环保、农机制造工业、信息产业等相关部门和政府部门的广泛参与。在精细农业基本理论研究、关键共性技术和智能化装备等方面取得了丰硕成果。围绕精细农业生产过程的农田信息获取、决策分析和变量实施等关键技术环节，研制开发了具有自主知识产权、符合我国国情的精细农业综合集成应用平台，形成了一系列软件、硬件产品，可以针对我国的不同生产经营规模条件，组装成可业务化运行的精细农业生产技术体系。主要成果包括农田土壤—植物—环境信息的精准获取技术与装备、农田GIS及决策分析技术与系统、精准变量作业控制技术与系统、精准农业航空技术与植保作业装备、耕种管收环节精准作业技术与装备、精准喷滴灌技术与系统装备、病虫草害监测技术与作业装备、采摘机器人技术与装备、无人作业技术与生态农场、无人化农场技术与系统等。

1998年，美国副总统戈尔提出，要建立1 m分辨率的“数字地球”概念。这在地理信息学术界引起了极大的反响。他为认识世界科技进步对未来人类生存方式的影响提出了全新的观念。2009年初，国际IT巨头IBM提出“智慧地球”概念，认为“下一阶段的任务是把新一代信息技术充分运用在各行各业。具体地说，就是把感应器嵌入电网、铁路、桥梁、隧道、公路、建筑、供水系统、大坝、油气管道等各种物体中，并且被普遍连接，形成‘物联网’”。物联网的出现，将实现人与人、人与机器、机器与机器的互联互通。这种“无处不在”的物联网络拥有巨大的应用价值，可以被广泛地应用在包括农业生产在内的多个领域，“数字地球”也将向“智慧地球”转变。

近年来，随着物联网、大数据、云计算、人工智能、5G等现代信息技术与农业的深度融合，农业信息的精准感知、定量决策、智能控制、精准投入、个性化服务的全新农业生产和作业方式，将推进精细农业向数字化、精准化、智能化的高级阶段发展，有力支撑农业现代化和乡村振兴战略。我国精细农业的发展方向和趋势主要是，突破精细农业核心技术、“卡脖子”技术与短板技术，实现农业“机器替代人力”“电脑替代人脑”“自主技术替代进口”的三大转变，以问题和需求为导向，重点突破农业土壤—植物—环境信息精准感知技术与传感仪器、自动/自主导航与无人驾驶技术与装备、农业生产全过程智能拖拉机与作业装备、精准农业航空遥感监测与植保作业装备、大田及设施精准种植业技术与装备、设施与工厂化畜禽水产养殖精准化技术与系统装备等方向，推动现代农业智慧、绿色、生态和可持续发展。

思考题

1. 精细农业主要的支撑技术有哪些？
2. 精细农业如何与新一代信息技术相融合？
3. 精细农业未来发展的重点方向有哪些？

参考文献

[1] 李德仁, 1998. “三S”技术与农业发展[J]. 微型电脑应用, 14(3): 2-7.

[2] 汪懋华, 1999. “精细农业”发展与工程技术创新[J]. 农业工程学报, 15(1): 1-8.

[3] Daniel R E, Morgan M T, 2010. The precision farming guide for agricul turists[M]. Moline: Deere & Company Press.

[4] Sonka S T, Bauer M E, Cherry E D, et al., 1997. Precision agriculture in the 21st century: geospatial and information technologies in crop management[M]. Washington: National Academy Press.

第 2 章 全球导航卫星系统及其应用

CHAPTER 2

全球导航卫星系统（GNSS）是利用一组卫星的伪距、星历、发射时间以及用户钟差等观测量，能在地球表面或近地空间的任何地点为用户提供全天候的三维坐标和速度以及时间信息的空基无线电导航定位系统。当今，GNSS不仅是国家安全和经济的基础设施，也是体现现代化大国地位和综合国力的重要标志。由于其在政治、经济、军事等方面具有重要的意义，因此，世界主要军事大国和经济体都在竞相发展独立自主的卫星导航系统。目前，美国的GPS、中国的BDS、俄罗斯的GLONASS、欧盟的Galileo等四大全球导航卫星系统已经建成或完成现代化改造。

本章主要介绍上述系统的发展历史及其特点、系统的组成概况、系统定位原理、定位误差以及相关应用。

2.1 卫星定位技术的发展

定位系统，通俗地说，是指利用包括电子技术在内的手段，确定和记录物体的位置信息的装置。它有两层含义：①目标定位，即准确地确定目标在一个已知坐标系内的位置和速度信息；②轨迹导航，即在特定的区域内设计和实施目标的移动路线，提高其行走精度。这样的系统通常用于描述物体在地球表面或空中的移动进程。

目前，用于车辆定位导航的系统主要分为两类：陆基导航系统和星基导航系统。

陆基导航系统主要由地面无线电基站组成，接收机通过测量基站到接收机的距离形成测距网，确定地面点的平面位置。例如，加拿大Accutrak Systems公司的田间车辆陆基导航系统（见图2.1）由位于农场边缘的若干（至少3个）无线电波广播塔（基站）组成，它发送包含时间信息的不同电波信号。行驶在田间的车辆装备有接收机，可以实时获取所处位置到各基站的方向和距离信号，并根据基站的已知位置信息，得到车辆的确切位置信息。这种系统在田间车辆速度为每小时40 km时，误差在15 cm以内。硬件上需要3个（广播）塔，且覆盖区域范围一定。因塔高和无线电传输功率强弱不同，该系统的有效控制范围一般可以覆盖48 km。

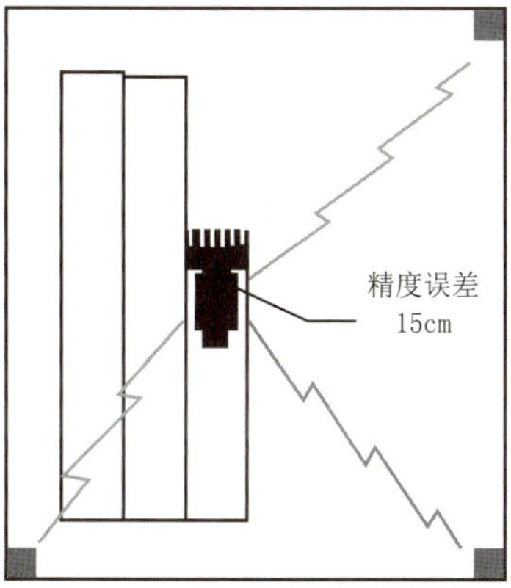

图2.1　田间车辆陆基导航系统和基站

1957年10月，苏联发射升空了人类历史上的第一颗人造卫星。几天之后，约翰霍普金斯大学应用物理实验室的科学家们发现，通过分析此卫星无线电信号的多普勒频偏可以确定其卫星轨道。基于这一发现，他们提出，如果卫星的位置已知且可预测，则可以利用卫星信号的多普勒频偏来确定地球上的接收机的位置。于是，星基导航系统的概念便诞生了。

1958年，美国开始研制为军用舰艇提供精确导航定位服务的卫星导航系统"海军导航卫星系统"（navy navigation satellite system，NNSS），亦称"子午仪卫星系统"。1964年，该系统（见图2.2）研制成功并开始为美国海军服务。它由三大部分组成：6颗轨道高度约为1100 km的可发送无线电信息的导航卫星，3个对卫星进行连续监视、测定和轨道预报的地面跟踪和控制站，接收卫星导航信息进行导航计算的用户接收机设备。"子午仪卫星系统"的卫星上的主要设备有注入信号接收机、存储器、高稳定石英晶体振荡器、导航信号发射器、天线和太阳电池等，可发射149.988 MHz和399.968 MHz两个频段的载波信号。地面监控站负责接收从卫星发来的信号，进行解调、记录并修正卫星未来轨道参数，经编码后注入并调整卫星传送信号。用户接收机设备主要分双频道和单频道两种，前者能消除电离层折射的影响，用于定位准确度较高的场合，后者用于一般场合。该系统具有全天候、全球导航和利用单颗卫星定位的优点，即观测

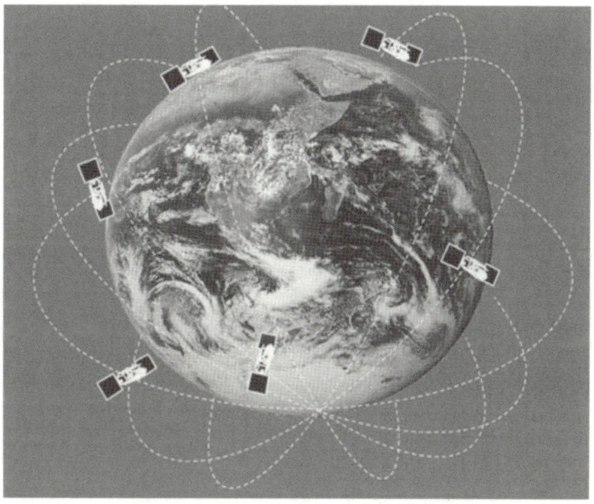

图2.2　子午仪卫星系统及其定位卫星

者通过测量卫星发射的无线电波的多普勒频移，就能求得二维定位数据。单频接收机用户动态定位精度约为500 m，静态定位精度约为50 m；双频接收机用户动态定位精度约为25 m，静态定位精度约为15 m。理论上说，在赤道的接收机用户平均每110 min可获得一次定位，在80°纬度上的定位速率则是平均每30 min一次，每一次定位需要10～15 min用于接收机标定处理，且不能进行三维定位。1967年7月，美国政府宣布“子午仪卫星系统”的部分导航电文解密，供民间商业应用，可为远洋船舶导航和海上定位等低动态平台服务。

由于“子午仪卫星系统”在定位方面的固有缺陷，所以美国军方开始在改进子午仪系统的同时（见图2.3），着手发展另一种卫星导航系统，使之具备全球覆盖、连续/全天候工作、能为高动态平台提供高精度的三维定位服务的最佳定位系统标准，这使全球定位系统得到发展。美国于1972年开始执行“子午仪改进计划”，此后又陆续发射了12颗定位卫星。1996年12月，“子午仪卫星系统”停止服务。

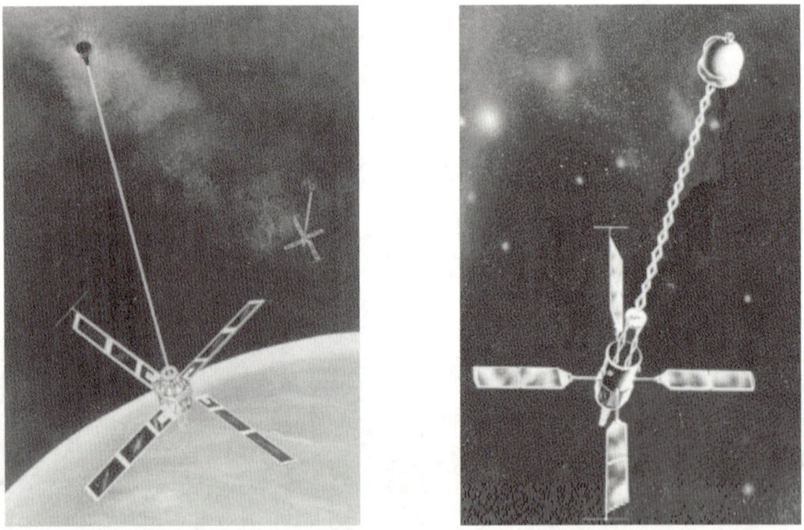

（a）原有的OSCAR卫星　　（b）后期改进的NOVA卫星

图2.3　子午仪卫星系统

1973年，美国国防部批准研制一种新的卫星导航系统——全球定位系统（GPS）。GPS实施计划可以分为以下三个阶段。

一是方案论证和初步设计阶段。1973—1979年，美国共发射了4颗设计寿命为5年的Block I试验卫星，研制了地面接收机，建立地面跟踪网，从硬件和软件上进行了试验，试验结果令人满意。

二是全面研制和试验阶段。1979—1984年，美国又陆续发射了7颗Block I试验卫星。与此同时，研制了各种用途的接收机，主要是导航型接收机，同时测地型接收机也相继问世。试验表明，GPS的定位精度远远超过设计标准，利用粗码的定位精度几乎提高了一个数量级，达到14 m。

三是实用组网阶段。1989年2月4日，第一颗设计寿命为7.5年的GPS工作卫星发射成功，宣告了GPS系统进入工程建设阶段。这种工作卫星称为 Block Ⅱ和Block ⅡA卫星。这两组卫星的差别是：Block ⅡA卫星增强了军事应用功能，扩大了数据存储容量；Block Ⅱ卫星只能存储供14天用的导航电文；而Block ⅡA卫星能存储供180天用的导航电文，确保在特殊情况下使用GPS卫星（见图2.4）。1993年底，实用型的GPS网即GPS星座已经建成，此后可以根据计划更换失效的卫星。图2.5为GPS星座的卫星分布。1995年4月27日，美国宣布 GPS达到全运行工作能力，24颗产品卫星星座已全部就位，对地面控制区段及其与星座交互作用的大量测试也已完成。在1989年2月到1997年11月期间共发射28颗Block Ⅱ/ⅡA卫星。与Block Ⅰ不同的是，Block Ⅱ/ⅡA与赤道成55° 倾角。

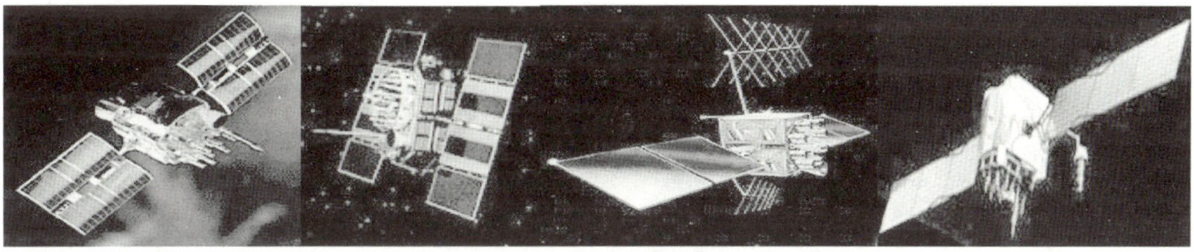

Block Ⅰ　　Block Ⅱ&ⅡA　　Block ⅡR&ⅡR-M　　Block ⅡF

图2.4　GPS卫星

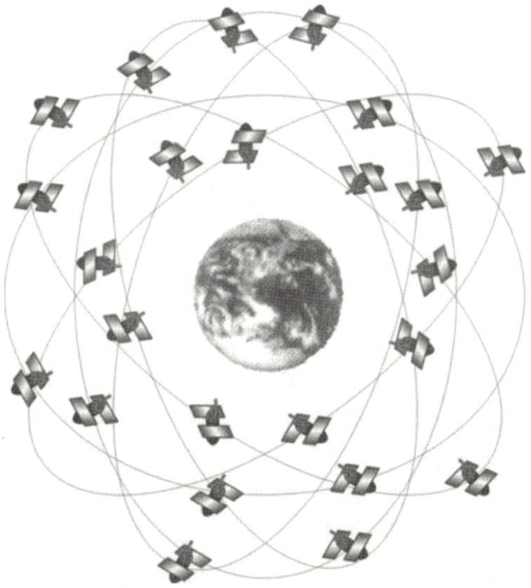

图2.5　GPS卫星分布

GPS新一代Block ⅡR / ⅡF工作卫星，于1998年发射。这些改进后的卫星和Block Ⅱ/ ⅡA是兼容的。Block ⅡR设计寿命是10年，Block ⅡF有15年的使用寿命。该卫星除了有更高的精度外，还具备自动运行至少180天的功能，无须地面修正，并且没有精度降低的情况出现。这套系统的自动导航能力在很大程度上依赖于伴星强大的测距能力。另外，地面指挥中心预先将120天的日历和时钟等数据上传到卫星上，将显著提高GPS自动定位精度。截至2009年11月，通过不断发射工作卫星，GPS在轨工作卫星已经达到32颗，使GPS系统始终处于一个良好运行的业务服务状态。

2.2 GPS系统构成

全球定位系统主要由三部分构成，即由GPS卫星组成的空间部分、由若干地面站组成的控制部分和以接收机为主体的广大用户部分，三者有各自独立的功能和作用，但又是有机地配合且缺一不可的整体系统。图2.6显示了GPS的三个组成部分及其相互配合情况。

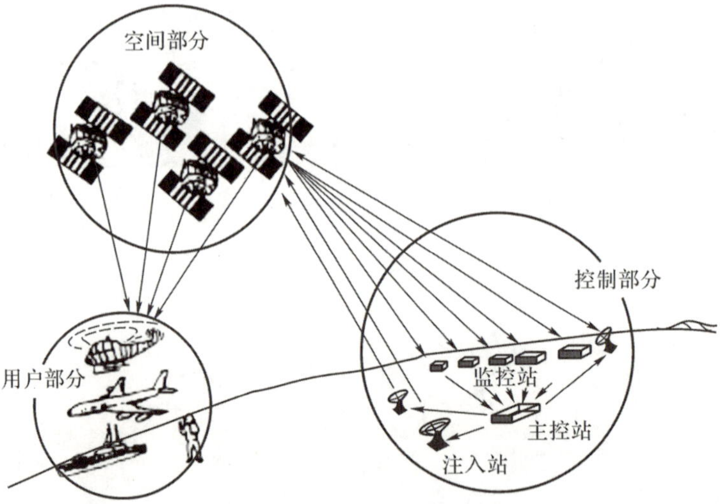

图2.6 全球定位系统（GPS）构成

2.2.1 空间部分

每颗GPS卫星均配有太阳能板，有利用吸收原子周期振动所发射的电磁波原理制作的原子钟，有无线电波发送器和接收器（两个天线）。Block Ⅱ/ ⅡA卫星随身装备4个原子钟，其中2个铯钟、2个铷钟。1个铯钟作为主要的计时器来控制GPS信号，其余备用。Block ⅡR卫星系统只有3个铷钟。卫星分布在6个轨道面内，编号从A到F，一个轨道平面含有4颗或者5颗卫星。卫星轨道离地面平均高度约为20200 km，轨道面与赤道面有55° 倾角，轨道偏心率为0.01，各轨道平面升交点（与赤道交点）

之间的角距为60°，相邻轨道之间的卫星还要彼此叉开40°。每颗卫星一天绕地球大约两周（一周时间为11 h58 min），不同卫星可以通过太空车辆号码（space vehicle number，SVN）或伪随机噪声（pseudo-random noise，PRN）码加以识别。

上述GPS卫星导航星座的空间设计配置，保障了在地球上任何地点、任何时刻均可以同时观测到至少4颗卫星（5°以上倾角至少提供6重覆盖，且星座具有很好的几何特性），加之卫星信号的传播和接收一般不受天气影响，因此，GPS是一种全球性、全天候的连续实时定位系统。

2.2.2 地面监控部分

在定位导航中，必须知道卫星的位置，而位置是由星历计算出来的。地面监控系统测量和计算出每颗卫星的星历，编辑为电文发送给卫星，然后由卫星实时地播送给用户，这就是卫星提供的广播星历。GPS的地面监控部分，主要由分布在全球的5个地面站组成，其中包括主控站、注入站和监测站。主控站，设在科罗拉多斯普林斯（Colorado Springs）的联合空间执行中心；3个注入站分别设在印度洋的迭戈加西亚（Diego Garcia）、南大西洋的阿森松岛（Ascension Island）和南太平洋的卡瓦加兰（Kwajalein）；5个监测站分别设在主控站、3个注入站以及夏威夷岛。

主控站除协调和管理地面监控系统的工作外，其主要任务是根据本站和其他监测站的所有观测资料，推算编制各卫星的星历（随时间变化的卫星空间坐标函数）、卫星钟差、状态参数和大气层的修正参数等，并将上述信息编辑为导航电文信息传送到注入站；对卫星健康状况进行诊断，调整偏离轨道的卫星，使之沿预定的轨道运行；启用备用卫星以代替失效的工作卫星。

注入站的主要设备包括两台直径为3.6 m的天线、一台波段发射机和一台计算机。其主要任务是在主控站的控制下，将主控站传送的导航电文和其他控制指令等信息，通过发射波段注入相应卫星的存储系统，并监测注入信息的正确性。

监测站的主要任务是对每颗卫星进行观测，并向主控站提供观测数据。监测站内设有GPS接收机、高精度原子钟、计算机和环境数据传感器，对每颗GPS卫星连续不断地进行观测，每6 s进行一次伪距测量和多普勒观测，采集气象要素等数据。监测站是无人值守的数据采集中心，受主控站控制，定时将观测数据传送到主控站。

整个GPS的地面监控部分（见图2.7），除主控站外均无人值守。各站间用现代化的通信网络联系起来，在原子钟和计算机的驱动和精确控制下，各项工作实现了高度的自动化和标准化。

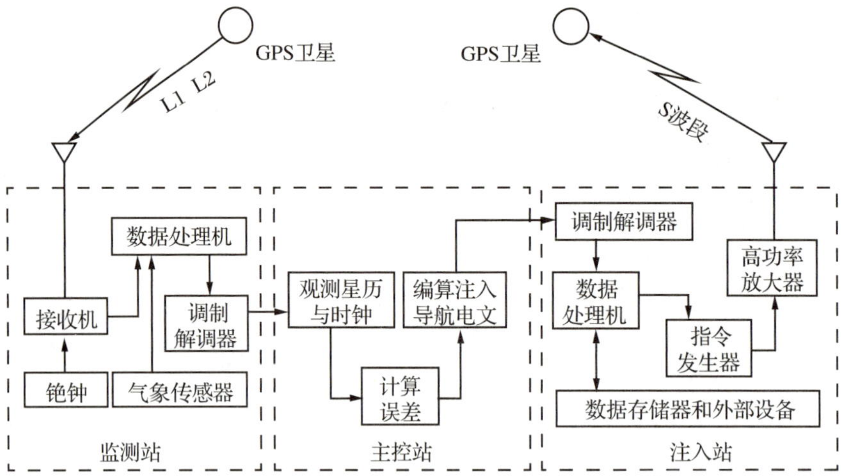

图2.7 GPS地面监控系统

2.2.3 用户设备部分

全球定位系统的空间部分和地面监控部分，是用户应用该系统进行定位的基础，而用户设备部分的主要任务是接收GPS卫星发射的无线电信号，以获得必要的定位信息及观测量，经数据处理完成定位工作。用户只有通过GPS接收机设备，才能实现应用GPS定位的目的。

GPS接收机是用户接收卫星信号的设备，定位质量与其有直接关系。衡量接收机的性能指标主要有：信号跟踪的通道数、跟踪信号种类、跟踪卫星数、定位精度、重捕信号时间、工作温度与湿度、体积、重量、天线类型及用途等。现在接收机主要部件已经集成化，用户可以单独购买接收机的集成芯片。对接收机采集到的数据，有实时数据处理和数据后处理两种处理方式。实时数据处理是接收机接收卫星信号后，在测站点直接通过微处理器进行数据运算与平差运算，得到三维测站点坐标信息。数据后处理是将采集到的数据存入存储器，在室内通过GPS计算软件进行计算，计算中可选择平差方法以及适当的参考数据。GPS接收机也可称为用户装置，主要由天线单元和接收单元组成。

（1）天线单元

天线单元由接收机天线和前置放大器组成。目前，GPS接收机天线有定向天线、偶极子天线、微带天线、一（二、四）线螺旋天线、圆锥螺旋天线等。这些天线各有利弊和特点，用户可根据需要选用。前置放大器是一种关键性元件，直接影响接收信号的信噪比，因此要求它具有噪声系数小、增益高和动态范围大的特点。

（2）接收单元

接收单元一般由信号通道单元、存储单元、计算和显示控制单元与电源等部分构成。

信号通道单元：主要功能是接收来自天线单元的信号，经过变频、放大、滤波等一系列处理过程，实现对GPS信号的跟踪、锁定、测量，提供计算位置的数据信息。

存储单元：为了达到差分定位和相对定位事后处理的要求，一些接收机能将实时定位的各种数据、原始观测量以及计算结果存储下来，供事后处理使用。

计算和显示控制单元：主要功能是工作开始时进行自检；根据采集到的星历、伪距观测值计算三维坐标和速度；通过人机界面交互或专用接口输出数据进行导航。

电源：GPS接收机采用直流电，既可以将镉镍蓄电池装在机内，也可以外接蓄电池。外接电池可自动对机内电池充电，此外，机内还装有专用锂电池，专门为机内时钟供电，或者为RAM存储器供电，以保证在关机后能保留存储数据。

目前，国际上适用于导航和测量工作的GPS接收机，已有众多手持式和机载式产品问世，且产品的更新很快。以下介绍在精细农业中常用的几种GPS接收机。

（1）Trimble（天宝）公司的AgGPS 132接收机

Trimble公司成立于1978年，是一家从事测绘技术开发和应用的高科技公司，主要生产GPS相关产品，已注册GPS专利超过512项，其产品在测绘、汽车导航、工程建筑、机械控制、资产跟踪、农业生产、无线通信平台、通信基础设施等众多领域得到应用。精细农业所采集的数据，如土壤类型、肥力、病虫害及农作物产量等，都依赖于精确的位置信息。Trimble AgGPS 132接收机（见图2.8）是用于精细农业的亚米级差分GPS接收机。

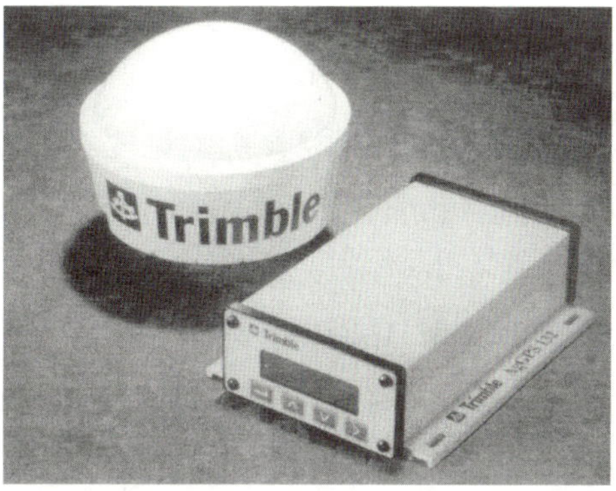

图2.8　AgGPS 132接收机

AgGPS 132是将一个GPS接收机、一个信标差分接收机和一个卫星差分接收机集成在同一外壳内，接收机通过一根电缆共用一个组合天线。这一配置极大地提高了差分GPS修正的精度、可靠性和可用性。

该接收机接收世界各国政府建立的导航信标参考站的广播信号。L波段卫星差分接收机需要向一个差分修正服务商预定差分服务，该接收机提供了对多个服务商的支持。内置虚拟参考站（virtual reference station，VRS），保证在卫星覆盖范围内卫星差分修正的精度一致，精度不会因与固定参考站距离的增加而降低。为了便于设置和安装，AgGPS 132设计了内嵌的显示器和键盘。DGPS修正数据和状态可以由两个内嵌差分修正接收机之一或外部差分修正源得到。AgGPS 132易于安装且可连接包括产量监视器、可调速率播种机、应用控制器及便携田间计算机在内的多种精细农业机械。

这种接收机可输出标准的NMEA 0183电文。用户可选的输出包括位置、速度、导航和状态信息，标准配置的接收机每秒输出一次位置，时延很短。对于在快速运动车辆上的应用，AgGPS 132可选择每秒输出10次位置，时延小于100 ms。AgGPS 132内置中频信标差分修正接收机是一个双通道、全数字、低噪声的接收机，它可从距离参考站数百英里①的地方接收差分修正信号。AgGPS 132包括一个具有改进电离层、对流层修正模型的12通道GPS接收机。它提供亚米级的差分定位精度及优于0.1 mi/h（0.16 km/h）的差分测速精度，因而没有必要配备外部速度传感器。位置计算采用了稳健的差分处理技术，能在开机后几秒钟内开始工作。

（2）Trimble公司Juno SB GPS接收机

Trimble公司的Juno SB GPS接收机，是具备数据采集器分析功能的小型掌上电脑。该设备有300万像素照相机、高灵敏度GPS接收机及可满足全天工作需要的高性能电池。Juno SB还集成了包括数码相机和高灵敏度GPS接收机在内的丰富的功能。例如，实时的图像拍照，通过蜂窝基站进行数据传输，还内置2～5 m精度的GPS接收机。

Juno SB GPS接收机（见图2.9）为野外移动作业设计，拥有Juno SB，无须再携带如数码相机、GPS接收机或掌上电脑等设备。作为Trimble GPS 系列，Juno SB兼容Trimble MApping & GIS的系列软件。Juno SB使用Windows Mobile 6.1 操作系统，包含移动版Word、Excel、Internet Explorer和Outlook，确保用户在内业和外业之间进行数据的无缝交换。

图2.9 Juno SB GPS接收机

（3）John Deere公司StarFire 3000接收机

John Deere公司创办于1837年，主要生产农业、建筑、森林机械设备和柴油引擎等，业务横跨全球多数农林地。用于车辆导航产品中的StarFire 3000（见图2.10），是一种55频道5频率全球导航卫星系统接收器。它能使用所有3个GPS 波段，并且可以使用 GLONASS和Galileo信号。它是一个全集成系统，不需要单独加装地形补偿模块就可提高导向精度。StarFire 3000有3个定位精度等级（见表2.1）。如果农业生产有需要，它即可升级到更高的精度，无须购买新接

① 1mi ≈ 1.609km。

收器。接收器位于机器驾驶室中，它通过单个接收器接收全球定位信号和差分修正信号，并集成这些信号以供系统使用。其地形补偿模块设置在接收机内，是一个导航辅助系统，与接收机一起使用，可以修正车辆的动态特性。例如，在斜坡、崎岖地形或变化的土壤条件中获取侧摆和俯仰角，以提高 GPS提供的车辆位置轨迹参数数据质量。

图2.10 StarFire 3000接收机

表2.1 StarFire 3000 的定位精度

信号	精度
SF1	± 23 cm（9 in）
SF2	± 5 cm（2 in）
RTK	± 2.5 cm（1 in）

（4）Swift公司的Piksi模块

Swift公司的Piksi模块，是一款低成本（$1000）、高性能的单频实时动态差分（real time kinernatic，RTK）接收机，可实现厘米级的相对定位精度。在开阔的周边环境下，经过RTK Fixed得到的动态水平定位精度可以达到2 cm，动态垂直精度可达4～6 cm。流动站与基准站的距离每增加1 km，水平和垂直精度则分别下降1 mm和3 mm，并且配套软件的用户界面开源，其外形小，功耗低，可快速获取位置信息，方便用户进行二次开发，非常适合集成到车辆自动导航和其他便携式测量设备中。

要实现厘米级的相对定位精度，达到农田车辆导航的使用需求，整个RTK系统至少需要两个Piksi模块。如图2.11所示，整个Piksi RTK系统包含：①2个GPS天线板；②2根USB线；③2根陶瓷天线，主要用来接收数据传输电台的信号；④2个数据传输电台，频率为915 MHz，实现观测值的互相传输；⑤4条备用串口线；⑥2根GPS外置Linx Technologies生产的高增益天线，灵敏度为38 dB，中心频率为1575.42 MHz；⑦2个Piksi 接收器；⑧2根电台线。目前在售的Piksi套件中无线电台频率有

915 MHz和433 MHz两种，用户可根据需要自行选择。

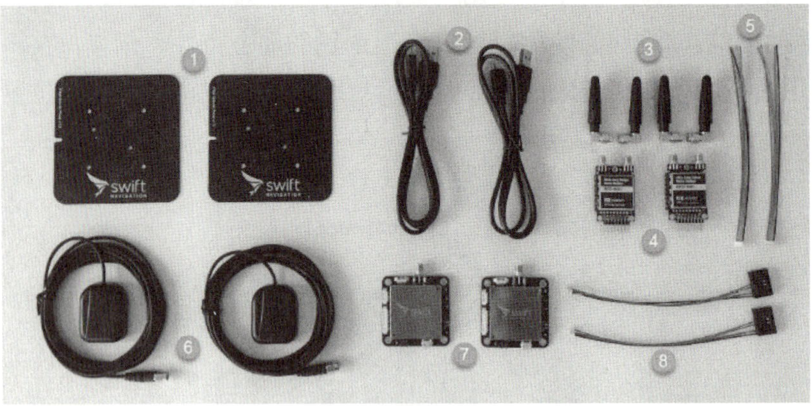

图2.11 Piksi模块

2.3 GPS基本原理和方法

2.3.1 GPS卫星信号

GPS卫星发射的信号由载波、测距码和导航电文三部分组成。可运载调制信号的高频振荡波称为载波，是一种周期性的正弦信号。传统GPS卫星发射两种频率的载波信号，由于它们均由卫星上的原子钟所产生的基准频率$f_0=10.23$ MHz、倍频154倍和120倍产生，并位于微波的L波段，故分别称为L1载波和L2载波，即频率为1575.42 MHz的L1载波和频率为1227.60 MHz的L2载波，它们的波长分别为19.03 cm和24.42 cm（见图2.12）。

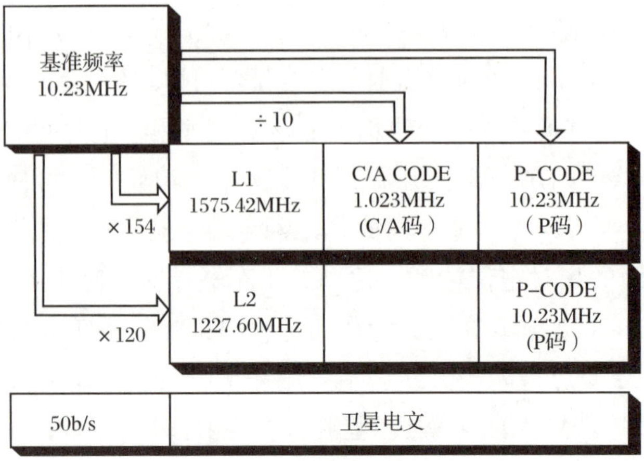

图2.12 GPS卫星信号构成

在无线电通信技术中，为了高质量传播信息，都是将频率较低的信号加载在频率较高的载波上，此过程称为调制。GPS卫星的L1和L2载波上携带着测距信号和导航电文，将其传送出去，可到达用户接收机。

在一般的通信中，当调制波到达用户接收机解调出有用信息后，便完成了载波的作用。但在全球定位系统中，载波除了能更好地传送测距码和导航电文这些有用信息外，在载波相位测量中它又被当作一种测距信号来使用（见图2.13）。其测距精度比伪距测量的精度高2～3个数量级。因此，载波相位测量在高精度定位中得到了广泛应用。采用两个不同频率载波的主要目的是较完善地消除电离层延迟。采用高频率载波的目的是更精确地测定多普勒频移和载波相位（对应的距离值），从而提高测速和定位的精度，减少信号的电离层延迟。电离层延迟与信号频率的平方成反比。

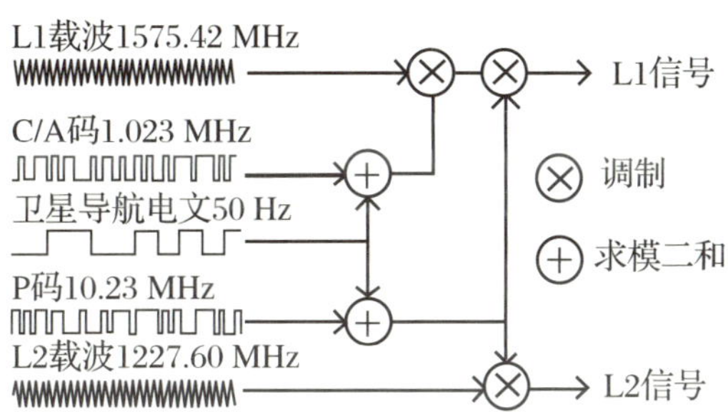

图2.13 GPS卫星信号调制

测距码是用于测定卫星与接收机间距的二进制码。GPS卫星中所用的测距码从性质上讲属于伪随机噪声码。它们看似一组取值（0或1）完全无规律的随机噪声码序列，其实是按确定编码规则编排起来的、可以复制的、具有周期性的二进制序列，且具有类似于随机噪声码的自相关特性。结构相同的随机码序列通过平移码元数，相应的码元相互对齐，易于测量。测距码是由若干个多级反馈移位寄存器所产生的m序列经平移、截短、求模二和等一系列复杂处理后形成的。因性质和用途的不同，在GPS卫星发射的测距码信号中有C/A和P（Y）码两种伪随机噪声码信号，各卫星所用的测距码互不相同。

C/A码（民用）又称为粗捕获码，被调制在L1载波上，是1.023 MHz的伪随机噪声码（PRN码）。C/A码是普通用户用以测定测站与卫星间的距离的一种主要的信号。P码（美国军方及特殊授权用户）又被称为精码，被调制在L1和L2载波上，是10.23 MHz的伪随机噪声码。P码被实施了加密，加密的方法是在P码中加入一种不明的W代码。加密后的代码被称为Y码，它和P码有一样的码速率。这种加密技术被称为反欺骗加密法（anti-spoofing，AS）。一般用户无法利用P码进行导航定位。

GPS卫星导航电文是用户利用GPS定位和导航所必需的基础数据。导航信息是以二进制码的形式按规定格式编码，以50 bps的速率（50 Hz频率）被加入作为二进制双相调制的载波L1和L2中，以“帧”为单位发给用户接收机。导航信息包括GPS卫星的坐标、卫星性能状态、卫星时钟校正、卫星年历、大气数据以及其他信息。每个卫星都会发送自己的导航信息和有关其他卫星状况的信息，例如卫星大致的位置和性能状态等。

GPS卫星导航能力的改进从2003年开始，改进后的卫星可发射三种新信号：一个新的L2民用信号（L2C）、一个位于1176.45 MHz的第3个民用信号（L5），一个新的军用信号码（M码）也将被叠加到L1和L2上。由于C/A码只调制在L1载波上，故无法精确地消除电离层延迟。在卫星上增设第二民用频率码L2C码后，民用用户也能补偿大气传输不定性误差，从而使民用导航精度提高到3 ～ 10 m。这些新增信号在提高用户定位精度的同时，也将增强接收机在干扰下的鲁棒性。如果一个信号遇到了强干扰，那么接收机就可以切换到另一个信号上。

2.3.2 GPS坐标系统

任何一项测量工作都离不开一个基准，都需要一个特定的坐标系统。由于GPS是全球性的定位导航系统，其坐标系统也必须是全球性的。为了使用方便，它是通过国际协议确定的，通常称为协议地球坐标系（conventional terrestrial system，CTS）。目前，GPS测量中所使用的协议地球坐标系是美国根据卫星大地测量数据建立的大地测量基准，称为1984世界大地坐标系（world geodetic system 1984，WGS-84）。GPS卫星发布的星历就是基于此坐标系的，用GPS所测的地面点位，如不经过坐标系的转换，也是此坐标系中的坐标。WGS-84世界大地坐标系的几何定义是：原点是地球质心，Z轴指向国际时间局1984年第一次公布的瞬时地极（BIH 1984.0）定义的协议地球极（conventional terrestrial pole，CTP）方向，X轴指向BIH 1984.0的零子午面和CTP赤道的交点，Y轴与Z轴、X轴构成右手坐标系，如表2.2所示。

表2.2 WGS-84坐标系定义

坐标系类型	地心坐标系
原点	地球质心
Z轴	指向国际时间局定义的BIH 1984.0的协议地球极方向
X轴	指向BIH 1984.0的零子午面与CTP赤道的交点
参考椭球	椭球参数采用1979年第17届国际大地测量与地球物理联合会推荐值
椭球长半径	α=（6378137 ± 2）m
椭球扁率	由相关参数计算的扁率：1/298.257223563

GPS接收器测定的空间位置信息以空间大地坐标系为坐标框架。空间大地坐标系是采用大地经度φ、大地纬度λ和大地高h表示地面点的空间位置信息的坐标系，

如图2.14所示。过地面点P椭球法线N的子午面在赤道平面上的投影，与本初子午线X的夹角，叫P点的大地经度。由本初子午面起算，向东为正，叫东经（0°～180°），向西为负，叫西经（0°～-180°）。过P点的椭球法线N与赤道面的夹角叫P点的大地纬度。由赤道面起算，向北为正，叫北纬（0°～90°），向南为负，叫南纬（0°～-90°）。从地面点P沿椭球法线到椭球面的距离叫大地高。

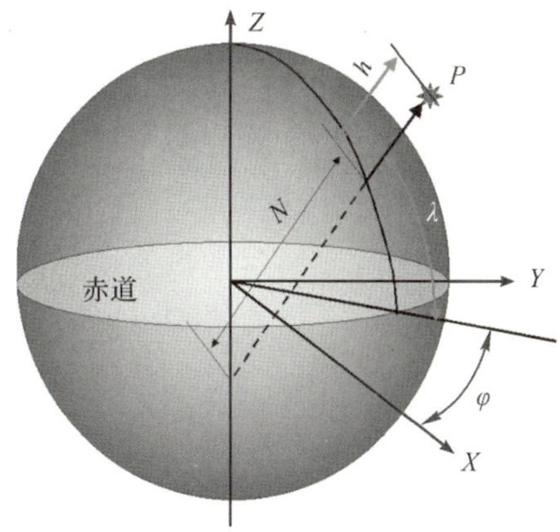

图2.14 大地坐标系

2.3.3 GPS基本原理

利用GPS定位，不管采用何种方法，都必须通过用户接收机来接收卫星发射的信号，并加以处理，获得卫星至用户接收机的距离，从而确定用户接收机的位置。GPS定位的关键是测定用户接收机天线至GPS卫星的距离。GPS卫星到用户接收机的观测距离，由于各种误差源的影响，并非真实地反映卫星到用户接收机的几何距离，而是含有误差，这种带有误差的GPS观测距离称为伪距。由于卫星信号含有多种定位信息，根据不同的要求和方法，可获得不同的观测量。目前，在GPS定位测量中，广泛采用的测量方法为测码伪距测量（码相位测量）和测相伪距测量（载波相位测量）。

（1）测码伪距测量

GPS卫星能够按照星载时钟发射结构为伪随机噪声码的信号，称为测距码信号（即粗码C/A码或精码P码）。该信号从卫星发射经信号传播时间Δt后，到达接收机天线（见图2.15）。

实际上，由于传播时间Δt中包含卫星时钟与接收机时钟不同步的误差，测距码在大气中传播的延迟误差等，因此求得的距离值并非真正的站星几何距离，习惯上称之为伪距，用ρ表示，与之相对应的定位方法称为伪距法定位。卫星至接收机的空间几何距离$\rho=c\cdot\Delta t$，其中c为光速。

伪距测量的精度与测量信号（测距码）的波长及其与接收机复制码的对齐精度有关。目前，接收机的复制码精度一般取1/100，而公开的C/A码码元宽度（即波长）为293 m，故上述伪距测量的精度最高仅能达到3 m（293/100≈3 m），难以满足高精度测量定位工作的要求。

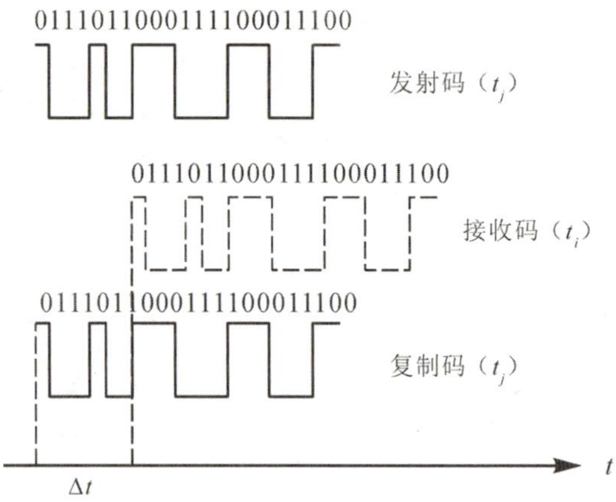

图2.15 码相位观测量

（2）测相伪距测量

利用GPS卫星发射的载波为测距信号。由于载波的波长（$\lambda_{L1}=19.03$ cm，$\lambda_{L2}=24.42$ cm）比测距码波长要短得多，因此对载波进行相位测量，能得到较高的测量定位精度，如图2.16所示。载波相位测量观测方程中，除增加了整周未知数外，与伪距测量的观测方程在形式上完全相同。

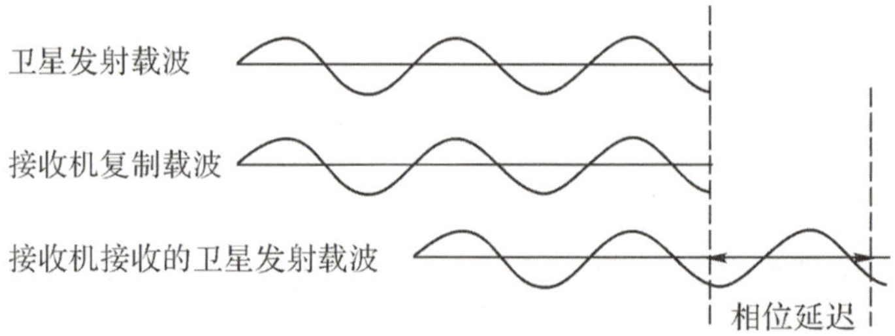

图2.16 载波相位测量

2.3.4 GPS定位中的误差源

（1）卫星定位中的几种误差

GPS定位中出现的各种误差按误差源的不同，可分为以下三类。

①与卫星有关的误差

卫星星历误差：由卫星星历给出的卫星位置与卫星实际位置之差称为卫星星历误差。星历误差的大小主要取决于卫星定轨系统的质量，如定轨站的数量及其地理分布、观测值的数量及精度、定轨时所有的数学力学模型和定轨软件的完善程度等。此外与星历的外推时间间隔（实测星历的外推时间间隔可视为零）也有直接关系。在影响GPS测量精度的众多误差源中，轨道误差是主要误差源。

卫星钟的钟误差：卫星上虽然使用了高精度的原子钟，但它们也不可避免地存在误差，这种误差既包含系统误差（如钟差、钟速、频漂等偏差），也包含随机误差。系统误差远较随机误差的值大，而且可以通过检验和比对来确定，可通过模型加以修正；而随机误差只能通过钟的稳定度来描述其统计特性，无法确定其符号和大小。

②与信号传播有关的误差

与GPS信号传播有关的误差主要是大气层折射误差（包括电离层延迟和对流层延迟）和多路径误差。

电离层延迟：电离层（含平流层）是高度为80～400 km的大气层（见图2.17）。在太阳紫外线、X射线、高能粒子的作用下，该区域内的气体分子和原子将产生电离，形成自由电子和正离子。带电粒子的存在将影响无线电信号的传播，使传播速度发生变化，传播路径产生弯曲，从而使信号传播时间Δt与真空中光速c的乘积不等于卫星至接收机的几何距离，产生所谓的电离层延迟。电离层延迟取决于信号传播路径上的总电子含量（total electron content，TEC）和信号的频率f，而TEC又与时间、地点、太阳黑子数等多种因素有关。测距码（伪距）观测值和载波相位观测值所受到的电离层延迟大小相同，但符号相反。

对流层延迟：对流层是高度在80 km以下的大气层，整个大气中的绝大部分质量集中在对流层。GPS卫星信号在对流层中的传播速度$V=c/n$。其中，c为真空中的光速，n为大气的折射率，其值取决于气温、气压和相对湿度等因子。此外，信号的传播路径也会产生弯曲。上述原因使距离测量值产生的系统性偏差称为对流层延迟。对流层对测距码（伪距）和载波相位观测值的影响是相同的。

多路径误差：经某些物体表面反射后到达接收机的信号，如果与直接来自卫星的信号叠加干扰后进入接收机，就将使测量值产生系统误差，称为多路径误差，如图2.18所示。多路径误差对测距码（伪距）观测值的影响要比对载波相位观测值的影响大得多。多路径误差取决于测站周围的环境、接收机的性能以及观测时间的长短。

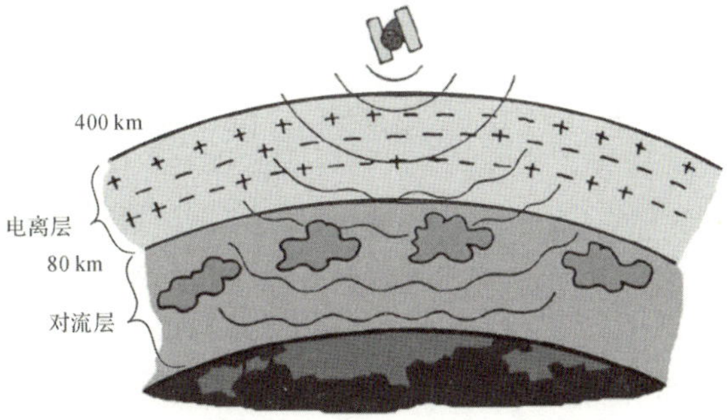

图2.17 大气层折射误差

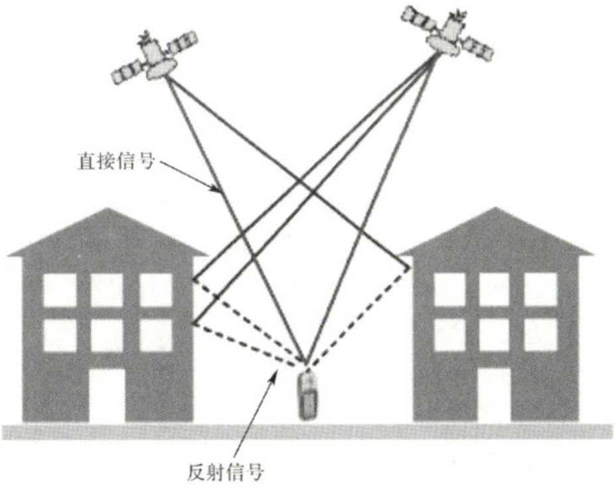

图2.18 多路径误差

③与接收机有关的误差

接收机的钟误差：与卫星钟一样，接收机也有钟误差。由于接收机大多采用的是石英钟，所以其钟误差较卫星钟更为显著。该项误差主要取决于钟的质量，与使用时的环境也有一定关系。它对测码伪距观测值和载波相位观测值的影响是相同的。

接收机的位置误差：在进行授时和定轨时，接收机的位置是已知的，其误差将使授时和定轨的结果产生系统误差。该项误差对测码伪距观测值的影响是相同的。进行GPS基线解算时，需已知其中一个端点在WGS-84坐标系中的坐标，已知坐标的误差过大也会对解算结果产生影响。

接收机的测量噪声：这是指用接收机进行GPS测量时，因仪器设备及外界环境影响而引起的随机测量误差，其值取决于仪器性能及作业环境的优劣。一般而言，测量噪声的值均小于上述的各种偏差值。观测足够长的时间后，测量噪声的影响通常可以忽略不计。

（2）卫星的几何精度测量

前面讨论的各种类型的误差和偏差直接影响GPS的定位精度，然而这些不是唯一的影响因素。接收机接收到的卫星的几何特征形状对于定位精度也起到重要的作用。总的来说，卫星在空中伸展得越开，其几何形状就越好，反之亦然。图2.19是两颗卫星的几何位置影响示意图。接收机被置于两个圆弧的交点处，每个圆弧是以卫星为中心、接收机和卫星的距离为半径。测量误差导致的接收机和卫星的距离的不准确性，会致使出现待测量距离的不确定区域。综合来自两个卫星的测量值的重叠区域可以看到，如果两个卫星距离较远，不确定区域的尺寸比较小，卫星的几何特性就好，计算出来的接收器位置就会精确，如图2.19（a）所示。同样，如果两个卫星彼此距离较近，不确定区域比较大，卫星的几何特性就差，如图2.19（b）所示。

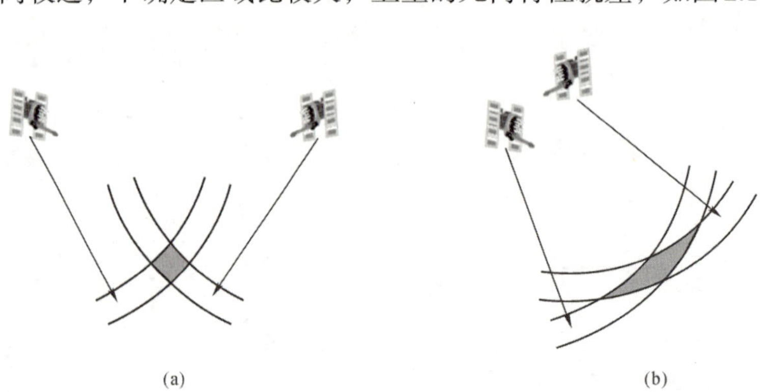

图2.19　两颗卫星的几何位置影响

卫星的几何特征形状可以通过一个叫作精度衰减因子（dilution of precision，DOP），或称精度弥散的无量纲数来测量，表示定位误差是测距误差的多少倍。DOP

数值越小，几何特性就越好，反之亦然。由于卫星和接收器的相对运动，DOP数值也随着时间的变化而变化。在实际应用中，根据不同用户的需要，会使用不同种类的DOP数据形式。一般用户通过位置精度弥散（position dilution of precision，PDOP）的值来检验卫星在三维定位（纬度、经度、海拔）上的几何特性，即PDOP代表了卫星几何特性对三维定位精度的贡献。PDOP可以被分解为两部分：二维平面坐标分量的水平面精度弥散（horizontal dilution of precision，HDOP）和高程分量的垂直面精度弥散（vertical dilution of precision，VDOP）。前者代表在定位精度水平方向上的卫星几何特性（见图2.20），而后者表示定位精度在竖直方向上的卫星几何特性。因为GPS用户只能追踪那些在地平线以上的卫星，所以VDOP值总是大于HDOP值。为了保证观测的质量，实际上PDOP值一般要求在4以下才采集数据。其他DOP的形式有描述时间误差的时间精度弥散（time dilution of precision，TDOP）和几何精度弥散（geometrical dilution of precision，GDOP）。GDOP是PDOP和TDOP作用的综合指标。

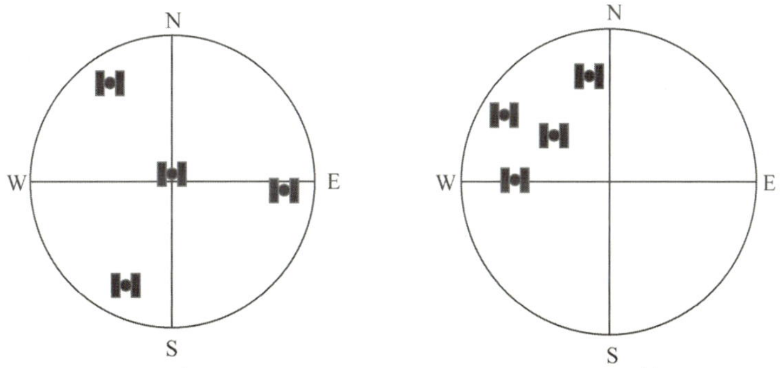

（a）好　　（b）不好

图2.20　卫星在平面投影下的几何特性

2.3.5　差分GPS

不论是测码伪距绝对定位还是测相伪距绝对定位，均受卫星星历误差、接收机钟与卫星钟同步差、大气折射误差等误差的影响，导致其定位精度较低。虽然对这些误差已做了一定的处理，但是实践证明绝对定位的精度仍不能满足精密定位测量的需要。为了进一步消除或减弱各种误差的影响，提高定位精度，一般采用差分定位法。

差分定位法是在已知三维坐标的基准站上设置GPS接收机，求出观测值的校正值，并将校正值通过无线电通信实时发送给各位置的待测点，对其接收机的观测值进行修正来提高实时定位精度的一种方法。它采用的是单点定位模型，但同时需要多台接收机，在基准站和流动站之间进行同步观测，利用误差的相关性来提高定位精度。差分定位是同时具有单点定位和相对定位特性的定位模式。

（1）GPS动态差分实时定位系统组成

GPS动态差分实时定位系统由基准站、流动站和无线电通信链三部分组成，如图2.21所示。

① 基准站。在已知三维坐标的测站点上安置GPS接收机，接收卫星定位信息，并实时提供差分修正信息。

② 流动站。GPS接收机随待测点流动，接收卫星定位信息，并实时接收基准站输送来的修正信息进行实时定位。

③ 无线电通信链。无线电通信链将基准站差分修正信息传输到流动站。

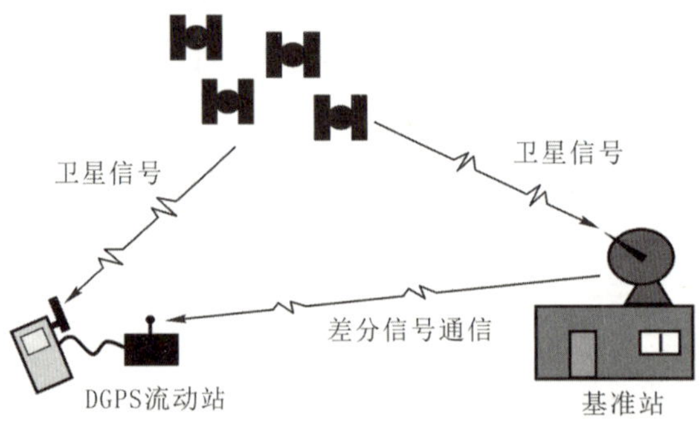

图2.21 GPS动态差分实时定位系统

（2）GPS动态差分实时定位方法

GPS动态差分实时定位方法主要有以下三种。

① 位置差分。将基准站上GPS接收机单点定位得到的坐标值，与已知坐标值求差，所得结果作为差分修正值，要求基准站接收机接收到的卫星个数完全与流动站接收机接收到的卫星个数相一致，其定位精度可达5～10 m。

② 伪距差分。利用基准站已知坐标值和卫星星历求得的伪距值，与GPS接收机测得的伪距值求差作为差分修正值。由于伪距差分修正值分别对每颗卫星进行修正，因此，当基准站与流动站接收机接收到的卫星个数不完全一致时，也可以进行差分修正。只要有4颗相同卫星即可，其定位精度取决于差分卫星个数和卫星空中分布状况，精度可达3～10 m。

③ 载波相位差分。将载波相位观测值通过数据链传输到流动站，然后由流动站（GPS接收机）进行载波相位定位，其定位精度可达厘米级。

（3）差分GPS常用的信号资源

差分GPS常用的信号资源（Daniel et al.，2010）有以下几种。

① 美国海岸警卫队的调幅AM差分信号Beacon。为提高航运系统的导航精度，美国海岸警卫队（U.S. Coast Guard）沿美国海岸建立了2个控制中心和80多个基站，

传播短波Beacon信标差分信号，波段为285～325 kHz。该系统于1999年3月正式启用，每个基站信号覆盖322～483 km，信号更新频率约为4.2 s/次，差分信息免费，定位精度为1～3 m，离基站越近，纠错越准确。后来，此信号被国际海事无线电技术委员会定为全球航行导航信号，编码为RTMC-SC104。

② 自建调频FM差分信号。用户自主建基站，发送指定调频FM差分信号，如图2.22所示。所需设备包括FM发送/接收机和一台GPS接收机，覆盖半径一般小于100 km，信号更新频率为1 s/次。

图2.22 自建调频差分信号基站

③商业卫星差分信号服务。商业卫星差分信号服务系统由5个部分组成：全球基站网络、数据处理中心、注入站、地球同步卫星、用户接收机。全球基站网络每时每刻都在接收来自GPS卫星的信号，经过数据处理中心处理后生成差分的修正数据，通过数据通信链路传送到卫星注入站并上传至同步卫星，向全球发布。用户端的GPS接收机在获得GPS卫星测量值的同时也接收同步卫星修正数据信号。这些修正数据信号从高空发射，干扰小，数据稳定可靠。要接收此类差分信号，除必须购买相应的卫星信号接收器外，接收差分信号还需要收取年费。

OmniSTAR是由Fugro公司开发和运营的一套可以覆盖全球的商业卫星差分信号服务系统。该系统通过分布在世界各地的地面基站测定GPS系统的误差，由分别位于美国、欧洲和澳大利亚的3个控制中心站对各基站的数据进行分析和处理，并将经分析确认后的差分改正数据注入INMARSAT同步卫星，再通过卫星传送给世界用户，实现精度误差为0.1～1 m的实时定位。类似的星站差分系统还有NAVCOM公司的StarFire等。

2003年，美国国家航空航天局宣布广域差分增强系统（wide area augmentation system，WAAS）正式运行，用于提高覆盖区域内的航空飞行导航的精确性和完好性。WAAS 包含了几十个地面参考基站，散布于美国境内以及周边地区，负责监控 GPS 卫星的资料，其中2个分别位于美国东西岸的主站台，主要负责搜集其他站台传来的资料，并据此计算出GPS卫星的轨道偏移量、电子钟误差，以及由大气层及电离层所造成的信息延迟时间，汇总后上传至赤道上空的静地轨道卫星。静地轨道卫星使用与GPS卫星信号相同的L1频率通道传送给用户差分数据。用户使用时不需要额外安装天线，不需要建立基站，也不需要占用额外的信息通道。与此相似的系统，还有日本的MSAS、欧洲的EGNOS等。

2.3.6 GPS数据格式

GPS接收机能提供ASCII和二进制两种形式，其中ASCII码为NMEA-0183。NMEA-0183是美国国家海洋电子协会（National Marine Electronics Association，NMEA）专为GPS数据输出拟定的标准格式。现在几乎所有的GPS接收机均采用了这一标准，并可以输出多种数据格式，如GGA、ZDA、GLL、GSA、GSV、VTG等，其中$GPGGA是最常用的一种数据格式，如图2.23所示。

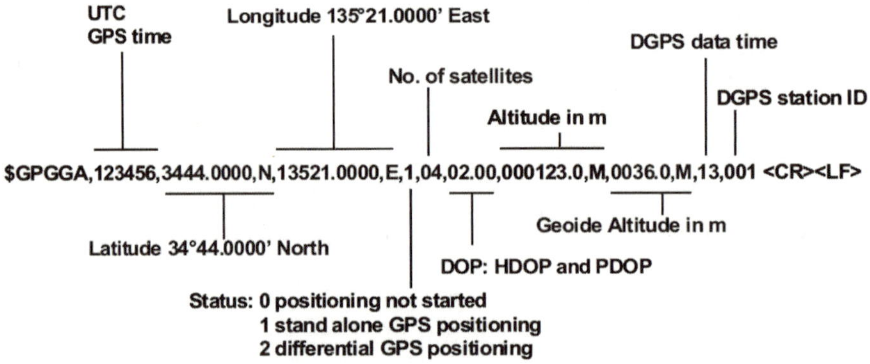

图2.23　GPGGA数据格式

$GPGGA 语句字段包括：语句标识头、世界时间（UTC）、纬度、纬度半球、经度、经度半球、定位质量指示、使用卫星数量、卫星水平几何精度、海拔高度、高度单位、大地水准面高度、高度单位、差分GPS数据期限、差分参考基站标号、校验和结束标记（用回车符<CR>和换行符<LF>），分别用14个逗号进行分隔。

该数据帧的结构及各字段释义如下：

$GPGGA，<1>，<2>，<3>，<4>，<5>，<6>，<7>，<8>，<9>，M，<10>，M，<11>，<12> <CR> <LF>

$GPGGA：起始引导符及语句格式说明；

<1> UTC时间，即英国格林尼治（Greenwich）时间，格式为hhmmss.sss；

<2> 纬度，格式为ddmm.mmmm；

<3> 纬度半球，N或S（北纬或南纬）；

<4> 经度，格式为dddmm.mmmm；

<5> 经度半球，E或W（东经或西经）；

<6> 定位质量指示，（0=没有定位，1=实时GPS，2=差分GPS，等）；

<7> 使用卫星数量，从00到12；

<8> 卫星水平几何精度衰减因子；

<9> 天线离海平面的高度，单位为米；

<10> 大地水准面高度，单位为米；

<11> 差分GPS数据期限，即最后传送的差分GPS信号的持续时间，单位为秒；

<12> 差分基站的位置标号信息（ID）；

<CR> 回车；

<LF> 换行。

2.3.7 GPS定位信息由大地坐标转换为平面导航坐标

通过GPS测量获得的是WGS-84坐标系下的三维经纬度和海拔高度信息，而在实际动态轨迹测量工作中，经常需要将定位信息转换至起始点为原点的东西南北方向的平面直角坐标系中。此转换的目的在于，将GPS接收机获得的物体在世界大地坐标系上的位置信息转换成便于对物体运行轨迹做评估分析的导航系统参照的局部相切平面坐标（站心地平直角坐标系）数据。整个转换分成两个步骤：一是将数据从世界大地坐标系转换为地心地固坐标系；二是将数据从地心地固坐标系转换到导航系统参照的局部相切平面坐标。

地心地固坐标系的球心与大地坐标系的球心位于同一位置。它的X轴为本初子午圈（经度为0°）与赤道平面（纬度为0°）的交线，Z轴是由球心向正北极发出的射线，Y轴根据右手法则确定得到，如图2.24（a）所示。图2.24（b）为导航系统参照的局部相切平面坐标系。它的三个直角坐标轴分别为：东（E）、北（N）和高度（D）。此坐标系通常用于显示在球面地图上的数据信息。在车辆导航时，通常将车辆的起始点作为局部相切平面坐标原点，用相应位置点与地球表面相切的平面作为导航系统参照的局部相切平面坐标系。

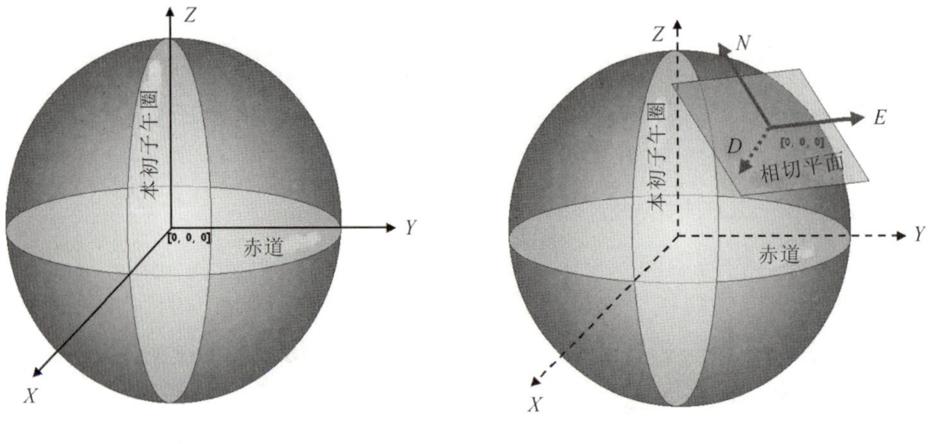

（a）地心地固坐标系　　　　（b）局部相切平面导航坐标系

图2.24　地心地固坐标系和局部相切平面导航坐标系

在进行转换之前，首先要选择椭圆体作为参照来模拟地球形状。在本转换中，选用WGS-84球体模型，它的相关参数数据如下。

长半轴长度：a=6378137（m）

短半轴长度：$b=a(1-f)$=6356752（m）

椭圆体扁平率：$f=\dfrac{a-b}{a}$=0.00335

偏心率：$e=\sqrt{f(2-f)}$=0.0818

法线长度：$N(\lambda)=\dfrac{a}{\sqrt{1-e^2\sin^2\lambda}}$（m）

从大地坐标系转换为地心地固坐标系，可以用下列公式表述：

$$X=(N+h)\cdot\cos\lambda\cdot\cos\varphi$$

$$Y=(N+h)\cdot\cos\lambda\cdot\sin\varphi$$

$$Z=[N(1-e^2)+h]\cdot\sin\lambda$$

在转换过程中，局部相切平面坐标原点必须给予确定。通常将起始点的转换坐标最终定义为（X_0，Y_0，Z_0），作为相切平面坐标原点。将数据从地心地固坐标系转换到导航系统参照的局部相切平面坐标的转换公式为：

$$\begin{bmatrix}\text{North}\\\text{East}\\\text{Down}\end{bmatrix}=\begin{bmatrix}-\sin\lambda\cdot\cos\varphi & -\sin\lambda\cdot\sin\varphi & \cos\lambda\\-\sin\varphi & \cos\varphi & 0\\-\cos\lambda\cdot\cos\varphi & -\cos\lambda\cdot\sin\varphi & -\sin\lambda\end{bmatrix}\begin{bmatrix}X-X_0\\Y-Y_0\\Z-Z_0\end{bmatrix}$$

这样，GPS得到的位置信息（λ，φ，h），可转换得到物体的局部相切平面坐标系位置信息。

如果田间两点的距离较近（通常两点的经度或纬度的差值小于1分），则可用以下公式分别计算出两点在东西方向和南北方向上的距离（Srivastava et al.，2006）。

$$X-X_0=K_x\ (\mathrm{Lon}-\mathrm{Lon}_0)$$

$$Y-Y_0=K_y\ (\mathrm{Lat}-\mathrm{Lat}_0)$$

式中，$X-X_0$是两点在东西方向的距离，单位为米；$Y-Y_0$是两点在南北方向的距离，单位为米；Lat是用弧度表示的纬度；Lon是用弧度表示的经度；（X_0，Y_0）是起点。

$$K_x=\frac{a\cos(\mathrm{Lat}_0)}{[1-e^2\sin^2(\mathrm{Lat}_0)]^{0.5}}$$

$$K_y=\frac{a(1-e^2)}{[1-e^2\sin^2(\mathrm{Lat}_0)]^{1.5}}$$

$$e=\sqrt{1-\frac{b^2}{a^2}}$$

式中，赤道半径a=6378135m；极半径b=6356750m。

2.3.8 GPS静态定位精度评价

利用坐标转换后局部相切平面系的坐标，可以计算出水平面上各个测量点到真实点的坐标。评价GPS静态定位精度主要有3个指标，分别为圆概率误差（circular error probable，CEP）、均方根误差（root mean square，RMS）、2倍均方根误差（two times distance root mean square，2DRMS）。涉及的相关参数分别是：各个测量点距真实点坐标距离的平均值（μ），以及上述距离的标准差（σ）。GPS的静态位置误差符合正态分布，约68%数值分布在距离真实点平均值1个标准差以内的范围，约95%数值分布在距离真实点平均值2个标准差以内的范围，约99%数值分布在距离真实点平均值3个标准差以内的范围。按照正态分布的原理，CEP、RMS、2DRMS分别代表测量点以50%、68%、95%的概率落在特定半径的圆内，其中半径的数值大小可以作为GPS静态定位精度的评估指标。

相应评价指标的计算公式如下：

$$\mathrm{CEP}=\mu+0.68\sigma$$

$$\mathrm{RMS}=\mu+\sigma$$

$$\mathrm{2DRMS}=\mu+2\sigma$$

2.4 GPS系统的特点及其应用

2.4.1 GPS系统的特点

GPS可为各类用户连续提供动态目标的位置、三维速度及时间信息。GPS测量主要特点如下。

（1）功能多、用途广

GPS系统不仅可用于测量、导航，还可用于测速、测时。测速的精度可达0.1 m/s，测时的速度可达几十毫微秒，而且GPS卫星信号本身是免费的，其应用领域正在不断扩大。

（2）定位精度高

在实时动态定位和实时差分定位方面，定位精度可达到厘米级和分米级，能满足各种工程测量的要求，其精度如表2.3所示。根据2008年GPS系统标准定位服务（standard positioning service，SPS）性能标准，定位精度为：水平误差≤9m（2σ），垂直误差≤15m（2σ）。随着GPS局部和区域增强的应用，以及GPS现代化过程中新的信号和频率的增加，其实际服务性能优于标准值。

表2.3 GPS实时定位、测速与测时精度

测距码	单点定位/m	差分定位/m	测速/$m \cdot s^{-1}$	测时/ns
P码	5～10	1	0.1	100
C/A码	10～15	3～5	0.3	500
L1/L2		0.02		

（3）实时定位

利用全球定位系统进行导航，即可实时确定运动目标的三维位置和速度，实时保障运动载体沿预定航线运行，亦可选择最佳路线。特别是对军事上动态目标的导航，具有十分重要的意义。

（4）观测时间短

目前，采用实时动态定位模式，根据定位精度要求的不同，一般GPS设备所需观测时间在几秒钟到几十分钟不等，且观测过程和数据处理过程均是高度自动化的。流动站初始化标定后，可随时定位，每站观测仅需几秒钟。

（5）选点灵活、费用低

经典测量技术既要保持良好的通视条件，又要保障测量控制网的良好图形结构。而GPS测量空间视野只要求为地平面15°以上倾角，与卫星保持通视即可，并不需要观测站之间相互通视，因而不再需要建造觇标。这一优点即可大大减少测量工作的经费和时间（一般造标费用占总经费的30%～50%）。同时，也使选点工作变得非常灵活，完全可以根据工作的需要来确定点位，可省去经典测量中的传算点、过渡点的测量工作。

（6）操作简便

GPS测量的自动化程度很高。对于“智能型”接收机，在观测中测量员的主要

任务只是安装并开关仪器、量取天线高、采集环境的气象数据、监视仪器的工作状态，而其他工作，如卫星的捕获、跟踪观测和记录等均由仪器自动完成。结束观测时，仅需关闭电源，收好接收机，便完成野外数据采集任务。如果在一个测站上需要做较长时间的连续观测，还可实行无人值守的数据采集。通过网络或其他通信方式，将所采集的观测数据传送到数据处理中心，实现全自动化的数据采集与处理。GPS用户接收机一般是天线、主机、电源组合在一起的一体机，其重量较轻，体积较小，自动化程度较高，携带和搬运都很方便。

（7）可提供全球统一的三维地心坐标

经典大地测量对平面和高程采用不同方法分别施测。GPS测量中，在精确测定观测站平面位置的同时，可以精确测量观测站的大地高程。GPS测量的这一特点，不仅为研究大地水准面的形状和确定地面点的高程开辟了新途径，同时也为其在航空物探、航空摄影测量及精密导航中的应用提供了重要的高程数据。GPS定位是在全球统一的WGS-84坐标系统中计算的，因此，全球不同点的测量结果是相互关联的。

（8）全球全天候作业，能容纳无数用户

GPS卫星较多，且分布均匀，保证了全球地面被连续覆盖，可以在地球上任何地点、任何时候进行观测工作。通常情况下，除雷雨天气不宜观测外，观测工作一般不受天气的影响。因此，GPS定位技术的发展是对经典测量技术的一次重大突破。一方面，它使经典的测量理论与方法产生了深刻的变革；另一方面，也进一步加强了测量学与其他学科之间的相互渗透，从而促进了测绘科学技术的现代化发展。

2.4.2 GPS的应用

实践证明，GPS系统是一个高精度、全天候和全球性的无线电导航、定位和定时的多功能系统。它已经发展成为多领域、多模式、多用途、多机型的高新技术国际性产业，遍及国民经济各部门，并已深入人们的日常生活中。

（1）GPS在海上导航中的应用

卫星技术用于海上导航可以追溯到20世纪60年代的第一代卫星导航系统——子午仪卫星系统（Transit）。目前的海上导航已经成为GPS导航应用的大用户（见图2.25），其分类标准也各不相同，若按照航路类型划分，GPS航海导航可以分为远洋导航、海岸导航、港口导航、内河导航、湖泊导航五大类。

不同阶段或区域，对航行安全要求也因环境的不同而不同，但都是为了保证最小的航行交通冲突，最有效地利用日益拥挤的航路，保证航行安全，提高交通运输效益，节约能源。

图2.25　GPS港口航标基站

（2）GPS在航空导航中的应用

卫星导航技术真正用于航空导航可以说是始于GPS系统。按航路类型或飞机类型划分，可以分为洋区空域航路、内陆空域航路、终端区导引、进场/着陆、机场场面监视和管理以及农业、林业等特殊区域导航。不同的航路段及不同的应用场合，对导航系统的精度、完善性、可用性、服务连续性的要求不尽相同，但都要保证飞机飞行安全和有效利用空域（见图2.26）。

（3）GPS在陆地车辆导航中的应用

GPS导航系统与电子地图、无线电通信网络及计算机车辆管理信息系统相结合，可以实现车辆跟踪和交通管理等多种功能（见图2.27）。

图2.26　GPS飞机导航

图2.27　GPS车辆导航

① 车辆跟踪

利用GPS和电子地图可以实时显示车辆的实际位置信息，并可任意放大、缩小、还原、换图；可以随目标移动，使目标始终保持在屏幕上；还可实现多窗口、多车辆、多屏幕同时跟踪，利用该功能可对重要车辆和货物进行跟踪运输。

② 提供出行路线的规划和导航

规划出行路线是汽车导航系统的一项重要功能，包括自动线路规划和人工线路设计。

自动线路规划：由驾驶员确定起点和终点，由计算机软件按照要求自动设计最佳行驶路线，包括最快的路线、最简单的路线、通过高速公路路段次数最少的路线等。

人工线路设计：由驾驶员根据自己的目的地设计起点、途经点和终点等，自动建立线路库。线路规划完毕，显示器能够在电子地图上显示设计线路，并同时显示汽车运行路径和运行方法。

③ 信息查询

为用户提供主要物标，如旅游景点、宾馆、医院等数据库，用户能够在电子地图上根据需要进行查询。查询资料可以文字、语言及图像的形式显示，并在电子地图上显示其位置。同时，监测中心可以利用监测控制台对区域内任一目标的所在位置进行查询，车辆信息将以数字形式在控制中心的电子地图上显示出来。

④ 话务指挥

话务指挥中心可以监测区域内车辆的运行状况，对被监控车辆进行合理调度。话务指挥中心也可随时与被跟踪目标通话，实行管理。

⑤ 紧急援助

通过GPS定位和监控管理系统可以对遇到险情或发生事故的车辆进行紧急援助。监控台的电子地图可显示求助信息和报警目标，规划出最优援助方案，并以报警声、光的形式提醒值班人员进行应急处理。

（4）GPS在气象学中的应用

GPS技术经过20多年的发展，其应用研究领域得到了极大的扩展，其中一个重要的应用领域就是气象学研究。利用GPS理论和技术来遥感地球大气，进行气象学的理论和方法研究，如测定大气温度及水汽含量、监测气候变化等，叫作GPS气象学。气象学研究将给天气预报、气候和全球环境变化监测等领域产生深刻的影响。

① 天气预报

数值天气预报模式必须用三维温、压、湿和风数据作为初始值。目前提供这些初始化数据的探测网络的时空密度极大地限制了预报模式的精度。无线电探空资料一般只在陆地上存在，而在重要的海洋区域，资料极为缺乏。即使在陆地上，探测一般也只是每隔12 h进行一次。虽然目前气象卫星资料可以反演得到温度轮廓线，但这些轮廓线有限的垂直分辨率使得它们对预报模式的影响相当小。而利用GPS气象观测系统，可以进行全天候的全球探测，加上观测值的高精度和高垂直分辨率，可以提高数值天气预报的准确性和可靠性。

② 气候和全球环境变化监测

全球平均温度和水汽是全球气候变化的两个重要指标。与当前的传统探测方法相比，GPS气象探测系统能够长期稳定地提供相对高精度和高垂直分辨率的温度轮廓线，尤其是在对流层顶和平流层下部区域。更重要的是，从GPS气象数据计算得到的大气折射率是大气温度、湿度和气压的函数，因此可以直接把大气折射率作为“全球变化指示器”。

③ 其他应用

GPS气象观测数据有可能以足够的时空分辨率来分析全球电离层对信号传输的影响，这将有助于电离层/热层系统中许多重要的动力过程及其与地气过程关系的研究。GPS气象提供的温度轮廓线还可以用于其他的卫星应用系统，如遥感系统中需要提供精确的温度轮廓线，利用GPS气象数据可以很好地满足这一要求。

（5）GPS在军事中的应用

从作战指挥的实质来看，今天的作战指挥与历史上的作战指挥活动并无本质区别，都是指挥员运用兵力在一定的空间和时间内达成一定目的的活动。在作战中，对兵力、兵器、时间和空间位置的定位、控制是完成作战任务的基本前提。在科学技术不发达的时代，这是一个难题，战争史上兵力迷失方向、找错部队、机动失误等现象不胜枚举，而全球导航定位系统的建立从根本上解决了这一问题。

通俗地说，建立卫星导航系统，就是织造一张覆盖全球的“天眼”网络，对于提升国防实力，其重要性不言而喻。借助全球导航定位系统提供准确的时间和频率，战斗机、轰炸机、侦察机和特种作战飞机可以全天候准确无误地执行任务；坦克编队可在没有特征的沙漠地带完成精确的导航；扫雷部队可安全通过雷区、准确测定布雷位置以便将目标摧毁；给养运输车能在沙漠中发现作战人员并为其提供补给；GPS制导的武器不受沙尘和烟雾影响，可以全天候、全天时工作，且制导精度高；导航定位系统还使空中加油机与需要加油的作战飞机能够更快地找到对方等。

（6）GPS在其他方面的应用

利用 GPS技术进行土地勘测定界，能简化建设用地勘测定界的工作程序，特别是对公路、铁路、河道、输电线路等线性工程和特大型工程的放样更为有效和实用（见图2.28）。

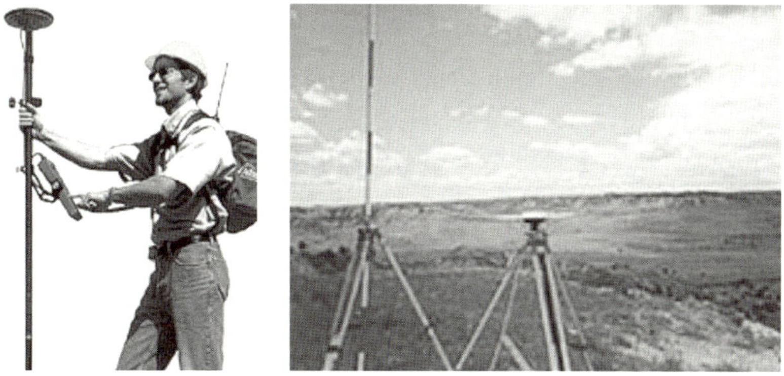

图2.28 土地勘探人员与GPS装备

GPS在森林工业中的很多领域已经有成功的应用，包括火灾防控、精准砍伐、病虫害防治、界线勘定、空中喷药等。

在旅游及野外考察中，比如到风景秀丽的地区去旅游，到原始森林、雪山峡谷或者大沙漠地区去野外考察，用户携带和使用方便的GPS接收机可以随时知晓所在的位置及行走速度和方向。

2.5 中国北斗卫星导航系统

长期以来，我国民用地理位置信息服务市场，主要依靠美国GPS。打开定位，通过微信、大众点评网等社交平台签到，搜寻附近的酒店、餐厅、银行，评价美食，关注朋友等都是基于美国GPS的定位，位置服务已渗透到人们日常生活的方方面面。导航系统作为典型的国家重器，它就像水、电、公路一样，是社会的基础设施，也是现代社会正常运转的重要保障。

中国北斗卫星导航系统（BDS），是中国自主建设运行的全球卫星导航系统。经过20多年的发展，北斗系统已成为与美国全球定位系统（GPS）、俄罗斯格洛纳斯卫星导航系统（GLONASS）、欧盟的伽利略系统（Galileo）比肩而立的全球四大卫星导航系统之一。

2.5.1 系统概述

（1）发展目标

北斗卫星导航系统的发展目标为：建设世界一流的卫星导航系统，满足国家安全与经济社会发展需要，为全球用户提供连续、稳定、可靠的服务；发展卫星导航产业，服务经济社会发展和民生改善；深化国际合作，共享卫星导航发展成果，提高全球卫星导航系统的综合应用效益。（中国卫星导航系统管理办公室，2019）

（2）发展原则

①自主。坚持自主建设、发展和运行北斗系统，具备向全球用户独立提供卫星导航服务能力。

②开放。免费提供卫星导航公开服务，鼓励开展全方位、多层次、高水平的国际交流与合作。

③兼容。提倡与其他卫星导航系统兼容与互操作，鼓励国际交流与合作，致力于为全球用户提供更好的服务。

④渐进。分步推进北斗系统建设，持续提升北斗系统服务性能，不断推动卫星导航产业健康、快速、持续发展。

（3）发展步骤

第一步，建设北斗一号系统。1994年，启动北斗一号系统工程建设；2000年，发射2颗地球静止轨道卫星，建成系统并投入使用，采用有源定位体制，为中国用户提供定位、授时、广域差分和短报文通信服务；2003年，发射第3颗地球静止轨道卫星，进一步增强系统性能。

第二步，建设北斗二号系统。2004年，启动北斗二号系统工程建设；2012年，完成14颗卫星（5颗地球静止轨道卫星、5颗倾斜地球同步轨道卫星和4颗中圆地球轨道卫星）发射组网。北斗二号系统在兼容北斗一号系统技术体制基础上，增加无源定位体制，为亚太地区用户提供定位、测速、授时和短报文通信服务。

第三步，建设北斗三号系统。2009年，启动北斗三号系统建设；2020年完成30多颗卫星发射组网，全面建成北斗三号系统。北斗三号系统继承有源服务和无源服务两种技术体制，为全球用户提供定位导航授时、全球短报文通信和国际搜救服务，同时可为中国及周边地区用户提供星基增强、地基增强、精密单点定位和区域短报文通信等服务。

2020年7月31日，北斗三号全球卫星导航系统正式开通，标志着北斗“三步走”发展战略圆满完成，开始迈进全球服务新时代。

（4）发展特色

①攻克了关键核心技术，实现自主可控。近500家单位和几十万科技人员攻克了星间链路、高精度原子钟等多项关键核心技术，使得北斗三号卫星核心器部件国产化率达100%。

②发挥举国体制优势，高效完成组网。加强集中统一领导，以总体、技术、质量、进度为标准，创新研制建设体系，单星研制周期缩短1/4，运载火箭总装周期缩短1/3，卫星入网周期缩短3/4。构建形成风险分析及控制保障链，不带隐患发射，不带疑点上天。

③系统功能强大。北斗三号具备导航定位和通信数据传输两大功能，可提供定位导航授时、全球短报文通信、区域短报文通信、国际搜救、星基增强、地基增强、精密单点定位共7类服务。它是功能强大的全球卫星导航系统。北斗系统发布接口控制文件覆盖全部7类服务。

④性能指标先进。全球范围的定位精度优于10 m，测速精度优于0.2 m/s，授时精度优于20 ns。

表2.4为北斗卫星发射时间、卫星编号及卫星类型等信息。北斗系统的建设实践，走出了在区域快速形成服务能力，逐步扩展为全球服务的中国特色发展路径，丰富了世界卫星导航事业的发展模式。

表2.4 北斗卫星发射情况

发射时间	卫星编号	卫星类型
2000年10月31日	北斗-1A	北斗一号
2000年12月21日	北斗-1B	
2003年05月25日	北斗-1C	
2007年02月03日	北斗-1D	
2007年04月14日	第一颗北斗导航卫星（M1）	北斗二号
2009年04月15日	第二颗北斗导航卫星（G2）	
2010年01月17日	第三颗北斗导航卫星（G1）	
2010年06月02日	第四颗北斗导航卫星（G3）	
2010年08月01日	第五颗北斗导航卫星（I1）	
2010年11月01日	第六颗北斗导航卫星（G4）	
2010年12月18日	第七颗北斗导航卫星（I2）	
2011年04月10日	第八颗北斗导航卫星（I3）	
2011年07月27日	第九颗北斗导航卫星（I4）	
2011年12月02日	第十颗北斗导航卫星（I5）	
2012年02月25日	第十一颗北斗导航卫星	
2012年04月30日	第十二、十三颗北斗导航卫星	
2012年09月19日	第十四、十五颗北斗导航卫星	
2012年10月25日	第十六颗北斗导航卫星	
2016年03月30日	第二十二颗北斗导航卫星（备份星）	
2016年06月12日	第二十三颗北斗导航卫星（备份星）	
2018年07月10日	第三十二颗北斗导航卫星（备份星）	
2019年05月17日	第四十五颗北斗导航卫星（备份星）	

续表

发射时间	卫星编号	卫星类型
2015年03月30日	第十七颗北斗导航卫星	北斗三号试验系统
2015年07月25日	第十八、十九颗北斗导航卫星	
2015年09月30日	第二十颗北斗导航卫星	
2016年02月01日	第二十一颗北斗导航卫星	
2017年11月05日	第二十四、二十五颗北斗导航卫星	北斗三号
2018年01月12日	第二十六、二十七颗北斗导航卫星	
2018年02月12日	第二十八、二十九颗北斗导航卫星	
2018年03月30日	第三十、三十一颗北斗导航卫星	
2018年07月29日	第三十三、三十四颗北斗导航卫星	
2018年08月25日	第三十五、三十六颗北斗导航卫星	
2018年09月19日	第三十七、三十八颗北斗导航卫星	
2018年10月15日	第三十九、四十颗北斗导航卫星	
2018年11月01日	第四十一颗北斗导航卫星	
2018年11月19日	第四十二、四十三颗北斗导航卫星	
2019年04月20日	第四十四颗北斗导航卫星	
2019年06月25日	第四十六颗北斗导航卫星	
2019年09月23日	第四十七、四十八颗北斗导航卫星	
2019年11月05日	第四十九颗北斗导航卫星	
2019年11月23日	第五十、五十一颗北斗导航卫星	
2019年12月16日	第五十二、五十三颗北斗导航卫星	
2020年03月09日	第五十四颗北斗导航卫星	
2020年06月23日	第五十五颗北斗导航卫星	

2.5.2 系统应用

作为我国自主建设、独立运行的全球卫星导航系统，北斗卫星导航系统已在交通运输、农林渔业等涉及国民生活的多个领域中得到广泛应用，并产生了显著的经济效益和社会效益。

北斗卫星导航系统工程总设计师杨长风透露：在中国入网的智能手机里面，已经有70%以上的手机植入了北斗服务。哈啰出行数据算法首席科学家刘行亮说，全国超过360座城市的哈啰单车已全线适配北斗系统，每辆哈啰单车的智能锁内均包含北斗定位装置，智能锁接收北斗卫星信号，向哈啰数据中心发送车辆定位信息。

在电子商务领域，国内多家电子商务企业的物流货车及配送员，应用北斗车载终端和手环，实现了车、人、货信息的实时调度。在智能穿戴领域，多款支持北斗系统的手表、手环等智能穿戴设备，以及学生卡、老年卡等特殊人群关爱产品不断涌现，得到广泛应用。

在交通运输方面，北斗系统广泛应用于重点运输过程监控、公路基础设施安全监控、港口高精度实时定位调度监控等领域。截至2020年，中国境内有超过700万辆营运车辆、3万辆邮政和快递车辆，36个城市约8万辆公交车、3200余座内河导航设施、2900余座海上导航设施已应用北斗系统。北斗卫星导航系统是全球最大的营运车辆动态监管系统，有效提升了监控管理效率和道路运输安全水平。

北斗卫星导航系统除了为传统应用领域注入新鲜血液外，还在各类新兴产业中大放异彩。2020年初，新冠肺炎疫情暴发，在危难时刻，北斗卫星导航系统火线驰援武汉市火神山和雷神山医院建设。利用北斗卫星导航系统高精度技术，多数测量工作一次性完成，为医院建设节省了大量时间，保障抗击疫情“主阵地”迅速完成建设，为抗击疫情贡献北斗智慧与力量。在第十二届中国卫星导航年会上，中国北斗卫星导航系统主管部门透露，中国卫星导航产业年均增长达20%以上。截至2020年底，中国卫星导航产业总体产值已突破4000亿元。预估到2025年，中国北斗产业总产值将达到1万亿元。

2.6 其他卫星定位系统的介绍

2.6.1 俄罗斯GLONASS系统

全球卫星导航系统（GLONASS）是俄罗斯研制的对应于GPS的类似系统，1982年开始发射导航卫星（见图2.29、图2.30），1996年开始运行。GLONASS的主要作用是实现全球、全天候的实时导航与定位。目前，GLONASS由俄罗斯负责。由于卫星寿命过短，加之俄罗斯有一段时间经济状况欠佳，无法及时补充新卫星，故该系统不能维持正常工作。2006年3月，GLONASS系统共有17颗卫星在轨，其中有11颗卫星处于工作状态。2007年，该系统开放俄罗斯境内卫星定位及导航服务，2009年其服务范围拓展到全球。

图2.29 GLONASS卫星

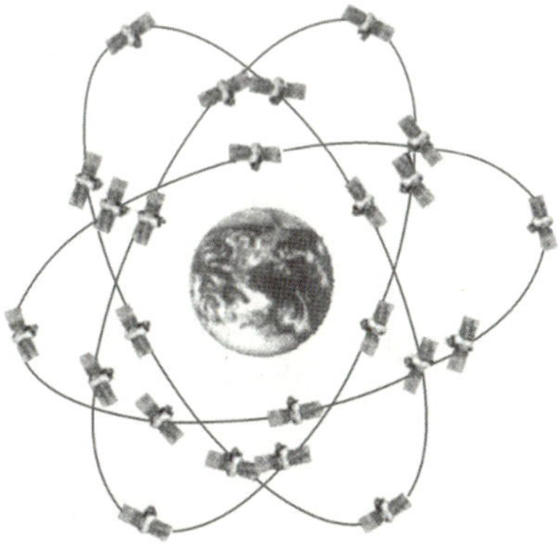

图2.30 GLONASS卫星星座

GLONASS在系统组成与工作原理上与GPS十分相似，也分为空间卫星、地面监控和用户设备三部分。

（1）空间卫星部分

空间卫星部分由24颗GLONASS卫星组成，其中工作卫星21颗，在轨备用卫星3颗，均匀地分布在3个轨道面上。3个轨道面互成120°夹角，每个轨道上均匀分布8颗卫星，轨道高度约为19100 km，轨道偏心率为0.01，轨道倾角为64.8°。这样的分布可以保证地球上任何地方、任一时刻都能收到至少5颗卫星的导航信息，为用户的导航定位提供保障。每颗GLONASS卫星上都装了铯原子钟，并接收地面控制站的导航信息和控制指令。

（2）地面监控部分

地面监控部分实现对GLONASS卫星的整体维护和控制。它包括系统控制中心（位于莫斯科的戈利岑诺）和分散在俄罗斯整个领土上的跟踪控制站网。地面控制设备负责搜集、处理GLONASS卫星的轨道和信号信息，并向每颗卫星发射控制指令和导航信息。

（3）用户设备部分

用户通过GLONASS接收机接收GLONASS卫星信号，并测量其伪距或载波相位，同时结合卫星星历进行必要的处理，便可得到用户的三维坐标、速度和时间。

GLONASS采用PZ-90坐标系。表2.5为GLONASS与GPS的特征比较。GLONASS与GPS除了采用不同的时间系统和坐标系统以外，两者之间的最大区别是：所有GPS卫星的信号发射频率是相同的，而不同的GPS卫星发射的PRN码是不同的，用户可以此来区分卫星，称为码分多址（code division multiple access，CDMA）；所有GLONASS卫星发射的伪随机噪声码是相同的，不同卫星的发射频率是不同的，用以区分不同的卫星，称为频分多址（frequency-division multiple access，FDMA）。每颗GLONASS卫星传送两种类型的载波信号，频率分别为：$v_{L1}=1602+0.5625n$（MHz）和$v_{L2}=1246+0.4375n$（MHz），其中$n=1 \sim 24$，为每颗卫星的频率编号。

表2.5　GLONASS与GPS的特征比较

参　数	GLONASS	GPS
系统中的卫星数	21＋3	21＋3
轨道平面数	3	6
轨道倾角	64.8°	55°
轨道高度	19100 km	20200 km
轨道周期	11 h15 min	11 h58 min
卫星信号的区分	频分多址（FDMA）	码分多址（CDMA）
L1载波频率	1602 M ～ 1615 MHz	1575 MHz

续表

参 数	GLONASS	GPS
	频道间隔0.5625 MHz	
L2载波频率	1246 M ~ 1256 MHz	1228 MHz
	频道间隔0.4375 MHz	

GLONASS提供标准精度的民用服务和高精度的军用服务。其标准服务精度技术规范为：水平精度100 m（2σ），垂直精度150 m（2σ），测速精度15 cm/s。实际上，GLONASS精度远远高于上述规定值，水平精度为26 m（2σ），垂直精度为45 m（2σ），测速精度为5 cm/s。

2.6.2 伽利略系统

美国全球定位系统（GPS）和俄罗斯GLONASS都受到美、俄两国军方的严密控制，其信号的可靠性无法得到保证。长期以来，欧洲只能在美、俄的授权下从事接收机制造、导航服务等从属性的工作。科索沃战争时期，欧洲完全依赖美国的全球定位系统，当这个系统出于军事目的而停止运作时，一些欧洲企业的许多事务被迫中断。这让欧洲认识到建立拥有自主知识产权的卫星导航系统的重要性。同时在欧洲一体化进程中，建立欧洲自主卫星导航系统将会全面加强欧盟诸成员国间的联系与合作。在这种背景下，欧盟决定启动一个军民两用的与现有的卫星导航系统相兼容的全球卫星导航计划——“伽利略”（Galileo）计划（见图2.31）。

欧盟在1999年2月首次提出“伽利略”计划。该计划分成四个阶段：论证阶段，时间为2000年；系统研制和在轨确认阶段，包括研制卫星及地面设施，系统在轨确认，时间为2001—2005年；星座布设阶段，包括制造和发射卫星，地面设施建设并投入使用，时间为2006—2007年；运营阶段，从2008年开始。2000年度的论证工作为“伽利略”计划勾画出一个轮廓。论证报告指出，计划投入32.5亿欧元的资金，于2013年部署完成，服务范围覆盖全球，可以提供导航、定位、时间、通信等服务。2005年12月，首颗试验卫星Glove-A发射成功，第2颗试验卫星Glove-B在2007年4月发射升空。2003年10月30日，中国和欧盟正式签署《中华人民共和国和欧洲共同体及其成员国关于民用全球卫星导航（伽利略计划）合作协定》。2009年，来自中国和欧洲的航天部门，就导航卫星发射频率“重叠”问题展开谈判。2015年，双方达成了频率共用共识，为频率协调画上了句号。

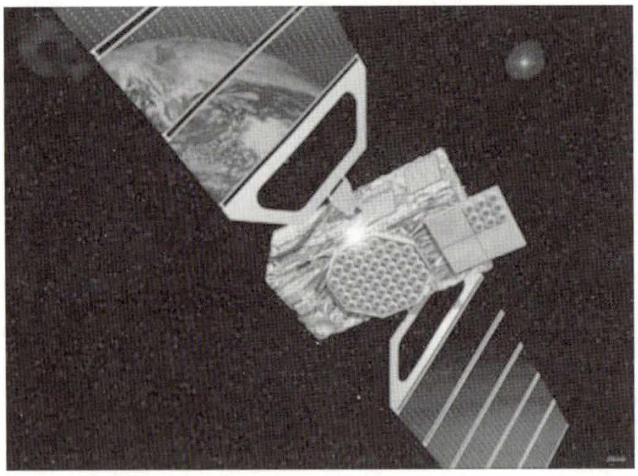

图2.31 Galileo卫星

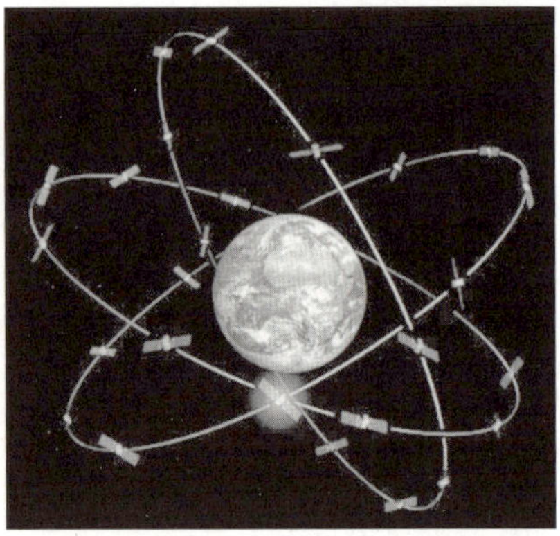

图2.32 Galileo系统构想

伽利略系统的基本结构包括星座与地面设施、服务中心、用户接收机等。卫星星座将由30颗卫星组成（见图2.32），卫星采用中等地球轨道，均匀地分布在高度约为2.3万公里的3个轨道面上。地面控制设施包括卫星控制中心和提供各项服务所必需的地面设施。地面控制设施管理卫星星座及测定和播送集成信息。系统使用4个载频向全球播发5种导航信号，这些导航信号支持开放、商用、生命安全、政府管理和搜救服务。系统还划分为8个区域，用来发送针对各自区域的集成信息。每个区域的耗费将由所在区域负担。区域将由一个用于监测信号集成信息的测站网和一个数据处理中心组成。它能满足例如机场、港口、铁路、公路、人口和工业密集区等处的不同要求，其定位精度小于1 m。典型功能是信号中继包括信号集成信息的监测、数据处理和传输。向用户接收机的数据传输可以通过一种特殊的联系方式或其他系统的中继来实现，例如通过移动通信网或通过航海导航系统等。系统通过服务中心向用户提供接口，存储和发布信息，支持开发应用。种类齐全的Galileo接收机不仅可以接收本系统信号，还可以接收GPS、GLONASS的信号，并且可以与其他飞行导航系统的结合，实现导航功能和移动电话功能的结合。

随着北斗系统全球组网的完成，全球四大卫星导航系统均由部署阶段转向系统升级维护和基础应用阶段。

思考题

1. 简述中国北斗卫星导航系统的特点。
2. 全球导航卫星系统一般由哪些部分组成？每一部分有什么特点？
3. 按误差来源区分，定位误差可分为哪几部分？降低这些误差有哪几种方法？
4. 一种全球导航卫星系统接收器标明精度是5 m，其含义是什么？其数值是如何计算得出的？

参考文献

[1] 中国卫星导航系统管理办公室, 2019. 北斗卫星导航系统发展报告(4.0版)[R/OL]. http://www.beidou.gov.cn/yw/xwzx/201912/t20191227_19833.html.

[2] Daniel R E, Mark T M, 2010. The precision-farming guide for agriculturists[M]. 3rd ed. Moline: Deere & Company.

[3] Srivastava A K, Goering C E, Rohrbach R P, et al.,2006. Engineering principles of agricultural machines[M]. Joseph: American Society of Agricultural Engineers.

第 3 章

地理信息系统及其应用

CHAPTER 3

3.1 地理信息系统概述

3.1.1 地理信息与地理信息系统

地理信息是有关地理实体性质、特征和运动状态的数字、文字、图像和图形等的总称。它包括空间特征信息、属性特征信息以及时域特征信息。其中，空间特征信息又分为空间位置和拓扑关系。空间位置描述地理实体所在位置，这种位置可以根据特定的参照系来定义，如大地经纬度坐标。拓扑关系可理解为地理实体间的相对位置关系，如空间上的相邻、包含等。属性特征又称非空间数据，用于定量或定性地描述地理实体。时域特征信息是指地理数据采集或地理现象发生的时刻(时段)，反映了地理信息随时间变化而变化的动态特征。可见，地理信息是具有区域性的，并具有多维结构特征，在同一位置上可以产生多个专题和属性的信息。例如，在一个地面点位上，可以得到该点的位置（含高程）、土壤类型、污染、噪声、降雨量等多种信息，以及上述属性特征随时间变化而变化的动态过程。

地理信息系统是融合了信息科学、计算机科学、现代地理学、测绘遥感学、空间科学、环境科学和管理科学等形成的一门新兴边缘学科。地理信息系统是以地理空间数据库为基础，在计算机软硬件技术支持下采集、存储、管理、检索、显示和分析整个或部分地球表面（包括大气层在内）相关的空间与非空间数据，用于解决复杂规划、管理与决策问题的综合信息系统。它是由一些计算机程序和各种地学信息数据组织而成的现实空间信息模型（即将地学信息抽象后，组成便于在计算机中表达的空间信息模型）。通过这些模型，可以用可视化的方式对各种空间现象进行定性和定量的模拟与分析。例如，可通过计算机程序的运行和各种数据的变换，对各类地理信息的变化进行仿真；在地理信息系统支持下提取现实空间中不同侧面、不同层次的空间、属性和时间特征，对其进行分析，并能快速地模拟自然过程的演变，对其演变的结果进行预测，从而选择最优的对策方案。

地理信息系统是以地理信息世界模拟来表达地理现实世界的，通过信息联系反映出客观实体之间的联系，并对客观世界中各种具有空间特征的事物、关系和过程进行描述、分析和仿真。因而，地理信息系统不仅在地球科学，而且在军事、航空航天及社会经济的各个领域都得到了越来越广泛的应用与关注。

3.1.2 GIS的特征及分类

随着计算机应用的普及，大部分重要的信息系统部分或全部由计算机系统支持，如目前流行的图书情报信息系统、企业管理信息系统、财务管理信息系统和GIS等。其中，GIS所要采集、管理、处理和更新的是空间信息，在结构上较一般的信息系统要复杂得多，功能上也强于其他信息系统。

（1）GIS的特征

与其他信息系统相比，GIS具有以下三方面的特征：具有采集、管理、分析和输出多种地理空间信息的能力；以地理模型方法为手段，具有空间分析、多要素综合分析和动态预测的能力；由计算机系统支持进行空间地理数据管理，能够快速、精确、综合地对复杂的地理系统进行空间定位和动态分析。

（2）GIS分类

GIS可以分为三大类：

①专题地理信息系统。它是具有有限目标和专业特点的地理信息系统，为特定的、专门的目的服务，如水资源管理信息系统、矿产资源信息系统、农作物估产信息系统、草场资源管理信息系统、水土流失信息系统、环境管理信息系统等。

②区域地理信息系统。它主要以区域综合研究和全面信息服务为目标，可以有不同规模的区域地理信息系统，如国家级的、地区或省级的、市级或县级的等；可以为不同级别行政区服务的区域信息系统，如加拿大国家信息系统；也可以是按自然分区或流域为单位的区域信息系统，如我国黄河流域信息系统等。许多实际的地理信息系统是区域性专题信息系统，如北京市水土流失信息系统、海南省土地评价信息系统、河南省冬小麦估产信息系统等。

③通用地理信息系统工具软件系统。它是一组具有图形图像数字化、存储管理、查询检索、分析运算和多种输出等地理信息系统基本功能的软件包。它们主要用来作为地理信息系统支撑软件，以建立专题或区域性的实用性地理信息系统。由于地理信息系统软件设计技术较高，而且重复编制这类复杂的基础软件也会造成人力资源的极大浪费，因此采用成熟的商业化地理信息系统工具软件，无疑是建立实用地理信息系统的一条捷径。

国内外已研制了一批地理信息系统工具，如美国环境系统研究所（Environmental System Research Institute，ESRI）开发的ArcGIS系统、美国耶鲁大学森林与环境研究学院开发的MAP（map analysis package）系统、美国MapInfo公司开发的MapInfo Professiona系统、北京大学研制的微机地理信息系统Spaceman、中国地质大学开发的MapGIS及武汉测绘科技大学开发的GeoStar（吉奥之星）等。

在通用的地理信息系统工具支持下建立区域或专题地理信息系统，不仅可以节省软件开发成本，缩短系统建设周期，提高系统的技术水平，使GIS技术易于推广，而且广大用户可以将更多精力投入到高层次的应用模型开发。

3.1.3 GIS的组成

与大部分软件应用系统一样，GIS也由硬件系统和软件系统组成。其中，GIS数据库、专业应用模型被认为是GIS软件系统的核心部分，也是GIS有别于其他信息系统的地方。其基本架构如图3.1所示。

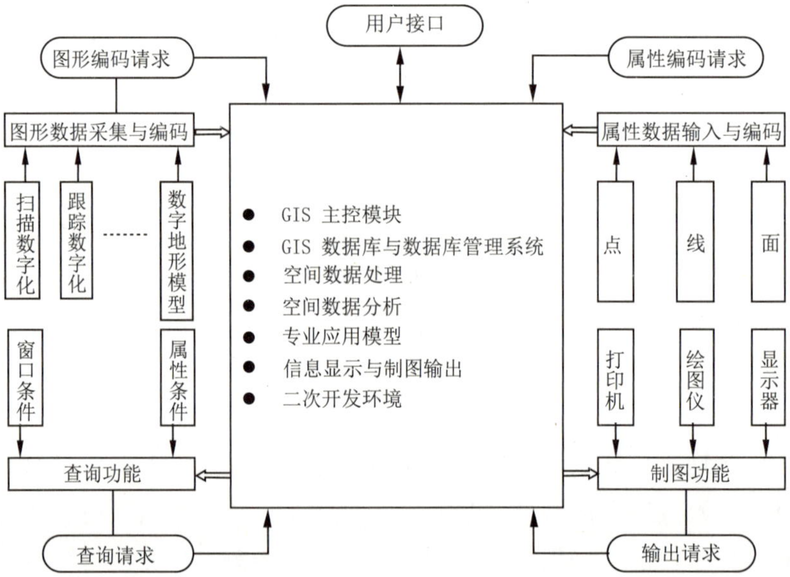

图3.1 地理信息系统基本架构

（1）GIS的硬件设备

GIS的硬件设备构成了GIS的物理外壳。系统的规模、精度、速度、功能、形式、使用方法甚至软件都与硬件设备的配套有极大的关系，受到硬件指标的支持或制约。GIS由于其任务的复杂性和特殊性，必须由计算机与其外围设备连接形成一个GIS的硬件环境。其硬件配置一般包括四个方面，即计算机、网络设备、数据存储设备、数据输入和输出设备。其主要硬件设备构成如图3.2所示。

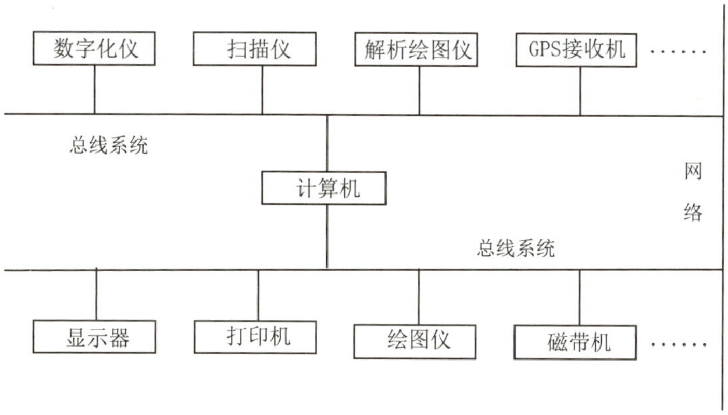

图3.2 地理信息系统的硬件设备

计算机是GIS的基础，是对数据和信息进行处理、加工和分析的设备，可以组成网络也可以单独使用。目前能运行GIS的计算机包括大型机、中型机、小型机、工作站、微型机、掌上机及部分移动电话。数据存储设备包括硬盘、磁带、光盘及其相应的驱动设备。GIS基本的输入设备除键盘、鼠标及通信端口外，还包括数字化仪、扫描仪、解析和数字摄影测量仪、GPS接收机和其他一些专用测量仪器等。GIS的输出设备主要有显示器、矢量式绘图仪、栅格式绘图仪、打印机和彩色喷墨绘图仪等。

（2）GIS的软件系统

GIS的软件系统是指GIS运行所需的各种程序，它们构成了GIS的核心部分，关系到GIS的功能。这些软件通常是由两大部分组成：一是计算机系统软件，包括与计算机硬件有关的操作系统、系统资源、编程语言以及一些应用软件；二是GIS系统软件和其他GIS应用软件，如GIS与用户的接口通信软件、GIS应用软件包和GIS基本功能软件包等。

GIS软件系统一般包括五类基本模块，即数据输入与加工、数据存储与管理、数据分析与查询、数据显示与输出、用户接口。

① 数据输入与加工。其功能是通过各种数字化设备，将现有地图、外部作业观测成果、航空图像、遥感数据、文本资料等转换成计算机可识别的数字形式；也可以通过通信或读取磁盘、磁带的方式录入已存在的数据，对原始输入数据进行观察、统计分析和逻辑分析，检查数据中存在的各种错误，通过编辑予以改正，另外，还要对图形进行编辑，建立其拓扑关系。

② 数据存储与管理。内容包括地理实体（如地物的点、线、面等）的位置、空间关系以及它们的属性数据如何构造和组织使其便于进行计算机处理和被用户理解；处理数据格式的选择和转换、数据的压缩编码、数据的连接、查询、提取等。

③ 数据分析与查询。通常指对单幅或多幅专题地图及其属性数据进行分析运算和指标量测。在这种操作中，以原始地图为输入，而查询和分析结果则是以原始地图经过空间操作后生成的新地图来表示，在空间定位上仍与原始地图一致。因此，也可将其称为空间函数变换。GIS可完成诸如地理实体空间关系及属性查询、缓冲区分析、叠加分析、网络分析、地形分析和某些专业分析等多种类型的分析与查询。例如，查询某县所有地块的土壤类型，或者查询某铁路沿线周围2 km范围内的居民点等。后者就要利用叠加分析功能和缓冲区分析功能进行查询分析。空间指标的量测包括对面积、长度、体积、空间方位、空间变换等进行计算。

④ 数据显示与输出。输入与表达是指将GIS内的原始数据或者经过系统分析和转换后重新组织的数据，以某种用户可以理解的方式提交给用户。其显示与输出可以用地图、表格、图表、文字、数字、影像等多种形式表达，也可以将输出结果记录于外部存储设备或通过通信线路传输到用户的其他计算机系统。

⑤ 用户接口。用户接口软件模块用于接收用户的指令和程序，系统通过菜单或命令解释方式接收、解释和运行用户的操作请求。用户接口模块可接纳用户开发的应用程序，并提供系统与用户程序的数据接口。该模块还随时向用户提供系统运行信息和系统操作帮助信息，从而使GIS成为人机交互的开放式系统。

（3）地理空间数据库

地理信息系统管理着大量的地理空间数据。在地理信息系统中，空间数据结构是指空间数据在系统内的组织和编码形式，它是适合于计算机系统存储、管理和处理地理图形的逻辑结构，是地理实体的空间排列方式和相互关系的抽象描述，是对数据的一种理解和解释。不说明数据结构的数据是毫无用处的，不仅用户无法理解，而且计算机程序也无法正确处理，因此需要借助数据库管理系统对这些复杂的、大量的数据进行管理。GIS数据库是某区域内关于一定地理要素特征的数据集合，主要涉及对图形和属性数据的管理和组织。

随着计算机科学技术的发展，人们推出了许多商品化数据库管理系统，其中关系型数据库管理系统适用于管理地理属性数据和各种表格数据，具有非常强的数据处理和管理能力，可提供相当方便的数据维护、更新手段。因此，吸引了许多系统软件开发人员，选择此类数据库管理系统，并纳入自己开发的系统中。有的地理信息系统软件提供了连接多种数据库管理系统的接口，这已成为20世纪80年代以来先进地理信息系统发展的重要标志。选择关系型数据库管理系统的优越性表现在：可以随机连接若干个属性表；可以动态修改、维护数据；可以有多种选择数据的方式和数理逻辑运算的方法，以及良好的编程能力等。由于面向对象数据库系统（object oriented database system，OODBS）能够更好地表示复杂对象，它以人们认识问题的自然方式，将所有的对象构建成一个分层结构，来描述问题领域中各实体之间的相互关系和相互作用，从而建立起一个比较完整的结构模型，能对现实世界的构成与人们认识问题的方式直接对应。因此，面向对象的系统分析、设计方法和面向对象的数据模型，为目前GIS所面临的问题提供了较好的解决途径，成为GIS尽快进入决策应用阶段的关键技术之一，受到了广泛的重视。目前，图形与属性数据一体化数据库管理系统的研究也取得了很大的进展。

（4）GIS的组织管理人员

人是GIS中重要的构成因素。GIS不同于一幅静态地图，它是一个动态的地学模型。所以，仅有系统的软硬件和数据还不能构成完整的地理信息系统，需要人进行系统组织、管理、维护和数据更新、扩充完善、应用开发，并灵活采用地理分析模型提取多种信息，为研究和决策服务。因而，GIS系统开发人员、GIS应用研究人员及GIS系统的最终用户，他们的业务素质和专业知识是GIS工程及其应用成败的关键。

GIS的开发是一项以人为本的系统工程。开发人员要特别重视对用户机构的状况和要求的详细分析，在此基础上，确定开发目标和开发策略，合理地选择系统软件与硬件，最终完成应用系统的开发。开发人员所确定的开发策略要能适应GIS用户随时变化的需求，使系统的软硬件投入获得较高的效益回报。

在使用GIS时，用户不仅需要对GIS技术和功能有足够的了解，而且需要具有较强的专业知识，同时还应具备有效、全面和可行的组织管理能力。为使用户GIS系统始终处于良好的运行状态，必须做好如下工作：GIS技术和管理人员的技术培训，硬件系统的维护和更新，软件系统的维护、功能扩充及升级，数据、文档的更新、管理，以及数据的共享性建设等。

显而易见，任何先进技术的引进和开发应用，都必须拥有掌握该技术的人才。地理信息系统的建立和应用是实现地理分析、环境分析、土地及城市规划管理等的现代技术手段。要使GIS有效地运行，必须对人力资源进行投资，使有关人员得到全面的技术提升。另外，还必须促使从事GIS工作的人员使用新的思维方法认识问题、分析问题，并用与以往传统手工操作不同的方式解决问题。

（5）应用模型

GIS应用模型的构建与选择是系统应用的核心要素之一，虽然GIS为解决各种现实问题提供了有效的基本工具，但对于某一专业应用问题的解决，必须构建专门的应用模型，例如土地利用适宜性模型、洪水预测模型、森林增长模型等。

显然，应用模型是GIS与相关专业连接的纽带，它的建立绝非纯数学的技术性问题，而必须以坚实广泛的专业知识和经验为基础，对相关问题的机理和过程进行深入研究，并从各种因素中找出其因果关系和内在规律，有时还需要采用从定性到定量的综合集成法，才能构建出真正有效的GIS应用模型。这也为GIS应用系统向专家系统的发展打下基础。

3.2 GIS的数据组织管理

数据是信息的载体，只有理解了数据的含义，对数据做出解释，才能得到数据中所包含的信息。地理信息系统的建立和运行，就是信息（或数据）按一定方式流动的过程。GIS数据既有空间数据，又有属性数据，并包括一定的演变时段，其数据量非常大，如全国1∶400万土地利用数据，其ARC/INFO的Coverage格式数据量就达8.2 MB，这必然给数据处理与分析带来一定的压力，因此就要求GIS要有较好的数据结构，以及数据的组织与管理方式。

3.2.1 空间数据及其特征

（1）地理空间数据

GIS中的空间特指地学空间（geo-spatial），它上至大气电离层，下至地幔莫霍面，是生命过程活跃的场所，也是宇宙过程对地球影响最大的区域。地理空间一般包括地理空间定位框架（各种大地坐标系或地心坐标系）及其所联结的空间特征实体，如点、线、面、体等，这些空间特征实体可以分别采用大地直角坐标（x, y, z）、大地坐标（L，B，H）、格网法或网络法表示。空间数据是GIS的核心，设计和使用GIS的首要工作，就是根据系统功能获取所需的空间数据，并利用一定形式的数据库来组织和管理这些数据。GIS中数据来源和种类繁多，概括起来有以下几种类型：

① 地图数据，来源于各种普通地图和专题地图。

② 影像数据，主要来源于卫星遥感和航空遥感，包括多平台、多层面、多种传感器、多时相、多光谱和多种分辨率的遥感影像数据，是一种多源的海量数据。

③ 地形数据，来源于地形等高线图的数字化、已建立的数字高程模型（digital elevation model，DEM）以及其他地形测量数据。

④ 属性数据，来源于各种调查报告、实测数据、文献资料等。

⑤ 元数据，是描述数据的数据，如数据产生的日期、数据精度、数据分辨率、源数据比例尺等。

空间数据按内容及功能可分为以下几种类型：

① 空间特征信息，例如水网、道路、居民地、行政区划等，其主要作用是为专题应用提供定位与控制的基础。

② 数字地形模型（digital terrain model，DTM）信息，用以表示坡度、坡向、地表切割等多种地形因子，可以看作一种特殊的空间特征数据。

③ 资源与环境信息，例如土地利用现状、土壤侵蚀、森林分布等。

④ 社会经济信息，例如人口、人口密度、国民收入、文化程度、土地占有量等。

（2）空间数据的基本特征

在GIS中，一般把空间特征数据和属性特征数据统称为空间数据。空间特征数据包括地理实体或现象的定位特征数据和拓扑特征数据。属性特征数据包括地理实体或现象的专题属性，如名称、分类、数量等，对于随时间变化的地理实体或现象，还同时对应着时序或时间特征数据。因此，空间数据的特征包含其空间特征和属性特征，如图3.3所示。

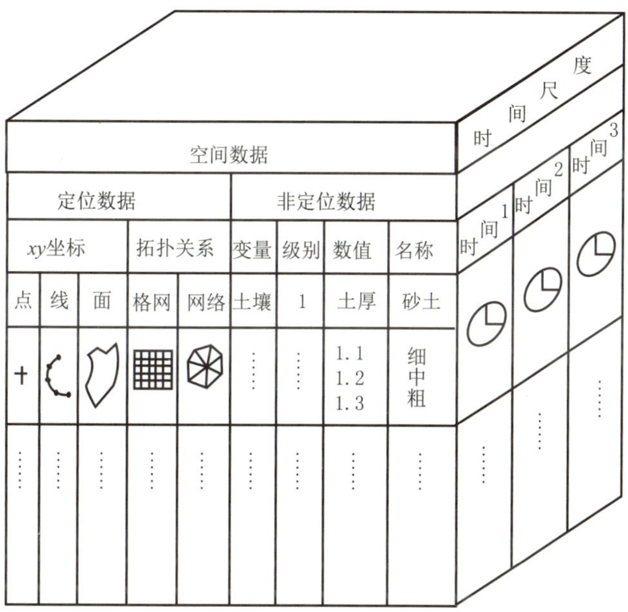

图3.3　空间数据的基本特征

资料来源：Dangermond，1984。

在GIS中，具有网状结构特征的地理要素，如自然行政分区、各种资源类型分布及交通网等，都存在结点、弧段和多边形之间的拓扑关系。拓扑结构是明确定义空间结构关系的一种数学方法，它不但用于空间数据的编辑与组织，而且在空间分析和应用中都具有非常重要的意义。同一个数据层中空间数据的拓扑结构包括：

① 拓扑邻接，指存在于空间图形的同类元素之间的拓扑关系。如图3.4所示的空间结构中存在结点邻接关系（N_1/N_4，N_1/N_2，…）、多边形邻接关系（P_1/P_3，P_2/P_3，…）。

② 拓扑关联，指存在于空间图形的不同元素之间的拓扑关系。如图3.4所示的

结点与弧段的关联关系（N_1/C_1、C_3、C_6，N_2/C_1、C_2、C_5，…）、多边形与弧段的关联关系（P_1/C_1、C_5、C_6，P_2/C_2、C_4、C_5、C_7，…）。

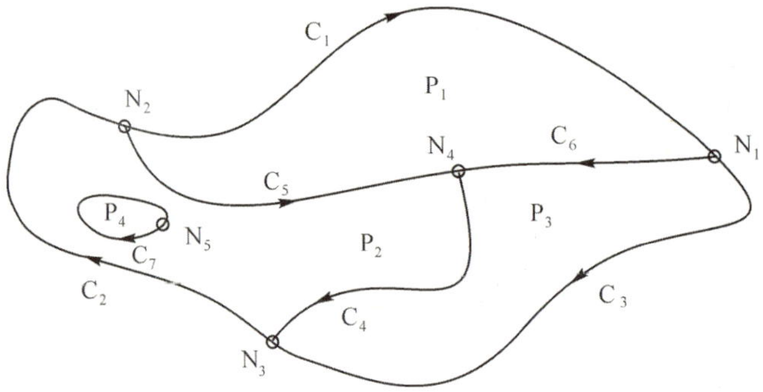

图3.4　空间数据的拓扑关系

③ 拓扑包含，指存在于空间图形的同类，但不同级的元素之间的拓扑关系。包含关系分简单包含、多层包含和等价包含3种形式，如图3.5 所示。设ID表示当前多边形，IW表示等价包含，IP表示ID为岛（IP ≠ 0）或非岛（IP=0），则上述包含关系可表示为：简单包含{ID=P_1，IW=1，IP=0，ID=P_2，IW=0，IP ≠ 0}、多层包含{ID=P_1，IW=1，IP=0，ID=P_2，IW=1，IP ≠ 0，IP=P_3，IW=0，IP ≠ 0}、等价包含{ID=P_1，IW=3，IP=0，ID=P_2，IW=0，IP ≠ 0，IP=P_3，IW=0，IP ≠ 0}。

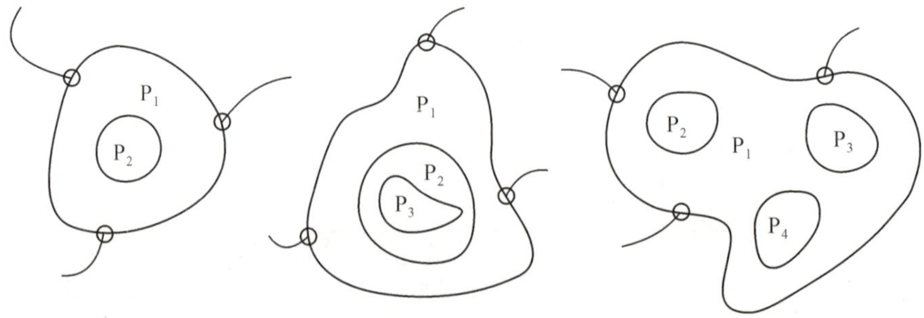

（a）简单包含　（b）多层包含　（c）等价包含

图3.5　拓扑包含的几种形式

对于图3.4，如果要将结点、弧段和多边形之间的拓扑关系表达出来，可以形成表3.1～表3.4四个关系表。

空间数据的拓扑关系，对GIS的数据处理和空间分析具有重要的意义。根据拓扑关系，不需要利用坐标或距离，就可以确定一个地理实体相对于另一地理实体的空间位置关系。这种拓扑关系较之几何数据有更大的稳定性，不会随着地图投影的变换而改变。利用拓扑数据有利于空间要素的查询。例如，对解决诸如某个区域与哪些区域邻接，某一条河流能为哪些区域居民提供水源等类型的问题，都要利用拓扑数据。利用拓扑数据可以重建地理实体。例如，建立封闭多边形，实现道路的选取，进行最佳路径计算等。

表3.1 结点与弧段的拓扑关系

结点	弧段
N_1	C_1，C_3，C_6
N_2	C_1，C_2，C_5
N_3	C_2，C_3，C_4
⋮	⋮

表3.2 弧段与结点的拓扑关系

弧段	结点	
	from	to
C_1	N_2	N_1
C_2	N_3	N_2
⋮	⋮	⋮

表3.3 弧段与多边形的拓扑关系

弧段	左右多边形	
	left	right
C_1	Ø（空）	P_1
C_2	Ø（空）	P_2
⋮	⋮	⋮

表3.4 多边形与弧段的拓扑关系

结点	弧段
P_1	C_1，C_6，$-C_5$
P_2	C_2，C_5，C_4，C_7
P_3	C_3，$-C_4$，$-C_6$
⋮	⋮

（3）空间数据的计算机表示

如前所述，GIS的空间数据既包含空间特征数据又包含属性特征数据。空间数据的计算机表示不仅要解决空间特征的数字化表达问题，还要解决空间特征数据与属性特征数据的关联问题。

目前解决空间特征数据与属性特征数据关联问题的方法有三种：

① 混合式。混合式数据库管理系统是利用两个子系统分别存储空间特征数据与属性特征数据，两个子系统之间通过标识码（identification code，ID）进行连接，如图3.6所示。采用这种管理方式的GIS系统有ARC/INFO、MGE、Sicad等。

② 扩展式。扩展式数据库管理系统是在标准关系型数据库管理系统的顶层，通过将地理结构查询语言（Geo SQL）转化成标准的结构化查询语言（structured query language，SQL），借助索引数据的辅助关系实施空间查询操作，如图3.7所示。采用这种管理方式的GIS系统有SmallWorld、GeoVision等。

③ 开放式。开放式数据库管理系统是利用专门开发的数据库管理系统（database management system，DBMS）来统一管理空间特征数据与属性特征数据，如图3.8所示。采用这种管理方式的GIS系统有Tigris、GEO++、GeoTropics等。

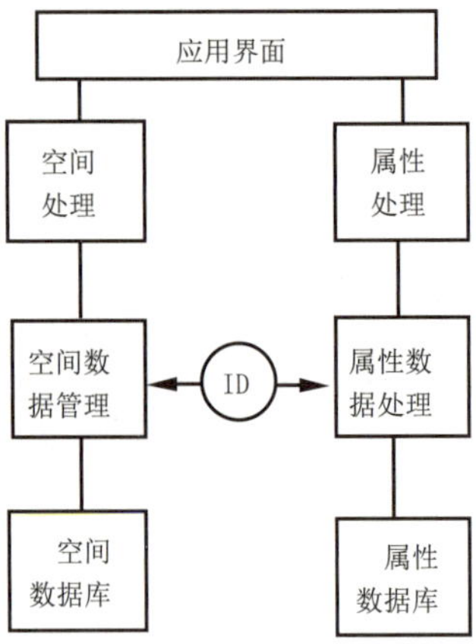

图3.6 混合式数据库管理系统

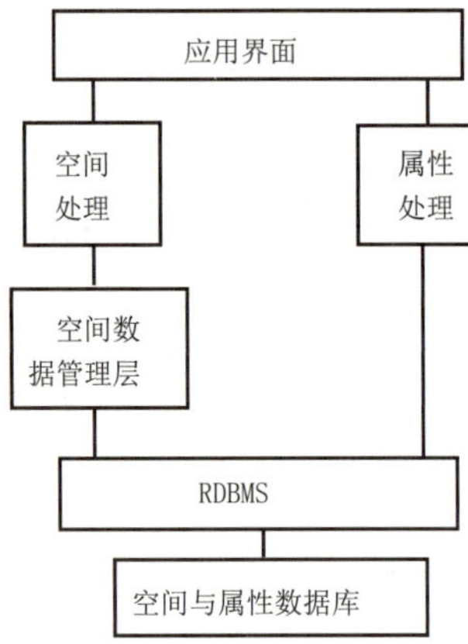

图3.7 扩展式数据库管理系统

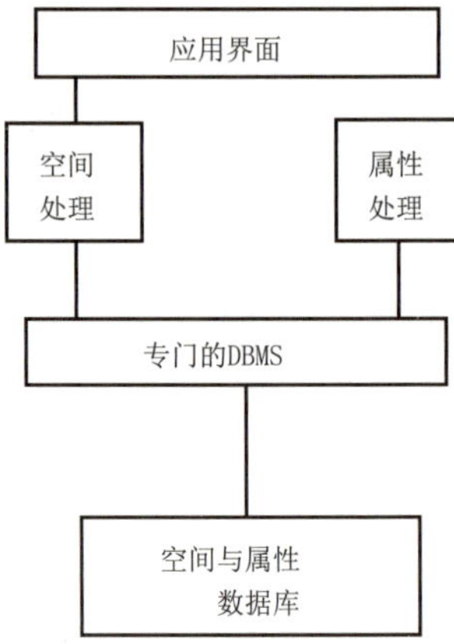

图3.8 开放式数据库管理系统

下面以ARC/INFO基于矢量数据模型的系统为例，简要说明空间数据的计算机表达，以及空间特征数据与属性特征数据的关联。为了将空间数据存入计算机，首先，要从逻辑上将空间数据抽象为不同的专题或层（见图3.9），如土地利用、地形、道路、居民区等，一个专题层包含指定区域内的地理要素的位置数据和属性数据。其次，将一个专题层的地理要素或实体分解为点、线、面状目标，每个目标数据由定位数据、拓扑数据和属性数据组成。由基本目标构成数据库的逻辑过程，如图3.10所示。最后，对目标进行数字表示，其中每个目标分配一个用户标识码（User-ID），目标位置和形状由一系列x、y坐标定义，拓扑关系由始结点、终结点、左多边形、右多边形四个数据项组成，目标属性数据存储在相应的属性表中。每个目标的空间特征与属性特征通过用户标识码连接，如图3.11所示。

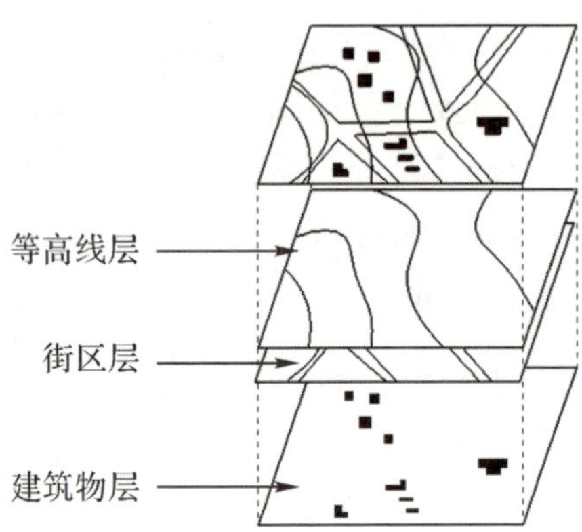

图3.9 GIS数据分层

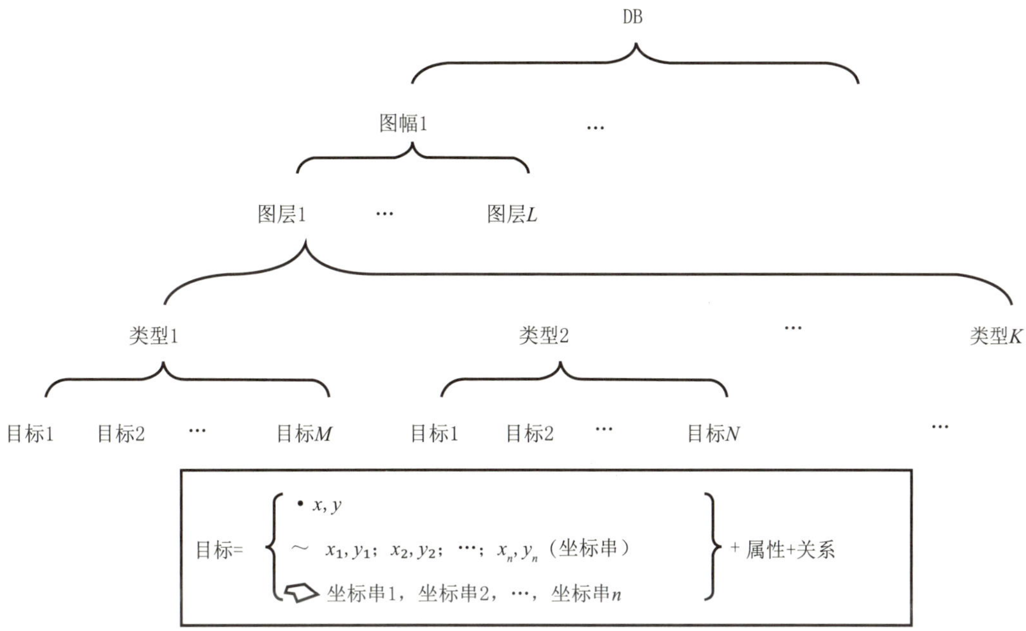

图 3.10 由目标构成数据库的逻辑关系

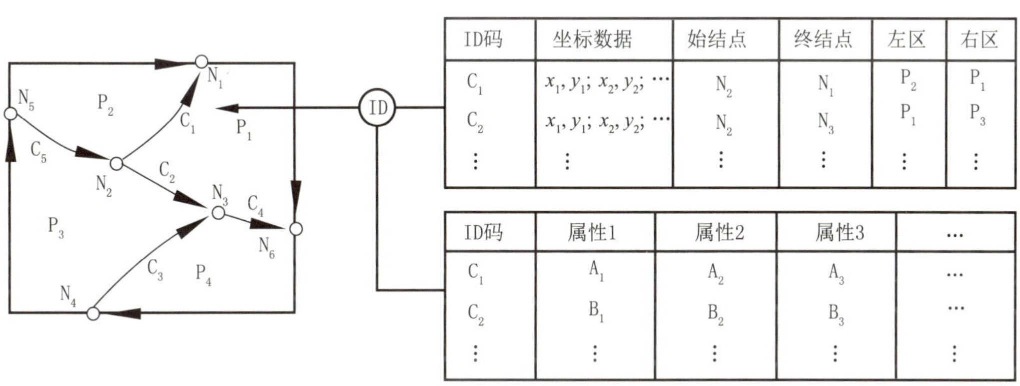

图 3.11 目标空间特征与属性特征的联系

3.2.2 空间数据结构简介

数据结构即数据的组织形式，是适合于计算机存储、管理和处理的数据逻辑结构。对空间数据而言，则是地理实体的空间排列方式和相互关系的抽象描述。数据如果不按一定的规律存储在计算机中，不仅用户无法理解，而且计算机也不能正确处理。目前尚无一种统一的数据结构能同时存储不同类型的数据，而是将它们分别以矢量（vector）数据结构、栅格（raster）数据结构、二维关系表及其他类型的数据结构方式存储。大多数GIS软件都包含矢量和栅格两种数据，并能实现相互之间的转换。对于属性特征数据，有些GIS系统是将它们与空间特征数据分别管理的，有些是采用统一数据库管理的。目前开发的矢量栅格一体化的数据结构也已达到实用化程度。

（1）栅格数据结构

栅格数据是最简单、最直观的一种空间数据结构。栅格是将地面划分为均匀的网格，每个网格作为一个像元（pixel）或空间单元（cell），依行列构成的像元矩阵。像元的位置由所在行、列号确定，像元所含有的代码表示其属性类型或仅是与其属性记录相联系的指针。在栅格模型中每一个栅格像元层记录着不同的属性，各层像元大小是一致的。像元通常是正方形，有时也用到矩形、六边形和三角形等。在地理信息系统中，扫描数字化数据、遥感数据、数字地面高程数据以及矢量-栅格转换数据等都属于栅格数据。图3.12为用栅格像元表示的点、线、面。

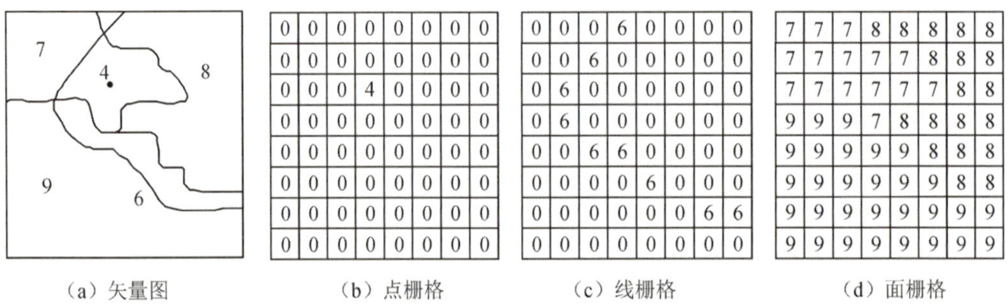

图3.12　用栅格像元表示的点、线、面

栅格的相对大小用栅格的空间分辨率来表示。栅格的空间分辨率是指一个像元在地面所代表的实际面积大小。对于100 m的分辨率，一个面积为100 km^2的区域就有1000行 × 1000列的栅格，即100万个像元。而对于10 m的分辨率，同样的面积就有10000行 × 10000列的栅格，即1亿个像元。假设每个像元占一个字节（Byte），那么该图像就要占用100 MB的存储空间，对一张图形或一幅图像来说，这是一个相当大的存储空间。随着分辨率的增大，对存储空间的要求还将呈几何级数增加，因此栅格模型需要用能通过压缩节省存储空间的数据结构来表示。

栅格数据是量化和近似离散的数据，当栅格的空间分辨率过低时则不能很好地与空间目标拟合，同时对长度、面积等的度量也有较大影响，在创立栅格时，像元的大小（栅格的空间分辨率）一经固定，就丢失了某些高分辨率情况下的细节信息。如图3.13（a）中A点与C点之间的距离是5个单位，但在图3.13（b）中，

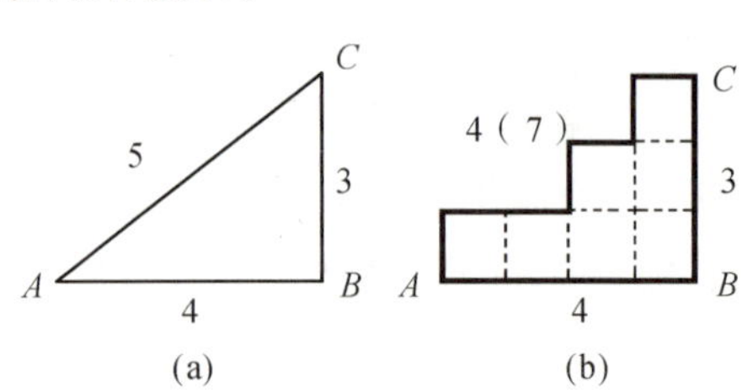

图3.13　栅格图的误差

AC之间的距离可能是7，也可能是4，这取决于算法。如以像元边线计算则为7，以像元为单位计算则为4。同样，图3.13（a）中三角形的面积为6个平方单位，而图3.13（b）中则为7个平方单位，这种误差随像元的增大而增大。所以，在进行栅格结构编码时，首先应确定空间分辨率（栅格的大小），栅格单元的合理尺寸应能有效地逼近空间对象的分布特征，以保证空间数据的精度。但是栅格过于细小，数据量则会大量增加。也就是说，在选择空间分辨率时，必须同时考虑到保证数据精度，以及减少存储空间和处理时间两个方面的问题。通常以保证最小图斑不丢失为原则来确定合理的栅格尺寸。合理的栅格尺寸可按下列公式确定：

$$H=\frac{1}{2}(\min A_i)^{\frac{1}{2}}$$

式中，H为栅格长度；A_i为多边形代号，$i=1$，2，…，n。

按照这个标准建立的栅格数据，其逼近图形的效果（见图3.14（a））与原始图形（见图3.14（b））比较，具有更高的相似性或精度。

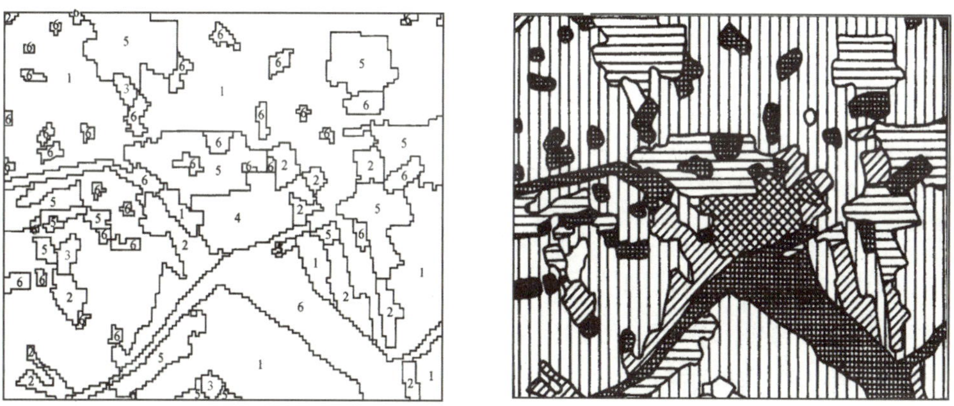

（a）逼近图形　　（b）原始图形

1.水田 2.旱地 3.园地 4.荒地 5.居民地 6.湖塘

图3.14　原始数据与栅格数据土地利用图的对比

直接栅格编码是栅格结构中最基本、最简单的一种编码方式。这种编码就是将栅格数据看作一个数据矩阵，逐行逐个记录代码数据。如图3.12（a）所示的多边形7、8和9，分别表示三种不同属性的地理实体代码，其栅格阵列如图3.12（d）所示，而直接栅格编码的数据记录如表3.5所示。有些系统为了显示和处理方便，也可将一块（若干行）数

表3.5　多边形栅格数据记录

记录1	7,7,7,8,8,8,8,8
记录2	7,7,7,7,7,8,8,8
记录3	7,7,7,7,7,7,8,8
记录4	9,9,9,7,8,8,8,8
记录5	9,9,9,9,9,8,8,8
记录6	9,9,9,9,9,9,8,8
记录7	9,9,9,9,9,9,9,9
记录8	9,9,9,9,9,9,9,9

据作为一个记录。

这种编码方式不采用任何压缩数据的处理，因此数据量非常大，冗余数据很多。为了有效地减少空间数据的数据量，在GIS中更多的是采用一些压缩数据的编码方法，如游程长度编码、链式编码、四叉树编码和八叉树编码等。

栅格数据对处理某些任务来说非常有效，栅格模型的一个优点就是不同类型的空间数据层不需要经过复杂的几何计算就可以进行叠加操作，例如，两幅或更多幅的遥感图像的叠加操作等。但是它对某些任务来说就不那么有效了，如比例尺变换、投影变换等。

（2）矢量数据结构

基于矢量模型的数据结构简称矢量数据结构，矢量数据结构分为简单矢量数据结构与拓扑矢量数据结构。矢量数据结构是通过记录坐标的方式精确地表示点、线、面实体的位置。这里的x、y可以对应于地面点的经纬度，也可以对应于平面直角坐标系的x与y坐标。在简单矢量数据结构中，最典型的是面条（spaghetti）结构（见图3.15），这种数据结构是将空间数据按基本的空间对象（点、线、多边形）为单元，进行单独组织。对于点实体只是记录其在某特定坐标系下的坐标；对线实体进行数字化时，是用一系列足够短的直线段来拟合一条曲线，在矢量结构中，只记录这些小线段的端点坐标，将曲线表示为一个坐标序列，坐标之间认为是以直线段相接，在某一精度范围内可以逼真地表示出各种形状的线状地物；对于面实体而言，在GIS中常用多边形（polygon）来表述一个任意形状，并且是边界完全闭合的空间区域，该闭合区域的边界线同前面介绍的线实体一样，也是由一系列直线段拟合而成的，每个小线段可看作多边形的一条边，因此该区域也可看成是由这些边组成的多边形。这种数据结构中不包含空间对象之间的拓扑关系，它们对应的编码文件如表3.6所示。

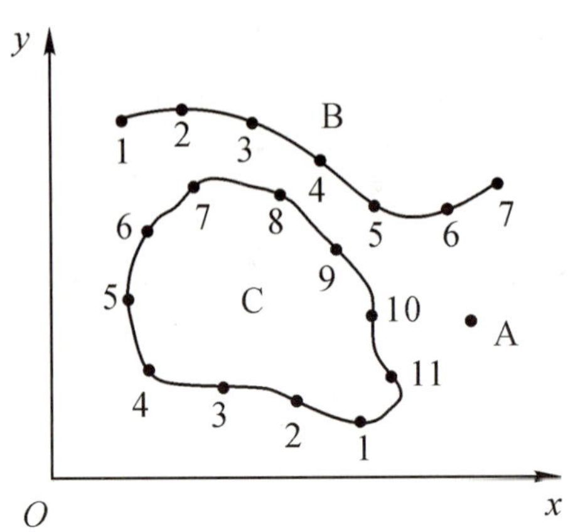

图3.15 地理实体

表3.6 地理实体的简单矢量表示

	特征码	数据项
点	A	x, y
线	B	x_1, y_1；x_2, y_2；x_3, y_3；x_4, y_4；x_5, y_5；x_6, y_6；x_7, y_7
面	C	x_1, y_1；x_2, y_2；x_3, y_3；x_4, y_4；x_5, y_5；x_6, y_6；x_7, y_7；x_8, y_8；x_9, y_9；x_{10}, y_{10}；x_{11}, y_{11}

拓扑矢量数据结构中，常用的有对偶独立地图编码法、多边形转换器、地理编码与参照系统拓扑集成等拓扑数据结构。它们共同的特点是：点是相互独立的，点连成线，线构成面。每条线始于起始点，止于终止点，并与左右多边形相邻接。构成多边形的线又称为链段或弧段，两条以上弧段相交的点称为结点，由一条弧段组成的多边形称为岛。多边形中不含岛的称为简单多边形，表示单连通区域；含岛区的多边形称为复合多边形，表示复连通区域。复连通区域有外边界和内边界，岛区多边形边界可看作复连通区域的内边界。

在这种类型的数据结构中，弧段是数据组织的基本对象。弧段文件由弧段记录组成，每个弧段记录都包含弧段标识码。结点文件由结点记录组成，包括每个结点的结点号、结点坐标及与该结点连接的弧段标识码等。多边形文件由多边形记录组成，包括多边形标识码、组成该多边形的弧段标识码，以及相关属性等。矢量结构图形（见图3.16）对应拓扑数据结构的弧段文件如表3.7所示。

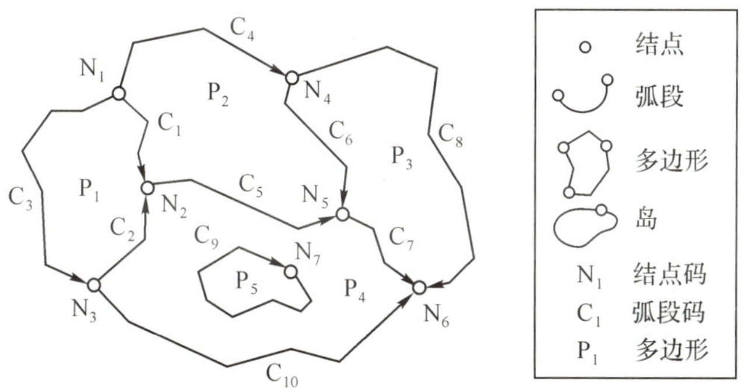

图3.16 矢量结构图形基本元素

表3.7 地理实体的拓扑矢量表示

弧段号	起始点	终止点	左多边形	右多边形
C_1	N_1	N_2	P_2	P_1
C_2	N_3	N_2	P_1	P_4
C_3	N_1	N_3	P_1	Ø
⋮	⋮	⋮	⋮	⋮

拓扑数据结构最重要的技术特征是具有拓扑编辑功能，这不但能保证数字化原始数据具有自动查错功能，而且可以由各个单独存储的弧段自动形成封闭的多边形边界，为空间数据库的建立奠定了基础。

矢量数据表示的坐标空间是连续的，不必像栅格数据结构那样进行量化处理，因此可以精确定义地理实体的任意位置、长度、面积等，显示精度较栅格结构高。

事实上，它主要受数字化设备的精度和数值记录字长的限制。该结构还可以对复杂数据以最小的数据冗余进行存储，相对于栅格结构来说，它还具有数据精度高、存储空间小，空间实体之间具有拓扑关系等特点，是一种高效的图形数据结构。

矢量结构在解决诸如长度计算、面积计算、图形编辑、几何变换之类的问题中，具有更高的效率和精度。但是同样由于这一特点，其图形运算的算法要较栅格结构复杂。在某些空间分析操作方面也不及栅格结构简单。

（3）矢量与栅格一体化数据结构

按照传统观念，矢量与栅格数据被认为是两种完全不同的数据结构，当利用它们来表达空间目标时，对于线状目标，习惯用矢量数据结构。对于面状实体，在利用矢量结构数据时，主要采用边界表达法；在利用栅格数据结构时，一般用空间单元填充法。由此，人们联想到对用矢量方法表示的线状实体，是不是也可以采用空间单元填充来表示，即在数字化一个线状目标时除了要记录原始采样点外，还记录它们所通过的栅格。同样，对于面状目标，除了要记录它的多边形边界外，还要记录中间包含的栅格。这样，既保持了矢量特性，又具有栅格的性质，就可以将矢量与栅格统一起来，这也就是矢量与栅格一体化数据结构的基本思想。

为了建立矢量栅格一体化的数据结构，要对点、线、面目标数据结构的存储要求作如下统一的约定：

① 点状目标。它没有形状和面积，在计算机内部只需要表示该点的一个位置数据及与其关联的弧段信息。

② 线状目标。它有形状，但没有面积，在计算机内部需要用一组单元来填满整个路径，并表示该弧段的拓扑信息，如图3.17（a）所示。

③ 面状目标。它既有形状又有面积，在计算机内部可表示为由边界及填充于边界内区域的栅格组成的紧凑空间，如图3.17（b）所示。

由于栅格数据结构精度较低，在一体化数据结构中需要利用细分网格的方法，来提高点、线和面状目标边界线的数据表达精度，即在有点、线目标通过的基本网格内，再细分成256×256个细网格，精度要求低时，也可细分为16×16的网格。这样既可保证数据具有较高的精度，又不至于使系统的存储与运算开销过大，兼有栅格数据与矢量数据的优势。

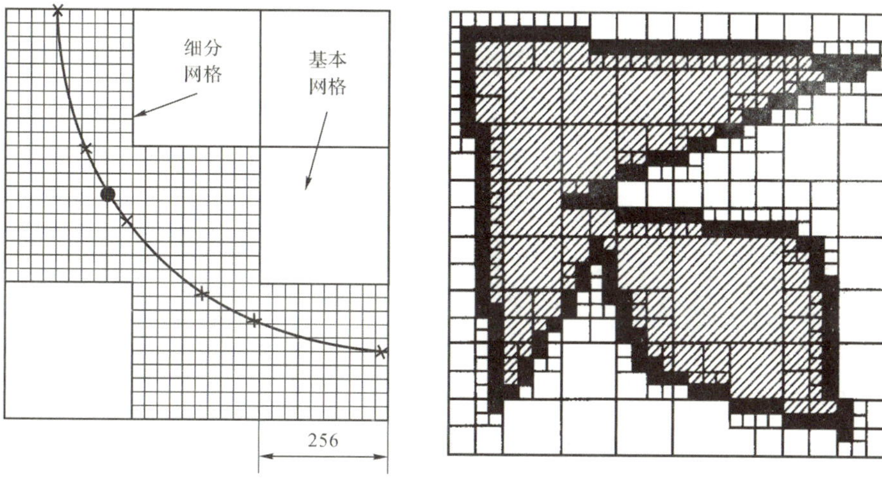

（a）示例1　（b）示例2

图 3.17　矢量栅格一体化数据结构的表达

（4）栅格数据和矢量数据结构的比较与选择

空间数据的栅格结构和矢量结构是模拟地理信息的两种不同方法，但在表示空间数据方面，两种数据结构同样有效。栅格数据结构只有拥有大量的计算机内存来存储和处理地理数据，才能达到与矢量数据结构相同的空间分辨率。栅格结构的特点是属性明显位置隐含，而矢量结构的特点则是位置明显属性隐含。矢量数据结构在表达线状地物方面具有直观性，尤其是在反映网络信息方面如管线、交通网等，具有其独特的优势。矢量结构还适合用来建立拓扑关系和进行拓扑关系分析，如多边形形状分析、网格分析等。栅格数据结构十分有利于某些方面的空间分析，但一般来说数据精度较低。而矢量数据结构具有较高的数据精度，但它在某些特定的空间分析操作方面相当复杂。归纳起来，栅格结构和矢量结构的特点如表 3.8 所示。

表 3.8　栅格数据结构和矢量数据结构的比较

	栅格数据结构	矢量数据结构
优点	1. 数据结构简单 2. 易于与遥感影像和数字摄影测量等数据结合 3. 易于进行空间操作和空间分析 4. 数学模拟方便 5. 空间数据的叠加和组合较为方便	1. 图形数据的精度较高 2. 数据存储量小 3. 输出图形的质量高，可视性好 4. 易于建立完整的拓扑关系，网络分析方便 5. 图形数据及其属性数据的恢复、更新和概括都能实现
缺点	1. 图形数据量大 2. 减少数据量时，精度损失很大 3. 图形的可视性和精度不如矢量结构 4. 网络分析比较困难 5. 投影变换较为耗时	1. 数据结构较为复杂 2. 空间数据的叠加操作较困难 3. 数学模拟比较困难 4. 数据输出的费用较高 5. 难以进行某些空间分析运算

由表3.8可知，两种数据结构各有其优缺点和适用范围。对于一个与遥感数据相结合、要进行各种空间操作的GIS应用来说，栅格结构是必不可少的。而对地图数字化、拓扑检测和矢量绘图而言，矢量结构数据是不能缺少的。事实上，这两种数据结构也是与当前一定的输入输出设备相联系的。例如，高精度的增量式绘图仪输出数字地图要求矢量结构的数据；而对于屏幕显示、打印机或喷墨绘图仪输出来说，栅格数据又是必需的。所以，在GIS中较为理想的方案是采用两种数据结构，既含有栅格结构又包含矢量结构，通过计算机程序实现两种结构的高效转换，最大限度地减少数据冗余，提高数据精度。根据对数据的不同操作，由程序自动选取合适的数据结构，以获取最强的分析能力和时间效率。矢量和栅格两种结构的并存、结合及转换，对于提高GIS的空间分辨率、数据压缩率、系统分析能力及输入输出的灵活性是十分重要的。

（5）栅格数据和矢量数据结构的转换

通常，GIS中的数据格式转换，可分为矢量数据向栅格数据转换和栅格数据向矢量数据转换两种方式。这种互相转换是通过各种转换算法实现的，近年来已发展了许多高效的转换算法，以适应不同的环境需要。

① 矢量格式向栅格格式转换

空间图形可抽象地以点、线、面（多边形）三种要素来描述。对于以矢量结构表述的点状实体而言，每个实体仅由一个坐标对表示其空间位置。而在栅格结构中，点实体的位置则是由表示该点的像元所处的行列位置所确定的。因此，对于点实体的两种结构转换基本上只是一个坐标精度变换的问题，在技术上并不难解决。用矢量结构表示的线实体是由一系列点的坐标对来表述其位置的，在变换为栅格结构时，按解析几何中的两点式直线方程，根据栅格精度要求，在每两坐标点之间插入一系列栅格像元，每个坐标点变换为栅格结构的行列坐标，可见在线实体上实现这种结构转换也是不难实现的。因此，通常对转换算法的研究主要放在对多边形的数据结构转换上。多边形矢量格式数据向栅格格式数据的转换，实际上就是在矢量格式的多边形内部对所有栅格像元赋以相应的多边形编号，故又可称为多边形填充。现对几种主要的转换算法简要地描述。

第一，内部点扩散算法。该算法由每个多边形的一个内部点（种子点）开始，向周围8个方向的邻点扩散，然后判断各个新加入的点是否在多边形边界上。如果新点在边界上，则该点不作为种子点，停止扩散；如果该点不在多边形边界上，则该点作为新的种子点与原有的种子点一起继续向外扩散，并对新的种子点赋以该多边形编号。重复上述过程直到所有的种子点填满该多边形为止。扩散算法程序设计比较复杂，需要在栅格阵列中进行检索，占用内存较大。另外，由于栅格精度的限制，在一定的栅格精度下，如果某个复杂多边形两条边界落入同一个或相邻的两个栅格像元之内，就会造成该多边形不连通，这种情况下仅用一个种子点就不能完成整个多边形的填充。

第二，射线算法。射线算法是逐点判断各栅格点是位于多边形内还是在多边形之外，该方法中常用的有平行线扫描法和铅垂线跌落法。前一种方法是从待检验的栅格单元作平行于X轴的扫描射线，后者则是从待检验的栅格单元作垂直于X轴的扫描射线，然后判断射线与多边形的边界相交的次数。如果相交偶数次，则该点在多边形外部。若为奇数次，则该点为多边形内部点。当相交次数为奇数时，则对该点赋以该多边形的编号。遍历所有栅格单元，完成多边形的填充。射线算法要计算射线与多边形边界的交点，计算量较大。此外，判断射线与多边形边界相交时，有一些特殊情况如复合、相切等会影响判断的正确性，必须予以排除。为了避免误判，可以同时采用这两种方法检验，只要一种方法交点为奇数，该点就在多边形之内。

第三，扫描算法。扫描算法是射线算法的改进。通常情况下，沿栅格阵列的行（或列）方向进行逐行（列）扫描，对扫描线每两次遇到多边形边界之间的栅格，判别为属于多边形内部点，赋以该多边形编号。扫描算法较射线算法有更高的计算效率。但是，射线算法中的一些特殊情况，在扫描算法中仍然存在，仍需给予特殊处理。

第四，边界点跟踪法。多边形边界的栅格单元确定后，从边界上的某栅格单元开始，按顺时针方向跟踪边界栅格，对边界经过的每个栅格赋以字符R、L和N中的一个，直至回到起始点。其中，R代表右，行数一直增加的栅格为R；L代表左，行数一直减少的栅格为L；N代表无变化，行数不变的栅格均赋值为N。最后逐行扫描，对所有R和L之间的栅格赋以该多边形的编号。对于多边形中间的岛，则按逆时针方向进行跟踪，这样岛区内将不填充。

除了上面所介绍的矢量–栅格转换方法之外，还有边界代数法、复数积分法等常用算法，这些算法各具不同的特点，可根据需要选用。另外，以上讨论的是单个多边形转换的方法，但在实际工作中，每幅地图都是由多个多边形区域组成的，因此还必须研究多个多边形区域的转换问题。

② 栅格格式向矢量格式转换

多边形栅格格式向矢量格式转换，就是提取以相同编号的栅格集合表示的多边形区域的边界和边界的拓扑关系，并将其表示成多个小直线段的矢量格式边界线的过程。栅格格式向矢量格式转换通常包括以下四个基本步骤：

一是多边形边界提取。采用高通滤波等方法，将栅格图像二值化或以特殊值标识边界点。

二是边界线追踪。根据已经提取的结点或边界点，判断跟踪搜索方向后，逐个进行边界弧段的跟踪，直到连成完整封闭的边界线。

三是拓扑关系生成。对于矢量表示的边界弧段，判断其与原图上各多边形的空间关系，形成完整的拓扑结构，并建立与属性数据的联系。

四是去除多余点及曲线圆滑。由于搜索是逐个栅格进行的，必须去除由此造成的多余点记录，以减少数据冗余。由于栅格精度的限制搜索结果曲线可能不够圆滑，需要采用一定的插补算法进行光滑处理。常用的算法有线性迭代法、分段三次多项式插值法和样条函数插值法等。

上述步骤是为了使栅格数据中包含的空间实体之间的拓扑关系和相应的属性代码在转换过程中仍保持其原有关系，保证数据转换的真实性和一致性。

3.3 GIS的基本功能

GIS就是通过对地学信息和有关社会经济信息进行采集、编辑、数据管理、查询、分析和输出等工作，来实现对地理信息的计算机化管理过程。GIS作为一个空间信息系统，要求至少具备五项基本功能，即数据输入、图形与文本编辑、数据存储与管理、空间查询与空间分析、数据输出与表达。

3.3.1 数据输入

建立GIS地理数据库是一项重要而复杂的工作。其实质是将地面上的实体图形数据及其描述性属性数据输入数据库中。因此，数据输入就是对数据进行必要编码和写入数据库的操作过程，此过程又被称为数据采集。

（1）空间数据的输入

对空间数据的采集是GIS数据采集的主要功能。这里的空间数据主要指图形实体数据。通常在GIS中用到的图形数据类型，包括各种地图与地形图、航测照片、遥感数据、点采样数据等。因此，空间数据的输入主要是对图形的数字化处理。而输入方法可以采用数字化仪、扫描仪、摄影测量仪、测量全站型速测仪、GPS接收机，以及能以数字形式自动记录测量数据的测量仪器等。至于选择哪种输入方法，需对应用图形数据的方式、图形数据的类型、现有设备状况、现有人力资源状况和经济状况等因素综合考虑后确定，可以选用单一方法或几种方法结合起来输入所需要的图形数据。下面介绍几种精细农业中常用的空间数据输入方法。

① 手工键盘输入

手工输入矢量图形数据，就是把点、线、面实体的地理位置（坐标），通过键盘输入数据文件或程序中去。空间实体的坐标，可从地图上的坐标网或其他覆盖的透明网格上量取。

栅格图形数据的手工输入过程为：首先选择适当的像元大小和形状（一般为正方形网格），并绘制透明格网，然后确定地物的分类标准，划分并确定每一类别的编码，最后将透明格网覆盖在待输入图件上，依格网的行、列顺序用键盘输入每个像元的属性值即各类别的编码值。

手工键盘输入方法简单，不用任何特殊设备，但输入效率低，需要做十分烦琐的坐标取点或编码工作。这种方法在输入的图形要素不复杂时可以采用。

② 数字化仪输入

用数字化仪输入是目前比较常用的一种图形数据输入方式。数字化仪上点的坐标是用鼠标输入计算机的，数字化仪的鼠标上有一个精确固定在窗口内的十字线。需要数字化点的坐标时，只需将十字线精确对准该点后，按动鼠标上相应的按钮即可。一般的数字化仪鼠标设有4个、12个、16个或更多的键，这些键可用于附加程序的控制，同时还可用来对所进行数字化的对象加入标号，以便与有关的非空间属性数据相连接。

在进行数字化时，首先将待数字化的地图或航片等固定在数字化仪上，输入其比例尺，并用鼠标定出图幅上的左下角点和右上角点，确定数字化范围，然后由数字化作业员小心地用手移动鼠标，使鼠标十字线尽可能地保持在待数字化线段上，再按动鼠标键按钮进行输入。

在一般的数字化工作中常见的输入方式有两种，即流方式数字化和点方式数字化。所谓流方式数字化是指作业员只需仔细保持鼠标十字线沿待数字化的线段连续移动，由计算机自动地按等时间隔或等距间隔来控制点位的数据录入。这种方式的优点是易于操作，且数字化速度较快，工作效率也较高。缺点是若按等时录入，则采样点的疏密程度与作业员移动鼠标十字线的速度有关；而若按等距录入，则不能正确地反映曲线弯曲复杂的部分。点方式数字化则是由数字化作业员自行选择采样点和确定采样密度，逐点地对目标进行数字化。在该方式下，对每个采样点，作业员都是仔细地用鼠标十字线对好目标后，再按下鼠标按钮取样录入数据。这种方式可以让数字化员选择最有利于表现曲线特征的点位进行数字化，因此精度较高。但由于对每个点都要独立地进行目标重合和单独录入，因而速度太慢，工作效率不高。

③ 自动扫描输入

自动扫描输入方式输入速度快，不受人为因素影响，操作简单。扫描仪按照扫描形式的不同，可分为栅格式扫描仪和矢量式扫描仪。栅格扫描仪扫描可直接获得栅格图像，也可以通过矢量化软件将其转化为矢量图形。矢量扫描仪是直接跟踪图件上的线划，并直接产生矢量数据。目前多采用激光扫描。

④ GPS接收机输入

在GPS数据终端软件的控制下，用GPS接收机测量，可自动生成常用GIS软件所支持的数字地图，通过数据终端的接口可以将其输入计算机中。

（2）属性数据的输入

属性数据用来描述空间数据的特征和性质。例如，一栋房子除需要记录它的位置坐标等空间数据外，还需存储它的属性信息，如房主、房屋面积、建筑日期等，这种非空间的属性数据也被称为空间实体的特征编码。显然，属性数据是与空间实体相关的。通常可采用公共标识符的方法建立属性数据与空间数据的联系，从而有效地存储和处理这些属性数据。

属性数据一般采用键盘输入，通常采用关系型数据库与空间数据分别存储，通过公共标识符建立空间数据与属性数据的联系。当数据量较大时，一般将属性数据先输入一个顺序文件，经编辑、检查无误后再转存到数据库的相应文件或表格。

3.3.2 图形与文本编辑

在GIS的数据输入过程中，通过各种输入设备采集数据难免会产生或引入一些误差或差错。例如，使用数字化仪进行手扶跟踪数字化过程中，由于操作员经验和技术水平不同，可能会产生数字化误差；扫描得到的数据，也可能出现噪声斑块或线条。所以，GIS应具备对输入的空间数据和属性数据进行图形与文本编辑的功能，以修正所出现的错误。通常，大多数GIS的数据编辑都是比较耗时的交互式处理过程。在编辑过程中，除要逐一修改所能发现的数据错误之外，还要进行图形的合并、分割和数据更新等工作。这些编辑工作一般把数据显示在屏幕上，然后利用键盘或数字化图板来进行。

（1）空间数据的编辑

对图形数据进行编辑，一般要求系统具备图幅定向、文件管理、图形编辑、生成拓扑关系、图形修饰与几何计算、图幅拼接、数据更新等功能。

①图幅定向。图幅定向是将待数字化材料的图幅坐标转化为地理坐标。因此要求图形编辑系统具有自动完成数字化仪坐标、地图坐标与屏幕坐标之间转换的功能，并且可设置定向允许限差值，修改或删除定向点，输入点坐标，对定向点进行数字化以及进行图幅定向平差并显示平差结果。

②文件管理。文件管理是指对图形文件的读写功能，通常包括创建新文件、打开已有文件、添加文件、存储文件与更改文件名、输出图形文件等基本功能。

③图形编辑。图形编辑这一功能要求对图形数据不仅可以进行逐点或逐线段增、删、改操作，还可以对图形进行开窗、缩放、移动、旋转、裁剪、粘贴和复制等操作。同时，在图形编辑中还应能对图形进行分层显示，能针对所开窗口的任一位置，

输出其地理坐标或相对于某参考系的坐标值。除以上所述外，由于对GIS中矢量数据的处理主要是以点和线为基本对象（面要素是以线要素为基础进行处理的），所以在编辑中还应具有对线段的特定处理功能。

④生成拓扑关系。能够自动使矢量数据生成拓扑关系是GIS与一般数字测图系统的主要区别之一。通常建立拓扑关系可以根据相应的结点和弧段经过编码由计算机自动组织成GIS中的线状或面状地物，同时确定它们之间的几何关系，如相邻、包含、相交等。例如，可由相应多边形的内部点组成的文件得到某多边形边界的左右多边形信息，从而建立线与面的拓扑关系。在图形编辑中建立拓扑关系则是使用鼠标人工装配地物或修改已建立的拓扑关系。尤其是在处理复杂地物的情况下，图形数据的编辑功能应能让用户自行定义、分解、删除或显示复杂地物。

⑤图形修饰与几何计算。编辑地图时需要根据不同的地物类型，设置不同的线型、颜色和符号，还应具有注记的功能，包括设置字体大小、方向和注记位置。此外，用户有时还要根据需要自己设计一些特殊的符号存入符号库中，以便在地图修饰时调用。所以系统应具备线型设置、颜色设置、注记设置和符号选择等功能，同时还应可以进行创建、编辑和存储符号的操作。除上述功能外，系统还应能通过几何坐标计算多边形的面积、周长、结点间距离、线段长度等。

⑥图幅拼接。在数字化过程中，人为或仪器误差的影响，可能会使两个相邻图幅的数据库在接合处产生不一致，即所谓“裂隙”。这种“裂隙”有两种情况：一种是所谓“几何裂隙”，另一种是“逻辑裂隙”。“几何裂隙”是指数据库中的边界数据使得一个实体的两部分不能精确地彼此衔接，如数据不完整、重复、位置不正确、变形、比例尺问题等。“逻辑裂隙”则是指某个实体在一个数据库中有性质A，而在另一个数据库中却具有性质B；或者同一实体在两个数据库中具有不同的附加信息，如同一条公路具有不同的宽度、空间与属性，数据连接有误、属性数据不完整等。因此，在图形编辑系统中对于存在逻辑上不一致的实体，则应采用交互编辑方法使其达到逻辑上的一致性。

⑦数据更新。为保证数据库的实时性必须进行数据更新，以防止数据的老化和不完美。这就要求在对数据编辑中，能筛选出数据库中那些正在发生变化的数据，并确定它们的变化程度。

为了使上述几项编辑基本功能充分发挥其性能，系统还要求设计一个用户友好的界面以保证人机交互操作顺利得以实现。

（2）属性数据的编辑

图形和属性数据分别管理可以提高操作效率和数据管理的灵活性。但为了建立属性数据与空间数据的联系，仍需在图形编辑系统中，设计属性数据的编辑功能，将实体的属性数据与相应的空间数据（如点、线、面）进行连接。

一般而言，属性数据较为规范，适合采用表格形式表示，所以许多GIS都采用关系数据库管理系统管理属性数据。关系数据库管理系统为用户提供了功能很强的数据编辑和数据库查询语言，即通常所说的结构化查询语言（SQL）。系统设计人员可以适当组织SQL语言，建立友好用户界面，以方便用户对属性数据的输入、编辑与查询。除此之外，由于GIS中各类地物的属性特征不同，描述它们的属性项及值域亦不相同，所以系统还应提供用户自定义数据结构的功能。数据结构设计完成后，用户既可以在图形编辑系统中输入属性数据，也可以在属性数据库管理系统中输入属性数据。以这两种途径输入的数据应该在同一数据库中，只是在不同数据处理模块和界面中进行。一般来说，在属性数据编辑模块中编辑属性数据比在图形编辑系统中的功能更强。此外，采用属性数据库管理模块，不但具备图形编辑系统中根据图形目标查询属性的功能，而且还能借助SQL语言提供的丰富的查询语言，进行多种灵活的数据库查询。属性库管理模块还提供了统计计算和分析报表的功能，除可计算平均值、最大值、最小值外，还可按一定要求建立报表，提供给用户进行分析之用。

3.3.3 数据存储与管理

在GIS中对数据的存储与管理主要是通过数据库管理系统来完成的。GIS数据库具有数据量大，空间数据与属性数据之间联系紧密，数据应用面广等特点。为此，GIS的数据库应做到数据集中管理，数据冗余度小，数据与应用程序相互独立，具有合适的数据模型和数据保护措施。

（1）数据存储

地理对象通过数据输入和编辑后，被保存到计算机的存储装置上。GIS是数据密集型系统，例如一幅1024×1024的遥感图像，一个波段就需要1 MB的容量。因此，如果没有高密度存储介质和较快的传输速度，GIS很难做到高效率运转。

磁带、磁盘和光盘是目前计算机最常用的存储装置，磁盘是一般计算机必备之存储设备。由于移动性存储介质（如U盘、存储卡等）读写速度较慢、可靠性差、容量小，只适用于小容量数据的临时存储和交换；对需要长期保存的数据，一般使用磁带或光盘存储；大容量硬盘也可用于GIS数据的长期保存，但成本较高。总之，无论采用哪种数据存储介质，或几种介质混合使用，用户都应综合考虑其数据存储的安全性、容量和成本问题。作为永久存储的数据应是经过挑选，又必不可少的数据。为使数据能长期保存并为多用户使用，存储装置应具有良好的安全保护措施和一定的环境性能。

（2）数据库管理系统

GIS的海量地理数据需采用数据库管理系统进行管理，就好比是对图书馆的图书进行编目、分类存放、设立索引，以便管理人员或读者快速查找。GIS数据库管理系统的主要功能应包括数据库定义、数据库管理、数据库维护以及数据库通信等。

①数据库定义。数据库定义是通过数据库提供的数据描述语言实现的。描述语言用来定义数据库的逻辑结构、结构框架，定义字段名、字段类型、字段长度，定义记录间的联系，指定安全性控制要求，指定数据完整性控制设备等，其中又以定义数据库的逻辑结构最为重要，因为它确定了整个数据库设计的基础。数据库的逻辑结构规划了数据库的整个框架，并确定了该数据库能完成的任务和形成数据库的总体数据模型。

②数据库管理。数据库管理功能应包括对整个数据库的运行控制、数据存储、更新管理、数据完整性和有效性控制，以及数据共享时的并行控制等。数据库管理系统接受用户发出的操作指令，是通过用户与数据库之间的接口语言——数据操作语言来完成的。

③数据库维护。数据库维护功能主要是指对数据库重新定义、重新组织数据以及对数据库进行整理和发生故障时恢复运行的能力。当把原始数据按数据库要求的格式和结构输入数据库时，应同时进行数据的检验工作，以避免错误或无效数据入库，确保数据的正确性。

④数据库通信。数据库通信功能要求数据库系统具备操作系统、其他编程语言、Internet的接口以及与远程操作的接口等。如前所述，由于数据库数据的共享性，除本系统的专业用户能够方便地应用数据库中的数据外，数据库还应能与其他数据库系统进行通信，发送或接收其他数据库系统的数据。因此，系统需要有通信软件和数据格式转换程序作为这些接口的处理程序。

3.3.4 空间查询与空间分析

GIS用户提出并要求系统解答的实际问题是多种多样的。例如，查询某个地块在什么位置，该地块的大小、形状、肥力、土壤类型等属性如何等。系统要回答这些问题，就需要采用适当的数据分析方法。就一般空间查询而言，用户可以就某个地物或区域本身的直接信息进行双向查询，即根据图形查询相应的属性信息，或按照属性特点，查找相对应的地理目标。除此之外，经过适当的组合和变换方法，还可以从GIS目标之间的空间关系中，获取派生的信息和新的知识，来回答有关空间查询和空间分析方面的问题。

GIS之所以在处理空间信息的性能上强于其他的信息系统，是因为它具有很强的空间查询和分析能力。而这种能力主要是由其分析、变换功能决定的，它们可归纳为空间数据拓扑分析、属性数据分析和空间数据与属性数据的联合分析等，如图3.18所示。

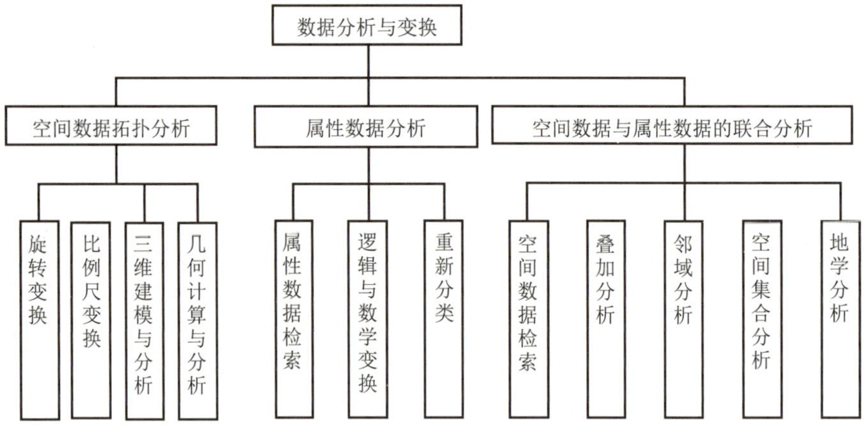

图3.18 GIS空间查询与分析

GIS的空间查询与分析是通过一些基本的空间分析操作，如叠加分析、缓冲区分析、拓扑空间查询、空间集合分析、地学分析等得以实现的。

（1）叠加分析

一般情况下，为便于管理、应用和开发地理信息，在建库时是按分层进行处理的。也就是说，根据数据的性质分类，将性质相同或相近的归并，形成一个数据层。例如，对于一个地形图数据库，可将所有建筑物作为一个数据层，所有道路作为一个数据层，所有水系作为另一个数据层。为确定空间实体之间的空间关系，可将不同数据层的特征进行叠加，从而产生具有新特征的数据层。也就是说，可将同比例尺、同区域的两个或多个数据层重叠在一起，建立一个具有多重属性的图形，即多边形叠加，如图3.19所示，也可根据图形范围的属性、特征进行多个属性数据的统计分析，即统计叠加。

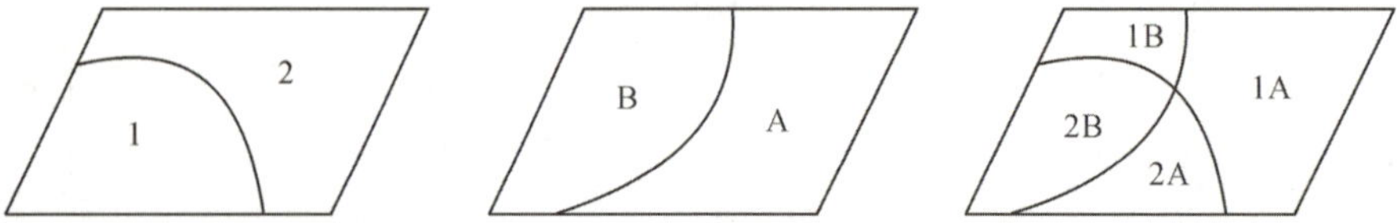

（a）土地利用分区图　（b）土地类型图　（c）合成图

图3.19 叠加分析

（2）缓冲区分析

在GIS的空间操作中，涉及确定不同地理实体的空间接近度或邻近性的操作，就是建立缓冲区。例如在林业方面，要求距河流两岸一定范围内划定禁止砍伐树木的地带，以防止水土流失；预测某河段发生洪水时会被淹没的地带等。缓冲区分析就是根据一定条件，在数据库中的点、线、面实体周围，自动建立一定宽度范围的缓冲区多边形，如图3.20所示。

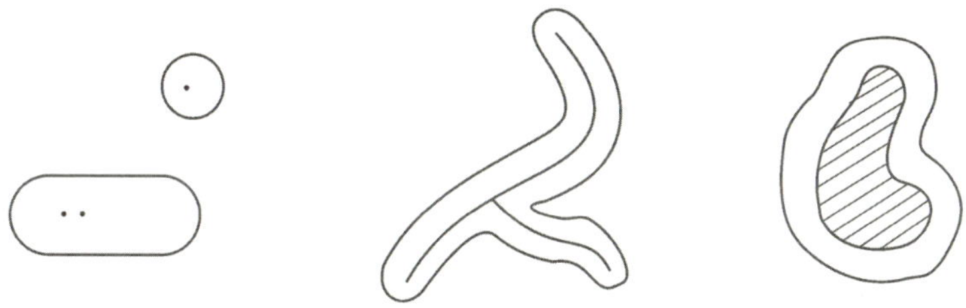

（a）点实体的缓冲区　（b）线实体的缓冲区　（c）面实体的缓冲区

图3.20　缓冲区分析

（3）拓扑空间查询

根据拓扑学原理，一幅图的诸元素可大致分为点、线、面三种基本形式，空间实体的拓扑特征就体现为这三种基本元素的拓扑关系。这种空间拓扑关系十分复杂，通常可以分为六类：邻接关系、相交关系、相离关系、包含关系、重合关系及关联关系。拓扑关联是指存在于空间图形的不同元素（点、线、面）之间的拓扑关系。对拓扑空间的查询，就是对点、线、面三种基本元素相互之间的关系，进行分析处理后提取的拓扑特征。通常叠加分析是进行这种拓扑空间查询的有力工具。例如，可以进行点实体（桥梁）与线实体（河流）的叠加操作，来检索某段河流上的桥梁；或者对线实体（灌溉网系）与面实体（地块）进行重叠操作，来检索某地块的灌溉状况等。

（4）空间集合分析

空间集合分析是以叠加分析运算和布尔逻辑运算为基础，按用户给定的空间数据组合条件来检索，查询其他的属性项目或图形数据。实际上就是在叠加分析的基础上进行的一个逻辑选择过程。通常是按照逻辑子集给定的条件进行逻辑与运算（and）、逻辑或运算（or）和逻辑非运算（not）。

在实际工作中，GIS用户经常需要从多个数据层或多幅地图中提取数据。例如，用户可能希望知道某地区种植小麦的土地是什么样的土壤类型，以及水利资源的分布状况如何等信息。而土地利用类型、土壤类型以及河流水系分布数据分别存储在三幅不同的地图上（或数据层上）。GIS一般先将数据层叠加后，根据各数据层指定的条件，运用逻辑运算方法进行逻辑选择，提取出用户需要的结果。

（5）地学分析

地学分析是用来描述地理系统中各地学要素之间的相互关系和客观规律信息的

方法。通常包括数字高程模型分析（DEM）、地形分析和地学专题分析三个方面。

数字高程模型（DEM）是对地理空间起伏连续变化的数字表示形式，用来描述地理空间中的第三维坐标——高程。尽管DEM是为了模拟地面起伏而发展起来的，但也可以用其模拟其他二维表面上连续变化的特征，如地面景观的属性等。此时的DEM，也可称为数字地形模型（DTM）。DEM最普通的形式是高程矩阵，也就是说，将地表单元上高程的集合用矩阵来表示。另一种建立数字高程模型的方法是不规则三角网法（triangulated irregular network，TIN）。不规则三角网数字高程模型由连续的、相互连接的三角平面组成，三角形的形状和大小取决于不规则分布高程数据点的密度和位置。其构成方法是对有限个离散的点，每三个最邻近点连接成一个三角形，根据每个三角形的平面方程可计算各网格点的高程，生成DEM。

在GIS中以数字高程模型为工具，可以获得多种派生产品，可将它们作为地形分析的有力手段，如坡度图、等高线图、渲染图、三维立体块图等。利用这些地图，GIS用户可以对地貌、地面景观等进行有效的描述，并对其进行比较和定量分析。

GIS除上述功能外，还提供了许多专业性较强的地学专题分析应用程序。比如，利用DEM数据，对工程土石方量和填挖范围进行计算；根据DEM网格或TIN三角形的每个基本单元面积，累积求和算出整个区域地表面积等。从而有效地提高了工作效率和经济效益。此外，GIS中还具有一些专用分析模块，例如网络分析模块能够用来进行最佳路径分析，追踪某一污染源流经的排水管道等。土地适应性分析是多因素分析的一种，可用来评价和分析各种开发活动，包括农业应用、城市建设、农作物布局、道路选线等土地利用状况，优选出最佳方案，为土地规划提供参考意见。发展预测分析可以根据GIS中存储的丰富信息，运用科学的分析方法，对某些要素如人口、资源、环境、粮食产量等进行预测，对今后可能的发展趋势给出评价和估计，以采取相应的对策等。用户可以根据需要自行选择应用分析模块。

3.3.5 数据输出与表达

GIS的数据输出与表达是指借助一定的设备和介质，将GIS分析或查询检索结果，表示为某种用户需要的、可以理解的形式，如地图、表格、图形和图像等，或者将上述结果传送到其他计算机系统。总之，输出就是将GIS的信息形式表达成适合用户需要的过程。由于在GIS中所有的图形图像信息都以数字形式存储，而且它们都以有效的数据结构与各种专题信息有机地联系在一起，因此，GIS在最终成果的表示与输出方面显示出极大的优势。

能输出地图、表格、图形和图像等能被人们理解的数据的设备可以分为两大类：一类是在电子屏幕上显示出GIS的分析结果或输出内容，如计算机屏幕；另一类是在纸张、聚酯薄膜或其他材料上产生永久性图形或文本数据的所有装置，例如打印机、绘图机等。此外，计算机兼容输出形式的设备通常有磁带机、磁盘驱动器和光盘刻录机等，以及必要的计算机网络通信设备。

3.4 GIS软件平台简介

20世纪80年代以来，随着计算机软、硬件技术的飞速发展，大容量存取设备的使用，为空间数据的录入、存储、检索和输出提供了强有力的手段。计算机显示器、显示适配器等硬件的发展增强了人机对话和高质量图形显示的功能，促使GIS朝着实用化方向迅速发展。目前开发的商品化GIS软件多达数百种。我国一方面适当引进和消化了部分国外有代表性的GIS软件，另一方面也独立研制了一些适合中国国情的GIS软件，以满足不同行业用户日益增长的需求。下面介绍几种常用的GIS软件。

3.4.1 SuperMap 软件系统

超图软件历经二十余年的研发，目前已形成一个大型的云边端一体化的SuperMap GIS 产品体系，包含云 GIS 服务器、边缘 GIS 服务器、端 GIS 等多种软件产品，是二三维一体化的空间数据采集、存储、管理、分析、处理、制图与可视化的工具软件。

该软件构建了 GIS 基础软件五大技术体系 (BitDC)，即大数据 GIS、人工智能 GIS、新一代三维 GIS、分布式 GIS 和跨平台 GIS 技术体系，适用于各行业GIS方向的应用。

（1）云GIS服务器

① SuperMap iServer – 服务器 GIS 软件平台

基于跨平台 GIS 内核、分布式、可扩展的服务器 GIS 软件开发平台，可提供 GIS 服务发布、管理与聚合能力，并支持多层次的扩展开发。该软件平台同时提供空间大数据、GeoAI 和三维等相关的 Web 服务，支持矢量、栅格数据“免切片”发布；并融合微服务、容器化编排等，提供多种 SDK，用于构建微服务架构的云原生 GIS 应用系统。

② SuperMap iPortal – GIS门户软件平台

GIS门户软件平台能完成 GIS 资源的整合、搜索、共享和管理，有零代码快速建站、多源异构服务注册、多源服务权限控制等功能。提供 Web 端应用，可以进行专题图制作、三维可视化、分布式空间分析、数据科学分析、大屏创建与展示等操作。作为云边端一体化 GIS 平台的用户中心、资源中心、应用中心，可快速构建 GIS 门户站点。

③ SuperMap iManager – GIS运维管理软件平台

GIS运维管理软件平台可用于应用服务管理、基础设施管理和大数据管理。提供基于 Kubernetes 的云原生 GIS 解决方案，可创建并运维面向云原生的大数据、AI 与三维 GIS 系统等，实现细粒度的动态伸缩和部署。

该软件平台可监控多个 GIS 数据存储、计算与服务节点或其他 Web 站点，监控硬件资源占用、地图访问热点、节点健康状态等指标，实现 GIS 系统的整体运维管理。

（2）边缘软件平台

GIS 边缘软件平台部署在靠近客户端或数据源一侧，实现就近服务发布与实时分析处理，可降低响应延时和带宽消耗，减轻云 GIS 中心压力，支持大量矢量数据快速发布。

可作为 GIS 云和应用终端间的边缘节点，通过服务代理聚合与缓存加速技术，有效提升云 GIS 的终端访问体验，并提供智能内容分发和高效边缘分析处理能力。

（3）组件端 GIS

① SuperMap iObjects C++

具有跨平台和二三维一体化能力，适用于 C++ 开发环境。

② SuperMap iObjects Java

具有跨平台和二三维一体化能力，适用于 Java 开发环境。

③ SuperMap iObjects .NET

具有二三维一体化能力，适用于 .NET 开发环境。

④ SuperMap iObjects Python

具有空间数据组织、转换、处理与分析能力，适用于 Python 开发环境。

⑤ SuperMap iObjects for Spark

基于分布式技术的大数据 GIS 软件开发组件，具有大数据分布式管理与分析功能，适用于 Spark 架构的计算和开发环境。

⑥ SuperMap iObjects for Blockchain

基于分布式技术的空间区块链 GIS 软件开发组件，具有空间数据上链、链上管理功能，适用于 Fabric 架构的计算和开发环境。

⑦ SuperMap Scene SDKs for game engines

基于三维 GIS 技术与 Unreal Engine、Unity 游戏引擎融合的可编程、可扩展、可定制的开发平台，支持 GIS 空间数据的本地、在线浏览，具有量算、三维空间分析、三维空间查询等 GIS 功能。

（4）桌面端GIS

① SuperMap iDesktop－桌面GIS软件平台

该桌面GIS软件平台具备二三维一体化的数据管理与处理、编辑、制图、分析、二三维标绘等功能，支持海图、在线地图服务访问及云端资源协同共享，可用于空间数据的生产、加工、分析和行业应用系统快速定制开发。

② SuperMap iDesktopX－桌面GIS软件平台

该桌面GIS软件平台支持Linux、Windows等主流操作系统，支持全国产化软硬件环境，解决了专业桌面GIS软件只能运行于Windows的问题。具有空间数据生产及加工、分布式数据管理与分析、地图制图、服务发布、地理处理建模、机器学习、AR地图等功能，可用于数据生产、加工、处理、分析及制图。

（5）Web端GIS

① SuperMap iClient JavaScript－Web端GIS软件开发平台

GIS网络客户端开发平台基于现代Web技术栈构建，是SuperMap GIS和在线GIS平台的统一JavaScript客户端。

② SuperMap iClient3D for WebGL－三维客户端开发平台

基于WebGL技术实现的三维客户端开发平台，可用于构建无插件、跨操作系统、跨浏览器的三维GIS应用程序。

（6）移动端GIS

① SuperMap iMobile for Android/iOS－移动GIS软件开发平台

该移动GIS软件开发平台支持二维和三维应用开发，支持在线应用，支持功能离线应用。

② SuperMap iTablet for Android/iOS－移动GIS APP

移动GIS APP基于SuperMap iMobile开发，支持模板化数据采集、数据分析、三维数据展示，同时也具备室内外一体化导航、目标识别检测等功能，支持扩展开发，可用于行业应用系统快速定制开发。

③ SuperMap ARSurvey for Android/iOS－轻量级移动GIS APP

以AR为主的轻量级移动GIS APP基于SuperMap iMobile for RN框架开发，支持AR实景量算、AR数据采集、AR地图制作，同时也具备AR定位、导航、分析等功能，可用于室内外高精度数据采集、AR实景浏览、导航等。

（7）在线GIS平台

公有云用户和开发者可使用超图GIS在线软件平台(www.supermapol.com)实现GIS数据的安全上云。该平台提供多种工具对数据进行在线展示和分析，同时提供多种类型SDK以访问使用GIS数据。

3.4.2 ArcGIS软件系统

ArcGIS是美国ESRI公司开发的具有现代意义的地理信息系统，集成了大量地理数据处理技术。它具有强大的数据处理与空间分析功能，利用ArcGIS软件可以对各种专题地图与其他地图数据进行处理分析，提供桌面端、移动端、服务端、Web 端等全面的可伸缩平台。ArcGIS 多平台的高度集成与全面的地理数据处理功能是目前GIS 产品中比较前沿的技术。ArcGIS 的功能包括地图的创建与编辑、共享地理位置及地理信息的编译解码、创建和管理地理数据库、应用地理空间的分析方法、创建基于地图的应用、地理信息数据的可视化等。ArcGIS 支持二维、三维数据及影像数据的导入，支持点、线、面绘制和图形编辑，提供数据可视化工具等。ArcGIS是目前流行的 GIS 平台，广泛应用于各行各业，但它并不开源，使用它需要支付一定的费用。

ArcGIS产品线集合了一整套的GIS服务，其中包括桌面GIS（ArcGIS Desktop）、嵌入式GIS（ArcGIS Engine）、服务GIS（ArcGIS Server）等。

ArcGIS有以下特点：

（1）功能强大

目前，ArcGIS系列产品是全世界GIS领域最领先的产品之一，其具有完善的系统架构、超大的数据存储量、用户需求响应快等优点。ArcGIS支持多种格式，且全球其他GIS软件都支持ArcGIS格式。不仅如此，ArcGIS的多种格式已成为众多国家的标准数据格式，比如我国各级地理信息测绘管理部门发布的数据就是ArcGIS格式。

（2）可伸缩性

ArcGIS系统有很强的延展性与灵活性。ArcGIS系列产品可以根据用户的不同需求，分级实现，不会出现系统冲突，可以有效避免升级系统导致系统崩溃等问题。除此之外，ArcGIS不仅可以由某个用户单独使用，还可以连接互联网，用户可相互共享数据信息。

（3）系统的开放性

ArcGIS产品具有良好的系统开放性，可以支持多种操作系统、数据平台，还可以将数据信息转换成不同的数据格式。ArcGIS的系统开发，支持多种开发工具，如Delphi、VB、C语言等。

（4）海量数据存储

ArcGIS产品具有海量的数据仓库，可以用来对属性与空间数据进行存储与管理。ArcSDE对于数据的存储与管理受到了众多用户的考验，如NIMA储存的美国数据量高达5TB，国家基础地理信息中心存储管理全国全要素各种比例尺的海量数据。

ArcGIS有ArcMap和ArcCatalog两种常用的应用程序。ArcMap属于地图处理软件，具有地图的制作、数据分析与数据编辑等功能；ArcCatalog属于数据资源管理器，其中的数据包括需要收集、处理与分析的所有数据信息，如地图信息、模型信息、元数据等。

3.4.3 GIS的二次开发

GIS的二次开发，就是使用现有的GIS软件提供的软件开发包（比如GIS控件）或者采用VBA、API、Python等方式进行GIS功能的定制、开发。地理信息系统根据其内容可分为两大基本类型：一是应用型地理信息系统，二是工具型地理信息系统。前者以某一专业、领域或工作为主要内容，包括专题地理信息系统和区域综合地理信息系统；后者就是 GIS 工具软件包，如 ARC/INFO 等，具有空间数据输入、存储、处理、分析和输出等 GIS 基本功能。随着地理信息系统应用领域的不断发展，应用型 GIS 的开发工作变得越来越重要。如何针对不同的应用目标，高效地开发出既合乎需要又具有方便、美观、丰富的界面形式的地理信息系统，是 GIS 开发者十分关心的问题。GIS的二次开发可以分为以下几种类型。

（1）独立二次开发

独立二次开发是指不依赖任何GIS工具软件，从空间数据的采集、清洗到数据的处理及结果输出与分析，整个开发过程都由开发者独立完成，然后选用某种程序设计语言，如Visual C++、Delphi、C++ Builder等，在特定的操作系统平台上实现。这种方式的好处是无须依赖任何商业GIS工具，开发成本较低，同时开发人员可以整体把控软件的各部分。因此，系统各组成部分间的联系紧密，综合程度和操作效率高，但地理信息系统的复杂性导致开发工作量极其庞大，开发周期长。对于大多数开发者来说，能力、时间、财力等的限制使其开发的产品很难在功能上达到商业化GIS工具软件的水平。

（2）单纯二次开发

单纯二次开发指完全借助于商业化地理信息系统工具提供的二次开发语言进行应用系统的开发。目前，商业化地理信息系统工具已经相当成熟，它们大多提供了宏语言可供用户进行二次开发，如ESRI公司的Arcview系统提供了Avenue语言，MapInfo公司的MapInfo Professional系统提供了Map Basic语言等。用户可以利用这些语言，以原GIS工具软件为开发平台，针对不同应用对象，开发出自己的应用程序。具体开发时，可首先采用可视化开发平台开发动态链接库（dynamic link library，DLL），以实现地理信息系统工具软件未提供或难以实现的功能，然后在二次开发宏语言中调用此动态链接库，从而充分利用二次开发语言操纵地图对象的强大功能，避开二次开发语言功能上的不足。这种开发方式省时省心，但进行二次开发的宏语言作为编程语言功能较弱，用来开发应用程序有很多不足。

（3）集成二次开发

集成二次开发是指使用商业化GIS工具软件或其提供的组件来实现GIS的基本功能，同时，采用通用软件开发工具，尤其是可视化开发工具，如Java、C#、C++等作为开发平台，进行两者的集成开发。集成二次开发目前主要有两种开发方式，即OLEDDE开发方式和组件式GIS开发方式。

①OLEDDE开发方式。DDE起初是作为一种基于消息的协议在Windows（3.X）中实现的，用于在不同的Windows应用程序之间交换信息。随着Windows 3.0的发布，DDE在很大程度上得到了简化，组合到应用程序的工作也变得较为容易。对象链接与嵌入（object linking and embedding，OLE）相比于DDE出现得较晚，它是一个服务可控制、结构可扩展、基于对象集成的、统一的服务环境，是应用程序共享对象的工业标准，其实质是在应用程序中嵌入其他程序提供的对象和数据，从而获得特定功能的程序设计方法。采用OLE自动化技术或利用DDE技术进行GIS集成二次开发的思路是：用软件开发工具开发前台可执行应用程序，以OLE自动化方式或DDE方式启动GIS工具软件在后台执行，利用回调技术动态取其返回信息，实现应用程序中的地理信息处理功能。采用这种方法能够充分利用GIS工具软件强大的地理空间数据和属性数据管理能力以及可视化开发平台，实现地理信息开发。

②组件式GIS开发方式。GIS基于组件对象平台，具有标准的接口，允许跨语言应用，因而使GIS软件的可配置性、可扩展性和开放性更强，使用更灵活，二次开发更方便。其基本思想是，把GIS的各主要功能模块划分为几个组件，每个组件具有不同的功能。各个GIS组件之间，以及GIS组件与其他非GIS组件之间，可以方便地通过可视化的软件开发工具集成起来，以形成最终的GIS应用。目前的GIS组件基本上采用Active X组件或者其前身OLE组件。基于组件对象模型（component object model，COM）技术的GIS的二次开发环境具有如下优越性：大众化，易操作；无须专门的GIS开发语言；强大的GIS功能；良好的可扩展性。

3.4.4 WebGIS

联合国有关文件曾明确指出："进入信息社会后，人们每天所接触到的信息80%与地理空间有关，地理信息已经成为各个领域不可缺少的基础信息。"可见，与地理空间有关的信息正在成为Internet的主要内容之一。

WebGIS指在Internet/Intranet环境下，基于TCP/IP和WWW协议，以支持标准HTML的浏览器为统一的客户端，通过Web Server向GIS Server提出GIS服务请求的一种技术。其基本思想就是在Internet上提供地理信息，让用户通过浏览器获得一个地理信息系统中的数据和服务。

随着Internet技术的不断发展，越来越多的应用与WebGIS相关联，把GIS应用与网络技术结合，通过Web发布并推送到用户端，让用户可以通过Web使用有关地理空间数据的浏览、查询等功能，已是GIS系统的一种常见的形式。常见的WebGIS又分为手机端和Web端。很多手机端的应用已成为人们日常生活的一部分，应用在外卖、物流、打车等服务场景下；而部分专业应用也开始以手机端的形式提供服务，如农机社会化服务、勘探、测绘等；通过WWW的任意一个节点，Internet用户就可以浏览WebGIS 系统站点的空间数据、制作专题图，以及进行各种空间检索和空间分析。

GIS 系统通过WWW功能得以扩展，降低了GIS的使用成本，极大地拓展了GIS功能，使GIS真正成为一种大众常用的工具之一，促使GIS迅速走向全社会。

（1）WebGIS的特点

①更好的数据管理与处理方式。客户可以同时访问多个位于不同地方的服务器上的最新数据，而这一Internet/Intranet所特有的优势大大方便了GIS的数据管理，使分布式的多数据源的数据管理和合成更易于实现。在本机或某个服务器上进行分布式部件的动态组合和空间数据的协同处理与分析，易于实现远程异构数据的管理与共享。

②降低了软件应用的成本。WebGIS是利用通用的浏览器进行地理信息的发布，并使用通常免费的插件Active X或Java Applet，大大降低了终端客户的培训成本和技术负担。另外，常规的桌面GIS软件在每个客户端都要进行完整安装，而用户往往只使用一些最基本的功能，这实际上造成了极大的浪费。而且利用组件式技术，用户可以根据实际需要选择控件，这也最大限度地降低了用户的经济负担。

③增强了知识产权的保护。WebGIS作为一种Web应用服务，将软件转向服务，很好地保护了软件开发方的知识产权，促进了软件研发生态的良性循环。

④更好的信息共享模式。WebGIS可以通过通用浏览器进行信息发布，普通用户也能方便地获取所需的信息。由于Internet的迅猛发展，Web服务正在渗入千家万户，在全球范围内任意一个WWW站点的Internet用户都可以获得WebGIS服务器提供的服务，真正实现了GIS的大众化。

⑤扩展性强，易于实现行业应用。Internet技术使用的标准是开放的、非专用的，这就为WebGIS的进一步扩展提供了极大的发挥空间，使得WebGIS很容易与Web中的其他信息服务进行无缝集成，建立功能丰富的具体GIS应用。目前GIS在农业领域已有大量应用。

⑥具有跨平台特性。传统的GIS软件都是针对不同操作系统的，对不同的操作系统，分别要使用相应的GIS应用软件。而以支持标准HTML的浏览器为统一的客

户端WebGIS，本来就有很好的跨平台性能。

由于WebGIS具有上述特点，目前各大GIS软件厂商纷纷推出了各自的WebGIS解决方案，例如，美国环境系统研究所公司（ESRI）的ArcIMS、ArcGIS Server、ArcGIS Image Server、ArcGIS Explorer，MapIfo的MapXtreme Java、MapInfo MapX等。

（2）WebGIS的功能

①地理信息的空间分布式获取。WebGIS可以在全球范围内通过各种手段获取各种地理信息，将已存在的图形数据语言通过数字化转化为WebGIS的基础数据，使数据的共享和传输更加方便。

②地理信息的空间查询、检索和联机处理。利用浏览器的交互能力，WebGIS可以实现图形及属性数据的查询检索，并通过与浏览器的交互使不同地区的客户端来操作这些数据。

③空间模型的分析服务。在高性能的服务器端提供各种应用模型的分析与方法，通过接收用户提供的模型参数，进行快速的计算与分析，及时将计算结果以图形或文字等形式返回至浏览器端。

④互联网上资源的共享。互联网上大量的信息资源多数都具有空间分布的特征，利用WebGIS对这些信息进行组织管理，为用户提供基于空间分布的多种信息服务，提高资源的利用率和共享程度。

3.5 GIS在精细农业中的作用

3.5.1 概述

地理信息系统（GIS）是实施精细农业重要的技术支撑，为各种精细农业系统提供地理相关信息的管理，将各种信息和位置信息整合起来，完成与空间位置有关的各种分析。它与全球定位系统（GPS）、遥感技术（RS）相结合，以带有地理坐标特征的地理空间数据库为基础，将同一坐标位置相关的属性信息（如地形地貌、土壤养分和水分、作物长势和产量、农业生产条件等各种地面信息）相互联系在一起，并进行存储、处理和输出，产生关于作物生长过程中各因素间的空间差异性信息，进而与地面信息转换、实时变量控制、地面导航等系统相配合，按作物小区内要素的空间变量数据需求，精确设定和实施最佳的耕作、施肥、播种、灌溉、喷药等多种定位变量作业，从而达到以最经济的投入获得最佳的产出，并减少对环境污染的目的。

在精细农业实践中，GIS应用于各个方面，在作物生产过程管理方面，GIS用于农田土地数据管理，查询土壤、自然条件、作物苗情、作物产量等数据，管理农田空间数据；绘制各种产量图、田间长势图、农田土壤信息图等，也能采集、编辑、统计分析同类型的空间数据；在农产品流通过程管理方面，协助物流分析、调派车辆、计算路线等；在农业生产资源环境实时监测方面，将各种信息汇集分析，应用资源模型，结合 RS 技术等，给出各类资源状态分布与报表，便于进一步决策的制定。

在土壤信息管理方面利用 GIS 强大的空间分析、多要素综合分析和动态预测的功能，可对原始数据模型进行观测和试验，从而获得新数据和知识，在基础数据上深度挖掘更多层次、更高质量的土壤空间信息，打破由于缺乏先进技术工具、研究深度不够而发现不了更多科学现象的僵局。新时期科学研究日渐呈现多学科交叉、综合性的特点，土壤信息管理也势必会在已有的研究基础上与更多的先进技术、学科结合，构建更科学、合理、高效的管理方式。张秋亭（2018）研究山东省济宁市兖州区土壤肥力，采用马尔科夫链进步矩阵的方法进行动态评价。左孟承（2019）基于WebGIS以县为单位对四川省土壤资源数据进行收集和整理，并以此提升土壤数据的利用丰度，强化数据挖掘效率，达到指导农业生产，实现精细农业的目的。利用Ajax和Web 服务技术实现了Web系统的二次开发，选择JavaScript语言对系统的功能进行了详细设计和编码实现，搭建了一个满足用户实际需求的WebGIS系统。胡佳（2020）研究了多源异构种植数据融合与处理方法，进行了土壤养分丰缺分析，设计并实现了基于GIS的种植信息管理与服务系统。

对于林业管理来说，GIS也起着很大的作用，它具有信息安全、易用性、性价比高等特点，与遥感结合能够便捷地对目前的林业数据进行统计。王占越（2020）基于WebGIS从不同尺度上评估和展示全国林业生态安全状况，实现将三维可视化技术应用于林业生态安全系统的信息展示。刘权（2020）在对森林公园进行规划时，采用GIS空间分析技术，避免了随意性和盲目性，保证了森林公园的科学性以及自然的和谐。

随着畜禽水产养殖规模的扩大，对于养殖空间的分析以及对周围环境承载能力的确认也成了一个重要的课题，近年来有许多研究利用GIS强大的空间分析能力对不同地理空间的养殖环境进行量化和计算，确定了环境承载力的分布情况，为养殖行业提供指导。孟补喜（2018）采用GIS综合评价环境承载能力，对水资源、土地资源进行量化，确定了规模化畜禽养殖场的养殖结构、规模等内容。何堃（2017）对近几年广东省珠海市白蕉镇的水产养殖发展情况进行研究和分析，并为了改变当地水产养殖信息化落后的状况，进行了信息资源库的需求分析，设计了当地水产养殖的总体方案。

除了上述几个方面外，GIS也在其他农业信息收集以及处理中起着巨大的作用。

3.5.2 GIS在农机变量作业过程中的应用

目前，GIS在导航系统中的主要作用是，在智能交通系统中进行监管，而在农机导航方面应用的研究起步较晚，还未有广泛的应用。目前，GIS在农机导航中主要的研究工作涉及播种施肥机、喷药喷灌机等农用车的导航以及农田障碍物的检测识别等。

（1）应用概述

欧阳真（2019）使用基于嵌入式的GIS技术及与精确农业的处方图结合，设计构建了一种可以智能控制精确播种施肥机的软件，实现了处方图的加载、田间路径规划、作业参数可视化及作业数据存储等功能；在降低了农机控制成本的同时简化了控制的操作步骤，提高了软件的实用性。将处方图与变量作业机械融合，实现了农机农艺相结合的精确作业，提高了农机生产的效率，减少了播种施肥过程中的浪费，从而节省了农业生产的成本，为实现农业的可持续发展提供技术支持。

（2）实验内容及方法

在播种施肥机导航测试的过程中，共进行了以下三方面的实验。

①全覆盖路径规划算法设计。根据播种施肥机的实际作业特征，通过分块的思想将复杂的田块分为若干个简单形状的田块，并通过全覆盖路径规划对田地中出现的直线、转向等情况进行分类，进一步对各个简单的田块进行路径规划。

②基于处方图和时间滞后模型的目标作业量生成。采用ArcGIS软件对于目标作业量的生成进行研究，对播种施肥机的所在地块进行判读，并利用时间滞后模型对目标作业量进行修正。

③基于嵌入式GIS的智能控制软件的功能实现。设计了基于嵌入式GIS的智能控制软件，并实现了田间作业管理和田间作业控制两种功能，该软件能够进行作业工程加载、作业状态监测和作业历史保存，能在工作过程中生成施肥处方值以及对工作的情况进行实时控制。

（3）作业处方图的分析和数据处理

①处方图的显示。处方图一般以Shapefile格式进行存储，本研究使用ESRI公司推出的ArcGIS Runtime SDK for Java开发包来实现处方图的加载。利用ArcGIS Runtime SDK for Java开发包实现处方图文件的加载，具体步骤简述如下：创建一个Shapefile文件的URI路径；利用获取的URI路径来创建一个要素图层；利用相关添加方法将这个要素图层添加到地图。

之后将加载的处方图集成到智能控制软件，软件主要基于Swing组件进行设计开发，但是ArcGIS Runtime SDK for Java开发包需要使用JavaFX实现处方图的加载，本研究使用JFXPanel将JavaFX组件里的内容嵌入到Swing组件内部显示。

②基于点–面空间拓扑关系的目标作业量获取。空间拓扑关系是GIS研究中的一类基础性的问题，是空间关系中最重要的一部分。在二维空间中，根据空间对象本身自由度，我们可以将这些对象分为四类，分别是点、线、面、体。本研究根据对空间拓扑关系的研究，总结出了目标作业量获取的技术路线。首先读取处方图文件，从中提取出一个对象用于表示处方图里的属性信息。接着对这个对象进行遍历，分别取出每个局部地块的信息，然后把实际的播种施肥机的位置坐标点与取出的局部地块进行拓扑运算，以此来判断它们的空间拓扑关系。如果坐标点被局部地块包含，说明播种施肥机正在此地块工作，则可以将这个地块的编号与处方值信息相匹配，将具体数据返回并保存；如果判断结果为不包含，则继续进行遍历，直到找到符合要求的地块为止；如果全部地块都被遍历后，仍然没有找到包含位置点的地块，则表示目前播种施肥机正处于处方图范围之外，将处方值设为0，并返回。

3.5.3 GIS在变量施肥决策系统中的应用

20世纪后半期，农业得益于生物技术的快速进步以及耕地灌溉面积的不断扩大，在全球范围内得到了飞速的发展。但是在这过程中为了加大产量也投入了大量的化肥农药，导致农田出现了水土流失等问题，土壤的生产能力下降，各种农产品和地下水受到化学物质的污染，水体出现富营养化。

在注意到环境问题后，人们开始不断寻求解决问题的方法，并在这个时期发展形成了精细农业。精细农业对施肥提供了新的理论指导和技术要求。其中的变量施肥是指将不同空间单元的产量数据与其他数据（比如土壤理化性质、病虫草害、气候等）进行叠加分析，以作物生长模型、作物施肥专家系统为支持，以高产、优质、环保为目的的理论和技术。

牟桂婷（2018）以贵州省安顺市西秀区旧州镇文星村的一块水稻种植区（以下简称“水稻种植区”）为实验研究田，进行数据采集，并对变量施肥模型进行测试，对变量施肥的利用率进行测量。该研究共进行四个方面的研究，其中与变量施肥模型密切相关的是养分水稻变量施肥模型的构建、变量施肥与传统施肥的对比、基于GIS的变量施肥决策分析这几个方面。

（1）养分水稻变量施肥模型的构建

采用五点混合法采样水稻种植区的土壤样本，并测定土壤理化性质，包括土壤碱解氮、速效磷、速效钾含量。在各个试验田分别采用“3414”最优回归设计，设置3因素4水平14个处理。

（2）变量施肥与传统施肥的对比

设置小区比照试验，对比分析基于土壤养分的水稻变量施肥模型、基于SPAR值的水稻变量施肥模型与当地传统施肥方式的不同组合施肥方式，对水稻产量、偏生产力、氮磷钾肥利用率的影响。

（3）基于GIS的变量施肥决策分析

以产投比为评价指标，对传统定量施肥和变量施肥进行对比分析。

该研究中，将GIS技术用于土壤与作物分析开发（soil and plant analyzer development，SPAD）值模型结果的显示，而其中的空间分析方法采用泛克里金插值分析。在对24个土壤随机采样点的土壤养分进行泛克里金插值分析后，对水稻种植区土壤中的养分进行预测，确定缺乏肥力需要施肥的区域。同时根据水稻拔节期SPAD值的分布对整个区域的水稻SPAD值进行预测。试验中的基肥、分蘖肥的施氮量统一按定值的35%、20%施用，共82.5 kg/hm^2，穗期施氮量则是将水稻SPAD值代入预测模型计算得到的。

预测值的准确率通过泛克里金插值分析所获得的预测值与实际值差异性进行判断。其中，土壤碱解氮含量、速效磷含量、速效钾含量、SPAD值预测值的准确率分别为95.84%、80.82%、91.9%、93.07%，预测值的准确率均高于80%。因此采用泛克里金插值分析对土壤养分、水稻SPAD值进行预测是可行的。

3.5.4 WebGIS的农业应用实例

（1）基于WebGIS的小麦赤霉病检测预警系统

丁文浩（2020）设计了一套基于WebGIS的小麦赤霉病检测预警系统，构建了灰色预测模型和BP神经网络预测模型对安徽小麦赤霉病的相关数据进行拟合分析并进行预测，同时基于WebGIS构建了小麦赤霉病信息发布系统，进行中长期预警以及设计小麦赤霉病诊断专家系统。

基于WebGIS进行功能设计主要依靠其强大的电子地图能力。电子地图目前被广泛应用于许多具有全球卫星定位功能的设备，结合服务器端的路径运算可以实现路径规划以及地理坐标获取等功能。随着地理信息系统的大规模应用，电子地图技术也在更多的领域中得到广泛应用。电子地图主要由背景、道路线条、其他标准信息以及兴趣点组成。此外，某些商业电子地图根据用户的需求还会提供一些其他功能，比如三维地图等。在实用性方面，现在的电子地图基本都具有位置信息获取、测距、导航以及地标检索等功能，相比于传统地图更加智能也更加便利。电子地图还能够将卫星影像与实际地图相结合，能直观地反映出某一块地区的实际情况，通过这种方式还能够进行辅助测绘的工作，比如进行等高线的标注等。

在实现了数据可视化的基础上，需要对相关数据进行深入分析，并从中探寻数据之间存在的深层关系以及预测未来的变化情况。在对比显示模块中，通过对预测数据与实际数据进行比较，可以在之后对预测数据进行校正，同时也可对预测数据的准确程度进行估算。除了这些原因外，对比数据还能够反映出整个病害的情况，便于提取其中的规律。该研究还考虑到图表显示的直观性，能让人更快地抓住数据的重点。

（2）基于WebGIS的稻麦生长信息检测系统

韩旭（2018）使用开源WebGIS技术开发葡萄园信息检测与管理系统，对葡萄的实际生产过程中的信息检测和管理工作进行整合，并集成一个可视化的系统。通过该系统农户可以实时获取葡萄园的相关信息，并能将数据进行存储，以便将来进行分析时调用。

该研究以宁夏回族自治区的一个葡萄园种植区为例，在系统中实现了用户信息管理、气象预报、基本地图、农事进展查询、地块信息可视化这五种功能，有效地满足了对于葡萄园信息存储以及可视化的实际应用需求。

其中的地图功能是葡萄园管理信息可视化系统的基础功能模块之一。该模块实现了地图的浏览操作，包括系统底图与地块划分图层的加载、地图放大缩小等功能，为用户提供了与地图直接交互的操作（见图3.21），这也是一个GIS应用程序必备的基本功能。为实现这些功能，该研究利用GeoServer发布矢量图层，并连接PostGIS，进行数据源的配置。

为加载GeoServer发布的图层，让其能在通用浏览器浏览，需要调用天地图作为系统地图服务的地图，调用WMS和WFS服务，将OpenLayers已发布的地图叠加在底图上，通过这种方式就能让用户在客户端中浏览地图。

彩图

图3.21　地图服务加载

农事进展模块能够根据某项农事的完成情况对地块进行不同颜色的渲染，例如把已完成某项农事活动的地块要素属性值设为1，未完成的设为0，在地图中通过对要素属性值进行渲染，可以让管理人员更加清晰直观地了解到葡萄园的农事工作情况，以便他们对之后的工作进行安排。

农事进展的可视化界面中，选择某件具体的农事信息，然后选择农事信息相对应阶段的“已完成”按钮，之后系统就会对图层进行渲染。农事进展模块可视化显示如图3.22所示，其中红色为已完成，灰色为未完成（扫码查看彩图）。

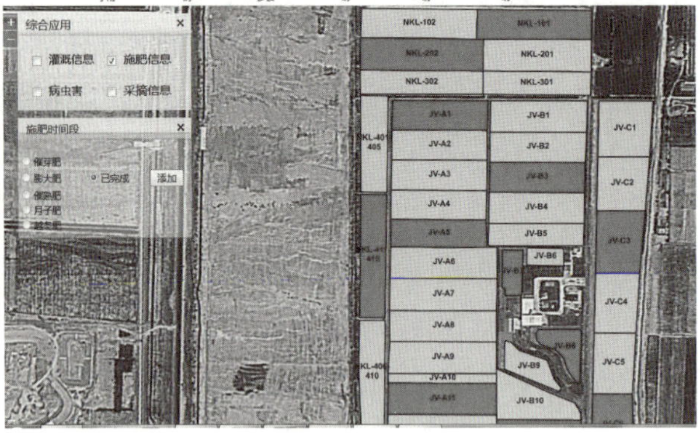

彩图

图3.22　农事进展模块

（3）基于WebGIS的草地资源信息化系统

翟皓等（2019）对河南省草地资源进行清查，并基于WebGIS技术、数据库技术和ASP.NET技术构建B/S多层架构应用系统的思想，开发了集草地数据信息化管理、草地数据地图可视化、草地基础地理信息服务等功能于一体的草地资源信息管理系统，为河南省加强草地生态保护建设，促进草地合理开发利用，提高草地精细化管理水平提供信息基础和决策支持。

该研究的WebGIS开发实践使用ArcGIS JavaScript API进行开源二次开发，区别于传统的WebGIS应用开发解决方案，ArcGIS JavaScript API集成了基础的地图操作和数据访问接口，采用组件式开发架构，多种模块间相对独立，拥有可配置化架构数据与功能分离，系统的开发和维护难度较低。该研究使用ArcGIS JavaScript API技术实现了浏览端地图和空间数据相关操作的用户界面，使用ArcGIS Server地图服务器可进行管理和发布后台地图服务，为用户提供查询、测量和分析等服务。

思考题

1. 简述GIS定义、组成及分类。
2.WebGIS有哪些优势与不足？
3. 在精细农业中，GIS一般用于解决哪些问题？
4 空间特征数据与属性特征数据关联有哪几种方法？
5. 简述一种矢量格式向栅格格式转换的方法，并分析其优势与劣势。

参考文献

[1] 丁文浩, 2020. 基于WebGIS的安徽省小麦赤霉病监测预警模型的研究及应用[D]. 合肥: 安徽农业大学.
[2] 韩旭, 2018. 基于开源WebGIS的葡萄园信息存储与可视化系统的构建[D]. 咸宁: 西北农林科技大学.
[3] 何堃, 2017. 白蕉镇水产养殖信息资源库设计[D]. 广州: 华南农业大学.
[4] 胡佳, 2020. 基于GIS的种植信息管理与服务系统设计与实现[D]. 泰安: 山东农业大学.
[5] 刘权, 2020. 基于GIS空间分析的森林公园规划研究: 以湖南涟源龙山国家森林公园为例[D]. 长沙: 中南林业科技大学.
[6] 孟补喜, 2018. 基于GIS的畜禽养殖环境承载力研究: 以阳城县为例[D]. 太原: 太原理工大学.
[7] 牟桂婷, 2018. 基于GIS的村域水稻变量施肥决策支持系统的建立及其应用研究[D]. 贵阳: 贵州大学.
[8] 欧阳真, 2019. 基于嵌入式GIS的小麦精确播种施肥机械智能控制软件的设计与实现[D]. 南京: 南京农业大学.
[9] 王占越, 2020. 基于WebGIS的林业生态安全指数三维可视化展示系统的研建[D]. 北京: 北京林业大学.
[10] 翟皓, 景德广, 李黎, 等, 2019. 基于WebGIS的河南省草地资源信息化系统的设计与实现[J]. 草地学报, 27(5): 1441-1447.
[11] 张秋亭, 2018. 兖州区土壤肥力综合评价和土壤养分空间变异研究[D]. 泰安: 山东农业大学.
[12] 左孟承, 2019. 基于WebGIS的四川省土壤类型查询系统的设计与开发[D]. 雅安: 四川农业大学.

第 4 章

遥感技术及其应用

CHAPTER 4

遥感，作为采集地球数据及其变化信息的重要技术手段，在世界范围内以及我国的许多政府部门、科研单位和公司得到广泛应用。20世纪60年代以来，遥感技术蓬勃发展，一方面是遥感技术本身取得了一系列重大成就，另一方面是遥感技术在地质学、地理学、土壤学、森林学、草原学、农学等领域内的应用取得了一系列的成果。

4.1 遥感的概念及特点

4.1.1 遥感的概念

遥感，从广义上说是指从远处探测、感知物体或事物客观存在的技术。即不直接接触物体或事物本身，通过仪器（传感器）探测和接收来自目标物体的信息（如电场、磁场、电磁波、地震波等），经过信息的获取、传输、记录及其处理分析，识别物体的属性及其分布等特征的技术。简而言之，遥感就是从遥远的地方感觉一个物体的客观存在（徐冠华等，2016）。

而通常所说的遥感，是指空对地的遥感，即在远离地面的不同工作平台上（如高塔、气球、飞机、火箭、人造地球卫星、宇宙飞船、航天飞机等）通过传感器，对地球表面的电磁波（辐射）信息进行探测，并对信息进行获取、传输、记录、处理和分析，从而对地球的资源与环境进行探测和监测的综合性技术。

4.1.2 遥感技术的特点

（1）可测量大范围数据资料，具有综合、宏观的特点

遥感用航摄飞机飞行高度从几百米到10 km不等，陆地卫星的卫星轨道高度达910 km（如美国陆地卫星1～3号），居高临下获取的航空像片或卫星图像，比在地面上观察到的视域范围大得多，又不受地形地物阻隔的影响，为人们研究地面各种自然、社会现象及其分布规律提供了便利的条件，对地球资源和环境分析极为重要。

（2）可获取的信息量大，具有手段多，技术先进的特点

根据不同的任务，遥感技术可选用不同波段和遥感仪器来获取信息。它不仅能获得地物可见光波段的信息，而且可以获得紫外、红外、微波等波段的信息。利用不同波段对物体不同的穿透性，可获取地物内部信息。例如，地面深层、水下、植被、地表温度，沙漠下面的地物特性等，微波波段还可以全天候工作。这无疑扩大了人们的观测范围和感知领域，加深了对事物和现象的认识。

（3）获取信息快，更新周期短，具有动态监测的特点

遥感通常可瞬时成像，从而能及时获取所测目标物的最新资料，不仅便于更新原有资料，进行动态监测，且便于对不同时相下地物动态变化的资料及像片进行对比、分析和研究，这是人工实地测量和航空摄影测量无法比拟的，为环境监测以及研究分析地物发展演化规律提供了基础。例如，陆地卫星4、5，每16天可覆盖地球一遍，NOAA气象卫星每天能收到两次图像，Meteosat卫星每30分钟获得同一地区的图像。

（4）获取信息受限制条件少，具有用途广、效益高的特点

很多地方的自然条件极为恶劣，人类难以到达，如沙漠、沼泽、高山峻岭等。采用不受地面条件限制的遥感技术，特别是航天遥感可方便及时地获取各种宝贵资料。目前，遥感已广泛应用于农业、林业、地质矿产、水文、气象、地理、测绘、海洋研究、军事侦察及环境监测等领域，且应用领域在不断扩展，遥感正以其强大的生命力展现出广阔的发展及应用前景（高吉喜等，2020）。

4.1.3 遥感技术的基本原理

遥感技术的基本原理是通过测量单一实体的不同能量水平，定性定量地分析物体，其基本单元是电磁（electro-magnetic，EM）力场中的光子。光子能量（用焦耳J表示）的变化决定于其波长或频率。电磁辐射从高能量水平向低能量水平的变化就构成了电磁波频谱（electro magnetic spectrum，EMS），γ 射线、X射线、紫外线、可见光、红外线、微波、无线电波等都是电磁波。电磁波频谱中特定区域的能级包含了能值在离散范围内的不同波长的电子。当物体因受内部或外部电磁辐射的相互作用而处于激发态时，它将根据波长发射或反射不同数量的光子。探测器可以探测这些光子，探测器接收到的光子能量通常用功率单位计量，如瓦特每平方米单位波长。物质能量的变化在特定波长或范围内随被感知的物质或物质的特性而变化（童庆禧等，2016）。

由于光子可以量子化，任何给定的光子都具有一定的能量。一些光子可以有不同的能值，因此，光子量子化后呈现较广泛的离散能量带。光子的能量可以用普朗克公式来描述：

$$E=h\nu$$

其中，h是普朗克常数6.6260×10^{-34} J/s，v表示频率（有时也用字母“f”代替“v”）。光子的频率越高，其能量也越高。如果处于激发态物质从较高的能量水平E_2变为较低的能量水平E_1时，则上述公式为：

$$\Delta E=E_2-E_1=hv$$

其中，v是一些离散值（由v_2-v_1确定）。换言之，特定的能量改变可以由激发特定频率或对等波长的光子产生。

不同的物体具有各自的电磁辐射特性，使得应用遥感技术探测和研究远距离的物体成为可能。

4.1.4 遥感系统组成

实施遥感是一项复杂的系统工程，根据其定义，遥感系统主要由信息源、信息的获取、信息的传输和记录、信息的处理和信息的应用五大部分组成（徐冠华等，2016）。

（1）信息源

应用遥感技术进行探测的目标物称为信息源。任何目标物都具有反射、吸收、透射及辐射电磁波的特性，当目标物与电磁波发生相互作用时会形成目标物的电磁波特性，它是遥感探测的依据。

（2）信息的获取

信息获取是指运用遥感技术装备收集、记录目标物所反射或者辐射的电磁波特性的探测过程。信息获取的装备主要包括遥感平台和传感器。遥感平台是用来搭载传感器的运载工具，常用的有气球、飞机和人造卫星等；传感器是用来探测目标物电磁波特性的仪器设备，常用的传感器有航空摄影机（航摄仪）、全景摄影机、多光谱摄影机、多光谱扫描仪（multi-spectral scanner，MSS）、专题制图仪（thematic mapper，TM）、反束光导管（return beam vidicon，RBV）摄像机、高分辨率可见光（high resolution visible，HRV）扫描仪、合成孔径雷达（synthetic aperture radar，SAR）等。

（3）信息的传输和记录

传感器接收到目标物的电磁波信息，将其记录在数字磁介质或胶片上。胶片是由人或回收舱送至地面回收，而数字磁介质上记录的信息则可通过卫星上的微波天线传输给地面的卫星接收站。

（4）信息的处理

信息的处理是指运用光学仪器和计算机设备对所获取的遥感信息进行校正、分析和解译处理的技术过程。信息处理的作用是通过对遥感信息的恢复、辐射及卫星姿态的校正、变换分析和解译处理，掌握或清除遥感原始信息的误差，梳理、归纳出被探测目标物的影像特征，根据需要提取出对目标物分析有用的信息。同时，地面站或用户还可以根据需要进行精确校正处理和专题信息处理、分类等，便于对目标物的特征进行分析。

（5）信息的应用

在实际应用中，遥感信息常作为地理信息系统的数据源，供人们进行查询、统计和分析利用。在应用的过程中，也需要大量的信息处理和分析，如不同遥感信息的融合以及遥感与非遥感信息的复合等。

遥感的应用领域十分广泛，最主要的应用有农业资源调查、农业资源监测、生物量估测、农业灾害预报、军事、地质矿产勘探、自然资源调查、地图测绘、环境监测以及城市建设和管理等。

4.2 遥感技术的分类

遥感技术内容广泛，因而分类依据各异。可按其电磁波工作波段划分、按遥感成像时传感器是否向地面发射电磁波划分、按成像与否划分、按遥感平台高度划分、按应用特点划分等；遥感技术的一种综合分类如图4.1所示（史舟等，2015）。

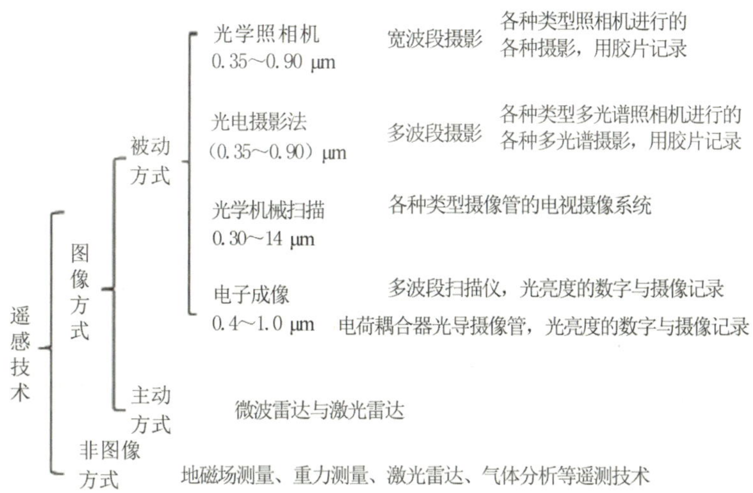

图 4.1 遥感技术的综合分类

4.2.1 按遥感平台高度划分

根据遥感目的、对象和技术特点（如观测的高度或距离、范围、周期、寿命和运行方式等），遥感技术大体分为地面遥感、航空遥感、航天遥感、航宇遥感等。

地面遥感平台：传感器设置在地面平台上，如手提、固定的遥感塔，可移动的遥感车、舰船、活动高架平台等。

航空遥感平台：传感器设置于航空器上，如各种固定翼和旋翼式飞机、系留气球、自由气球、探空火箭等。

航天遥感平台：传感器设置于环地球的航天器上，如人造地球卫星、航天飞机、空间站、火箭等。

航宇遥感平台：传感器设置于星际飞船上，对地月系统外的目标进行探测。

4.2.2 按传感器探测波段划分

按传感器探测波段划分，可分为紫外遥感、可见光遥感、红外遥感、微波遥感、多光谱遥感。

紫外遥感：探测波段为0.05 ～ 0.38 μm。

可见光遥感：探测波段为0.38 ～ 0.76 μm。

红外遥感：探测波段为0.76 ～ 1000 μm。

微波遥感：探测波段为1 mm ～ 10 m。

多光谱遥感：探测波段在可见光与红外波段范围之内，再分成若干窄波段来探测目标。

4.2.3 按成像信号能量来源划分

按成像信号能量来源划分，可分为主动式遥感和被动式遥感。

主动式遥感：由传感器主动地向被探测的目标物发射一定波长的电磁波，然后接受并记录从目标物反射回来的电磁波。

被动式遥感：传感器不向被探测的目标物发射电磁波，而是直接接受并记录目标物反射太阳辐射或目标物自身发射的电磁波。

另外，按遥感技术的应用领域可以分为资源遥感、农业遥感、林业遥感、渔业遥感、地质遥感、气象遥感、水文遥感、城市遥感、工程遥感、灾害遥感及军事遥感等；从更大的研究领域来看，遥感技术又可以分为外层空间遥感、大气层遥感、陆地遥感、海洋遥感等。

4.2.4 按应用特点划分

一般根据遥感技术在农业中的应用及其成像特点进行划分，如图4.2所示。

- 遥感技术
  - 航空遥感
    - 高空摄影：包括黑白像片和彩红外片，主要用于中比例尺资源调查
    - 普通航空摄影：包括黑白片与彩红外片，主要用于大比例尺资源调查
    - 低空红外摄影：主要用于土壤水分、作物病虫害监测和作物估产
  - 航天遥感
    - 低轨短寿命卫星：主要用于资源清查
    - 陆地资源卫星：用于资源调查、监测与作物估产
    - 极轨气象卫象：用于天气预报、作物估产与大面积监测

图4.2　遥感技术按成像特点的划分及其农业应用

4.3 大气的透过特性和大气窗口

4.3.1 大气窗口

通过大气层而到达地球表面的太阳辐射是一个非常复杂的物理过程，由于地球大气中的各种粒子对辐射的反射、散射、吸收和透射等多种物理作用，只有某些波段范围内的天体辐射才能到达地面，这个过程与太阳高度角、大气组成、地理位置等时间和空间的变异有关，很难进行严格的计算（张兵，2017）。

一般来说，太阳辐射到达地球大气层外边，有2%～30%被云层和其他大气成分反射而返回太空。约有20%的太阳辐射被大气成分散射为漫射光而到达地球表面，17%的太阳辐射被地球大气吸收，因此仅40%左右的太阳辐射通过大气透射到达地球表面。

大气窗口（atmospheric window）指天体辐射中能穿透大气的一些波段，即在电磁波通过大气层的过程中，被吸收和散射的比例较小而透过率很高的波段，也就是电磁波在大气中传输损耗率很小的波段。目前所使用的窗口有以下几个：

0.15～0.20 μm：远紫外窗口。这个窗口在地面上几乎观测不到，0.1～0.2 μm的远紫外辐射被氧分子吸收，只能到达约100 km的高度；而大气中的氧原子、氧分子、氮原子、氮分子则吸收了波长短于0.10 μm的辐射（0.2～0.3 μm的紫外辐射被大气中的臭氧层吸收，只能穿透到约50 km高度处）。

0.30～1.30 μm：以可见光为主体的窗口，包括部分紫外波段和近红外波段，它是目前最常用的范围，可以用胶片感光摄影，可用扫描，也可用光谱测定仪和射线测定仪进行测量与记录。如航空摄影和陆地卫星所携带的传感器的工作频率等全属于这个窗口的范围。

1.40～1.90 μm：近红外窗口，其透射率在60%～95%，但不能为胶片感光，只能为光谱仪及射线测定仪记录，其中1.55～1.75 dm波段窗口有利于遥感。

2.05～3.00 μm：近红外窗口，其透射率超过80%，同样不能为胶片感光，其中2.08～2.35 μm窗口有利于遥感。

3.50～5.50 μm：中红外窗口，其透射率为60%左右，是遥感高温目标，可用于监测森林火灾、火山喷发等。

8～14 μm：远红外窗口，其透射率为80%，当物体温度在27℃时，能测得其最大发射强度。这是一个最宽的红外吸收带。

17～22 μm：半透明窗口，其在22 μm以后直到1 mm波长处，由于水汽严重吸收，对地面的观测者来说完全不透明。但在海拔高、空气干燥的地方，24.5～42 μm的辐射透过率达30%～60%。在海拔高度为3.5 km处，能观测到330～380 μm、

420～490 μm、580～670 μm（透过率约30%）的辐射，也能观测到670～780 μm（约70%）和800～910 μm（约85%）的辐射。

>1.50 cm：微波窗口，其电磁波已完全不受大气干扰，即所谓“全透明”窗口，故微波遥感是全天候的。

15～200 m：射电窗口，视电离层的密度、观测点的地理位置和太阳活动的情况而定。

4.3.2 透射特性与遥感信息的关系

遥感信息主要是利用传感器，通过有关大气窗口，在太空获取地球表面的地物反射和发射的光谱信息。大气状况往往会严重影响遥感成像的光谱辐射值及其成像的清晰度，具体有以下两个方面。

太阳高度角：太阳高度角愈小，电磁波辐射通过大气层的厚度就愈大，因而产生散射、吸收的比例也就愈大。所以，一般航空遥感或卫星遥感摄影都将太阳高度角控制在60° 以上。

大气的成分：特别是水汽所形成的云量及空气中悬浮颗粒物形成的雾、霾等产生的气溶胶散射，这些都会影响光谱值及影像的质量。

4.4 航空遥感技术

航空遥感是以飞机或气球为工作平台进行成像或扫描的一种遥感方式。其上装有各种传感器，按技术要求对测区进行有关地物电磁波信息的收集、处理，最后获得各种图像、数据，从而为生产、科研所应用。这样的全过程称为“航空遥感”（金鼎坚等，2019）。

近十几年随着空间技术的迅速发展，虽然航天遥感具有许多优越性，但是由于航空遥感具有成像比例尺大、分辨率高、几何纠正准确等优点，故航空遥感在目前仍然是重要的遥感手段。航空遥感包括航空遥感平台、传感器、信息传输及处理等系统。

4.4.1 航空遥感平台

航空遥感平台不仅包括飞机、气球，而且还包括有人驾驶和无人驾驶的遥控飞机。目前航空遥感所应用的运载工具，仍以飞机为主，国外有采用气球的，但为数不多。航空摄像飞机应具备航速均匀，航高不变，航行平稳，耗油量少，续航时间长（不得少于5小时）等特性。

目前，由于镜头和感光胶片分辨率的提高，所以高空航片发展很快，具体的飞行高度可参考表4.1。

表 4.1 航摄高度的划分

航高划分	飞行高度 /m	适用场景
超高空	大于 15000	侦查、截击等
高空	7000 ～ 15000	侦查、轰炸、拦击、巡逻、航线飞行等
中空	1000 ～ 7000	军事训练、巡逻、轰炸、航线飞行等
低空	100 ～ 1000	军事训练、伞降、侦查、农林作业等
超低空	1000 以下	农林作业、旅游、搜索和救援等

中空、中高空、高空的航空遥感，其成像比例尺小、包括的面积大，适用于较大范围的普查；低空的航空遥感，可获得较大比例尺的图像，可精确地绘制大比例尺地形图，也是目前应用最广泛的遥感手段。

4.4.2 传感器

近年来，随着航空遥感技术的发展，传感器的类型繁多。不仅有光学摄影的航摄仪，还有多波段摄影仪、多波段扫描仪、红外扫描仪以及侧视雷达等。从成像来看种类也是多种多样的。从可见光的黑白全色摄影、彩色摄影，扩展到紫外、红外、微波等波段，可以收集不同宽度波段和特定波长的电磁波信息（张皓琳等，2020）。

4.4.3 信息的传输与处理

以往的航空摄影，仅限于感光胶片记录地物反射电磁波的能量。而现在的航空遥感，除以感光胶片为传统记录外，还采用了光电转换，进行磁带记录。把人们看不见的紫外、红外、微波信息，转换成人眼可见的图像和计算机使用的数字化磁带，以及供分析研究用的曲线和数据。这样，航空遥感就比航空摄影能提供更多的资料（马乐，2020），如黑白和彩色像片、黑白和彩色红外像片、多波段摄影像片、红外扫描图像、多波段扫描图像、雷达图像等。

4.4.4 航空摄影机

航空遥感要求快速连续地拍摄大量照片，所以对摄影机的构造有一些特殊要求。目前，常用的航空摄影机大致可分为 4 类：单镜头分幅摄影机、多镜头分幅摄影机、航带摄影机、全景摄影机（关艳玲等，2011）。

（1）单镜头分幅摄影机

单镜头分幅摄影机是使用最早、目前应用较多的摄影机。它由暗盒、机身、镜筒装置三大部分组成。

（2）多镜头分幅摄影机

由于用单镜头分幅摄影机拍摄的照片具有较宽的波段响应范围（全色波段为 0.3 ～ 0.7 μm），因此在此波长范围内，地物对不同波长电磁辐射的不同反射将无法在一张照片上得到体现。为了得到地物对不同波长电磁辐射的反射特征，在航空摄影时人们也常使用多镜头分幅摄影机。多镜头分幅摄影机可以利用不同的胶片-滤光片组合，从同一位置同时获取地物对不同波长电磁辐射的反射能量记录，将这些信息组合起来可以帮助人们更准确地将地物区分开来。

（3）航带摄影机

航带摄影机是通过将胶片移动过焦平面上一条很窄的缝隙使之感光而成像的。曝光量通过调整狭缝的大小来控制。与分幅式摄影不同的是：在摄影过程中，航带摄影机的快门是一直开启的。胶片通过缝隙的移动速度与图像移动速度相等以避免图像模糊。航带摄影机主要供高速军事侦察用。它的连续像移补偿可在此飞行条件下提供详细摄影。在民用方面，它主要用于公路、铁路选线等线状地区研究方面。

（4）全景摄影机

一台全景摄影机可以取代多台普通的监控摄影机，实现无缝监控应用于各个领域。在组成上，全景摄影机设有一个鱼眼镜头，或者一个反射镜面（如抛物线、双曲线镜面等），或者多个朝向不同的普通镜头拼接而成，拥有360度全景视场（field of view，FOV），可无盲点监测覆盖所处场景。

4.4.5 航空像片的特征

由航空摄影机获取的图像资料为多种形式的航空像片（如黑白片、黑白红外片、彩色片、彩红外片等）。由航空多谱段扫描仪可获得多光谱航空像片，其信息量远多于单波段航空像片（苏立红，2015）。航空侧视雷达从飞机侧方发射微波，在遇到目标后，其后向散射的返回脉冲在显示器上扫描成像，并记录在胶片上，产生雷达图像。

（1）航空像片的重叠

连续带状摄影和区域摄影中，要求有一部分相同目标影像同时出现在相邻像片上，这部分称为“像片重叠”。具有重叠关系的两张像片称为“像对”。为了满足立体观察要求，像对之间有20%～30%的重叠就可以了，但为了便于立体观察和测图的要求，则要求重叠得多一些。这种重叠分为航向重叠和旁向重叠两种：一是航向重叠即沿飞行方向像片间的重叠。一般要求航向重叠60%，最少也得重叠56%。二是旁向重叠即航向与航向间像片间的重叠。一般要求旁向重叠40%，不能小于15%。只有这样才能保证全区的像片互相联结镶嵌，并能用它进行立体观察和量测。

在地形起伏不大的平坦地区，上述要求是适宜的，但在高差较大的山区，重叠60%仍不能满足立体观察的需要，因此必须考虑高差的附加正数。

（2）航空像片的比例尺

航空像片的比例尺取决于航空摄像镜头的焦距 f 和航空摄影时飞机的航高 H，

在地形起伏不大和垂直摄影的情况下，航空像片的比例尺等于航摄仪焦距与航高 H 之比。在这种情况下，像片上各点的比例尺是一个常数，即各个部分和各个方向上比例尺都是一致的。这样的航空像片就可相当于平面图直接加以应用。

在航摄仪焦距不变的情况下，由于航摄飞机受气流的影响而上下起伏不稳定，以及地面高低起伏，都会造成航高的改变，因而当拍摄每幅航片时航高H的任何微小变化，都会引起像片比例尺的改变。无论是在一张中心投影的航片内部还是在相邻的航片之间，实际上各点各幅的比例尺都只能是“大同小异”。

像片比例尺的选择要根据工作性质、任务和用途而定。工厂选址、铁路选线希望取得大比例尺航空像片，区域地质研究希望具有广阔的视野，则以较小比例尺为宜。所谓大比例尺航空像片，系指大于1：10000的航空像片；所谓小比例尺航空像片系指小于1：35000的航空像片。大比例尺航空像片，地面分辨率较高，能显示地貌的细节，而小比例尺航空像片视野广阔，能更好地显示区域特征，工作中应视需要选定比例尺的大小，最好不同比例尺结合使用，这样更能取得良好的效果。

（3）航空像片的物理特性

航空像片的物理特性是指影像的色调、色彩和分辨率。这些特性不仅与地物的波谱特征有一定的对应关系，而且与摄影、冲洗、感光材料性能，以及摄影比例尺等因素有关。

①航空像片的色调和色彩

色调是指黑白全色像片上不同光学密度表现出来的黑白深浅程度，它是地物电磁辐射特征与感光片间光化学反应的记录。一般来说，不同的地物具有不同的电磁辐射特征，它们在像片上以不同的黑白深浅程度反映出来。

在黑白全色像片上色调与地物的亮度有一定的对应关系，即地物的亮度大，则其色调较浅；地物的亮度小，则其色调较深。不同的亮度对应不同的色调级别，称为“灰阶”。由于摄影技术的发展和感光材料种类的改进，亮度的概念已不能正确表示出地物的波谱特征，因此一般研究地物的波谱特征与色调的关系。即反射率高的物体，其在像片上的色调较浅；反射率低的物体，其在像片上的色调较深。

虽然航空像片上的色调直接受地物的波谱特征决定和控制，但是从摄影角度来说，影响像片上色调的因素还有光照条件、摄影仪型号、垂直摄影和倾斜摄影方式，摄影时间和感光片冲洗条件，以及湿度、气候等。例如，由于曝光和显影条件不同，感光片特征曲线发生变化，唯有曝光和显影适当的感光片，相当于直线段的范围，才能充分使用，湿度的影响是由于潮湿物体比干燥物体亮度系数小，尤其是含水过多的地物会表现出与水体相似的反射系数，在光谱的蓝紫部分反射率较大，在红外部分出现强烈吸收。唯有在潮湿地面的反射光直射镜头下，才会出现强反射现象，产生耀光。

用彩色摄影可以获得具有色彩的图像。人眼分辨色彩的能力要比分辨灰阶强得多，加以色彩不仅有色别区别，而且有浓淡和明暗程度的区别，因此彩色图像的信息量远较黑白图像大，判释效果亦可大大改善。

② 航空像片的分辨率

航空像片的分辨率是衡量其质量和确定其使用价值的重要物理特性，它通常是指一幅像片内辨别和区分相邻近两个物体的能力，常使用影像分辨率和地面分辨率两种概念。

影像分辨率：影像分辨率是指像片或底片上1 mm距离内能够分辨出线条的数目。影像分辨率受成像系统的质量（分辨能力）和感光材料的质量所制约。根据航空摄影的目的和任务，可适当选用不同影像分辨率的感光材料，以满足要求。

地面分辨率：地面分辨率是指在离地面一定高度的空中所获得的图像资料，经过航摄仪器（透镜组）或其他电子仪器的放大，我们所能观察到地面最小物体的尺寸，即在航空像片上能分辨出最小物体的大小。在遥感图像的判释中所说的分辨率即指地面分辨率。

航空像片分辨率除受透镜和感光材料影响外，还与物体的形状、物体之间的反差、光照条件、摄影与感光片的冲洗技术等因素有关。

4.5 航天遥感技术

20世纪70年代，随着空间技术的迅速发展，航天遥感技术也快速发展。据不完全统计，从1957年苏联发射第一颗“人造地球卫星”到1977年，先后共发射了2041个航天飞行器，其中有31次是载人的宇宙飞行，共有74人次进入轨道，9次飞往或登上月球。1964年，美国国家航空航天局（National Aeronautics and Space Administration，NASA）开启地球资源卫星的计划工作，1967年开始进行资源卫星的研制。1972年和1975年，相继发射了两颗地球资源技术卫星（ERTS1、ERTS2）之后，获得了大量的卫星图像资料。从而使航天遥感技术进入一个新的阶段，即试验应用阶段。1978年，第3号地球资源卫星发射后，改名为陆地卫星（Landsat）。美国国家航空航天局发射6颗地球资源卫星，第1、2号为试验型的，第3、4号用于制图及军事服务，第5、6号用于海洋研究。1986年，法国发射的SPOT卫星进一步提高了卫星图像的分辨率，增强了实际应用的范围（洪声艺等，2020）。

1970年，我国成功发射了第一颗人造地球卫星之后，标志着我国从航空遥感跃入航天遥感的新时代。1975年7月，我国又发射了返回式遥感卫星，揭开了我国航天遥感的序幕。此后又多次发射了遥感卫星。1985年，我国发射了国土卫星。这些卫星为我国经济建设提供了大量的图像数据资料。1992年，我国发射了国土资源卫星。卫星的发射加上卫星地面接收站的建成，标志着我国航天遥感加快了发展的步伐。2013年4月，我国发射高分一号卫星，作为我国高分辨率对地观测系统的首发星，高分一号卫星肩负着我国民用高分辨率遥感数据实现国产化的使命，其主要用户为国土资源部（现为自然资源部）、农业部（现为农业农村部）和环境保护部（现为生态环境部）。2014年8月发射的高分2号卫星，是迄今为止我国研制的空间分辨率最高、观测幅宽最大、设计寿命最长的民用遥感卫星。2016年8月，高分3号卫星成功发射，它是我国首颗分辨率达到1米的C频段多极化合成孔径雷达卫星，显著提升了我国对地遥感观测能力，是高分专项工程实现时空协调、全天候、全天时对地观测目标的重要基础。2021年3月，高分12号卫星成功发射，该卫星主要用于国土普查、城市规划、土地确权、路网设计、农作物估产和防灾减灾等领域，可为“一带一路”建设和国防现代化建设提供信息保障。

卫星遥感可不受国界和地形的限制，并可对全球做连续的观测。航天遥感的发展为人们宏观观测地球及探测宇宙提供了方便的条件。卫星的类型很多，不同类型的卫星具有不同的工作任务，按用途可分为以下三种。

侦察卫星：为军事侦察目的服务，要求有较高的分辨率。所以，卫星的高度比较低，使用的是长焦距、高分辨率的传感器。它主要针对有关军事目标，并不要求全球覆盖。

气象卫星：为气象目的服务，以摄制云图为主要目标，对像片的分辨率要求比较低，对地面只要能看到大山、大河，区分湖泊、海洋、陆地即可。它要求全球覆盖和重复观测。

陆地卫星：为探测地球资源目的服务，所以要求像片分辨率较高，要既能看到宏观轮廓又能分辨地面的细节，其分辨率介于侦察卫星与气象卫星之间。

4.5.1 航天遥感的数据获取

航天遥感是利用卫星平台的行进和旋转扫描系统对与平台垂直方向的地面进行扫描，获得二维遥感数据，按照一定的格式组织数据并传回地面接收站。

（1）遥感器

在航天遥感中，卫星仅仅是作为平台，而真正获取地表信息的是其上搭载的各个遥感器。遥感器是由扫描系统（旋转扫描仪）、聚焦系统（反射镜组）、分光系统（棱镜、光栅）、检测系统［探测元件-光机转换系统（反射镜等）］、记录系统（磁带或磁盘）等组成。遥感器并不能直接获取地物的辐照度或辐亮度，而是记录与辐射能量有关的DN值（digital number），再间接推算出地物的辐亮度和反射率等特性。

不同波段的电磁波可以反映地物的不同特性。我们可以根据用途来设置遥感器的类型和波段范围，这也为用户有目的地运用遥感数据提供保障。为了分段获得各个波段的信息，大部分航空和航天遥感器都采用分光辐射计光学系统。

（2）扫描方式

在航天遥感中，扫描系统常采用3种扫描方式，即挥帚式扫描方式、推扫式扫描方式和中心投影扫描方式。

挥帚式扫描方式：又称为光机扫描或物面扫描。挥帚式扫描方式的原理是在卫星运行的侧向上，利用扫描镜来回旋转反射来自不同位置的地物信息，入射波谱被光学分光计分离成若干较窄波段，再感应相应的探测器产生不同的电信号，并被放大记录在多波段的记录设备中。挥帚式扫描是行扫描，每条扫描线均有一个投影中心，所形成的影像是多中心投影影像。因此，像元是一个一个地轮流采光，沿扫描线逐带点扫描成像。影像的飞行方向和扫描方向的比例尺是不一致的。

推扫式扫描方式：又称“像面”扫描，用广角光学系统，在整个视场内成像，所记录的多光谱图像数据是沿着飞行方向的条幅。它利用卫星的前向运动，借助于与飞行方向垂直的“扫描”线记录，构成二维图像，也就是通过卫星与探测器成正交方向的移动获得目标的二维信息。和挥帚式扫描不同的是，推扫式扫描不用扫描镜，而是把探测器按扫描方向（垂直于飞行方向）阵列式排列来感应地面响应，以替代机械的真扫描（林明森等，2019）。

中心投影扫描方式：中心投影是航空摄影的投影方式，是指把光由一点向外散射形成的投影，空间任意直线均通过一固定点投射到一平面上而形成的透视关系，具有透视规律。其特点是每一物点所反射的光线都要通过镜头聚焦在感光胶片上，而且每一光线与底片的焦点，都在底片上构成负像，晒印后成为正像。

地球资源卫星类型虽然很多，但其所采用的设计结构大体相近，故本章将以美国陆地卫星作为重点进行讨论。

4.5.2 陆地卫星1号

陆地卫星1号（Landsat 1）（见图4.3）是1972年7月23日送入轨道的，原计划工作一年，实际上运行到1978年1月6日才停止工作。陆地卫星1号是一颗蝴蝶形的卫星，由“雨云号”气象卫星改装而成。卫星容积为1 m^3，重892 kg，星载仪器重240 kg。星体为圆锥形，体高3 m，最大直径1.5 m，星体外壳带有两块太阳能电池集合板。星体分成两个舱：上部为服务舱，所载仪器可作供给电源，可调节温度、控制卫星姿态、调整轨道、接收地面操纵、控制卫星所载仪器等；下部工作舱装有传感器及宽频磁带机等，收集地面的电磁波信息（张志杰等，2015）。

图4.3 陆地卫星1号

陆地卫星1号轨道高度为918 km，轨道倾角为99.125°（从赤道开始顺时针计算），是一种近极地轨道。卫星轨道的长轴为17285.82 km，短轴为7272.82 km，基本上为一圆形轨道。卫星绕地球一圈的时间为103.267 min。卫星的运转与太阳同步，每天在地球的向阳面跨越赤道14次，每次都在当地时间上午9点42分飞过赤道。由于地球自转，卫星在赤道上的轨迹每次均比上一次西移2875 km。第二天的14圈轨道与前一天的14圈轨道互相平行，只是比前一天的轨道在赤道上向西移了159 km。在相邻轨道上取得的遥感图像，在赤道附近有14%的旁向重叠，在极地附近有高达85%的旁向重叠（但在高纬度地区遥感系统实际上并不工作）。卫星18天（绕地球251圈）对全球的向阳面全部覆盖一遍。

陆地卫星1、2、3号，都携带两套传感器，取得了两套性质完全不同的卫星像片。一套是反束光导管电视摄像机系统，取得的像片称为RBV像片，一套是多光谱扫描仪系统，简称MSS，取得的像片称为MSS像片。陆地卫星4号其传感器为专题制图仪（TM），取得的像片为TM图像。

（1）卫星像片特征

①比例尺。陆地卫星像片的比例尺基本有两种，一种为1∶336.9万，另一种为1∶100万。1∶336.9万，是陆地卫星像片的原始比例尺，它是在粗制处理时，根据像片中心点的卫星高度数据，将每个70 mm影像的比例尺调整为1∶336.9万。1∶100万，是将70 mm胶片放大3.369倍，成为240 mm胶片的1∶100万比例尺的卫星像片。除此之外，在应用过程中常常还放大为1∶50万、1∶25万或1∶20万，以便与其他相应比例尺图件、资料对比使用（张玉君，2013）。

②经纬度。卫星像片的经纬度是根据成像的精确时间、卫星姿态数据和前进方向等因素，通过电子计算机求得。它直接记录在70 mm的卫星图像的原始胶片上或磁带上。经纬网格在中纬度区以半度为一注记，高纬度区以1度为一注记。经纬度以度数旁边一段垂直于图像边框的短线的靠近边一侧的端点为准。

③像片的重叠。卫星像片的重叠与航空片相似，既有纵向重叠（沿轨迹方向），也有旁向重叠（相邻轨道）。RBV前后拍摄的相邻两张像片产生26 km的重叠。MSS像片的纵向重叠，是把同一轨道上，上一幅图像的下段，再一次扫描加入下一幅像片的顶端，重叠地段相当于地面上16 km。MSS像片的旁向重叠，是相邻轨道像片之间的重叠，旁向重叠与地球自转有关。

④像片的分辨率。一般评价卫星像片的分辨率时，以实际反映地面物体大小的地面分辨率来表示。

地面分辨率是指离开地面一定距离的空中，借助透镜组或其他电子仪器放大，能观察到地面物体的最小尺寸（以米为单位）。此数值与镜头、底片分辨率以及像片比例尺有关。表4.2列出了不同分辨率的应用场景。

表4.2 卫星像片不同分辨率的使用

分辨率/m	能识别的地物
1000	大地构造、台风的移动、海洋温度、海水含盐量、海水透明度
300	区域地质构造、风速、空气污染来源和扩散、裸露的土壤与岩石、砂石风暴、海流河流类型、山脉分布、森林分布、森林火灾
100	详细地质图、区域地质构造、土地类型、土壤类型、土壤和岩石露头、土壤温度、水雪冰的分布、植被的大类型、一般森林调查
30	矿产调查、地震破坏、一般土壤温度、沉积情况的调查、绘制河流流域图、海况图、海水污染、详细森林调查、草场调查、一般土地利用、主要公路和1∶25万地形图
10	侵蚀调查、详细水污染调查、鱼群位置、成熟的果园和农场
8	土壤调查、详细的土壤温度差异、土壤盐分、排水类型、森林密度、单株统计、树冠直径、主要树种、人工建筑和1∶5万地形图

用途不同的卫星像片，其分辨率也不同，军事侦察卫星像片分辨率要求最高。目前已达0.3 m，气象卫星的地面分辨率最低，一般为460～886 m，所以它只能分辨一些较大的山河湖海。陆地卫星1、2号RBV像片的地面分辨率为100 m，MSS像片的分辨率为70～90 m，线状地物可达15～30 m。SPOT卫星的分辨率可达20 m。对于卫星像片的分辨率评价，不能说分辨率越高越好，而是应当结合其实用价值综合评价。例如，美国的泰罗斯气象卫星的分辨率只有1 km左右，然而对于识别台风、气旋、云图来说已是适用的了。

⑤ 像片的灰阶。陆地卫星系统是被动遥感成像，因此无论是MSS像片还是RBV像片，记录下来的都是地物电磁辐射的反射波谱特性，并以灰阶（或称灰度）的深浅不同来表示。20世纪60年代以前，人们对黑白或彩色航片进行判释时，主要依据地物的影像形态特征来分辨地物。而20世纪60年代以后，由于遥感技术的发展，判释技术与图像处理相结合取得了显著的效果。当前多波段经光学增强和计算机自动识别，是以图像的灰阶作为主要依据的，因此，图像的灰阶较图像的形态在判释工作中变得更重要。

黑白像片的灰阶，所代表的物理含义不同。可见光波段黑白像片（正片）的色调深浅，代表反射辐射强度的强弱。热红外图像灰阶代表地物温度的差别，而它们的假彩色图像，只是用颜色的不同来表示灰阶的差异，其代表的物理含义不变。

MSS像片的下方，有一条灰阶尺，它是划分地物光谱特征的尺度，RBV像片的灰阶尺划分为10级，MSS像片的灰阶尺划分为15级。MSS的温度差以8级灰阶尺来表示。MMS和RBV像片下方的灰阶与地物反射率的关系为对数、指数的关系，用以表示地物的反射能量的级差。对可见光来说，地物的反射能量大，地物的亮度值就大，在MSS像片上的色调较浅；反之，反射能量少，亮度值低，色调较暗。

（2）RBV像片

陆地卫星1、2号的反束光导管电视摄像机系统，由三台相同类型的电视摄像机组成，每台摄像机有各自的光学镜头和滤光片，可以取得三张不同波段的RBV像片，分辨率为80 m。其所采用的波段如下。

RBV_1：0.475～0.575 μm，蓝绿光波段；

RBV_2：0.580～0.680 μm，红黄光波段；

RBV_3：0.690～0.830 μm，红光与近红外光波段。

陆地卫星3号上的RBV改由2台电视摄像机并列组成，可同步摄取互有重叠的两景单一波段影像，分辨率为40 m。

（3）多光谱扫描仪（MSS）

多光谱扫描仪（MSS）的分辨率一般为80 m，包括4个光谱波段，分别为MSS4绿光波段（0.5～0.6 μm）、MSS5红光波段（0.6～0.7 μm）、MSS6红光与近红外波段（0.7～0.8 μm）和MSS7红外波段（0.8～1.1 μm）。同一地区MSS4—MSS7的图像如图4.4所示。

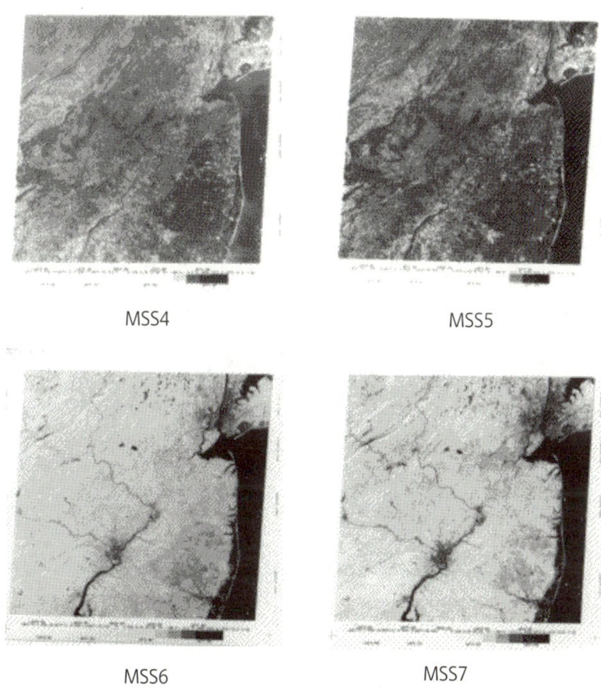

图4.4 MSS遥感图像实例

① MSS4：波长为0.5～0.6 μm。MSS4属可见光波谱中的绿色波段，此波段图像最有利于观察滨海和浅水下的地形。这是由于太阳蓝绿光透入水中的深度较大，

在清洁水体内最深可达数十米，一般也能透入10～20 m。此波段的图像也有利于观察与植被有关的各种现象。植被一般表现为较深的色调，能较好地显示植被的分布范围和生长密度。

② MSS5：波长为0.6～0.7 μm。MSS5属可见光中的红黄光波段。此波段图像对水体也有一定的透视深度，特别是对水的混浊程度，如海岸的泥沙流和大河中悬浮移质的状况等。

③MSS6：波长为0.7～0.8 μm。MSS6属可见光中的红光与近红外波段。它对水体和湿地反映得特别清楚，图像上的水体为黑色，浅层地下水丰富的地段或土壤湿度大的地段，一般都具有较深的色调；由于含水丰富的区域，植被就相对繁茂，因此MSS6有利于研究植被的分布和生长特点。

④ MSS7：波长为0.8～1.1 μm。MSS7属近红外波段，与MSS6有相近的光谱效应。这个波段的图像特点是立体感较强，对水的反应灵敏，对植被的红外辐射有较灵敏的相应曲线。该波段常用于测定生物量和监测作物长势，也常用于水体和湿地信息提取，还可应用于地质研究，划出大型地质体的边界。

（4）专题制图仪（TM）图像

美国陆地卫星4号（Landsat-4），取消了反束光导管电视摄像机，改装为“专题制图仪（TM）”。专题制图仪主要用于对全球作物进行估产、土壤调查、洪水灾害估计、野生资源考察、地下水和地表水资源研究等。因此，它选择了7个波段。其中TM-5为绝大部分造岩矿物波谱响应曲线高峰段，TM-6为热红外波段，TM-7可用于识别岩性（王鑫蕊等，2020）。各波段的具体用途如表4.3所示。

表4.3 专题制图仪光谱段功能

序号	波长/μm	光谱段	功能
1	0.45～0.52	蓝绿谱段	绘制水系图和森林图，识别土壤和常绿、落叶植被
2	0.52～0.60	绿谱段	探测健康植物绿色反射率，反映水下特征
3	0.63～0.69	红谱段	测量植物叶绿素吸收率，进行植被分类
4	0.76～0.90	近红外谱段	用于生物量和作物长势的测定
5	1.55～1.75	近红外谱段	土壤水分和地质研究，以及从云中区分出雪
6	2.08～2.35	近红外谱段	用于城市土地利用，岩石光谱反射及地质探矿
7	10.40～12.50	热红外谱段	植物受热强度和其他热图测量

专题制图仪在波段方面划分得更窄，而且它对景物辐射接受的灵敏度也有很大的提高。辐射测量的量化等级由原来的64级，细分到256级，其分辨率在可见光和近红外波段提高到30 m，这种分辨率有助于研究中国、印度和欧洲一些田块比较小的国家或地区的作物长势，而热红外的分辨率为120 m。专题制图仪的地面覆盖宽度与前三个陆地卫星一样，都是185 km。

陆地卫星4号设计选用705 km的太阳同步轨道，16天可对全球覆盖一次，约在当地时间上午9时30分通过赤道降交点。陆地卫星4号于1982年7月16日发射后，入轨正常。

由于陆地卫星可以对一个地区周期性地重复成像，取得多时相的遥感图像。因此，同一地区，即使属于同一波段的图像，由于成像的季节不同，图像上同一地物的影像特征也会有差异。造成这种差异的基本原因，主要有下述几种。

①植被的影响。夏季植被茂盛，用夏季成像的图像做解译时，受植被的干扰最大，冬季植被枝叶稀少影响最小。实质上是植被多少以及植被叶绿素、叶黄素、叶红素等对不同波段光谱的吸收、反射不同造成的。

②太阳高度角的影响。冬季的太阳高度角最低，阴影最长，使地面冲沟、小山丘等起伏不大的微地貌形态特征显示较好。夏季则正相反。夏季成像，太阳高度角大，对显示地物光谱特征上的差异有利；光谱特征反映清楚，可是植被因素干扰较大。

③水分的影响。我国大部分地区夏季雨量大，影像色调受降水的影响较大。而春秋季成像的图像则受地下水、植被影响较大，平原地区的隐伏构造就是依据地下水、植被所反映的良好色调差异来识别的。因此，雨季的卫星图像，对判释有一定的优越性。例如，降水使色调和颜色的差异更加显著，可以明显区分含水程度不同的土壤和松散沉积物；雨水冲刷基岩露头表面灰尘，使不同岩性、地层的表面特征在图像上反映得更加清晰。另外，雨后透明的大气层使影像具有良好的反差，可以消除干扰。

4.5.3 哨兵系列

哨兵（Sentinel）系列卫星源自欧洲全球环境与安全监测系统项目——“哥白尼计划”。自2014年发射第一颗哨兵1号（Sentinel-1）以来，该计划预计在2030年累计发射20余颗卫星，提供各类数据服务。

Sentinel-1主要用于极地轨道全天候昼夜雷达成像任务。Sentinel-1由两颗极轨卫星组成，分别是哨兵-1A（Sentinel-1A）和哨兵-1B（Sentinel-1B），它们共享同一轨道平面，日夜运行，执行C波段合成孔径雷达成像，可以获得任何天气情况下的图像，每6天对整个地球进行一次成像。Sentinel-1A于2014年4月发射升空，Sentinel-1B于2016年4月发射升空。主要应用包括监测北极海冰范围、海冰测绘、海洋环境监测，土地变化、土壤含水量、产量估计、地震、山体滑坡、城市地面沉降、支持人道主义援助和危机局势，包括溢油监测、海上安全船舶检测、洪水淹没。Sentinel-1的雷达可以在四种模式下运行：干涉宽幅（interferometric wide，IW）、超宽幅（extra wide，EW）、波（wave）和带状图（stripmap）。其中，干涉宽幅是陆地上的主要采集模式，满足了大部分业务需求，使用渐进扫描合成孔径雷达地形观测捕获三个子区域；超宽幅使用渐进扫描模式在五个区域获取数据。超宽幅模式以牺牲空间分辨率为代价提供了非常大的区域覆盖。波数据是在被称为“小片段”的小型条形地图场景中获取的，这些场景在轨道沿线每隔100 km定期设置一次，通过交替获得小点，以近距离入射角获得一个小点，而以远距离入射角获得下一个小点，主要用于海洋。带状图是一种标准的SAR条形图成像模式，其中地面区域被连续的脉冲序列照亮，而天线波束指向一个固定的方位角和仰角。Sentinel-1的数据有多种类型，零级产品（Level-0）为原始数据，在干涉宽幅模式下获取。一级产品（Level-1）的类型包括单视角复数（single look complex，SLC）和地面范围检测（ground range detected，GRD），能够获得相位和振幅信息。相位信息是时间的函数，根据相位信息和速度可实现距离的测量，可用于测距和形变观测。二级产品（Level-2）主要用于检索海洋物理参数。

哨兵2号（Sentinel-2）用来完成多光谱高分辨率成像任务，一颗卫星的重访周期为10天，两颗互补，重访周期为5天，主要用于陆地监测，以提供例如植被、土壤和水覆盖，内陆水道和沿海地区的图像。第一颗卫星哨兵2号A于2015年6月发射升空，第二颗卫星哨兵2号B于2017年3月发射升空。Sentinel-2的多光谱成像仪（multi-spectral imager，MSI）覆盖13个光谱波段（443～2190 nm），其中有4个波段的空间分辨率为10 m，6个波段的空间分辨率为20 m，3个波段的空间分辨率为60 m。哨兵2号数据包含红边范围内的三个波段，这对监测植被健康信息非常有效。具体波段信息如表4.4所示，其中波段5到波段7为红边范围波段。

表4.4 哨兵2号光谱波段

序号	中心波长/nm	分辨率/m	波宽/nm
1	443	60	20
2	490	10	65
3	560	10	35
4	665	10	30
5	705	20	15
6	740	20	15
7	783	20	20
8	842	10	115
9	865	20	20
10	945	60	20
11	1375	60	20
12	1610	20	90
13	2190	20	180

Sentinel-2的主要任务是监测植被健康状况，Sentinel-2是同类卫星中的第一个执行光学地球观测任务的卫星，在“红色边缘”中包括三个波段，它们提供了有关植被状态的关键信息。Sentinel-2旨在提供可用于区分不同作物类型的图像，以及有关多种植物指标的数据，例如叶面积指数、叶绿素含量和叶水分含量等。

哨兵3号（Sentinel-3）卫星主要用于系统测量地球的海洋、陆地、冰层和大气层，以监测和了解大规模的全球动态，为海洋和天气预报提供近乎实时的基本信息。该任务基于两颗相同的卫星，它们在星座中运行，以实现最佳的全球覆盖范围和数据传输。幅宽为1270 km的海洋和陆地颜色仪器将每两天提供一次全球覆盖。Sentinel-3A于2016年2月16日发射升空，Sentinel-3B于2018年4月25日发射。扩展了Sentinel-2多光谱成像仪的覆盖范围和光谱范围。哨兵3号有四种类型的传感器，分别为海洋和陆地颜色仪器、海洋和陆地表面温度辐射计、合成孔径雷达高度计和微波辐射计。

哨兵4号（Sentinel-4）主要用来观测大气化学成分，拥有高空间分辨率和高时间分辨率，可实现对臭氧、二氧化氮、二氧化硫、乙二醛、甲醛和气溶胶等进行观测，并且能以一小时的高时间分辨率对整个欧洲地区的空气质量进行监测和预测。

哨兵5号（Sentinel-5）是一个极轨气象载荷，它将配合哨兵4号静止轨道气象载荷用于全球实时动态环境监测。为弥补环境卫星和哨兵5号载荷在服务时间上的不连续，欧洲航天局在2016年发射了哨兵-5P卫星（Sentinel-5）。

基于哨兵卫星数据可以进行多领域的研究，例如研究最优时间、最优波段组合、最优特征子集的选择；使用时间序列模型来进行分类；作物在生长过程中反射率会发生变化，不同作物变化规律存在差别，采集多个时间段的遥感图像，如使用一维卷积，输入不同时间、不同波段的反射率，输出类别，从而实现地物分类；对光谱波段的可能组合依次进行尝试，探索哪些组合能够有效提高分类的精度，以及探索多波段相比于单波段对分类精度的具体影响。

4.5.4 WorldView系列

WorldView是Digitalglobe公司的商业成像卫星系统。它由三颗卫星组成，其中WorldView-1于2007年发射升空，WorldView-2于2009年10月发射升空，WorldView-3于2014年8月成功发射。WorldView-1和WorldView-2是全球第一批使用了控制力矩陀螺的商业卫星。这项高性能技术可以提供多达10倍以上的加速度的姿态控制操作，从而可以更精确地瞄准和扫描目标。卫星的旋转时间可从60 s减少至9 s，星下摆动距离达200 km。所以，WorldView-2能够更快速、更准确地从一个目标转向另一个目标，同时也能进行多个目标地点的拍摄。

WorldView-2运行在770 km高的太阳同步轨道上，能够提供0.5 m全色图像和

1.8 m分辨率的多光谱图像。该卫星能够为世界各地的商业用户提供满足其需要的高性能图像产品。WorldView-2能提供独有的8波段高清晰商业卫星影像。除了四个常见的波段外（蓝色波段：450 ～ 510 nm；绿色波段：510 ～ 580 nm；红色波段：630 ～ 690 nm；近红外线波段：770 ～ 895 nm），WorldView-2还能提供以下新的彩色波段的分析。

海岸波段（400 ～ 450 nm）：这个波段支持植物鉴定和分析，也支持基于叶绿素和渗水的规格参数表的深海探测研究。由于该波段经常受到大气散射的影响，所以被应用于大气层纠正技术。

黄色波段（585 ～ 625 nm）：该波段将被用于辅助纠正真色度，以符合人类视觉的欣赏习惯，是重要的植物应用波段。

红色边缘波段（705 ～ 745 nm）：该波段用于辅助分析有关植物生长情况，可以直接反映植物健康状况的有关信息。

近红外2 波段（860 ～ 1040 nm）：这个波段部分重叠在近红外波段上，但较少受到大气层的影响，支持植物分析和单位面积内生物数量的研究。

4.5.5　高分系列

高分一号卫星于2013年4月26日成功发射，由中国航天科技集团公司所属中国空间技术研究院航天东方红卫星有限公司负责研制。作为我国高分辨率对地观测系统的首发星，高分一号卫星肩负着我国民用高分辨率遥感数据实现国产化的使命，主要用户为自然资源部、农业农村部和生态环境部。该星的设计寿命为5 ～ 8年，突破了高时间分辨率、多光谱与宽覆盖相结合的光学遥感等关键技术，在分辨率和幅宽的综合指标上达到了目前国内外民用光学遥感卫星的领先水平（东方星，2015）。高分一号卫星突破了高空间分辨率、多光谱与高时间分辨率结合的光学遥感技术，多载荷图像拼接融合技术，高精度、高稳定度姿态控制技术，高分辨率数据处理与应用等关键技术，对于推动我国卫星工程水平的提升，提高我国高分辨率数据自给率，具有重大战略意义。具体来说，高分一号卫星包含两类传感器，分别是宽幅相机和高分辨率相机。宽幅相机由四台相机组成，高分辨率相机由两台相机组成，其中高分辨率相机可以获取2 m全色黑白图像、8 m多光谱彩色图像（蓝、绿、红、近红外4个波段）以及多光谱和全色融合之后的2 m真彩产品（白照广，2013）。

高分二号卫星属于光学遥感卫星，于2014年8月19日成功发射。高分二号卫星星下点空间分辨率可达0.8 m，搭载两台高分辨率1 m全色和4 m多光谱相机，标志着我国遥感卫星进入了亚米级“高分时代”。高分二号卫星具有亚米级空间分辨率、高定位精度和快速姿态机动能力等特点，有效提升了我国卫星综合观测效能，使我国高分辨率遥感卫星技术达到国际先进水平（潘腾，2015）。

高分三号卫星是我国首颗分辨率达到1 m的C频段多极化合成孔径雷达（SAR）成像卫星，于2016年8月10日发射升空。高分三号卫星具有多成像模式，是世界上成像模式最多的合成孔径雷达（SAR）卫星，具有12种成像模式。它不仅涵盖了传统的条带、扫描成像模式，而且可在聚束、条带、扫描、波浪、全球观测、高低入射角等多种成像模式下实现自由切换。高分三号卫星既可以探地，又可以观海，达到了“一星多用”的效果。高分三号卫星分辨率高，空间分辨率为1～500 m，幅宽为10～650 km。它不但能够大范围普查，一次可以看到650 km范围内的图像，而且能够清晰地分辨出陆地上的道路、一般建筑和海面上的舰船。由于具备1 m分辨率成像模式，高分三号卫星成为世界上C频段多极化SAR卫星中分辨率最高的卫星系统（张庆君，2017）。高分三号卫星应用非常广泛，不受云雨等天气条件的限制，可全天候、全天时监视监测全球海洋和陆地资源，是高分专项工程实现时空协调、全天候、全天时对地观测目标的重要基础，服务于海洋、减灾、水利、气象以及其他多个领域，为海洋监视监测、海洋权益维护和应急防灾减灾等提供重要技术支撑，对海洋强国、“一带一路”倡议具有重大意义。

高分四号卫星是我国第一颗地球同步轨道遥感卫星，于2015年12月29日发射升空，星上传感器在可见光和多光谱波段分辨率优于50 m、在红外波段分辨率优于400 m，幅宽400 m，采用面面阵凝视方式成像，设计寿命为8年，通过指向控制，实现对中国及周边地区的观测。

高分五号卫星是世界上第一颗同时对陆地和大气进行综合观测的卫星，于2018年5月9日发射升空。高分五号卫星一共有6个载荷，分别是可见短波红外高光谱相机、全谱段光谱成像仪、大气主要温室气体监测仪、大气环境红外甚高光谱分辨率探测仪、大气气溶胶多角度偏振探测仪和大气痕量气体差分吸收光谱仪。它可对大气气溶胶、二氧化硫、二氧化氮、二氧化碳、甲烷、水华、水质、核电厂温排水、陆地植被、秸秆焚烧、城市热岛等多个环境要素进行监测。高分五号卫星所搭载的可见短波红外高光谱相机是国际上首台同时兼顾宽覆盖和宽谱段的高光谱相机，在60 km幅宽和30 m空间分辨率下，可以获取从可见光至短波红外（400～2500 nm）光谱颜色范围里，330个光谱颜色通道，颜色范围比一般相机宽了近9倍，颜色通道数目比一般相机多了近百倍，其可见光谱段光谱分辨率为5 nm，相当于一张纸厚度的万分之一，因此对地面物质成分的探测十分精确。

高分六号卫星是一颗低轨光学遥感卫星，于2018年6月2日发射升空。高分六号卫星配置2 m全色/8 m多光谱高分辨率相机、16 m多光谱中分辨率宽幅相机，2 m全色/8 m多光谱相机观测幅宽90 km，16 m多光谱相机观测幅宽800 km。高分六号卫星还实现了8谱段探测器的国产化研制，国内首次增加了能够有效反映作物特有光谱特性的“红边”波段。它具有高分辨率、宽覆盖、高质量和高效成像等特点，能有力支撑农业资源监测、林业资源调查、防灾减灾救灾等工作，为生态文明建设、乡村振兴战略等重大需求提供遥感数据支撑。高分六号卫星与高分一号卫星组网实现了对中国陆地区域2天的重访观测，极大提高了遥感数据的获取规模和时效，有效弥补了国内外已有中高空间分辨率多光谱卫星资源的不足，提升了国产遥感卫星数据的自给率，扩大了应用范围。

4.6 地物、植物光谱反射特性

4.6.1 地物光谱特性的概念

地物光谱也称地物波谱，地物光谱特性是指各种地物各自所具有的电磁波特性（发射辐射或反射辐射）。遥感图像中灰度与色调的变化是遥感图像所对应的地面范围内电磁波谱特性的反映。一般的遥感图像包括三大信息内容，分别为波谱信息、空间信息和时间信息，其中波谱信息用得最多（张晶等，2020）。

地物的光谱特性是遥感技术的重要理论依据。地物的光谱特性为遥感波谱段的选择和遥感仪器的设计提供依据，又为遥感数据正确分析和判读提供了理论基础，同时也可以为数字图像处理和分类提供参考标准。自然界中的任何地物都具有它们本身的光谱特性规律，一般分为地物的反射光谱特性、发射光谱特性和透射光谱特性。一般地物光谱特性的测定采用光谱测定仪器，通过探测地物和标准板在不同波长或波谱段的反射率，来反映该地物的波谱特性。

4.6.2 地物的反射光谱特性

当电磁辐射能量入射到任何地物表面时，会出现三个过程：一部分入射能量被地物反射；一部分入射能量被地物吸收，成为地物本身内能或部分再发射出来；一部分入射能量被地物透射。根据能量守恒定律，可得：

$$\text{到达地物的辐射能量} = \text{反射能量} + \text{吸收能量} + \text{透射能量}$$

若公式两端都除以到达地物的辐射能量，则得到：

$$1 = \text{反射率} + \text{吸收率} + \text{透射率}$$

一般来说，绝大多数物体对可见光不具备透射能力，则有：反射率 + 吸收率 = 1。而有些物体，例如水，对一定波长的电磁波具有较强的透射能力，特别是0.45 ～ 0.56 μm的蓝、绿光波段。

（1）地物的反射率

地物的反射能量占到达地物辐射能量的百分比，称为反射率，也可称为反射系数或亮度系数。地物反射率因入射波长的不同而变化（张怡卓等，2019）。一般而言，地物反射率的大小，与入射电磁波的波长、入射角度、地物表面的颜色及粗糙度等有关。反射率的范围总是小于1的。

（2）地物反射光谱

地物反射光谱是指地物的反射率随入射波长变化的规律。按照地物反射率与波长之间的关系绘制而成的曲线称为地物反射光谱曲线。在这类曲线中，横坐标为波长值，纵坐标为反射率值。不同地物的反射光谱曲线有明显的差异。如：

雪：雪的反射光谱和太阳光谱相似，在蓝光波段附近（0.4 ～ 0.6 μm）有一个强反射峰值，反射率接近100%，因而其色调是白色。随着波长的增加，反射率逐渐降低，在近红外波段吸收较强，变成了选择性吸收体。雪的这种反射特性在所有地物中是独一无二的。

沙漠：在橙光波段0.6 μm附近有一个强反射峰值。在波长达0.8 μm以上的长波范围内，其反射率比雪还高，其色调呈褐色。

湿地：在整个波长范围内的反射率均较低。当含水量增加时，其反射率就会下降，在水的各个吸收带处，反射率下降较为明显。

小麦：小麦叶子的反射率，在蓝光波段（中心波长为0.45 μm）和红光波段（中心波长为0.65 μm）上有两个叶绿素的吸收带，其反射率很低。在两个吸收带之间，由于吸收作用较小，在0.55 μm附近形成一个反射峰，这个反射峰的位置正好处于可见光的绿光波段，所以其色调呈绿色。在0.7 μm附近，反射率迅速增加，至近红外波段（0.7 ～ 1.1 μm）范围反射率达到高峰，其反射率的性质主要受叶子内部构造的控制。这种光谱曲线是含有叶绿素植物的共同特点。

根据以上分析，地物反射光谱曲线不仅因地物的不同而不同，而且同种地物在具有不同内部结构和外部条件下其反射光谱曲线也有差异。一般来说，地物反射率随波长的变化有规律可循，这为遥感影像的判读提供了基础。

图4.5为小雪粒、绿草、棕色肥沃土地的反射光谱曲线，从中可以看出，三种地物在反射光谱曲线上差异明显。

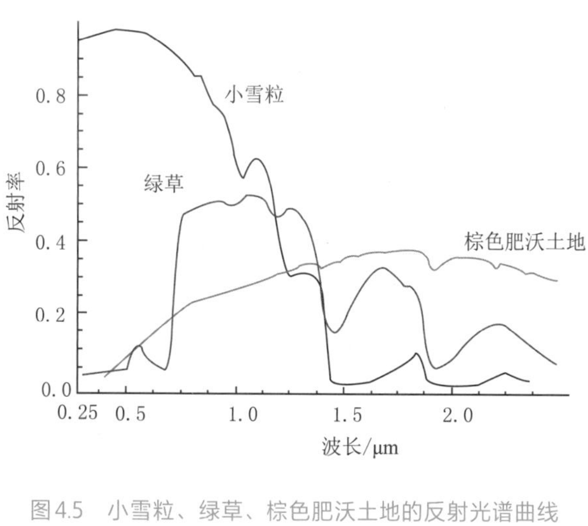

图4.5　小雪粒、绿草、棕色肥沃土地的反射光谱曲线

绿色植物的反射光谱曲线特征非常明显，如图4.6所示。主要特征分为三个波段：可见光波段（0.4 ～ 0.76 μm）主要反映绿色植物叶片色素的信息，例如0.55 μm处的绿色反射峰，以及0.45 μm（蓝）和0.67 μm（红）两个吸收带；红外波段（0.76 ～ 1.3 μm）主要反映植物的细胞构造及内部化学成分信息，例如在1.1 μm处的峰值反映了植被独有的特征；中红外波段（1.3 ～ 2.5 μm）主要反映植被含水量信息，吸收率大增，反射率大大下降，特别在1.45 μm、1.95 μm和2.70 μm的水的中心吸收带，形成反射光谱曲线的低谷。

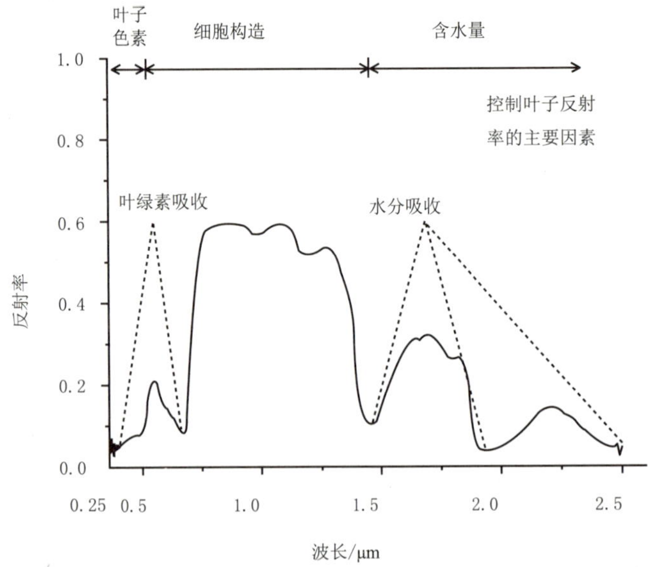

图4.6　绿色植物反射光谱曲线

植被的反射光谱曲线大体特征基本相同，但在植物、季节、营养状况、病虫害、含水量等不同的情况下，其反射光谱曲线还是会有差异，因此，需要结合实际情况进行分析。

4.6.3　地物的发射光谱特性

任何地物，当温度高于0 K时，就会发生分子运动，具有向四周空间辐射红外线和微波的能力。通常，地物发射电磁波的能力以发射率为测量标准。在相同条件下，一些地物在微波波段与红外波段发射率的比较，如表4.5所示。地物的发射率随波长变化的规律，称为地物的发射光谱。根据地物发射率与波长间的关系绘制而成的曲线称为地物发射光谱曲线。该曲线的横坐标为波长λ，纵坐标为地物的发射率。

表4.5 常温下不同地物在微波波段与红外波段发射率的比较

地物	发射率			
	微波		红外	
	λ=3 cm	λ=3 mm	λ=10 μm	λ=4 μm
钢	0.00	0.00	0.60 ～ 0.90	0.60 ～ 0.90
水	0.38	0.63	0.99	0.96
干沙	0.90	0.86	0.95	0.83
混凝土	0.86	0.92	0.90	0.91

地物的发射率与地物表面的粗糙以及颜色和温度等因素有关。地物表面比较粗糙或颜色发暗，则其发射率较高；反之，地物表面比较光滑或颜色明亮，则其发射率较低。由于地物的辐射能量与温度的四次方成正比，所以比热大、热惯性大以及具有保温作用的地物，其发射率就大；反之，其发射率就小。例如，水体在白天水面光滑明亮，其发射率较低，夜晚时因其比热大，发射率就较高。因此，利用红外遥感研究地热、热污染以及探测地下水等是行之有效的方法。

4.6.4 地物的透射光谱特性

一般而言，地物透射电磁波的能力较弱。但有些地物（如水体和冰），具有透射一定波长的电磁波能力，通常把这些地物叫作透明地物。地物的透射能力用透射率τ表示，计算方法为入射到地物的能量除以入射光总能量。地物的透射率因电磁波的波长和地物的性质不同而不同。例如，水体对0.45 ~ 0.56 μm的蓝绿光波段具有一定的透射能力，较混浊水体的透射深度为1 ~ 2 m，一般水体的透射深度可达10 ~ 20 m。一般情况下，可见光对绝大多数地物都没有透射能力。红外线只对具有半导体特征的地物，才有一定的透射能力。微波对地物具有明显的透射能力，这种透射能力主要由入射波的波长而定。因此，在遥感技术中，可以根据它们的特性，选择适当的传感器来探测水下、冰下某些地物的信息。

4.6.5 环境对地物光谱特性的影响

地物发射或反射光谱特性，受到一系列环境因素的影响，主要包括地物的物理性状、光源的辐射强度、季节、探测时间、气象条件等。

（1）地物的物理性状

电磁波从某一地物（目标物）反射的强度（包括可见光、近红外波段的光谱反射率）与地物的物理性状（如地物表面的颜色、粗糙度、风化状况及含水量等）有关。例如，不同地区土壤的类型和含水量不同，其反射光谱特性有差异。岩石表面风化作用不同造成的岩石表面粗糙度和颜色也不同，也会导致它们在可见光、近红外波段的光谱反射率不同。同一地区不同植被的颜色不同（如绿色植被和红色或黄色植被）也会引起反射率的差异。

（2）光源的辐射强度

地物的反射光谱强度与光源的辐射强度有关。同一地物所处的纬度和海拔高度不同，会造成该地物的反射光谱强度不同。例如，太阳作为最主要的自然辐射源，在不同纬度上的太阳高度角不同，其照射强度不同，反射强度也有差异。

（3）季节

同一地物，在同一地点的反射光谱强度，因季节不同，太阳高度角不同，使得太阳光到达地物的能量也不同，造成该地物在不同季节的反射光谱曲线大体相似，但其反射率却有所不同。

（4）探测时间

同一地物，由于探测时间不同，其反射率也不同。一般来说，中午测得的反射率大于上午或下午测得的反射率。因此，在进行地物光谱测试中，必须考虑“最佳时间”这一因素，以便将因光照几何条件的改变而产生的变异控制在误差允许的范围内。

（5）气象条件

一般来说，晴天测得的反射率大于阴天测得的反射率，一般地面遥感测量，最好选择天气晴朗的时候进行。

总之，地物的光谱特性受到一系列环境因素的影响和干扰，在进行地物光谱特性分析时，应根据实际情况进行分析，以便于进行科学的研究分析以及后续的实际应用。

4.7 典型遥感软件介绍

遥感图像信息处理的主要技术之一是计算机数字图像处理，它与光学处理、目视判读相结合，可以完成各种目的的信息提取工作。随着遥感技术及计算机技术的不断发展，数字图像处理在遥感应用中已经起主导作用。

目前市场上比较常见的商业遥感图像处理软件主要有ENVI、ER Mapper、ERDAS、PCI等。这些系统均采用UNIX工作站或微机作为通用平台，都有自己特定的开发环境和应用特点。

4.7.1 ENVI

完整的遥感图像处理平台ENVI（The Environment for Visualizing Images）是美国ITT Visual Information Solutions公司的旗舰产品。ENVI由遥感领域的科学家采用IDL开发的一套功能强大的遥感图像处理软件，是处理、分析并显示多光谱数据、高光谱数据和雷达数据的高级工具。创建于1977年的RSI（现为ITT Visual Information Solutions公司）已经成功地为其用户提供了超过30年的科学可视化软件服务。

（1）强大的影像显示、处理和分析系统

ENVI包含齐全的遥感影像处理功能：常规处理、几何校正、定标、多光谱分析、高光谱分析、雷达分析、地形地貌分析、矢量应用、神经网络分析、区域分析、GPS连接、正射影像图生成、三维图像生成、丰富的可供二次开发调用的函数库、制图、数据输入和输出等。这使图像处理软件系统的功能非常全面。ENVI对于要处理的图像波段数没有限制，可以处理的卫星格式，如Landsat7、IKONOS、SPOT、RADARSAT、NASA、NOAA、EROS和TERRA，并准备接受未来所有传感器的信息。

（2）强大的多光谱影像处理功能

ENVI能够充分提取图像信息，具备全套完整的遥感影像处理工具，能够进行文件处理、图像增强、掩膜、预处理、图像计算和统计、分类及后处理、图像变换和滤波、图像镶嵌、融合等。ENVI遥感影像处理软件具有丰富的投影软件包，可支持各种投影类型。同时，ENVI可将一些高光谱数据处理方法用于多光谱影像处理，可进行知识分类、土地利用动态监测。

（3）更便捷地集成栅格和矢量数据

ENVI包含所有基本的遥感影像处理功能，如校正、定标、波段运算、分类、对比增强、滤波、变换、边缘检测及制图输出，并可以加注汉字。ENVI具有对遥感影像进行配准和正射校正的功能，可以给影像添加地图投影，并与各种GIS数据套合。ENVI的矢量工具可以进行屏幕数字化、栅格和矢量叠合，建立新的矢量层，编辑点、线、多边形数据，进行缓冲区分析，创建、编辑属性并进行相关矢量层的属性查询。

（4）ENVI集成了雷达分析工具

用ENVI完整的集成式雷达分析工具可以快速处理雷达SAR数据，提取CEOS信息，并浏览RADARSAT和ERS–1数据。用天线阵列校正、斜距校正，自适应滤波等功能提高数据的利用率。纹理分析功能可以分段分析SAR数据。ENVI可以处理极化雷达数据。用户可以从SIR–C和AIRSAR压缩数据中选择极化和工作频率，还可以浏览比较感兴趣区的极化信号，并创建幅度图像和相位图像。

4.7.2 ERDAS

ERDAS IMAGINE是美国LEICA公司开发的遥感图像处理系统。它以其先进的图像处理技术，友好、灵活的用户界面和操作方式，面向广阔应用领域的产品模块，服务于不同层次用户的模型开发工具以及高度的RS/GIS（遥感图像处理和地理信息系统）集成功能，为遥感及相关应用领域的用户提供了内容丰富而功能强大的图像处理工具。

ERDAS IMAGINE是以模块化的方式提供给用户的，可使用户根据自己的应用要求、资金情况合理地选择不同功能模块及其不同组合，对系统进行剪裁，充分利用软硬件资源，并最大限度地满足用户的专业应用要求。ERDAS IMAGINE面向不同需求的用户，对于系统的扩展功能采用开放的体系结构以IMAGINE Essentials、IMAGINE Advantage、IMAGINE Professional的形式为用户提供低、中、高三档产品架构。

（1）IMAGINE Essentials级

它是一个花费极少，包括制图和可视化核心功能的影像工具软件。它可完成二维/三维显示、数据输入、排序与管理、地图配准、制图输出以及简单的分析；可以集成使用多种数据类型，并在保持相同的易于使用和剪裁的界面下升级到其他的ERDAS公司产品。

（2）IMAGINE Advantage级

它是建立在IMAGINE Essentials级基础之上的，增加了图像光栅GIS和单片航片正射矫正等功能的软件，提供了用于光栅分析、正射矫正、地形编辑及影像镶嵌工具等。

（3）IMAGINE Professional级

除了Professional和Essentials中包含的功能外，IMAGINE Professional还提供了空间建模工具，高级的参数/非参数分类器，分类优化和精度评定，以及高光谱、雷达分析工具等。

4.7.3 SNAP

哨兵数据应用平台（sentinels application platform，SNAP），是所有哨兵工具箱的基础平台，为桌面端平台。它具有可扩展性、可移植性和模块化界面。

SNAP具有以下特点：① 拥有所有工具箱的通用架构；② 可以实现千兆影像快速显示和导航；③ 拥有图形处理框架，主要用于创建用户定义的处理链；④ 具有高级图层管理功能，允许添加和操作新的叠加层，例如其他波段的图像，来自WMS服务器或ESRI Shapefile的图像；⑤ 丰富的感兴趣区区域定义、统计数据和各种出图；⑥ 波段计算和叠加简单；⑦ 使用灵活的数学表达式；⑧ 对常见地图投影进行准确的重投影和正射校正；⑨ 使用地面控制点进行地理编码和整理；⑩ 用于高效扫描和编目大型档案的产品库；⑪支持多线程和多核处理器。

SNAP中所利用到的技术有：① 桌面应用程序框架NetBeans Platform；② 多平台Java安装文件生成工具Install4J；③ 地理空间分析工具库GeoTools；④ 栅格、矢量数据读写工具GDAL；⑤ 问题跟踪工具Jira；⑥ 版本控制工具Git。

SNAP包含大量Sentinel工具箱，具体包括：① Sentinel-1 Toolbox，支持合成孔径雷达数据处理，且支持各类第三方SAR数据；② Sentinel-2 Toolbox，支持多光谱数据处理，同样支持各类第三方光谱数据；③ Sentinel-3 Toolbox，支持Sentinel-3的各类型数据；④ Sentinel Atmospheric Toolbox，主要用来实现大气校正功能，同时为科学家提供了提取、处理和分析大气遥感数据的工具；⑤PoISARPro、CFI、ESOV等其他工具箱，可以实现卫星数据坐标转换，提供了可视化所有欧空局地球观测卫星仪器条带的方法，有助于了解卫星测量的地点和时间以及可能的地面接触。

4.8 遥感的农业应用

在我国，遥感的农业应用已从早期的土地利用和土地覆盖面积估测研究、农作物大面积遥感估产研究开始，扩展到目前的3S集成对农作物长势的实时诊断研究、应用高光谱遥感数据对重要的生物和农学参数的反演研究、高光谱农业遥感机理的研究、模型的研究与应用以及草地产量估测、森林动态监测等多层次和多方面。随着基础研究的深入，遥感技术在农业部门的应用也越来越广泛，现在在农业灾害预报与灾后评估等方面积累了丰富的经验，取得了丰硕的成果。遥感技术和计算机技术的发展和应用，已经使农业生产和研究从沿用传统观念和方法的阶段进入精准农业、定量化和机理化农业的新阶段，使农业研究从经验水平提高到理论水平。下面从土壤分析和调查，大田作物病害监测，农业气象灾害监测、评估与预测，农作物的长势与产量的遥感监测与估算等方面做简单介绍。

4.8.1 土壤分析和调查

遥感技术可以客观、准确、及时地获取作物生态环境和作物生长的重要信息。利用遥感技术可以对土壤侵蚀、土壤盐碱化面积、主要分布区域与土地盐碱化变化趋势进行监测，也可以对土壤水分和其他作物生态环境进行监测，这些信息有助于田间管理者采取相应措施（杨宁等，2020）。

（1）监测土壤水分

土壤水分是农业生产所关注的重要内容，与地面和大气层之间的水汽以及热量的传输和平衡有着重要关系，因此，必须随时随地掌握、调整和保持农作物生长最适宜的土壤湿度。监测土壤水分不仅可以及时了解农田地区的土壤状况，而且更有助于及时精准地确定农作物的需水量，从而采用合理的节水灌溉方式，提高水分利用率，达到节约水资源的目的。传统的土壤湿度监测方式只适用于小范围、短期的对土壤的监测，无法满足大面积、长时间对土壤湿度进行实时监测的要求，而且测得的数据准确性不高。而无人机可以有效解决这些难题。在搭载可见光近红外光设备后，无人机可通过土壤图像的对比分析得出土壤湿度及相关系数，完成土壤湿度的合理化监测。

在全球尺度上，气候变化是土壤水分长时间变化的主要驱动因素，因此土壤水分的变化在某种程度上也反映了气候变化。Feng（2016）；Seneviratne et al.（2010）综合阐述了土壤水分在土地能源和水平衡中的作用，并详细分析了土壤水分与气候间的交互作用对温度和降水的影响，以及在气候变化背景下的含义。虽然遥感反演土壤水分的研究中仍面临一些问题，短时间内遥感土壤水分监测产品的不确定性难以从根本上得到解决，但是数据融合和协同方法可以对这一现状进行改善，为遥感土壤水分数据的应用提供更多可能（潘宁等，2019）。

（2）土壤有机质遥感测定含量

土壤有机质（soil organic matter，SOM）是土壤中各种营养元素的重要来源。它既含有刺激植物生长的胡敏酸等物质，又具有胶体特性，能吸附较多的阳离子，使土壤具有保肥力和缓冲性。同时它还能使土壤疏松并形成结构，从而改善土壤理化特性。它是微生物必不可少的碳源和能源。因此，土壤有机质含量的多少，是土壤肥力的一个重要指标。近40年的研究表明，土壤中SOM含量在可见光和近红外波谱范围内具有独特的光谱特征。有机质具有有机化合物中多种官能团（如羟基、羧基等）。

机器学习方法在土壤有机质含量测定任务上表现优异，Conforti et al.（2013）对来自不同地区的215 个土样进行偏最小二乘回归（partial least squares regression，PLSR）建模，其模型的预测精度R^2达到0.84。李颉等（2012）利用PLSR 模型对土壤全氮、全钾、有机质养分含量和pH进行预测，预测结果与实测数据具有一致性，其最高决定系数R^2达到0.95。侯艳军等（2014）以准噶尔盆地东部荒漠土壤为试验对象，建立该区域土壤有机质含量多种高光谱估算模型，PLSR 模型要优于多元逐步回归和一元线性回归，并发现敏感波段主要集中于640 ～ 790 nm。

陶培峰等（2020）利用高光谱遥感土壤中有机质信息进行研究。该研究采用位于山东省烟台市招远市东良乡（东经120° 23′ ～ 120° 27′，北纬37° 51′ ～ 37° 54′）典型的农业耕作区作为研究区域，该区域的农作物主要以小麦、玉米、蔬菜、花生等为主。研究区内地形平坦、规整，且在OMIS-Ⅰ数据上（获取数据时）多数为裸土，这样便于研究工作的开展。该区域为潮棕壤亚类土，俗称“黑油土”，由棕壤性土长期受地下水影响发育而成。颜色由棕色至褐色不一，上部颜色较暗、下部有铁锈斑，土体深厚（厚1 m左右），水分状况良好，生产性能好，适种性广，是该区粮食作物的高产土壤。在5.7 km^2左右的范围内，以网格法采样，采样间隔为6 ～ 8 m。采样深度为1.5 cm左右，主要为耕作层，采集样品数共50个，被选用的有46个。野外取样时需先刮平表层土，去掉根系、石块等残渣，并立即将土样放入事先准备好的胶卷盒内，将盖子盖好，以免水分蒸发（该样采集为实验室土壤成分分析用）。使用航空成像光谱仪OMIS-Ⅰ数据并结合ASD FieldSpec FR（350 ～ 2500 nm）便携式光谱仪获取野外光谱数据，通过数据预处理建立数学模型，对土壤原反射率作对数一阶微分变换，并确定其与SOM的相关性，最终建立相应的多元线性回归方程。分析认为，土壤有机质的测定选用762 nm、874 nm及1667 nm波段在此研究中效果最佳，最后对土壤有机质进行反演，实现了有机质的填图。于士凯等（2013）利用光谱一阶微分建立的多元回归模型，决定系数R^2达到0. 909，具有较高的反演精度。

（3）土壤有机质空间格局研究

土壤有机质空间格局研究主要通过测定某个或多个尺度上土壤有机质含量或相关因子，借助尺度推绎及相关模型实现目标尺度上的土壤有机质空间格局，尺度推绎所使用的方法主要包括地统计学和遥感反演等。其中，地统计学以变异函数为核心理论，借助克里格插值实现尺度上推。地统计学理论较详尽，计算方法较可靠，且能提供尺度上推的估计方差，在土壤有机质空间格局研究中得到了大量应用，效果也较理想。但地统计学通常要求采样规则化，数据量较大的野外采样和室内分析导致负担和成本较高，且实时性差、观测周期较长。

自20世纪70年代开始，有学者在利用遥感影像反演表层土壤有机质及其空间格局方面做了一些研究，证明了其应用的可行性，总结出影像解译和模型建立的一些经验方法，以及影响该技术反演土壤有机质精度的因素，如景观尺度上土壤母质的差异可能会降低遥感影像与土壤有机质之间的相关性、长期农田耕作管理措施的差异会造成土壤有机质空间分布的相应变化等。以往的研究往往存在诸多不一致性，如结论不一致、尺度不一致以及运用的遥感数据各不相同等，因此，需要更多此类研究，进一步讨论以确定通用性强的方法与模型。随着遥感技术的发展，高质量的遥感影像和逐渐成熟的遥感影像解译技术将使遥感影像在观测土壤特性空间格局研究中得到越来越多的应用。

王琼等（2016）以北疆绿洲区棉田表层土壤为研究对象，利用国产HJ-1A/1B卫星电荷耦合器件（charge coupled device，CCD）多光谱数据对裸土有机质空间分布格局进行研究。通过分析多光谱数据不同波段的光谱反射率及其变换形式与实地采样得到的土壤有机质含量的相关性，探寻适合北疆绿洲区棉田表层土壤有机质含量快速反演的敏感波段及参数，并针对不同参数分别建立一元线性、二次、三次、对数、倒数、幂函数、生长型、S形回归模型，以及多元回归模型；对生成的模型进行综合对比分析，获取北疆绿洲区棉田表层土壤有机质含量的最佳反演模型，从而实现整个研究区土壤有机质空间格局的遥感反演。结果表明：HJ卫星多光谱数据4个波段的反射率均与土壤有机质含量存在显著的相关性，第3波段的倒数与土壤有机质含量相关性最为显著；且以第3波段光谱反射率为因变量计算得到的三次线性回归模型对土壤有机质含量进行反演的效果最佳；通过空间布局反演得到研究区土壤有机质空间分布整体呈现南北两端有机质含量较高，中部有机质含量较低的格局。研究区表层土壤有机质含量实测值与预测值的最大值、最小值、平均值以及变异系数基本一致，表明研究区农田土壤有机质含量的变化范围保持在8～20 g·kg^{-1}，但接近30%的变异系数显示研究区表层的土壤有机质含量属中等程度的空间变异性。考虑到研究区的地貌类型以山地、丘陵为主，同时存在大量城镇、道路和局部植被、河流相间的状况，为消除这些因素对预测结果的干扰，对预测结果进行统计分析后，将研究区土壤分为4类（这4类土壤的SOM含量分别为小于10 g·kg^{-1}、10～15 g·kg^{-1}、15～20 g·kg^{-1}和大于20 g·kg^{-1}，土地面积分别占研究区土地总面积的19.88%、22.97%、9.93%和47.22%），利用不同类别的差异性显现表层土壤有机质含量的变化范围和空间分布格局。据此作图，可获得研究区农田表层土壤有机质含量的空间分布状况和格局。

通过有机质格局分布的研究，说明表层土壤有机质含量较低的原因主要与该地区干旱少雨的气候特征以及局部的成土母质差异有关。干旱气候以及灌溉水资源有限导致土壤水分含量低、植物生产力低、土壤微生物活性低、土壤动植物残体归还土壤少，使有机质在土壤中的积累缓慢，土壤有机质含量偏低。除此之外，农业生产中以化肥为主、收获后的农作物秸秆作为农户的燃料和部分动物饲料而几乎全部被移出土壤生态系统，土壤有机肥的施用量很少，使土壤有机质维持在较低的平衡状态。针对研究区农田类型、分布状况以及气候特征，农业生产管理中应注意增施有机肥，还可采取秸秆还田等措施，以提高土壤有机质含量，保持土壤的可持续利用。

（4）土壤盐渍化监测

航空影像空间分辨率高，相对于其他影像数据，对于局部区域盐碱地的研究优势明显。航空影像已广泛应用于盐碱地制图，特别是在包含盐碱化裸土（白色）和耐盐作物（红棕色）的彩红外像片中，可以很容易区分出盐碱土壤和植被。因为盐碱化特征受作物种类和季相变化的影响，所以彩红外航空摄影在多时相、多种作物条件下的监测上具有明显优势（黄恩兴，2010；翁永玲等，2006）。

（5）遥感用于土壤侵蚀的研究

卫星数据可以被直接用于探测土壤侵蚀和土壤侵蚀沉积。通过辨别土壤侵蚀的总体特征，可以区分土壤侵蚀区域，再根据经验评估土壤侵蚀强度，获得探测结果。结果中应分析引起土壤侵蚀的主要事件所造成的损害和水库河流的淤积量（卫亚星等，2010）。

4.8.2 大田作物病害监测

作物病害是农业生产过程中影响粮食产量和质量的重要生物灾害，据全国农业技术推广服务中心2018年公布的数据，中国每年因病害的发生和危害导致的直接粮食损失约占总产量的30%。应加强重大病害监测预警能力建设。传统的病害诊断方法主要依靠作物专家的经验，具有较强的主观性；而利用理化实验检测作物病害较为客观准确，但是检测环境局限性强、检测速度慢（黄文江等，2019）。基于无人机和卫星遥感的光谱成像技术能够满足作物病害诊断快速、无损、大范围等需求，且搭载不同的传感器设备不仅能够对作物病害的发生范围进行监测，而且能够对不同病害胁迫的发生类别和严重程度进行识别和区分，现已成为作物病害监测领域研究与应用的热点。

植物在病害侵染条件下会在不同波段上表现出不同程度的吸收和反射特性的改变，即病害的光谱响应，通过形式化表达成为光谱特征后作为植物病害光学遥感监测的基本依据。由于病害叶片或冠层光谱是对植物生理、生化、形态、结构等改变的整体响应，具有高度复杂性，因此对于不同植物、不同类型、不同发展阶段的病害，会有多样的光谱特征。作物因病原体侵染或是其他因素而产生的病斑与健康部分相比会表现出不同特征，选取适当的病害特征能提高病害识别模型的准确率和效率。基于光谱成像技术获取的病害信息主要包括空间特征和光谱图像，其中空间特征主要包括病斑的颜色、形状和纹理，光谱特征则通过反射率曲线表现出来。

近年来，基于遥感数据的大田作物监测研究进展迅速，Zhang et al.（2017）利用连续小波分析方法区分小麦病害（白粉病、条锈病）和虫害（蚜虫），将Fisher线性判别分析用于构建区分模型，总体精度较高。Zheng et al.（2018）在冠层尺度上，利用小麦条锈病监测最佳的第3波段光谱指数，将光化学反射指数（photochemical reflectance index，PRI）和花青素反射指数（anthocyanin reflectance index，ARI）分别用于不同发病阶段的小麦条锈病监测与识别中，并证明了其准确性。Huang et al.（2019）应用航空高光谱的图像，采用回归分析建立了小麦条锈病严重度反演模型，并将病害监测模型从冠层尺度扩展到了地块尺度。尽管基于地面/航空等高光谱数据的作物病害监测研究进展有效支撑了病害遥感应用，但受其尺度小、利用率低且成本高等因素的限制，很难满足大尺度作物病害监测。多光谱遥感数据在可接受的空间分辨率下具有卫星数量多、影像全、成本低等优势，适合于大区域作物病害监测。近年来Landsat-8、GF-1、HJ-CCD、Worldview-2等遥感影像被成功应用于作物病虫害的监测预测研究。如马慧琴等（2016）利用Landsat-8遥感影像与气象数据结合实现了小麦白粉病的区域尺度预测的较高精度。与上述卫星传感器相比，Sentinel-2在保证相对较高的空间分辨率和高幅宽的同时还提供了丰富的红边信息，是唯一一个在红边范围含有3个波段的卫星传感器，为作物长势和胁迫区分提供有效数据源，为病害健康状况的监测提供了更丰富的信息。如Chemura et al.（2016）重采样Sentinel-2影像估计咖啡叶片上锈病发病的严重程度。Zheng et al.（2018）尝试通过高光谱数据模拟 Sentine-2传感器的红边波段，并通过利用红边波段构建的新植被指数实现了小麦条锈病的监测。

无人机遥感影像数据获取与近地遥感数据获取、卫星遥感影像数据获取存在较大的差异。无人机遥感影像获取时，根据具体情况，可随时调换搭载的传感器，调整光谱分辨率、时间分辨率、空间分辨率等参数，从而获得光谱分辨率、时间分辨率和空间分辨率均较高的光谱数据。近地遥感的光谱分辨率、时间分辨率、空间分辨率都较高，但是受设备、天气以及人为因素等影响较大，一般很难进行实时调整，只能通过更换设备来实现，这会耗费大量资金，且对数据的兼容性造成较大的影响。卫星遥感影像受卫星自身特性的影响，采用同一传感器较难同时获取光谱分辨率、时间分辨率、空间分辨率均高的卫星遥感影像。虽然有时可以通过调整参数获取高质量的卫星遥感影像，但是与无人机遥感相比，过程复杂，周期也较长。当前，国内外利用无人机遥感影像监测作物病虫害的数据处理流程相似，大致包括影像格式转换、影像筛选、影像拼接、影像校正、特征提取、模型构建、精度评价等。通常，近地遥感数据不需要影像拼接的预处理，卫星遥感获取的大面积作物病虫害数据需要影像拼接。而无人机影像数据须经过影像格式转换、影像拼接等步骤后才能用于后续处理。目前，无人机遥感影像进行数据格式转换时大多采用传感器自带软件，软件种类较多，如PixelWrench2 x64、MAPIR_Camera_Control_Kernel_HID等；影像拼接时使用较多的软件是PhotoSCAN 、Pix4D MApper等（宋勇等，2018）。

4.8.3 农业气象灾害监测、评估与预测

目前，遥感灾害监测已经比较成熟地应用在干旱、洪涝、冻害等农业气象灾害的监测中。气候异常对作物生长有一定影响，利用遥感技术可以监测和定量评估作物受灾害程度，作物受旱灾、涝灾影响的面积，对作物损失进行评估，针对具体受灾情况，可采取补种、浇水、施肥或排水等抗灾措施。根据我国现阶段的国情，采用NOAA/AVHRR遥感影像作为监测的数据，其时间分辨率高、费用低廉，不失为首选遥感信息源。下面以农业干旱为例做简单介绍。

遥感监测的干旱通常是指农业干旱，其本质是土壤水分含量太低，无法满足植被对水分的要求，所以干旱遥感监测的本质是监测土壤水分含量。通过土壤含水量的多少和分布来反映干旱的程度和分布范围，对农业生产具有直接的指导作用。常规的土壤水分监测主要采用称重法和中子仪探测法等，这些方法由于测点少，代表性差，难以实现大范围、实时、动态监测。气象卫星运行周期短，时间、空间分辨

率较高，能为实时动态的遥感干旱监测提供有效的数据来源，还具有范围大、宏观、动态监测的优势（韩东等，2021）。

在区域尺度，基于遥感技术的农业干旱监测方法能综合考虑植被和土壤层信息，因此被广泛应用于农业干旱监测研究。植物生长所需的水分来源于土壤，土壤水分的亏缺直接影响植物的生长发育，因此通过遥感手段监测土壤含水量也能间接感知干旱发生程度。对于农业而言，作物在生长季前的地表覆盖主要是裸土，而在生长季内则主要是植被，此时植被覆盖下的土壤水分监测精度受植被层的影响较大，监测难度较高。因此，多源遥感数据结合被广泛应用于区域尺度的土壤含水量和农业干旱监测。此外，农业干旱程度还取决于作物对干旱胁迫的反应状况。这是由于不同作物对干旱胁迫的响应程度不同，且同一作物在不同生育期对干旱胁迫的响应也具有差异化的表现。因此，将作物需水作为出发点，以作物生长模型为载体，结合遥感对地观测技术，对作物生育期的水分胁迫进行客观、详细地描述是农业干旱监测的重要研究方向。

卫星遥感干旱模型有基于土壤水分的方法、基于植被指数的方法、基于表面温度的方法、综合监测方法等（王利民等，2018）。下面介绍基于冠层温度的方法、基于植被指数的方法。

（1）基于冠层温度的方法

根据冠层温度的高低对作物干旱情况进行判别是遥感干旱监测的常用方法，其中最为典型是使用NOAA/AVHRR 数据提出的温度条件指数（temperature condition index，TCI），该指数计算公式如下：

$$\mathrm{TCI}_j=(T_{max}-T_{Sj})/(T_{max}-T_{min})$$

式中，TCI_j是第j日的温度条件指数，T_{Sj}是第j日的地表亮温，T_{max}和T_{min}分别是图像中最大、最小地表亮温。TCI实际上是在假设干旱条件下，水分减少，影响了作物的生长，导致作物冠层温度升高，或者土壤表面的温度升高基础上，且在假设植被生长主要与土壤水分相关，而其他因素变化较小的前提下计算而得的。然而，在实际的监测中，TCI的值往往受到传感器、大气状况、植被因素等的影响而产生变化，造成监测的准确性降低。

基于TCI的作物干旱遥感监测研究已有较多，这些研究利用TCI对全国旱情进行监测；计淇才（2011）则以MODIS 影像为基础，计算河南省的TCI指数，对河南省TCI指数干旱监测的效果进行评价，并对比TCI、植被状态指数（vegetation condition index，VCI）、归一化植被指数（normalized difference vegetation index，NDVI）、距平植被指数（anomaly vegetation index，AVI）等几种不同干旱监测指标的监测精度和效果。该算法实际上假定光照强度、土壤质地、作物长势等一致或对土壤水分影响较小的条件下，直接将冠层温度的变化视为干旱情况的标志，本质上是从简化干旱计算参数的基础上获取干旱的量度，在大尺度区域条件下，这一假定很可能存在很大的误差，导致这一指数的计算精度低。

（2）基于植被指数的方法

植被指数与植物的生长状态密切相关，干旱会影响植物生长，导致植被指数与常年比偏低。植被指数的干旱监测模型正是基于这一原理。

①距平植被指数。引入距平植被指数（AVI）概念的目的是将归一化植被指数（NDVI）的变化与天气、气候研究中“距平”的概念联系起来，对比分析NDVI的变化与短期气候变化之间的关系。NDVI为近红外与红色通道反射率比值的一种变换形式。NDVI=（CH_2− CH_1）/（CH_1+CH_2），式中，CH_1与CH_2为红外波段与近红外波段的地表反射率。AVI的定义为：

$$AVI=NDVI_i-NDVI_{i0}$$

式中，$NDVI_i$为某一特定年某一时期（如旬、月等）的NDVI；$NDVI_{i0}$为多年该时期NDVI平均值。AVI作为监测干旱的一种方法，它以某一地点某一时期多年的NDVI平均值为背景值，用当年该时期的NDVI减去背景值，可计算出AVI的变化范围，即NDVI的正、负距平值。正距平反映植被生长较一般年份好，负距平表示植被生长较一般年份差。

②植被状态指数。植被状态指数（VCI）的定义为：

$$VCI=(NDVI_i-NDVI_{min})/(NDVI_{max}-NDVI_{min})\times 100$$

式中，$NDVI_i$为某一年第i个时期（如旬、月等）的NDVI，$NDVI_{min}$和$NDVI_{max}$分别代表所研究年限内第i个时期NDVI的历史最小值和最大值。上式分母部分是植被指数动态变化范围，在一定意义上反映了当地植被的生境；分子部分在一定意义上表示了当地气象信息，若$NDVI_i$和$NDVI_{min}$之间差值小或接近于零，则表示该时段作物长势很差。若同一地区连续几旬VCI的值都小于某一范围，则表示植被状况变差，预示了该地存在旱情及旱情发展的可能性。VCI和AVI两种方法要求监测区域具有较长时间的NDVI资料，一般以多年的产品为基础，通过研究某一特定年内某一时期NDVI的变化来监测干旱；两种模型的缺点是，仅考虑水分胁迫导致NDVI降低的状况，未考虑到其他因素（如地表覆盖类型的年际变化、气温变化等）导致NDVI降低的现实。

4.8.4 农作物的长势与产量的遥感监测与估算

农作物长势监测指对作物的苗情、生长状况及其变化的宏观监测，是作物生育状况总体评价的综合参数。美国从1974年开始实施大面积估产计划，到20世纪90年代，农业遥感的重点转入作物管理。我国早期农业遥感的重点也在估产。从“六五”计划开始，开展了农作物遥感估产研究，并在区域尺度上开展估产试验。

1983年起农业部先后组织北京近郊小麦、浙江嘉湖地区水稻及北方6省（市）小麦进行遥感估产。“八五”期间遥感估产成为科技攻关内容，小麦、玉米和水稻大面积遥感估产研究取得了丰硕的成果。杨邦杰（1998）指出长势监测是农业遥感较为重要的任务。自20世纪80年代初开始，我国有关研究部门与高校合作，利用陆地卫星和气象卫星进行大面积作物长势和产量监测的研究和试验。这为我国作物产量的提前预报奠定了科学基础。长势遥感监测的基础是必须有可用于遥感监测的生物学指标。

Sulik et al.（2016）使用归一化差黄度指数（normalized difference yellowness index，NDYI）来估计油菜花期的产量，比NDVI更适用。NDVI与低冠层覆盖下的光合能力和绿色覆盖率有关，它趋于在高冠层覆盖下达到饱和。NDYI对黄变更敏感，NDYI只需要光谱可见光区域的波段，可以应用于任何有蓝色和绿色通道的卫星或航空传感器。因此，NDVI和NDYI的组合可以在整个生育期提供更全面的水稻生长状态特征，从而最终提高产量预测。

孕穗期代表水稻植株的营养生长高峰，具有最高的叶面积指数（leaf area index，LAI），可以很好地反映出最大的光合能力和产量潜力，是估计水稻籽粒产量的最佳时期和边界点。Zhou et al.（2017）的研究表明与单阶段植被指数（vegetation index，VI）相比，多时相VI显示出与谷物产量更高的相关性。该研究利用多个植被指数建立相关关系，计算了三种形式的多时相VI：在两个随机增长阶段的VI、使用多元线性回归函数的VI和具有两个多元线性回归函数的两个随机增长阶段的VI，结果表明，具有两个多元线性回归函数的两个随机增长阶段的VI表现最佳。机器学习方法性能强大，目前被广泛应用在基于遥感数据的作物产量预测领域。Yang et al.（2017）训练了一个深层的卷积神经网络（convolutional neural network，CNN），使用农业气象站上安装的摄像头采集的RGB图像来检测几种植物（小麦、大麦、小扁豆、棉花、胡椒和玉米）的物候阶段。Kuwata et al.（2015）提出了两个内部产品层神经网络，通过使用MODIS图像和90个采样点的产量数据估算玉米产量。You et al.（2017）引入了降维技术，将四维（宽度、高度、深度和时间）原始图像数据转换为三维（强度、时间和深度）标准化直方图。之后，通过将来自2012年的MODIS图像的直方图数据输入结合了长短期记忆（long short-term memory，LSTM）网络和CNN的高斯过程（Gaussian process，GP），成功地估算了县级的大豆产量。然而，在先前的研究中引入采样和直方图未能考虑训练图像内部的空间信息。

农作物识别是建立一个农作物监测系统关键的第一步。对农作物进行识别后，可以估算每种作物类型的种植面积，从而为基于面积的农作物管理提供统计数据，并为估产模型提供输入参数。利用遥感进行农作物识别，需要选择作物生长期的特定时间段获取遥感数据。雷达可以穿透云层全天时、全天候地工作，为农作物识别研究提供了有保障的数据源。由于被动微波数据的空间分辨率多为几十千米，无法满足作物的分类和提取研究要求，农作物提取的数据源多为主动微波即雷达数据。早在1969年，美国堪萨斯大学的研究者对K波段的雷达图像进行研究，结果表明植被类型影响K波段信号强度，并且与光学图像相比较，在作物区分中表现良好。

思考题

1. 什么是遥感？遥感系统由哪些部分组成？
2. 航空像片有哪些特征？
3. 植被、沙、雪和湿地的反射光谱有哪些特点？
4. 影响地物反射光谱、发射光谱的主要因素是什么？
5. 了解典型的遥感软件，并说明其特点和功能。

参考文献

[1] 白照广, 2013. 高分一号卫星的技术特点[J]. 中国航天 (8): 5-9.
[2] 东方星, 2015. 我国高分卫星与应用简析[J]. 卫星应用 (3): 44-48.
[3] 高吉喜, 赵少华, 侯鹏, 2020. 中国生态环境遥感四十年[J]. 地球信息科学学报, 22(4): 705-719.
[4] 关艳玲, 刘先林, 段福州, 等, 2011. 高精度轻小型航空遥感系统集成技术与方法[J]. 测绘科学, 36(1): 84-86.
[5] 韩东, 王鹏新, 张悦, 等, 2021. 农业干旱卫星遥感监测与预测研究进展[J]. 智慧农业, 3(2): 1-14.
[6] 洪声艺, 王义坤, 韩贵丞, 等, 2020. 基于双反射镜的航空遥感成像系统实时视轴稳定技术研究[J]. 航空兵器, 27(5): 86-90.
[7] 黄文江, 师越, 董莹莹, 等, 2019. 作物病虫害遥感监测研究进展与展望[J]. 智慧农业, 1(4): 1-11.
[8] 黄恩兴, 2010. 土壤盐渍化遥感应用研究进展[J]. 安徽农业科学, 38(13): 6849-6850.
[9] 侯艳军, 塔西甫拉提 · 特依拜, 买买提 · 沙吾提, 等, 2014. 荒漠土壤有机质含量高光谱估算模型[J]. 农业工程学报, 30(16): 113-120.
[10] 金鼎坚, 王建超, 吴芳, 等, 2019. 航空遥感技术及其在地质调查中的应用[J]. 国土资源遥感, 31(4): 1-10.
[11] 计淇才, 2011. 遥感干旱指数的时空格局适应性研究[D]. 郑州: 郑州大学.
[12] 林明森, 何贤强, 贾永君, 等, 2019. 中国海洋卫星遥感技术进展[J]. 海洋学报, 41(10): 99-112.
[13] 李颉, 张小超, 苑严伟, 等, 2012. 北京典型耕作土壤养分的近红外光谱分析[J]. 农业工程学报, 28(2): 176-179.
[14] 马乐, 2020. 无人机航空遥感系统关键技术分析[J]. 中国设备工程 (17): 195-197.

[15] 马慧琴, 黄文江, 景元书, 等, 2016. 遥感与气象数据结合预测小麦灌浆期白粉病[J]. 农业工程学报, 32 (9): 165-172.
[16] 潘腾, 2015. 高分二号卫星的技术特点[J]. 中国航天 (1): 3-9.
[17] 潘宁, 王帅, 刘焱序, 等, 2019. 土壤水分遥感反演研究进展[J]. 生态学报, 39 (13): 4615-4626.
[18] 史舟, 梁宗正, 杨媛媛, 等, 2015. 农业遥感研究现状与展望[J]. 农业机械学报, 46(2): 247-260.
[19] 苏立红, 2015. 中国航空遥感的应用现状与发展趋势[J]. 中国新技术新产品 (11): 6.
[20] 宋勇, 陈兵, 王琼, 等, 2021. 无人机遥感监测作物病虫害研究进展[J]. 棉花学报, 33(3): 291-306.
[21] 陶培峰, 王建华, 李志忠, 等, 2020. 基于高光谱的土壤养分含量反演模型研究[J]. 地质与资源, 29(1): 68-75, 84.
[22] 童庆禧, 张兵, 张立福, 2016. 中国高光谱遥感的前沿进展[J]. 遥感学报, 20(5): 689-707.
[23] 王利民, 刘佳, 杨玲波, 等, 2018. 农业干旱遥感监测的原理、方法与应用[J]. 中国农业信息, 30(4): 32-47.
[24] 王鑫蕊, 晋锐, 林剑, 等, 2020. 有云Landsat TM/OLI影像结合DEM提取青藏高原湖泊边界的自动算法研究[J]. 遥感技术与应用, 35(4): 882-892.
[25] 王琼, 陈兵, 王方永, 等, 2016. 基于HJ卫星的棉田土壤有机质空间分布格局反演[J]. 农业工程学报, 32(1): 174-180.
[26] 翁永玲, 宫鹏, 2006. 土壤盐渍化遥感应用研究进展[J]. 地理科学 (3): 369-375.
[27] 卫亚星, 王莉雯, 刘闯, 2010. 基于遥感技术的土壤侵蚀研究现状及实例分析[J]. 干旱区地理, 33(1): 87-92.
[28] 徐冠华, 柳钦火, 陈良富, 等, 2016. 遥感与中国可持续发展:机遇和挑战[J]. 遥感学报, 20(5): 679-688.
[29] 杨邦杰, 1998. 基于卫星遥感的农情监测系统[C]// 科技进步与学科发展——“科学技术面向新世纪”学术年会论文集. 北京: 中国科学技术出版社: 304-310.
[30] 杨宁, 崔文轩, 张智韬, 等, 2020. 无人机多光谱遥感反演不同深度土壤盐分[J]. 农业工程学报, 36(22): 13-21.
[31] 于士凯, 姚艳敏, 王德营, 等, 2013. 基于高光谱的土壤有机质含量反演研究[J]. 中国农学通报, 29(23): 146-152.
[32] 张兵, 2017. 当代遥感科技发展的现状与未来展望[J]. 中国科学院院刊, 32(7): 774-784.
[33] 张皓琳, 徐晓旭, 2020. 无人机遥感技术在海洋资源监管中的应用[J]. 信息技术与信息化 (7): 231-233.
[34] 张晶, 王亦斌, 方帅, 2020. 多标签高光谱图像地物分类[J]. 中国图象图形学报, 25(3): 568-578.
[35] 张庆君, 2017. 高分三号卫星总体设计与关键技术[J]. 测绘学报, 46(3): 269-277.
[36] 张怡卓, 徐苗苗, 王小虎, 等, 2019. 残差网络分层融合的高光谱地物分类[J]. 光谱学与光谱分析, 39(11): 3501-3507.
[37] 张玉君, 2013. Landsat8简介[J]. 国土资源遥感, 25(1): 176-177.

[38] 张志杰，张浩，常玉光，等，2015. Landsat系列卫星光学遥感器辐射定标方法综述[J]. 遥感学报，19(5): 719–732.
[39] Chemura A, Mutanga O, Dube T, 2016. Separability of coffee leaf rust infection levels with machine learning methods at Sentinel-2 MSI spectral resolutions[J]. Precision Agriculture (10): 1–23.
[40] Conforti M, Buttafuoco G, Leone A P, et al., 2013. Studying the relationship between water-induced soil erosion and soil organic matter using Vis-NIR spectroscopy and geomorphological analysis: a case study in Southern Italy[J]. Catena (110): 44–58.
[41] Feng H, 2016. Individual contributions of climate and vegetation change to soil moisture trends across multiple spatial scales[J]. Scientific Reports, 6(1): 1–6.
[42] Huang H, Deng J, Lan Y, et al., 2019. Detection of helminthosporium leaf blotch disease based on UAV imagery[J]. Applied Sciences, 9(3): 558.
[43] Seneviratne S I, Corti T, Davin E L, et al., 2010. Investigating soil moisture-climate interactions in a changing climate: A review[J]. Earth-Science Reviews, 99(3/4): 125–161.
[44] Sulik J J, Long D S, 2016. Spectral considerations for modeling yield of canola[J]. Remote Sensing of Environment (184): 161–174.
[45] Kuwata K, Shibasaki R, 2015. Estimating crop yields with deep learning and remotely sensed data[C]//2015 IEEE International Geoscience and Remote Sensing Symposium(IGARSS). IEEE, 2015: 856–861.
[46] Yang Q, Shi L, Han J, et al., 2020. A near real-time deep learning approach for detecting rice phenology based on UAV images[J]. Agricultural and Forest Meteorology (287): 107938.
[47] You J, Li X, Low M, et al., 2017. Deep gaussian process for crop yield prediction based on remote sensing data[C]//Thirty-First AAAI conference on artificial intelligence. AAAI, 2017: 732–735.
[48] Zhang J, Wang N, Yuan L, et al., 2017. Discrimination of winter wheat disease and insect stresses using continuous wavelet features extracted from foliar spectral measurements[J]. Biosystems Engineering (162): 20–29.
[49] Zheng Q, Huang W, Cui X, et al., 2018. Identification of wheat yellow rust using optimal three-band spectral indices in different growth stages[J]. Sensors, 19(1): 35.
[50] Zhou X, Zheng H B, Xu X Q, et al., 2017. Predicting grain yield in rice using multi-temporal vegetation indices from UAV-based multispectral and digital imagery[J]. ISPRS Journal of Photogrammetry and Remote Sensing (130): 246–255.

第 5 章

智能决策与处方图技术

CHAPTER 5

在精细农业中，主要依靠专家系统、生长模型或知识模型等建立决策支持系统，通过综合考虑气候条件、土壤特性、品种特征及作物生长信息等，以智能管理单元为最小单位，针对不同的决策目标分别给出最优管理方案，来指导田间管理操作。整个过程涉及决策支持技术、智能管理分区技术、精确管理决策支持系统的设计与开发等关键技术（曹卫星等，2011）。

5.1 决策支持系统的概念、类型与特征

早在1971年，美国学者莫顿·斯科特（Scott Morton）在《管理决策系统》一书中指出计算机对决策的支持作用。随后，这一领域的研究开始活跃起来。但是，直到1975年以后，决策支持系统（decision support system，DSS）才作为一个专用名词开始被人们认可并关注。如今，DSS的研究和应用已经获得极大的发展和成功。

5.1.1 决策支持系统的基本概念和结构

（1）决策支持系统的概念

决策支持的基本含义是用计算机帮助决策者对半结构化或非结构化问题做出决策，而不是代替决策者做出决策。至于决策支持系统，学术界至今也没有一个公认的定义，不少文献对DSS的定义表述如下：凡能为决策者提供支持的计算机系统，这个系统能充分利用合适的计算机技术，针对半结构化或非结构化问题构造决策模型，通过人机交互方式支持决策者制定管理决策。

DSS的特征可归纳为以下几个方面：用定量方式辅助决策，而不是代替决策者制定决策；传统数据存取及检索技术与现代模型分析技术结合；支持半结构化或非结构化决策过程；为多个管理层次上的用户提供决策支持；支持相互独立的决策和相互依赖的决策；强调对环境及用户决策方法改变的灵活性及适应性。

（2）决策支持系统的结构

对决策支持系统发展影响最大的结构形式是“三部件”结构和“三系统”结构。

①“三部件”结构。Sprague（1980）提出了著名的“三部件”结构，它由人机交互系统（对话部件）、模型库系统（模型部件）和数据库系统（数据部件）三个子系统组成（见图5.1）。

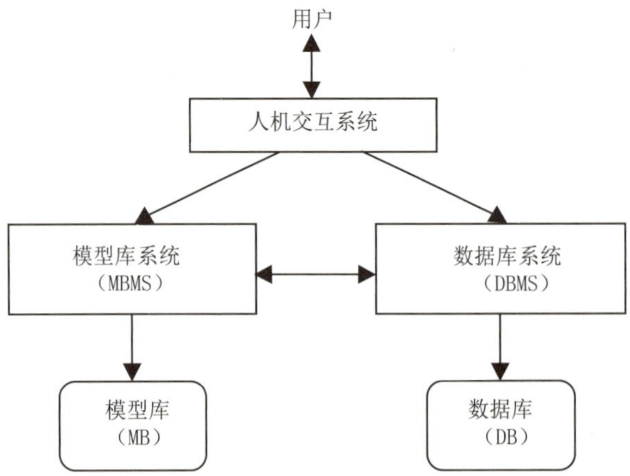

图5.1　决策支持系统的“三部件”结构

在这个结构中，人机对话部件是决策支持系统与用户之间的交互界面。用户通过“人机交互系统”控制决策支持系统的运行。决策支持系统既需要用户输入必要的信息（用于控制）和数据（用于计算），同时也要向用户显示运行的情况及结果。

数据部件包括数据库和数据库管理系统。数据库用来存储大量数据，一般组织成易于进行大量数据操作的形式。数据库管理系统用来管理和维护数据库，必须具有数据库建立、删除、修改、维护，数据存储、检索、排序、索引、统计等功能，并提供一套语言体系供用户使用数据库或提供某种高级程序设计语言的接口。

模型部件由模型库和模型库管理系统组成。模型库用来存放模型，它不同于数据，总是以某种计算机程序形式来表示，如数据、语句、子程序、对象等。模型库管理系统用来管理模型库，为了适应模型的静态与动态特征，模型库管理系统有两方面的功能：一是类似于数据库管理系统的静态管理功能；二是模型的动态（运行）管理功能。模型库的静态管理包括：模型库的建立、删除，模型字典的维护；模型添加（登录模型的有关属性）、删除、检索、统计等功能；有关模型的各种计算机程序的维护，如源程序、执行程序等的管理和维护。模型的动态管理也称为运行管理，它把模型看作一个活动的实体。它的功能是控制模型的运行，不但可以单独运行，还可以组合运行；负责模型与数据库部件之间的联系，在模型运行时，规定输入输出数据的来源及去向，并与数据库管理系统进行数据交换。

决策支持系统的进步之处在于，模型库系统和模型、数据、对话“三部件”的统一。决策支持系统将众多模型按一定的结构形式组织起来便于多模型的管理。在管理信息系统中虽然也用到一些模型计算，但由于使用的模型数量较少，未建立模型库。数据库主要用于数据处理，是管理信息系统的基础。在决策支持系统中，多模型组合运行的连接一般是通过数据库来完成的，即一个模型的输出数据，经过一定的处理后，成为另一个模型的输入数据，数据库成为多个模型运行的桥梁。人机对话一般用于模型运行中的交互、显示辅助决策信息和交互信息，根据计算机运行的要求，输入需要的数据或者控制信息。决策支持系统对话部件的一个主要任务就是完成“三部件”的综合集成，使决策支持系统在计算机中有效地运行，达到更强的辅助决策能力。

②“三系统”结构。Bonczek et al.（1981）提出了决策支持系统的“三系统”结构，它由语言系统（language system，LS）、知识系统（knowledge system，KS）和问题处理系统（problem processing system，PPS）三个部分组成（见图5.2）。

图5.2 决策支持系统的“三系统”结构

该结构中包含“知识系统”，使决策支持系统包含人工智能成分。其中，语言系统提供给决策者所有语言能力的总和。一个语言系统既包含检索语言（可由用户或模型来检索数据的语言），也包含计算机语言（由用户操纵模型计算的语言）。决策用户利用语言系统的语句、命令、表达式等来描述决策问题，编制程序在计算机上运行，得出辅助决策信息。

知识系统包含问题领域中的大量事实和相关知识。最基本的知识系统由数据文件或数据库组成。数据库的一条记录表示一个事实，它按一定的组织方式进行存储。更广泛的知识是对问题领域的规律性用定量方程式表示为数学模型。数学模型一般用方程、方法等形式描述客观规律性。这种形式的知识可以称为过程性知识。随着人工智能技术的发展，对问题领域的规律性知识用定性方式描述，一般表现为产生式规则。除了数理逻辑中的公式、微积分公式等这种精确知识外，一般表现为经验性知识。它们是非精确知识，这样就大大提高了解决问题的能力。

问题处理系统是针对实际问题提出处理的方法和途径。利用语言系统对问题进行形式化描述，写出问题求解过程；利用知识系统提供的知识进行实际问题求解，最后得出问题的答案，产生辅助决策所需要的信息、支持决策。

在“三系统”结构中，问题处理系统是决策支持系统的核心。它的功能包含信息收集、问题识别、模型生成、问题求解等。

5.1.2 农业决策支持系统的类型与功能

（1）农业决策支持系统的类型

随着决策支持系统的迅速发展，各领域均出现了许许多多的DSS软件产品。农业生产管理决策支持系统的开发和应用也获得了成功。特别是20世纪90年代以来，科学家已经提出了多种不同的农业生产决策支持系统。总的来看，比较成功的农业决策支持系统类型主要包括基于模型的作物生产管理决策支持系统和扩展型决策支持系统两大类。

①基于模型的作物生产管理决策支持系统该系统

该系统是指利用作物模型对作物系统运行结果的预测和分析，给决策者提供支持，辅助作物管理者进行决策，同时帮助作物管理者了解实际的决策行为及其影响因素等，以启发作物管理者寻求改进决策效能的途径（曹卫星等，2007）。其中，作物模型有生长模型与管理知识模型两大类。作物生长模型是指利用系统分析方法和计算机模拟技术，对作物生长发育过程及其与环境和技术的动态关系进行定量的描述和预测；作物管理知识模型是指在充分理解和分析专家经验与知识的基础上，基于作物与环境的关系，提炼和总结出有关作物生育与管理调控指标的定量化模型。作物管理知识模型实际上是通过对传统知识规则的进一步提炼和量化，来提高专家系统的时空适应性和动态控制能力。这类系统主要包括基于知识规则的决策支持系统（专家系统）、基于生长模型的决策支持系统、基于知识模型的决策支持系统、基于生长模型和知识模型的决策支持系统等。上述每一类决策支持系统又可按结构特点和应用目的分为不同的亚类。如农业专家系统可分为专家系统开发平台、专家系统开发工具、实时控制专家系统、基于模型的专家系统、基于知识的专家系统、专家数据库系统等。

a.基于知识规则的决策支持系统。该系统的核心是领域专家知识的收集、表达和应用。它具有自然、透明和灵活三个特点。自然，系统的知识多是叙述性句子，且以接近自然语言的方式表达，清晰且自然。透明，大部分系统具有解释功能，可以解释系统的行为，并向用户解释如何推得结论。灵活，由于推理机和知识库分开，系统可以在非编程状态下不断扩充、修改和完善知识库，从而不断提高系统求解问题的能力和质量。基于知识规则的专家系统，较好地体现了计算机推理与解决问题的能力，具有较强的启发性，有助于作物生产管理的专家指导和智能决策。这种专家系统依据作物生产系统中一些可观察的知识特征，特别是系统输入与输出之间的经验关系，因此易于掌握和操作。它的主要功能是对知识的综合和应用，提供一种专家推理与决策的工具。但是，由于经验性的知识和算法不能外推到环境不同的田块或地区，也难于正确理解和运用各种因素之间的复杂交互作用，更难于估测环境因子的长期影响，因而在一定程度上限制了传统型基于知识规则的专家系统的应用。

b.基于生长模型的决策支持系统。生长模型是指对作物生长系统的一种逻辑性的数学表达。一个典型的基于生长模型的决策支持系统，即是在作物生长模型的基础上，增加数据库子系统和策略评估系统，辅助或支持用户进行决策。基于生长模型的作物管理决策支持系统应具有机理性、预测性、动态性、通用性等特性，其中机理性和预测性是其最基本的特性。机理性，即依据作物生长发育原理及其与环境和技术之间的关系，对作物阶段发育、器官建成、同化物积累与分配、产量和品质形成、水分和养分吸收利用等进行定量描述。预测性，即通过建立系统的主要驱动变量及其与状态变量之间的动态关系，做出可靠且准确的预测。动态性，即系统包括受环境因子和品种特性驱动的各个状态变量的时间变化及不同生育过程间的动态变化关系。通用性，即模型原则上适用于任何地点、时间和品种。基于生长模型的作物决策支持系统能够帮助决策者预测有关作物生长发育和产量形成过程及其与环境和技术因素的关系，支持和加强用户的策略分析和判断，提高决策的效能和效率。但需要强调的是，它仅仅是辅助用户进行决策，而不能代替决策者，因此作物生产中的许多不确定性问题仍需依赖于决策者的判断决策能力。

c.基于知识模型的决策支持系统。作物管理知识模型是在广泛收集及充分理解和分析作物生产管理专家知识和经验的基础上，利用作物生产理论与技术方面的已有研究资料，并结合必要的试验支持研究，借助系统分析原理和数学建模技术，对作物生育及栽培管理指标与品种类型、生态环境及生产水平之间的关系进行解析、提炼和综合，进而建立起来的定量化和系统化的动态模型。因此，知识模型综合了作物模拟模型和农业专家系统的特色和优势，具有如下特征：知识模型模拟的是农业专家处理问题的思维和推理方式，而不是作物本身，这一点与专家系统相同；知识模型用数学算法和量化模型代替了专家系统中的知识规则，解决了知识库庞大而分散的问题；知识模型中的动态模型描述了作物生育和栽培管理与环境的关系，原则上能用于不同的环境和生产系统；知识模型的驱动变量为气候、土壤、品种等条件，使用时用户只需提供当地的气候、土壤、品种信息，便可实现知识体系的更新。作物管理知识模型是在作物专家系统基础上对专家知识综合性和定量化的提炼和改善。当然，作物专家系统中那些定性的、目前无法用数学模型表达的知识暂时还必须通过知识库来表达。但是，随着作物学及农学、数学、信息科学等多学科的不断交叉融合，有关作物生育和管理调控方面的知识最终将全部被定量化，所构建的系统才能真正上升到一定的智能化程度。可以认为，作物管理知识模型的应用是作物管理专家系统发展的必然趋势。

d.基于生长模型和知识模型的决策支持系统。以作物生长模型和知识模型为基础，建立作物生产管理的决策支持系统，实际上是把系统动力学方法与人工智能研究进行有机结合，通过系统预测器和推理机的集成，可以处理专家知识以外的情况，适用于不同的农业环境和生产系统的模拟预测和管理决策。由于既有知识模型又有生长模型，因而具有以下几个显著特点。预测性，系统中的生长模型可以动态预测实际条件下的作物生长和产量形成过程，知识模型可以预测合乎需要的作物生育指标及配套技术方案。决策性：系统中的知识模型通过设计出适宜的系统指标和特征，来调节和控制系统的运行轨迹和技术措施。准确性，系统结合了生长模型和知识模型，因此设计的管理方案既体现了专家的经验知识，又具有机理模型的过程解释，具有较高的准确性和科学性。实时性，在系统运行过程中，系统能根据生长模型的预测结果和知识模型的控制指标来判断作物生长状况的好坏，当明显偏离指标时，及时提出必要的调控措施，从而保证作物在各生育阶段均处于需要的适宜状况下，以实现高产、优质、高效的综合生产目标。与其他类型的作物管理决策支持系统相比，基于知识模型和生长模型的作物管理决策支持系统具有明显的技术优势和广阔的应用前景，将是未来作物信息技术发展的热点领域和必然趋势。

②扩展型决策支持系统

例如精确农业需要将3S技术与优化决策技术等结合，首先根据农业生产信息制作种植状况的分布图，再运用GIS技术制作出农作物诊断结果图，最后利用决策支持系统为农户制定拟采取措施的方案图，农户将依据方案图，运用GIS和DGPS（GNSS）技术加以实施。

（2）农业决策支持系统的功能

农业决策支持系统是以计算机技术为基础，支持和辅助农业生产者解决各种决策问题的知识信息系统。它是在农业信息系统、农业模拟模型和农业专家系统的基础上发展起来的，以多模型组合和多方案比较方式进行辅助决策的计算机新技术，具备以下几方面的功能。

① 提供数据管理功能。农业决策支持系统能提供对数据和模型、方法进行查询、修改、增加、删除和连接的功能。它能及时完成系统内外与本系统决策方案成果预测数据的采集、整理和存储，并随时予以调用；能及时收集、提供各种已经做出的决策方案成果预测数据或已付诸实施的决策方案的反馈数据。由于各类数据性质不同，因而DSS应建立专门的数据库，用于存储各种数据，以便随时调用、查看。

② 提供与决策问题有关的模型。农业决策支持系统应能提供研究各类决策问题的模型和方法，包括种植制度知识模型（作物生态适应性分析模型、种植制度设计

模型）、作物生产力评价模型、作物生长模拟模型、作物管理知识模型、生长监测模型等，以及自然语言描述方法及图形描述方法。农业决策支持系统应建立专门的模型库和方法库，用于存储各类模型和方法。

③ 提供综合信息和预测信息。农业决策支持系统应能运用各种模型和方法，灵活地对数据进行加工、汇总，通过分析和预测提供综合信息和预测信息。通过输入待决策生态点的气象、土壤、品种参数（数据库提供）以及作物栽培方案，驱动作物模型，可在产前动态预测不同环境条件、基因型和生产水平下作物生育进程与器官生长动态，以及产量品质形成和水肥平衡动态；可以进行作物光合生产潜力、光温生产潜力、气候生产潜力和土壤生产潜力等层次生产潜力的计算和分析；可提供图片、文字等与农业有关的基本概念、农作技术以及病虫草害等综合知识信息，帮助用户学习和理解。

④ 明确决策目标，评价和优选各种管理方案。农业决策支持系统应能提供对各种备选方案或决策方案进行模拟运行的功能，通过对模拟运行结果的分析和评价，为正确选取决策方案提供依据。例如可以基于不同条件下的作物生长模型模拟结果，系统提供单项方案或多项方案的策略分析功能，方便用户进行方案评估和调优。用户可以利用单项方案的策略分析功能，对同一生态点的不同单项方案（品种、播期、密度、施肥或灌溉方案）的模拟结果进行分析、对比、调整和选择；可以对不同生态点同一方案的模拟结果进行对比；可以利用多项方案功能对单生态点或多生态点进行多项综合方案模拟实验和分析，使用户在播种前针对不同环境条件、基因型和生产水平，通过模拟实验进行适宜综合管理方案的设计。

⑤ 提供人–机会话功能。农业决策支持系统应能提供方便的人–机会话接口和图形输出功能，并能随机查询所要求的数据。在整个决策过程中，伴随着决策人员的知识、经验和判断能力的主动作用，需要通过及时的人–机会话才能体现。

5.2 农业智能管理分区技术

农业管理分区技术是目前精细农业变量管理中经济而有效的手段之一。农业智能管理分区技术即在对农业基础要素进行空间差异分析的基础上，基于地统计学方法进行合理的空间管理分区，形成智能管理分区单元。科学合理的管理分区可以指导用户以管理分区为单位，进行土壤养分指标和作物农学参数采样，并根据不同单元间的空间变异性，实施精准决策和变量投入。因此，农业智能管理分区技术基于有限的农业要素数据可对大区域进行空间插值、差异分析和空间分区，从而用于精细农业智能管理单元分区，是智能决策处方生成过程中的核心技术之一。

5.2.1 农业基础要素时空变异的研究方法

（1）Fisher 理论统计方法

以往人们对土壤特性的时空变异研究多采用Fisher创立的古典统计方法。该方法是假设研究的变量为纯随机变量，样本之间完全独立且服从正态分布，其统计方法是按质地将土壤在平面上划分为若干较为均一的区域，在深度上划分为不同土层，通过计算土壤样本各特性的均值、标准差、方差、变异系数进行显著性检验，来描述土壤特性的空间变异。多数研究者采用变异系数等来描述土壤特性的空间变异，该方法在土壤科学工作中被广泛应用并取得了一定的成功。但因为其是定性描述，仅考虑变量变异程度的强弱，而未考虑样本间的空间相关性，对每一个观测值的空间位置不够重视，所以只能概括土壤属性变化的全貌，而不能反映其局部的变化特性，也不能确切地描述土壤特性的空间分布。

（2）空间自相关性分析

空间自相关性分析方法是检验某一地理变量，在相邻位置上的两个样本点的空间相关性。如果两个相邻点的值都高或都低，则称这两点是空间正相关，反之称其为空间负相关。只要变量在空间上可以表现出一定的趋势性和规律性，则样本变量就存在空间自相关性。空间自相关性分析方法在地理统计学科应用较多。一般数据样本如果存在空间自相关，则距离较近的采样点差异性就相对小而相似性就相对较大，反之空间上距离远的采样点，差异性就大，相似性就相对较小。这在变异函数云图上表现为随样点距离的增大，变异函数值就会逐渐增大，在云图上的表现就是点云会从低逐渐升高。

（3）地统计学方法

地统计学方法的基本框架是在20世纪60年代时由法国工程师 Matheron 经过大量的研究工作后提出来的，后来人们称这种方法为地质统计学或空间信息统计学。这种方法经过多年的理论研究和实际应用研究，逐渐发展成为一个包含线性统计学、非线性统计学、条件模拟等在内的相对独立的统计学分支。它是在区域化理论依据前提下，把变异函数作为主要研究工具，主要以研究空间分布上既有随机性又有结构性，或是空间相关性和依赖性为着力点的自然现象的一门学科。

地统计学方法有其自身研究特点，首先是最大限度地利用样点所提供的各种信息，一方面要考虑变量自身的特点，另一方面要考虑变量的随机性和结构性。其次，应用地统计学可以用一些较易获取的样点信息来估算一些较难获取样点的信息，这样可以在减少采样点数目的同时，减少样品分析的工作量，大大降低研究成本。正因为地统计学方法自身的优点与特点，被国内外越来越多的学者应用，并在诸多土壤学领域研究中广泛应用。

5.2.2 农业基础要素的空间插值分析

随着模型研究和不同尺度的精细农业研究不断深入，区域性农业数据的重要性尤为突出。大区域准确的空间分布数据，理论上由高密度站网采集。但是由于我国的农业要素具有多样化的特点，通常仅能提供离散的、不规则分布的大区域农业要素数据，难以反映农业要素空间变化连续过渡的基本特征。目前，较常用和成熟的解决方法是根据已知站点的观测数据，使用空间插值方法来估算非站点区域要素数据，以获得区域内连续的空间要素数据信息。国内外学者目前常用的差值方法主要有以下几种：ArcInfo软件中的Geo Statistics（地理统计）模块提供的IDW和Kriging方法、ANUSPLIN软件提供的TPS法。

（1）IDW方法

IDW方法以插值点和样点间的距离为权重进行加权平均，其算式如下：

$$Z=(\sum_{1}^{n}\frac{z_i}{d_i^p})/(\sum_{1}^{n}\frac{1}{d_i^p})$$

式中，Z为估算值；z_i为第i个样点的观测值；d_i为插值点到第i个样点的距离；n为参与插值的样点数目；p为用于计算距离权重的幂指数，插值计算时要根据具体的数据分布设定p值以获取最佳的插值结果。本研究在使用IDW法时，参考ArcInfo软件根据不同的p值计算均方根预测误差（root mean square prediction error，RMSPE），根据RMSPE的最小值确定p的最佳值。

（2）Kriging方法

Kriging方法以变量间的空间平稳性为统计前提，基于包括自相关（已知点之间的统计关系）的统计模型，通过对半变异函数计算的权重系数来进行插值。通常情况下，Kriging可用下式表达：

$$Z(s)=\mu(s)+\varepsilon(s)$$

式中，s为不同位置点，用经纬度表示点的空间坐标；$Z(s)$为s处的变量值，可分解为确定趋势值$\mu(s)$和自相关随机误差$\varepsilon(s)$。当趋势值$\mu(s)$为一个未知常量时，可演化为普通Kriging；当存在多个变量时，可演化为协克里格。由于Kriging建立在平稳假设基础之上，要求数据服从正态分布或近似正态分布，故需将偏离正态分布的数据转换为近似于正态分布后再用于插值计算。插值计算时针对不同的数据分布设置相应的插值参数，通过均方根预测误差的最小值来选取最佳半变异函数模型。

（3）TPS方法

TPS方法基于普通薄盘和局部薄盘样条函数插值理论进行计算，局部TPS的理论统计模型如下：

$$Z_i=f(X_i)+by_i+e_i$$

式中，Z_i为位于空间i点的因变量；X_i为d维样条独立变量；$f(X_i)$为需要估算的关于X_i的未知光滑函数；y_i为p维独立协变量；b为y_i的p维系数；e_i为期望值为0的自变量随机误差。

5.2.3 农业智能管理单元的划分

基于智能管理单元实施变量投入和管理调控可提高管理精度和资源利用效率，因此，对具有较大空间变异的区域进行管理分区是近年来精细农业中的研究热点。土壤养分精细管理是精确农业的核心内容，分区管理是实现土壤养分精细管理的主要手段。土壤养分分区管理的实质是将具有相似生产潜力、相似养分利用率及相似环境效应的区域作为一个管理单元进行管理，针对不同管理单元的土壤养分状况和作物养分需求情况来调整肥料用量。它不仅能够发挥土壤生产潜力，提高养分利用率，减少环境污染，同时也能极大地提高作物的产量和品质。从理论上讲，土壤养分管理单元越小，对大田生产力空间差异的调节就越精确。但管理单元越小，需投入的人力物力越复杂，越难以调整。许多学者采用多种农业数据源，如气象要素、土壤养分、作物长势和产量等指标来进行分区，将同一个地块分成不同的均质性区域进行管理，即分成不同的农业智能管理单元来管理。

目前，智能管理单元的划分主要有基于单一要素和基于复合要素的智能管理单元两种方法。基于单一要素的智能管理单元如基于多年产量数据进行精准农业管理分区。利用产量数据划分精准农业管理分区的方法主要有两种：一种是经验法，主要根据产量频度分布特性和专家知识将整个地块分为三区（高产稳产区、低产稳产区和不稳定区）；另一种是聚类法，主要采用K均值、模糊K均值、自组织数据分类法对产量图进行分类。虽然前者简单而且利用了专家知识，但是因分区数的限制(一般分3级）而不能获取更细的产量变异信息，而后者不受人为因素影响，分区数是由数据本身的特性决定的。基于复合要素的智能管理单元的划分主要是综合利用多种数据源（如高程、坡度、坡向等地形数据及土壤电导率、土壤耕层深度、土壤养分和水分信息、产量数据等）进行管理分区。由于在分类的过程中仅仅考虑了空间单元的属性数据，并没有考虑单元的空间分布及空间相互依赖关系而使分区结果出现孤立的单元或者碎片，不便于精准农业空间变量作业管理。近年来，有研究通过综合考虑作物冠层归一化植被指数（NDVI）与土壤养分指标（土壤全氮、有机质、有效磷、速效钾含量），引入空间单元位置的相互依赖关系，提出了基于主成分分析和聚类分析的作物智能管理单元分区方法，结果显示具有更好的效果。

5.3 基于模型和3S的精确管理决策支持系统

农业生产系统是复杂的多因子动态系统，影响因子（包括环境、作物、耕作制度、管理技术措施、农产品社会需求等）具有较强的时空变异性、区域分散性、管理经验性，而作物生长模拟模型可基于环境、作物和管理技术措施等对作物生长发育及生产力的形成进行定量描述和动态模拟，作物管理知识模型可基于作物、环境和管理水平生成作物精确管理方案或定量栽培模式。3S技术是目前对地观测系统中空间信息获取、管理、分析和应用的三大支撑技术，能够独立地也可以相互补充地为农业信息化提供强大的技术支撑，快速准确地获取农业生产系统的多维信息，综合性地管理和处理空间数据和属性数据，辅助农业生产管理和决策。因此，综合利用上述关键技术，构建基于模型和3S的决策支持系统，对于促进精细农业的快速发展具有重要的现实意义。

作物模型和3S的耦合通常是先建立作物环境资源和作物苗情GIS数据库，利用RS和GPS对环境资源和作物长势动态监测结果对数据库进行及时的更新，然后以GIS为平台，以农业生产数据为纽带，将作物模型与3S进行耦合，最终以3S技术为核心，建立以数据库技术、数据挖掘技术、作物模型、决策支持技术和网络技术为支撑的一个综合性智能系统。本节主要介绍作物模型与遥感（RS）的耦合机制与功能、作物模型与地理信息系统（GIS）的耦合机制与功能。

5.3.1 作物模型与遥感（RS）的耦合机制与功能

作物生长模拟模型能动态预测不同条件下作物生长发育及生产力形成过程，但其机理性的强弱取决于对作物生产力形成的生理生态过程的认识程度以及对已认识过程的准确量化；而作物生产力形成的生理生态过程相当复杂，因此已有作物生长模拟模型基本上还属于半经验性半机理性模型。再者，机理性较强的模拟模型通常要求输入包括气象、土壤、品种、管理措施和初始输入参数在内的五大类参数，这些参数的精度影响模型模拟结果的好坏，尤其是当模型从单点研究发展到区域应用时，优质的高空间分辨率模型输入参数就更难获得。另外，现有作物生长模型基本没有考虑突发性的灾害天气和病虫害对作物生产力的影响，这在一定程度上也会影响不同条件下作物生产力的预测效果。

遥感尤其是航空遥感，通过适当的反演方法能够快速提供大面积区域作物的实时长势信息，但受卫星运行周期和云雨等天气因素的影响，遥感通常在作物整个生长期中只能获得有限的作物群体表面的瞬间物理状况，因而无法揭示作物生长发育和产量品质形成的过程机理。如果将生长模型和遥感信息相耦合进行作物长势和生产力等指标的预测，可以充分发挥模拟模型的机理性和遥感信息的实时性，以及模型模拟结果的时间连续性和遥感监测结果的空间连续性，比基于单个技术进行作物预测的结果更全面科学、更准确可靠，该方法正展示出良好的应用前景。

遥感信息和生长模型的耦合是一个复杂的过程，除了两者耦合的技术途径外，人们还围绕生长模型与遥感信息之间耦合的关键指标、适宜优化的生长模型参数和优化算法、基于多耦合指标的生长模型优化途径、遥感资料获取时期及次数等不同关键技术进行了初步的探讨。国内外对遥感信息与作物生长模型结合的研究归纳为驱动、初始化/参数化、过程更新三种策略。

（1）驱动策略

驱动策略，即直接利用遥感数据反演作物生长模型的初始参数或状态参数，以之驱动并更新生长模型，提高模型模拟精度，驱动过程如图5.3所示。由于遥感数据的时间分辨率往往难以满足作物生长模型的时间步长要求，通常利用仅有的遥感观测值插值得到与模型时间步长一致的参数序列。如Doraiswamy et al.（2005）就以8天的MODIS图像模拟了整个生长季的LAI值，对玉米和大豆进行长势监测和产量预测。

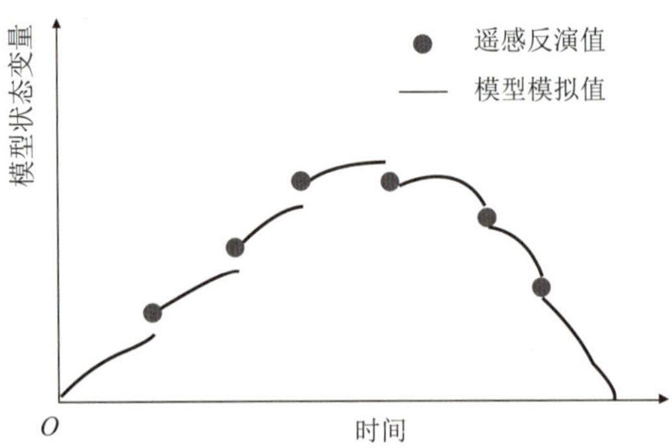

图5.3　基于驱动策略的遥感模型耦合原理

（2）初始化/参数化策略

初始化/参数化策略，即通过调整作物模型中与作物生长发育和产量密切相关的、其他方法难以获得的初始条件或参数的值来缩小某个或某些模型模拟值与相应的遥感观测值之间的差距，从而估计这些初始值或参数值，并在此基础上运行作物生长模型。初始化/参数化过程中用以比较的变量可以是作物模拟模型的状态变量（如作物生长指标LAI）或作物冠层的反射光谱，相应地涉及初始化/参数化的两种方式：其一，通过迭代算法调整模型的相关参数和初始值，使调整后的模型模拟的状态变量（如LAI）与同时间的遥感观测值之差最小，由此得到作物模型最优的初始值和参数（如播种日期、生长速率、光能利用率、最大叶面积指数等）。其二，将辐射传输模型与作物生长模型结合，通过优化算法最小化遥感观测的光谱反射率与耦合后的模型模拟的反射率之间的差异，调整模型的相关参数和初始值，从而得到作物模型最优的初始值和参数，如图5.4所示。

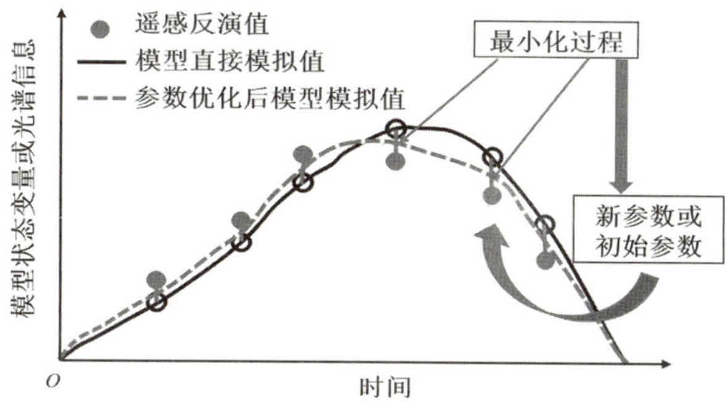

图5.4 基于初始参数反演策略的遥感与模型耦合原理

（3）过程更新策略

过程更新策略即以某时刻遥感观测值和模型模拟值的运算结果来修正之后时刻模型模拟的状态变量，同时考虑遥感观测值与作物生长模型的模拟误差，常利用集合卡尔曼滤波（ensemble Kalman filter，EnKF）等数据同化方法计算定量观测值与模拟值的相对权重，同化过程如图5.5所示。

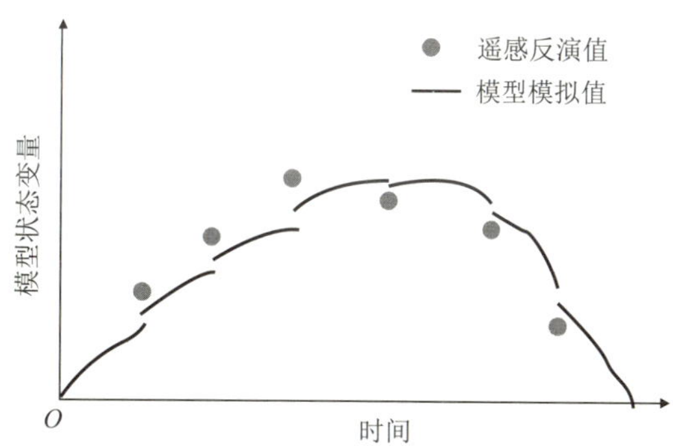

图5.5 基于生长过程同化策略的遥感与模型耦合原理

驱动法比较简单，以反演的状态参数准确性为前提，观测次数越多越好；过程更新策略以对某一时刻模型模拟值的优化可提高其后的模拟精度为前提，不需假设遥感监测或模型模拟结果之一为真实值，而是综合考虑两者误差；初始化/参数化法也同样要求遥感反演参数准确。利用辐射传输模型的方法由于直接用观测得到的辐射值，因此没有反演带来的误差；但辐射传输模型对于土壤和作物的特性很敏感，若缺乏这方面的准确信息，此方法也不甚准确。此外，初始化/参数化法最小化遥感观测值与模型模拟值之间差异的过程涉及复杂的迭代运算。所以在研究一个问题时，通常是将几种方法结合使用。当前的研究在如何将遥感信息应用于模型所需的多个参数和初始条件，如何解决遥感信息和农学信息连接的时空匹配、信息转换问题等方面尚无系统的和成熟的结论，仍需做进一步的研究和探讨。

5.3.2 作物模型与地理信息系统（GIS）的耦合机制与功能

作物模型通过输入确切的气象、土壤、品种和管理措施数据，模拟作物的生长动态，生成适宜管理方案。一般而言，作物模型本身的研制与运行是以研究区域内作物生长环境变量均质为假设条件，属于单点水平的模拟系统；而实际区域中的环境与管理变量（如气候、土壤、品种、技术等）普遍存在空间变异，因此如何将基于单点模拟的作物模型拓展到区域应用，为区域作物管理生成精确方案，成为精细农业研究中的一个热点。GIS作为存储、分析、处理、表达地理空间信息的计算机软件平台，为区域作物的管理决策提供了良好的工具，因此将GIS和模型等相结合，能够制定出切实可行的区域作物管理决策方案。

将作物模型与GIS耦合实现区域生产力的模拟预测主要有两种策略，即基于空间数据的耦合和基于空间模型的耦合。基于空间数据的耦合，包括基于空间插值的升尺度方法和基于空间分区的升尺度方法；基于空间模型的耦合是在目标研究区域内探索和建立区域产量与环境变量的耦合关系，从而适应更大尺度的作物产量模拟与预测。

（1）基于数据的模型与GIS耦合

①基于栅格数据的耦合。基于栅格数据的模型与GIS耦合，是利用GIS的空间插值等方法，获取模型区域模拟所需要输入的栅格数据。每个栅格作为一个均质模拟单元，具有作物模型运行所需的全套输入参数，从而能够模拟获得整个区域的模拟结果（见图5.6）。

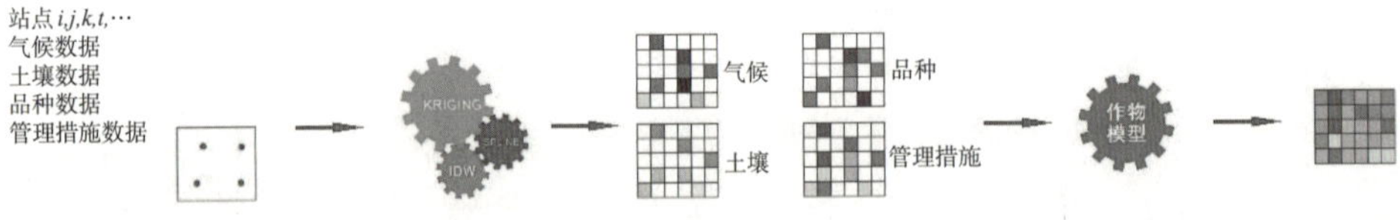

图5.6 基于栅格数据的区域生产力模拟

作物生长模型运行所需的输入数据主要有气象要素、土壤特性、品种参数与管理措施等四大类。高空间分辨率的栅格数据，可较好地反映区域数据的空间分布，但也会造成数据量过大、模型计算效率低下等问题。较低空间分辨率数据，尽管可以提高模型的计算效率，但会产生模拟偏差大、模拟精度低等问题。如果能对区域模拟中输入的栅格数据的尺度效应进行系统分析，量化输入数据的空间分辨率对模型模拟结果的影响，就可以确定模型模拟所需数据的适宜空间分辨率，对提高区域模拟效率和精度等均具有重要意义。

气象是作物产量形成的决定性因子，目前气象要素的栅格数据获取方法主要有两种：一是对气象站点实际监测的数据进行空间插值生成栅格表面，常用的插值方法有反距离加权法（inverse distance weighted，IDW）、克里格法、ANUSPLIN法等，一定空间范围内，站点密度越大，插值精度越高；二是利用气候模型，包括大气环流模型（general circulation model，GCM）与区域气候模型（regional climate model，RCM）等，来模拟未来的区域尺度的气象数据。其中，GCM数据的空间分辨率较低（空间分辨率大于200 km），RCM数据的空间分辨率一般为10 ～ 50 km。不同空间尺度的数据之间可以进行升尺度和降尺度转换，目前气象数据升尺度以栅格均值法应用最为广泛，即利用高分辨率气象数据通过均值重采样获得所需的空间分辨率。不管采用哪种升尺度方法，随着空间分辨率的降低，必然会造成像元内部空间细节特征的丢失，且环境越复杂的区域，数据信息丢失越严重。

土壤也是作物生长的决定性因子，其栅格数据的获取通常有两种方法：一是基于土壤采样点数据，利用克里格等点插值方法获取；二是基于高空间分辨率土壤类型数据，将区域划分成目标分辨率网格，在单个格网内部利用面积占优法选择主导土壤类型来代表格网的土壤类型，从而获取不同空间分辨率土壤栅格数据，该方法在区域生产力模拟中已得到广泛应用。

管理措施数据的空间差异较大，数据搜集的准确性难度高，且管理措施在地域上存在政策指导的影响，目前研究较少。解决方案通常有以下3种：一是设置为默认或最优条件，如假设氮肥或水分均充分满足；二是利用不同管理措施进行组合模拟，求模拟结果的均值以降低单一管理措施带来的不确定性，如利用多种播期组合来模拟并取其模拟结果的平均值；三是对一定范围内的管理措施数据（如施肥量）进行平均来代表区域整体水平。

作物品种参数是作物与自然环境关系的一种量化表达，不同自然环境通常对应不同生态型品种。模拟所采用的作物品种参数可以根据研究区域的大小来选择，若研究区域小，自然环境相似，则可以使用主导品种来代表一类生态型的品种，否则根据不同区域使用不同品种组合分别进行模拟。

种植面积是作物区域生产力模拟的一个重要影响因子。目前主要采用开放的种植面积栅格数据产品作为模型输入，常用的有MIRCA2000、Iizumi、Ray和SPAM2005。这些数据产品的栅格单元值为每个栅格单元内的种植面积。因为同一种植区域内有可能既包含雨养也包含灌溉情况。在高空间分辨率下对种植面积数据进行升尺度会发生像元混合效应，造成所模拟的栅格单元内同时包括雨养或灌溉，从而引起产量模拟的不确定性。研究表明，栅格单元内种植面积越小，模拟结果升尺度到区域的不确定性就越大。

②基于分区数据的耦合。该耦合是在站点数据的基础上，利用分区方法将研究区域划分成若干均质单元，在每个单元内部选择典型生态点进行模型的模拟，并将模拟结果通过面插值方法外推到整个研究区域（见图5.7）。

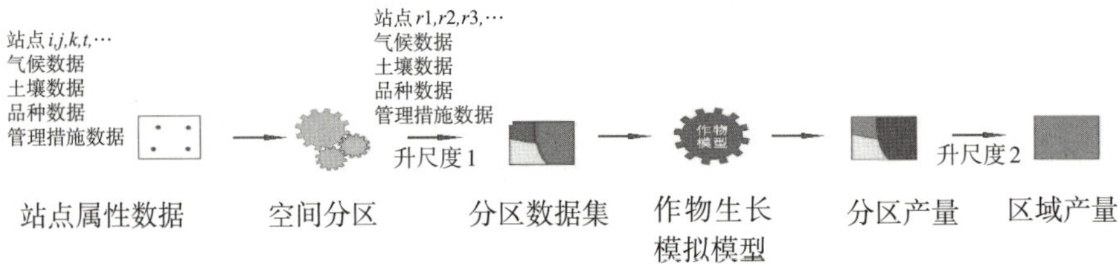

图5.7　基于站点分区数据的区域生产力模拟

分区是全面认识地理环境的重要方法之一，分区内部具备均一性、稳定性、空间区域代表性等特点。均一性特征要求分区内部的自然条件、土地利用类型以及其他自然社会条件的一致性；稳定性特征要求在一定时间段内该分区空间单元的边界稳定少动；空间区域代表性则要求该空间单元的面积大小适中，具备一定的空间代表性。由于农业生产相关自然环境特征在空间上具有连续性与空间变异性，根据地理学第一定律，一定空间单元内的信息与其周围单元信息有相似性，空间单元之间具有连通性。因此，可以利用分区选择典型生态点进行作物区域生产力的模拟预测，进而有效降低数据获取成本，提高模型计算效率。

目前，作物模型区域化应用中的常用分区有农业气候分区（agro-climatic zones，ACZ）和农业生态分区（agro-ecological zones，AEZ）。其中，农业气候分区考虑了农业生产中温度、降水、日照等气候因素。气象条件会对土壤成土过程产生影响，导致有机质、阳离子交换量及pH等发生变化，所以不同气候区内的土壤条件也有较大差异。农业生态分区除考虑到自然环境结构外，还考虑了农业生产中的地域分异规律、经济结构与农业生产合理布局等，因此将特定的空间环境划分为不同的农业生态单元，揭示各生态区农业生态系统的合理结构，是一种特殊的生态分区。此外，也可以利用与模型相关性较强的环境变量，例如温度、降水和日照等，进行聚类获得相应的空间分区。分区数据的空间异质性会造成分区结果不同，因此分区法最好应用在地形较为平缓、气候条件相对稳定、数据获取相对充分的区域。

基于分区数据的耦合方案中，模拟站点的选择会影响区域模拟的精度。目前，站点选择一般有如下三种方法。一是优先选择农业气象站点，即典型生态站点，这些站点具有完善的气象要素、土壤特性、管理措施、品种特征以及作物生育期及产量数据等，可以更好地保障模拟精度及模拟结果评价；二是在分区内没有典型生态点的情况下，利用可获取的农气站点观测数据进行模拟，并利用面积占优的原则选择分区内主导输入参数；三是利用随机采样选取模拟站点，对于均质区域，稀疏采样即可满足要求，否则需增加采样密度来保证数据能够充分反映环境要素的空间变异特征。此外，站点数目也会对最终模拟结果产生影响。部分研究认为，典型生态点数量过少，自然条件差异导致作物生长状况的空间差异明显，特别是在地形空间异质性较大的区域，站点模拟的代表性则较差。另有部分研究表明，站点模拟结果的局部不确定性在升尺度过程中会被抑制，需根据具体需求确定合适的分区尺度。因此，基于典型站点模拟结果升尺度到区域的过程中，站点数目及所需分区均是需要重点解决的关键问题。

（2）基于空间模型的耦合

长期以来，数据获取代价高昂是制约作物模型区域应用的主要因素，而将作物生长模型与空间统计模型相耦合，通过量化分析作物产量与环境数据之间的关系建立空间模型可提供简便合理的预测，达到降低数据需求量、提高计算效率的目的（见图5.8）。此外，利用空间模型对原有模型进行优化，可以使用空间聚合的气候变量直接在较大空间范围内与作物生产力建立关系，更适合预测大尺度的区域生产力平均状态。

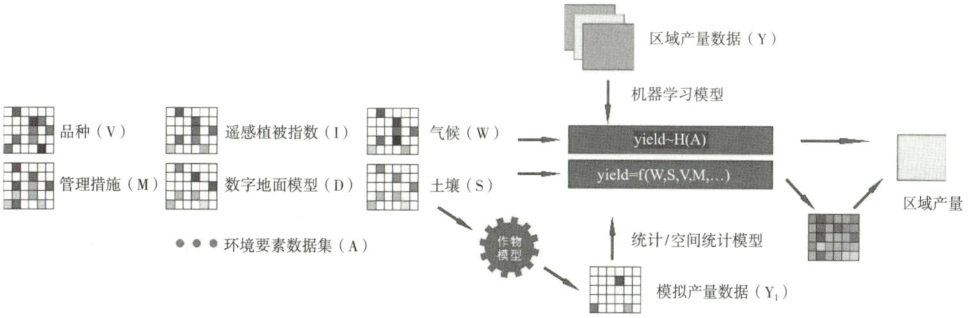

图5.8 基于空间模型的区域生产力模拟

所采用的空间模型主要包括简单回归模型、空间统计模型和机器学习模型。不少学者综合利用站点监测和遥感区域观测等数据，构建基于多环境变量的区域产量回归预测模型。线性回归因具有对数据需求量少、运算速度快等优点而被广泛应用于不同气候条件背景下的区域生产力预测。但是，不同区域作物产量的关键环境影响因素不同，且环境因素本身具有显著地域差异，导致模型跨区域应用效果不稳定且存在尺度依赖性，难以动态解释作物产量变化的时空特征。此外，回归模型是建立在经典统计学大样本及样本独立的前提假设下的，而作物产量和环境数据具有空间自相关性，不满足样本间独立性假设，这极大地降低了回归模型的可靠性和准确性。

空间统计建模以地理学的“格局—结构—过程—机理”的研究思路为主线，从单要素空间分布入手，分析空间要素局部或整体格局结构和过程，描述要素内部或要素之间的相互关系及作用机制，为作物区域生产力提供了新的思路与方法。空间建模过程中应考虑以下因素：一是考虑变量的空间自相关与空间异质性，选择区域上与作物生长密切相关的环境因素进行建模，突出作物与环境之间的交互反馈机制；二是选择作物生长的区域限制性因子作为建模指标可以更好地体现作物生长的空间异质性，并能够解释作物区域产量的形成机制；三是考虑建模指标的时空尺度依赖性，通过建立最优建模指标选择策略，为不同时空尺度区域产量模拟选择不同建模指标。基于空间自相关理论的地理加权回归分析（geographically weighted regression，GWR），是最小二乘模型在区域尺度上的扩展，已经得到广泛应用。该方法将区域环境因素的空间自相关性考虑到建模中，使得环境要素回归参数随着时空分布位置和尺度的变化而变化，其空间模拟结果更符合客观实际。这对寻求区域产量形成的解释性因子、明确区域范围内作物产量与环境要素之间的关系具有重要作用。

近年来，随着大数据技术和高性能计算的发展，机器学习方法作为一种无须考虑输入和输出依赖关系的黑箱系统，具有能够识别并建立预测变量之间的复杂关系、无须对预测变量关系类型进行先验假设等优点，为区域建模提供了新的思路。由于作物生长是一个复杂的生态系统，存在大量非线性关系，作物生长模型建模过程中无法完整考虑所有影响作物生理机能的潜在因素，还存在较多的专家经验参数。然而，机器学习可简化对作物生长与环境交互内在机理的探讨，强调外部环境变量与预测目标之间的非线性关系，以牺牲模拟机理性和解释性为代价，提高作物生长模型升尺度模拟精度和应用能力。目前，常用的机器学习算法包括神经网络、随机森林、支持向量机等。由于机器学习模型输入可为非数值型特征数据，提高了区域辅助环境变量的可获取性，如年份、灾害等级、品种类型均可以作为输入特征，加之较强的泛化能力及非线性映射能力，机器学习模型已经被广泛应用于作物区域产量的预测。

5.3.3 精确管理决策支持系统的结构与功能

（1）系统的组织结构

基于模型和3S的精确管理决策支持系统，主要包括数据层、数据访问层、业务逻辑层和表现层（朱艳等，2003c），具体的系统结构见图5.9。

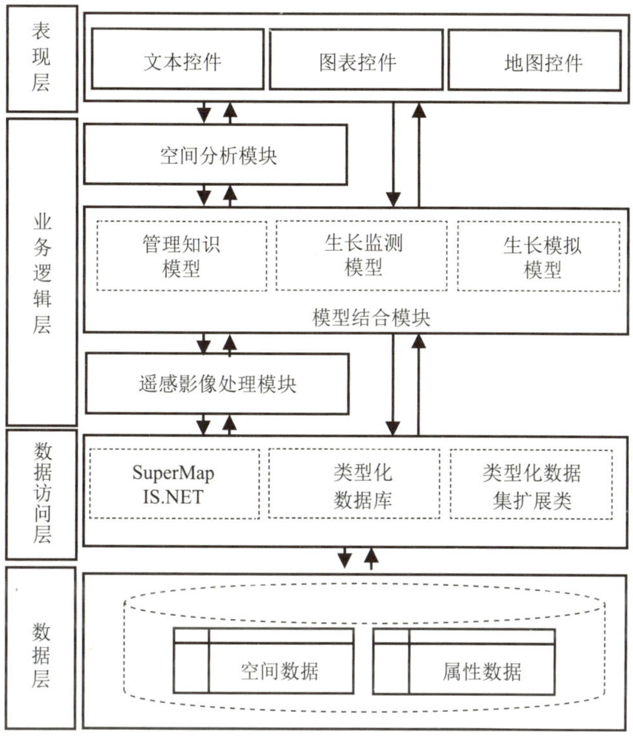

图5.9 精确管理决策支持系统结构及流程

①数据层。数据层主要用于存储和管理系统运行所需的数据，包括空间数据和属性数据两大类，两类数据之间通过字段进行关联。空间数据主要包括描述空间实体的空间信息以及遥感影像数据，前者通过GIS管理平台提供的数据引擎进行管理，后者通过遥感影像的元数据进行读取、存储和管理。属性数据主要包括与空间信息相关的属性数据和系统运行所需数据，后者主要包括气象要素、品种特征、土壤特性、管理技术、评价标准、农资信息、病虫草害信息、地面遥感监测数据等。

②数据访问层。数据访问层为数据库访问部件，负责数据的存储、添加、更新、删除、查询等，并根据各个功能接口的要求进行封装和处理，为模型运行提供所需数据。数据访问层中主要包括两部分：类型化数据集（typed dataset）及其对应的类型化数据集扩展类。前者为数据库中数据表或视图的映射，可以自定义SQL语句查询、更新数据；后者是前者的拓展，可进行数据封装和转换，为各功能模块的运行提供特定类型和格式的数据。

③业务逻辑层。业务逻辑层主要包括作物生长模拟模型、管理知识模型、无损监测模型、不同模型的耦合、GIS空间分析、光谱数据处理和遥感影像处理等模块，其中模型之间的结合以及模型与3S技术的耦合模块是业务逻辑层的核心，也是整个系统的核心。

④表现层。表现层提供用户输入的界面、系统运行结果以及系统状态提示。输入界面主要包括文本框和下拉菜单等控件，输入界面除了为系统运行提供必需的参数设置之外，更重要的是对于模型输入参数进行简单的解释，并提供参数设置的参考范围，以帮助用户理解和使用专业性较强的作物模型。输出界面主要使用了文字、表格、图表以及地图显示控件，对于同地理空间信息有关的结果，可以专题图的方式向用户直观地展示系统执行结果；对于数值类型的输出结果，还可以进行空间分析。

（2）系统主要功能

综合利用作物生长模拟模型的动态预测功能、知识模型的管理决策功能、生长监测模型的实时监测功能、GIS的空间信息管理功能等，实现作物生产预测、管理、调控的精确化。系统主要的功能模块包括系统管理、作物区划、栽培方案、模拟预测、动态调控、策略分析、生长监测、精确管理、生产力评价、病虫草害管理和智能学习等。

①系统管理。系统对用户进行身份验证，针对普通用户、管理员等开放不同功能模块。除身份验证和权限管理外，还可以对系统运行所需数据，如气象要素、土壤特性、品种特征和管理技术等，进行查询、添加、更新和删除等。

②作物区划。以决策点的气象、土壤、农田和大气环境及作物生育特性资料为基础，基于种植制度知识模型等，评价区域作物生长的气候适应性、土壤适应性、农田与大气环境质量，并制定基于产量和品质目标的作物种植区划等。

③栽培方案。根据决策点的气候、土壤等生态条件及品种参数，结合实际生产现状，运用作物管理知识模型，制定包括产量目标、品种选择、播期确定、密度设计、肥料运筹以及水分管理等在内的单项或者综合性的栽培管理方案，并推荐相应的适宜生长指标动态，包括生育期、叶面积、生物量积累动态等。

④模拟预测。基于用户提供的栽培方案及气候、土壤、品种等农情信息，运行作物生长模拟模型，预测作物生育进程、光合生产、物质分配、器官建成、产量和品质形成、养分平衡和水分动态等。

⑤动态调控。通过生长模拟模型、生长监测模型与管理知识模型的耦合，以作物管理知识模型设计的适宜生育指标为标准“专家曲线”，当生长模型预测的作物生长发育状况，或者遥感结合生长监测模型反演的作物生长发育状况，或者实际测量的作物生长发育状况明显偏离“专家曲线”时，系统会分析其原因，推荐一个适宜的调控措施（如施肥、灌溉、调节剂等）及调控时期，同时修订适宜的生育指标。

⑥策略分析。通过耦合作物生长模拟模型和管理知识模型，对不同品种、播期、密度、肥水运筹方案的可行性进行分析与评价。

⑦生长监测。以遥感监测获取的田间实时信息（如光谱数据、遥感影像）为基础，通过运行作物生长监测模型，计算相关的作物生长特征与生理参数，实现对作物生长及产量和品质指标的估测，并将作物生长模型或管理知识模型与遥感技术相耦合，实现不同空间尺度上的因苗调控和因苗预测。

⑧精确管理。通过对农田土壤等属性进行空间差异分析，运用作物栽培管理知识模型，为用户制定产前和产中的管理决策处方。

⑨生产力评价。根据决策点气象、土壤及社会投入等信息，计算不同层次作物生产力，并进行相应的效益分析，输出结果可以在GIS平台上进行空间分析和专题图制作。

⑩病虫草害管理。根据常见作物病虫草害的发生规律，结合作物长势情况进行诊断分析，提出防治策略和方法。

⑪智能学习。在介绍作物起源、发展、生产概况的基础上，综述作物生长的生物学基础、栽培管理技术及相关生产知识等。

5.4 精确管理决策支持系统的应用案例

在系统工程思想指导下，根据系统的设计目标及要求，综合应用农学、生态学、空间信息技术、环境科学、统计学以及计算机科学等学科的基本理论与方法，通过广泛收集与分析农业基础数据（如气象、土壤、品种、种植、经济及地图等数据）的特征，建立包括空间数据和属性数据在内的农业数据库，进一步耦合作物生长模拟模型、作物管理知识模型、作物空间信息管理和作物生长监测等技术，构建集多种技术优势于一体的农业决策支持系统，为农业生产管理的现代化和信息化提供技术平台。目前较为成熟且广泛应用的系统主要包括基于知识模型的作物管理决策支持系统、基于生长模型的作物模拟预测系统以及基于遥感的作物生长诊断与调控系统。

5.4.1 基于知识模型的作物管理决策支持系统

基于知识模型的作物管理决策支持系统是在已有作物栽培管理知识模型（CropKnow）的基础上，进一步结合基于知识规则的作物栽培管理知识库表达系统，充分利用软构件的语言无关性、可重用性等特点，在Visual C++和Visual Basic平台上构建综合性、智能化和构件化的作物管理决策支持系统（朱艳等，2002），实现决策功能和人工智能技术的有机耦合，提高系统的完整性和解释性，改善系统的决策性和通用性，增强系统的开放性和“即插即用”性，为精确农作和数字农作的发展奠定基础。

（1）系统的组织结构及内容

系统将CropKnow模型和人工智能等按照一定的原理进行有机耦合与集成，达到预测与决策功能的综合。系统由数据库、模型库、方法库、知识库、推理机和人机接口等部分组成。

①数据库。系统数据库由基础数据以及创建、存取和维护数据的数据库管理系统组成。

气象数据：存储作物生长季节的逐日主要气象数据，包括决策点的逐日最高气温、最低气温、日照时数（或辐射量）和降水量等。

土壤数据：存储反映土壤性质的数据，包括土壤类型、耕层厚度、pH、物理性黏粒含量、容重、孔隙度、裸土反射率、凋萎系数、田间持水量、饱和含水量以及存储描述土壤在作物生长季开始时的水分和养分状况的数据（包括土壤有机质含量、全氮含量、碱解氮含量、速效磷含量、速效钾含量以及盐分含量）等。

品种数据：主要为不同作物品种的遗传特征参数，包括品种名称、产量及产量结构、籽粒蛋白质含量、收获指数、总叶片数、叶热间距、最大叶面积指数、伸长节间数、分蘖能力、有效分蘖成穗率、籽粒含氮量、籽粒含磷量、籽粒含钾量、秸秆含氮量、秸秆含磷量、秸秆含钾量、氮吸收效率、磷吸收效率、钾吸收效率、穗粒数对增产的贡献率、穗数对增产的贡献率、耐肥性、抗病性以及生理春化要求、温度敏感性、光周期敏感性、灌浆期因子、基本早熟性、比叶面积等。

栽培管理数据：主要存储常规作物栽培管理措施数据，包括当地作物最早播期、最迟收获期、播种深度、整地质量、水分管理水平、肥料运筹水平、病虫草害防治水平、栽培技术水平及所用肥料类型和肥料利用率等。

社会经济数据：主要存储农机、水利、劳动力、肥料、农药、种子等投入量及相应的价格等。

②模型库。模型库是存储模型和表示模型的计算机系统。基于知识模型的作物管理决策支持系统中的模型库主要为CropKnow模型。

CropKnow模型是在广泛收集及充分理解和分析作物栽培管理专家知识和经验的基础上，利用作物栽培理论与技术方面的已有研究资料，结合必要的试验支持研究，借助系统分析的原理和方法，对作物生育及栽培管理指标与品种类型、生态环境及生产水平之间的关系进行解析、提炼和综合，并应用面向对象的编程思想，建立起来的定量描述作物生育及管理指标与环境因子动态关系的知识模型。其主要包括播前栽培方案设计、产中主要生育指标动态及源库指标。其中，播前方案设计包括产量目标的确定、适宜品种选择、播期确定、基本苗及播种量设计、肥料运筹和水分管理6个子模型；产中主要生育指标动态包括适宜生育期、穗分化进程、群体茎蘖动态、叶龄动态、叶面积指数动态和干物质积累动态等6个子模型；源库指标包括粒叶比、有效叶面积率和高效叶面积率等3个子模型。该模型采用Visual C#编程语言进行设计，整个模型共包括15个自动化接口函数。

③知识库。知识库是专业知识的存储器，存放以一定形式表示的定性或半定量化的专家知识、经验和书本知识及常识，以备系统推理判断之用。该知识库主要存放系统中某些定性的、目前无法用线性模型定量的知识，如播前准备（种子处理、麦田整地、基种肥施用、水分管理、病虫草害防治）、出苗分蘖期管理（出苗不齐补救措施、苗蘖肥施用、水分管理、杂草防治和镇压）、越冬返青期管理（腊肥和返青肥施用、水分管理、病虫草害防治和冻害防御）、拔节孕穗期管理(拔节孕穗肥施用、水分管理、病虫害防治和倒伏预防)、开花灌浆期管理（叶面肥施用、水分管理和病虫害防治)、成熟期管理（水分管理、收获期确定和收获技术）及脱粒与种子储藏等方面的技术知识。知识库中的知识主要采用产生式表示法，部分采用事实和过程。

④方法库。方法库是控制和解释决策支持系统运行的子系统，主要包括知识模型和数据库、人机接口等耦合的方法。

⑤推理机。推理机是一组优化程序，它根据当前输入的数据，利用知识库中的知识，按一定的推理策略去解决实际问题。推理机与知识库分离是系统透明性和灵活性的保证。

⑥人机接口。系统以Windows为界面，通过下拉菜单、工具条、图标、图形和表格等方式与用户进行交互，整个操作只要通过简单的鼠标单击或快捷键敲击即可完成。

（2）系统的主要功能

基于知识模型的作物管理决策支持系统实现了栽培方案设计、动态生育指标预测、实时管理调控、专家咨询等主要功能。

①栽培方案设计。系统根据决策地点的常年（或生成）气象和土壤生态条件、用户的产量和品质目标等，结合实际的生产现状，通过匹配知识模型和数据库，制定一套产前栽培方案，内容包括品种选择、产量结构、播期确定、基本苗/播种量确定、肥料运筹和水分管理等。

品种选择：系统根据当地的气候条件、用户对品种的要求（包括对产量、品质和抗病虫性的要求）、茬口所能提供的生育期长短等，决定当地能否种植水稻、小麦等，如果能种，则为用户提供合适的品种。

产量结构：系统首先根据当地的温光条件确定产量潜力，然后根据土壤肥水条件、栽培技术水平、病虫防治水平等确定产量目标以及每亩穗数、穗粒数和千粒重（朱艳等，2004a）。

播期确定：如生成小麦适宜播期，则用冬前形成壮苗且能安全拔节作为小麦播期确定的依据，如表5.1所示。

表5.1　不同生态点典型品种在不同年型、不同土壤肥力条件下的适宜播期设计结果

生态点	品种	适播期（月/日）				
		常年			偏暖年	偏冷年
		高肥力土壤	中肥力土壤	低肥力土壤	高肥力土壤	高肥力土壤
南京	扬麦158	10/30	10/26	10/24	11/03	10/26
郑州	豫麦62	10/08	10/05	10/02	10/13	10/03
泰安	鲁麦22	10/03	09/30	09/27	10/06	09/28
保定	京411	09/27	09/25	09/23	10/02	09/22
太原	晋麦59	09/21	09/18	09/15	09/24	09/16

基本苗/播种量确定：系统根据产量目标、品种穗数、土壤肥水条件、播期的早晚和播种质量等为用户确定合适的基本苗（朱艳等，2003b）。在基本苗确定的基础上，根据播种时的温度、土壤质地、水分、整地质量、播种方式、播种深度和种子饱满度、纯度等确定其发芽率、出苗率，从而确定合适的播种量，如表5.2所示。

表5.2　鲁麦22在泰安地区常年不同播期、产量水平和土壤类型下的适宜基本苗和播种量（高肥力）设计结果

播期（月/日）	产量水平/（kg·hm^{-2}）	土壤类型	基本苗/（万株·hm^{-2}）	播种量/（kg·hm^{-2}）
09/26早播	8250	黏壤土	168.0	88.0
10/03适播	8250	黏壤土	208.5	109.0
10/03适播	6750	砂　土	185.7	114.7
		黏壤土	185.7	97.0
		黏　土	185.7	112.3
	5250	黏壤土	162.8	85.0
10/10迟播	8250	黏壤土	280.0	146.5
10/17晚播	8250	黏壤土	385.0	200.5

肥料运筹：肥料运筹包括氮磷钾肥总施用量、有机氮与无机氮的比例、基肥与追肥的比例等。根据土壤肥力条件、土壤水分条件、产量目标和当地的经济水平等进行肥料运筹（朱艳等，2003a），如表5.3所示。

表5.3 南京和常德2个生态点不同土壤肥力、移栽方式及产量目标下不同品种总氮肥施用量设计结果

生态点	品种名称	总氮肥施用量/(kg·hm⁻²)						
		土壤肥力		移栽方式			目标产量/(kg·hm⁻²)	
		高	低	直播	小苗	中大苗	9750	6750
南京	汕优63	130.3	297.5	137.5	133.4	129.5	230.5	30.1
	9325	163.3	330.5	170.5	166.4	162.5	269.5	57.2
常德	早丰6号	98.2	197.8	105.2	101.2	97.3	189.7	6.6
	中无6号	154.3	253.9	161.4	157.3	153.4	256.1	52.4

水分管理：水分管理包括灌溉量和灌排时间。根据生育初期作物根层储水量、生育末期理想的作物根层储水量、生育期间有效降水量、作物田间潜在蒸散量等确定灌溉量及灌排时间，如表5.4所示。

表5.4 系统设计的杭州和南京2个生态点的灌溉量

生态点	品种	灌溉量（$m^3 \cdot hm^{-2}$）					
		移栽返青期	分蘖期	拔节孕穗期	抽穗开花期	灌浆成熟期	全生育期
杭州	II优7954	119.3	1108.6	2285.0	791.3	840.3	5144.5
	两优培九	130.0	1200.8	2260.8	804.6	918.0	5314.2
南京	两优培九	160.2	1435.6	2716.4	978.2	1098.6	6389.0
	武香粳14	148.7	1372.6	2630.7	960.3	1030.1	6142.4

②动态生育指标预测。系统根据作物生育指标动态知识模型，为用户生成适宜的生育期、穗分化进程、叶龄动态、叶面积指数动态、群体茎蘖动态、干物质积累动态等生育指标动态信息以及粒叶比、有效叶面积率和高效叶面积率等源库指标(朱艳等，2004b)，如图5.10所示。

③实时管理调控。以知识模型设计的作物适宜生育指标范围为标准“专家曲线”，当实际的作物生长发育状况（可以是遥感技术获得的苗情信息或田间考苗信息）偏离“专家曲线”时，系统分析其原因，并推荐一个适宜的调控措施（如施肥、灌溉等）以及调控时期。

④专家咨询。基于规则的知识库表达系统实现了专家咨询功能，用户可以分生育期依次对种子处理、麦田整地、肥料施用、水分灌排、病虫草害诊断与防治、镇压和冻害防御、倒伏预防、适宜收获期确定、收获技术以及脱粒和种子储藏等小麦栽培管理中定性的、目前无法用模型定量的知识进行咨询，并可提供水稻、小麦等作物的基本概述、生物学基础、栽培技术及病虫草害等方面的基础知识。

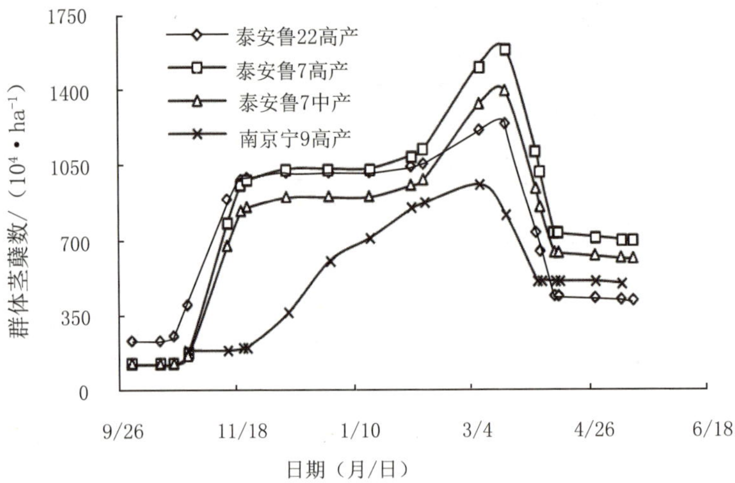

图5.10　小麦适宜群体茎蘖动态设计结果

5.4.2　基于作物生长模型的作物模拟预测系统

基于生长模型的作物模拟预测系统在国内外均有不少，国际上较为著名有美国的农业技术转让决策支持系统（decision support system for agrotechnology transfer，DSSAT）和澳大利亚的农业生产系统模拟器（agricultural production systems simulator，APSIM），以及国内南京农业大学研制的基于模型的作物模拟预测系统（model-based decision support system for crop management，MDSSCM）（朱艳等，2020），江苏省农业科学院的“水稻栽培计算机模拟决策系统（rice cultivation simulation, optimization and decision-making system，RCSODS）”、江西农业大学的“水稻生产管理决策系统（rice growth calendar simulation model / rice integral control system，RICAM/RICOS）”。其中，DSSAT是目前世界上应用最为广泛的综合性作物模拟预测系统。

（1）DSSAT系统

DSSAT系统是由农业技术转移国际基准网IBSNAT项目支持，美国农业部组织的佛罗里达州立大学、乔治亚州立大学、夏威夷州立大学、密歇根州立大学、国际肥料发展中心和其他国际上的科研单位进行联合开发研制的综合计算机模型。它对模型模拟输入输出的变量进行了格式标准化，具有操作简洁、功能强大、应用范围广的优点，用于理解“土壤—作物—大气—管理”的相互作用过程，预测不同阶段的作物生长、产量形成，用于进行“what-if”的模拟试验。其目的是加速农业模技术的推广，为合理有效地利用农业和自然资源提供决策和对策。

DSSAT系统主要包括主程序、土地单元模块、主要模块以及辅助模块（见图5.11）。主程序主要控制模拟时间、运行模式以及每日和每季作物的循环；土地单元模块主要用于调用各个主要模块以及各个模块之间的数据传递；主要模块包括气象模块、栽培管理模块、土壤模块、土壤-作物-大气模块以及作物模块五部分。气象模块由温度、降雨、太阳辐射等气象数据库组成，可进行数据文件的生成、编辑与存储管理；栽培管理模块包含耕作、播种、有机肥料施用、无机肥料施用、灌溉和收获等管理模式；土壤模块可以模拟土壤水分、无机氮、无机磷以及有机质等动态变化过程；土壤-作物-大气模块可以计算土壤温度，潜在蒸散，土壤、水层和覆盖物的蒸发，作物蒸腾等过程；作物模块包含禾谷类作物、豆类作物和块根块茎类作物等28种作物生长模拟模型，具有模型的输入、模拟、输出和作图等功能。

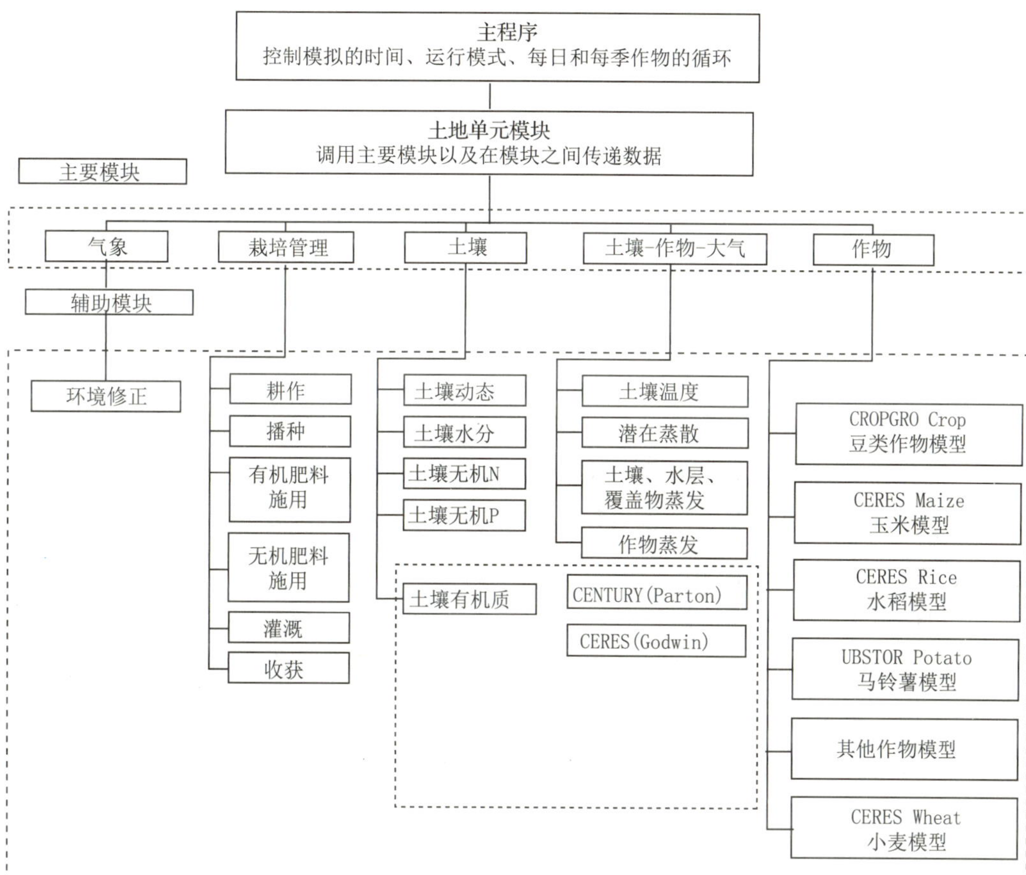

图5.11 DSSAT系统主要模块

因此，应用DSSAT系统，用户可以借助生长模型，设计和进行品种、播期、密度、施肥量、灌水量等多因素、多水平、长周期的模拟试验，借助系统分析模块在短时间内完成作物栽培方案的优化选择，为田间栽培试验提供初步方案，或直接指导大田作物生产。

（2）MDSSCG系统

基于模型的作物生长模拟系统（MDSSCG）是由南京农业大学国家信息农业工程技术中心经过近20年开发研制的作物模拟模型系统，可以用于稻麦等作物的生长发育、产量形成以及土壤养分水分动态的模拟，同时也可进行不同年份、品种、气象、土壤、管理模式等情景下稻麦生长的评价。

①系统组织结构。MDSSCG系统由数据库、模型库、模型应用以及人机接口等部分组成。

系统数据库由气象数据库、土壤数据库、品种数据库、栽培管理数据库和地点数据库组成。气象数据库存储地点、日期、日最高气温、日最低气温、日照时数以及降水量等数据。土壤数据库存储两类土壤数据：一类是反映耕作层土壤性质的数据，包括土壤类型、耕层厚度、pH、铵态氮、硝态氮、有机质等；另一类是不同土层的土壤特性数据，包括各土层厚度、容重、土壤含水量、田间持水量和萎蔫含水量等。品种数据库主要包括品种特定的基本遗传参数，比如叶面积、叶热间距、千粒重、收获指数、株高等。栽培管理数据库主要存储油菜栽培管理措施数据，通常包括播栽期、播种量、水分管理措施（包括水分灌溉时间和灌溉量），以及氮、磷、钾的养分管理措施（包括施肥时间和施肥量）等。地点数据库存储省、市、县以及经纬度等数据，主要用于气象和土壤等基础农情资料的空间管理。

模型库主要包括作物生长模拟模型、品种参数调试模型、气象数据生成模型和策略分析评价模型。其中，作物生长模拟模型（CropGrow）包括6个子模块，分别为阶段发育和物候期、形态发生与器官建成、光合作用与同化物的积累、物质分配与产量形成、土壤水分平衡以及养分平衡子模型。气象数据生成模型可根据多年月平均资料，方便、快捷而又准确地自动生成一年每天的气候数据（包括逐日最高气温、最低气温、平均气温、日照时数和降雨量）。品种参数调试模型可根据各品种参数的初始值，获取新品种的品种参数值。策略分析评价模型可对模型系统运行的结果进行分析比较，并根据用户高产、优质等目标生成适宜管理决策方案。

整个系统实现了不同环境条件、不同基因型和不同生产水平下的数据管理、动态模拟、单项方案和综合方案评估、因苗预测、时空分析、敏感性分析、专家咨询以及系统帮助等复合决策支持功能。同时，通过运行气象资料生成模型和品种参数调试模型，对系统的气象资料和品种资料进行补充和完善，使系统更具适用性和通用性。

②系统的基本功能与实现原理。基于生长模型的作物模拟预测系统主要实现了动态模拟、方案评估、因苗预测、时空分析等主要功能，如图5.12所示。

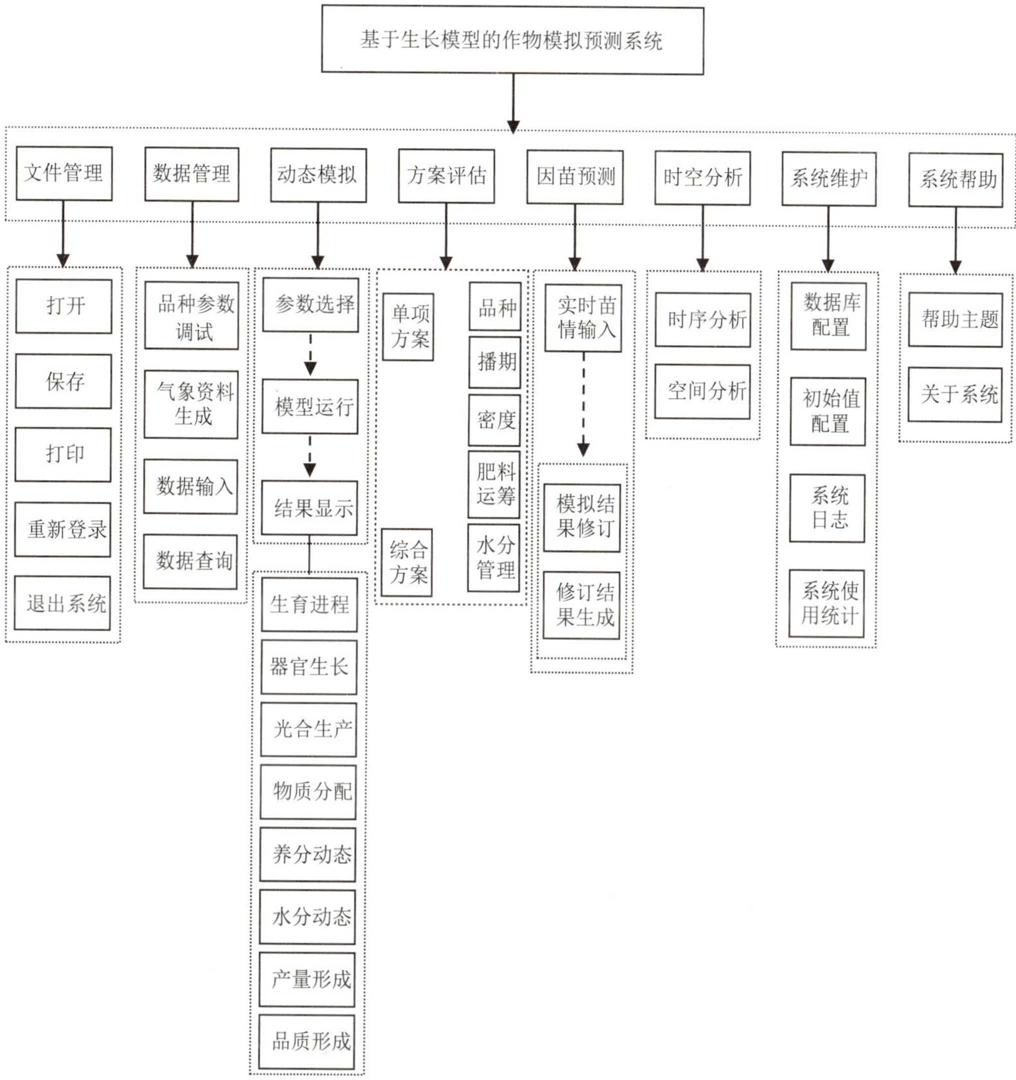

图 5.12 基于生长模型的作物模拟预测系统功能

数据管理：数据管理主要实现数据库中基础数据（气象、品种、土壤与管理数据）的生成、输入、查询等功能。通过调用品种参数调试模型生成用户所用品种的遗传参数，经系统确认后可保存至品种数据库。通过调用气象资料生成模型、生成用户所需年份逐日气象数据，经系统确认后可保存至气象数据库。同时，特定年份和时期的历史气象资料或预报气象资料也可由用户实时输入或者导入和保存。

动态模拟：通过调用生长模拟模型，访问数据库获取模型必需的基础数据（气象、品种、土壤与管理数据），并输入模型所需的界面参数，即可运行模型，所得模型输出结果存放于数据库系统的结果库，并可按照用户选择的不同功能模块分别显示作物生育进程、器官生长、光合生产、物质分配、养分动态、水分动态、产量形成和品质形成等过程的实时模拟结果。

方案评估：通过循环多次调用生长模拟模型，实现作物栽培管理的单项方案评估与综合方案评估。单项方案依用户目的分别实现不同品种、播期、密度、施肥或灌水处理的模拟试验。综合方案则是用户可同时选择多个品种、播期、密度、施肥和灌水处理进行综合模拟试验。

因苗预测：实现作物生长模拟过程的因苗修订，并对修订后的模拟结果与未修订的模拟结果进行比较。模型系统比较用户输入值与对应日期的模拟值，如果两者差异超出5%，则用实测值对模拟结果进行修订，使模型运行按照修订后的结果继续运行。

时空分析：实现作物生长的时序分析与空间分析。时序分析指不同年际作物生长与产量品质等模型输出指标的变异分析，找出产量与品质等指标的时序变化规律，并预测未来年份作物产量与品质等指标的变化趋势。空间分析指不同生态点作物生长与产量品质等指标的变异分析，并找出产量与品质等指标的空间变化规律，为基于空间差异的精确管理决策奠定基础。

5.4.3 基于遥感的作物生长诊断与调控系统

作物营养诊断研究始于19世纪。长期以来，肥料使用量的推荐均以室内化学分析为基础，如通过测量土壤中的养分含量或植株中的营养元素含量，找出临界养分范围，指导施肥管理，但这种方法需要耗费大量的人力、物力、财力，时效性差，且不利于推广应用。而基于遥感的作物营养无损、实时、准确监测与诊断已成为当前作物栽培调控和生产管理的潜在方法，为农技人员和生产者制定管理决策提供了新的技术途径。

南京农业大学研制了基于遥感的作物生长诊断与调控系统。该系统基于遥感数字图像处理算法、作物生长监测模型算法以及遥感与知识模型耦合方法等，设计并实现了系统的主要功能模块，包括遥感图像处理模块、作物生长监测模块和作物诊断与调控功能模块3类。软件系统以Windows XP Professional为操作平台，采用IDL6.3语言设计系统人机界面和主要功能模块（见图5.13）。作物管理知识模型组件采用C#编写，系统人机界面友好、易操作，具有较好的灵活性和可重用性。

图 5.13 基于遥感的作物生长诊断与调控系统主界面

遥感图像处理模块基于遥感数字图像处理的相关方法，通过选取普适性强的处理算法，来实现遥感数字图像的预处理功能。主要包括几何纠正、辐射定标、大气校正、图像增强、影像信息查询、影像镶嵌、影像融合、波段提取、波段合并、波段运算、图像分类和专题制图等子模块。

作物生长监测模块是基于植被指数计算模型、遥感监测模型等相关算法，来实现作物生长监测的相关功能。主要包括植被指数计算、地物识别、面积提取、生长指标监测、产量与品质指标预测等子模块。

作物诊断与调控功能模块的开发是通过调用已有作物栽培管理知识模型（CropKnow）来实现的。作物诊断与调控功能模块主要包括单点调控和区域调控两部分。其中，对于区域尺度的作物诊断与调控功能，系统采用IDL语言对调控模型进行了重新编程；对于单点的作物诊断与调控功能，系统借助IDL的SPAWN类直接调用已有的基于C#的模型组件。

思考题

1. 农业决策支持系统的特征有哪些？
2. 如何将生长模型和遥感信息相耦合进行作物长势和生产力等指标的预测？
3. 请分析基于模型和3S的精确管理决策支持系统结构。

参考文献

[1] 曹卫星, 潘洁, 朱艳, 等, 2007. 基于生长模型与Web应用的小麦管理决策支持系统[J]. 农业工程学报 (1): 133-138.

[2] 曹卫星, 朱艳, 田永超, 等, 2011. 作物精确栽培技术的构建与实现[J]. 中国农业科学, 44(19): 3955-3969.

[3] 朱艳, 曹卫星, 戴廷波, 等, 2003a. 小麦栽培氮肥运筹的动态知识模型[J]. 中国农业科学, 36(9): 1006-1013.

[4] 朱艳, 曹卫星, 戴廷波, 等, 2004a. 小麦目标产量设计及适宜品种选择的动态知识模型[J]. 应用生态学报, 15(2): 231-236.

[5] 朱艳, 曹卫星, 姜东, 等, 2003b. 冬小麦适宜播期和播种量设计的动态知识模型研究[J]. 中国农业科学, 36(2): 147-154.

[6] 朱艳, 曹卫星, 王绍华, 等, 2002. 小麦栽培管理知识模型系统的设计与实现[J]. 南京农业大学学报, 25(3): 12-16.

[7] 朱艳, 曹卫星, 王绍华, 等, 2003c. 软构件技术在作物管理智能决策系统设计中的应用[J]. 农业工程学报, 19(1): 132-136.

[8] 朱艳, 曹卫星, 周治国, 等, 2004b. 冬小麦生长适宜动态指标的知识模型[J]. 中国农业科学, 37(1): 43-50.

[9] 朱艳, 汤亮, 刘蕾蕾, 等, 2020. 作物生长模型（CropGrow）研究进展[J]. 中国农业科学, 53(16): 3235-3256.

[10] Doraiswamy P C, Sinclair T R, Hollinger S, et al., 2005. Application of MODIS Derived Parameters for Regional Crop Yield Assessment[J]. Remote Sensing of Environment, 97(2): 192-202.

[11] Sprague, R. H., 1980. A Framework for the Development of Decision Support Systems[J]. MIS Quarterly, 4(4): 1-26.

[12] Bonczek, R. H., Holsapple, C. W., Whinston, A. B., 1981. Foundations of Decision Support Systems[M]. New York: Academic Press.

第6章 智能化农业机械装备技术

CHAPTER 6

6.1 农业机械自动导航技术及其应用

6.1.1 农业机械自动导航技术概述

导航技术是农业机械在作业环境中进行自主控制的关键技术，是实施精细农业的基础，也是目前农业机械研究领域的热点。农业机械自动导航技术是计算机技术、电子通信、控制技术等多种学科的综合。从最早的机械导向、圆周导向、埋地金属线导向到当前的机器视觉导航、GPS系统导航、北斗卫星导航和多传感器信息融合导航，农业工程领域导航控制自动化的研究经历了80多年不平凡的历史。美国、荷兰、日本以及我国的高校、公司、研究机构对此进行了深入的研究，探索了利用已有系统来组合导航的策略、导航任务规划和操作控制、软硬件的结合等，并在药物喷洒、除草、种植、收割、车辆自动行走等方面进行了实际的应用。经典的农业机械自动导航技术包括导航位姿信息获取、导航路径规划和导航控制等（张漫等，2020）。图6.1为农业机械自动导航装置。

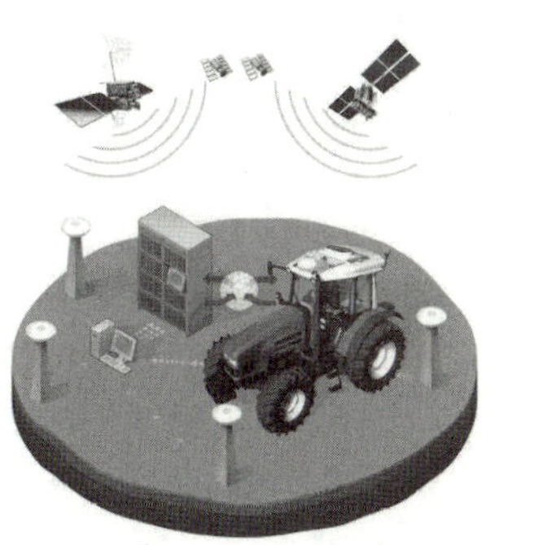

图6.1 农业机械自动导航装置

（1）农业机械导航位姿

目前，农业机械的导航定位方式有很多，诸如GPS、机器视觉传感器、惯性传感器、磁传感器、超声波传感器、激光传感器、红外传感器和雷达等。在农业工程领域应用比较广泛的3种主流导航定位方式是GPS、机器视觉系统和惯性传感器。GPS、机器视觉传感器和惯性传感器因受各种条件的限制，存在一定的缺陷，均难以连续、高质量地提供导航定位信息。好的导航定位方式是集多种导航传感器优点于一体的组合导航定位。目前用于组合导航定位的传感器组合主要是GPS/DR（航位推算）方式。该方式将GPS和惯性导航系统进行组合定位，在互相弥补两种系统的定位缺点的同时提高定位精度。图6.2为一些常用的农业机械导航用传感器。

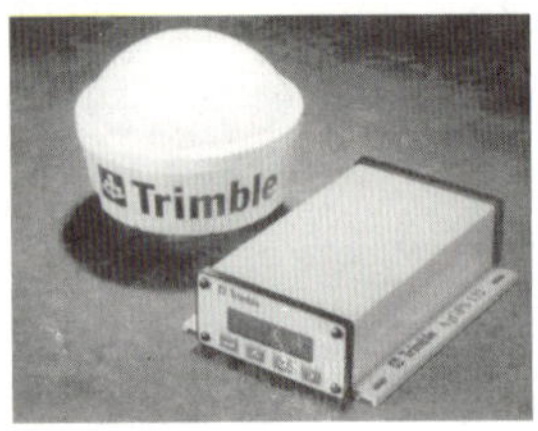

（a）GPS接收机

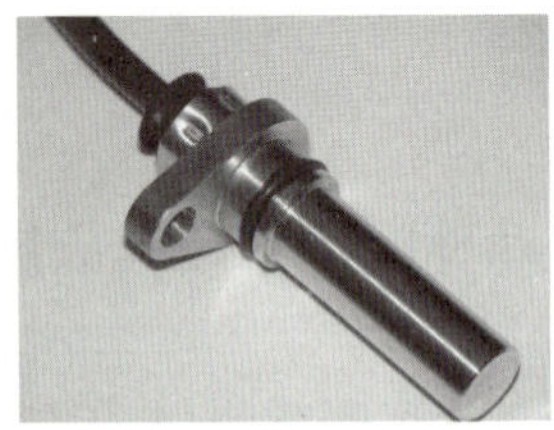

（b）速度传感器

（c）电子罗盘

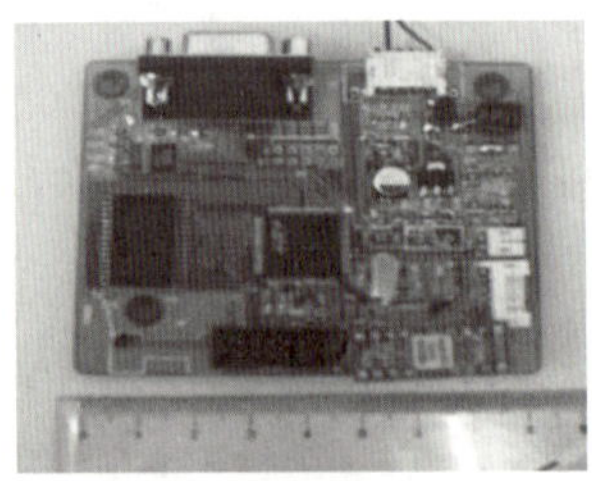

（d）微机械陀螺

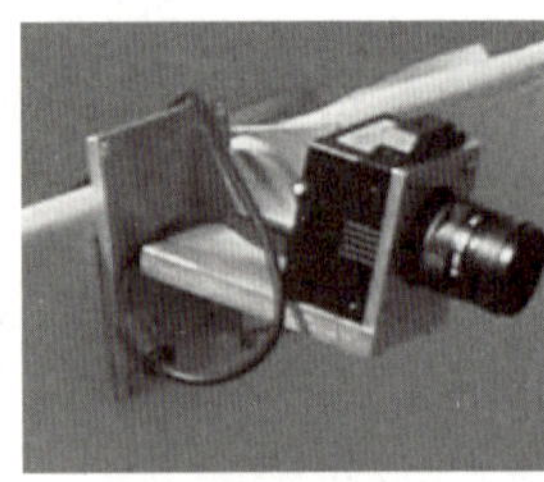

（e）机器视觉传感器

图6.2 常用的农业机械导航用传感器

（2）农业机械导航路径规划

对于复杂农田作业环境下的农业机械而言，路径规划是农业机械根据已知作业信息和环境信息，并结合自身传感器对动态环境信息的感知。按照某一性能指标，其自行规划出一条安全无碰撞的运动路线。同时为高效地完成作业任务，根据环境信息的掌握情况，路径规划可分为全局路径规划和局部路径规划。全局路径规划是在环境信息已知的情况下，基于先验完全信息的路径规划。局部路径规划是在环境信息完全或部分未知的情况下，根据传感器信息获取农业自身与环境障碍物信息，进行的实时路径规划。

（3）农业机械导航控制

操纵控制是将驾驶员的操作动作通过自动控制系统来实现，主要包括转向、变速和制动等自动控制环节。其中，转向操纵控制是农业机械自动导航控制的关键技术之一，国内外对此进行了大量的研究。大多数现代农业机械都采用液压操作系统，转向机构的自动控制一般是通过改装现有的液压转向系统来实现的。自1978年起，德国克拉斯农机公司开始生产带有自动操作控制系统的农业机械装备，其转向机构由电液系统控制，基本原理是将车轮角位移传感器的电信号与理想路径信号相比较，其差值即为转向装置需要调节的角位移量，再通过转向控制液压阀控制换向油路，实现农业机械的自动转向操作（姜月霞，2015）。

农业机械导航控制的中心任务是要根据导航定位的结果，确定农业机械和预定跟踪路线的位置关系，进而结合农业机械的运动状态决策出合适的转向轮操纵角，以修正路径跟踪误差。常用的导航控制方法有3种，即线性模型控制方法、最优控制方法和模糊控制方法。其中，线性模型控制方法和模糊控制方法基本上不涉及农业机械运动学和动力学问题，控制参数仅通过经验或者实验结果来离线调节。现代农业机械的自动导航已开始由传统导航控制方法转向自适应导航控制方法。目前，自适应导航控制方法的深入研究还比较少，其理论和方法还在不断完善中。

6.1.2 农业机械导航技术的应用

（1）GPS技术在自动导航中的应用进展

GPS技术作为一种高科技的军事产物，已被越来越多地应用于其他领域。其定位原理是卫星不间断发射自身的星历参数，用户接收机收到这些信号参数后，解算出接收机的三维位置、运动方向、运动速度，以及接收机所在地区的当地时间。随着GPS精度的不断提高以及应用成本的下降，GPS技术以其独特的优点在农业工程中广泛应用。GPS技术作为3S技术的核心之一，将在作为未来农业发展方向的精准农业中发挥更大的作用。目前，GPS在精确灌溉、施肥、农业智能机器人以及农用车辆的自动导航定位中有着广泛的用途。它主要分为DGPS（差分GPS）和RTK-GPS（实时动态GPS）。其中，DGPS的定位精度可以达到亚米级，而RTK-GPS的定位精度能够达到厘米级。基于GPS的农业机械自动导航控制系统，如图6.3所示（周建军等，2010）。

RTK-GPS基于载波相位观测值的实时动态定位技术，它能够实时地提供测站点在指定坐标系中的三维定位结果，并达到厘米级精度。在RTK作业模式下，基准站通过数据链将其观测值和测站坐标信息一起传送给用户接收机。用户接收机不仅通过数据链接收来自基准站的数据，还要采集GPS观测数据，并在系统内组成差分观测值进行实时处理，同时给出厘米级精度的定位结果，历时不足1 s。用户接收机既可处于静止状态，也可处于运动状态；既可在固定点上先进行初始化后再进入动态作业，也可在动态条件下直接开机，并在动态环境下完成整周模糊度的搜索求解。在整周未知数解固定后，即可进行每个历元的实时处理，只要能保持4颗以上卫星相位观测值的跟踪和必要的几何图形，用户接收机就可随时给出厘米级精度的定位

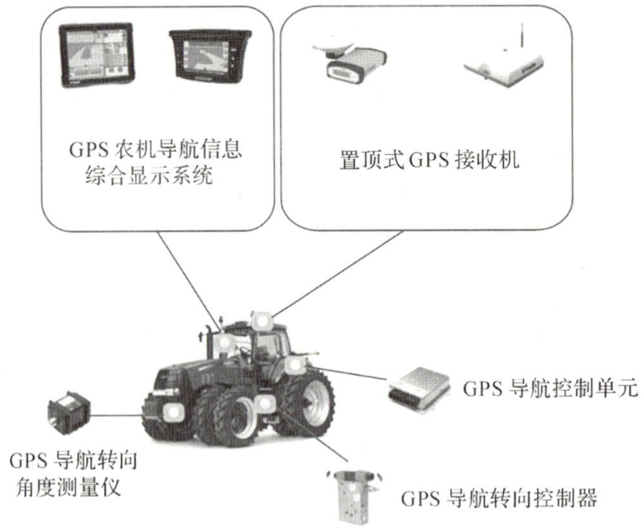

图6.3　基于GPS的农业机械自动导航控制系统

结果。图6.4为Trimble公司的AgGPS332 GPS接收机与AgGPS900 RTK基准站（伟利国等，2011）。在农业工程中，利用RTK-GPS存在如下几个问题：①如果基线超过10 km，通常很难获得厘米级精度的定位结果；②用户不仅需要独立设置GPS基准站，而且需要准备用于传送校正数据的天线装置，工作成本较高，使用困难；③应用覆盖范围较窄，大范围使用时需要配备多个RTK基准站。对于有高速作业要求的导航系统并非一定要用RTK-GPS，只要导航组合方式恰当，DGPS也可以达到导航的精度要求。

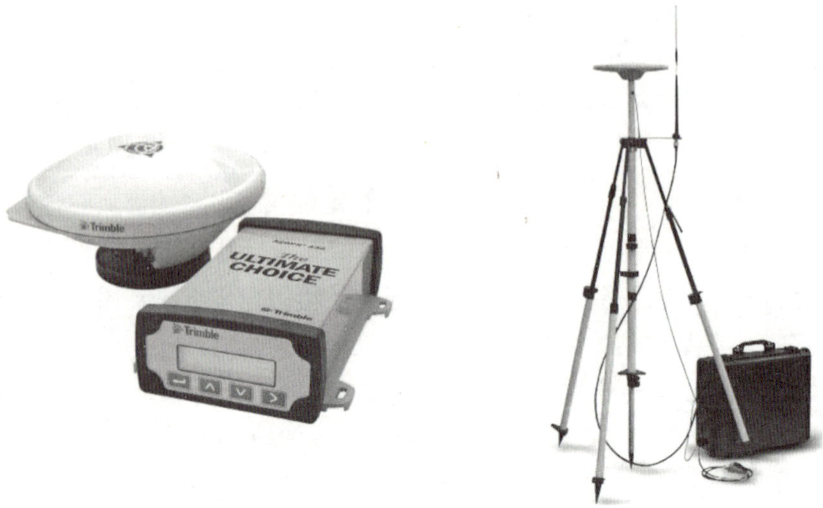

图6.4　Trimble公司的AgGPS332 GPS接收机与AgGPS900 RTK基准站

日本国家农业研究中心（National Agricultural Research Center，NARC）利用DGPS和卡尔曼滤波器对耕地用拖拉机进行导航实验，当车辆以1 m/s的速度在田间作业，测量结果表明直线位置误差为0.1 m，转弯误差则为0.12 m（李健平等，2006）。该系统的不足之处是精度较低，拖拉机行驶速度较慢。

我国华南农业大学从农业机械DGPS导航控制的实际需要出发，提出了一种多传感器组合定位的导航方法。在导航定位方面，该方法主要利用亚米级DGPS（Trimble Ag132GPS）、HMR3000电子罗盘、ADXRS300微机械陀螺和光电接近式速度传感器；在导航控制方面，利用直流电机作为动力源，研制了插秧机的自动转向驱动机构，将航向角度的自适应加权融合估计算法和位置信息的卡尔曼滤波算法组合，建立了插秧机的自动转向控制系统；在系统集成方面，将地理信息系统（GIS）技术应用于DGPS导航控制系统，实现了路径跟踪轨迹的可视化，为进一步的实验数据分析提供了便利。图6.5为在久保田插秧机上建立的多传感器组合定位导航系统的工作状况及导航系统结构（顾宝兴，2012）。

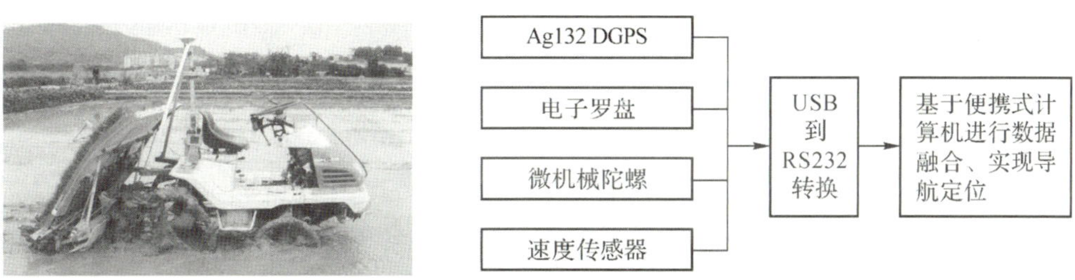

（a）田间工作　　（b）导航定位部分结构

图6.5 华南农业大学研制的基于DGPS的水田自动插秧机的田间工作状况及定位系统结构

（2）机器视觉技术在自动导航中的应用进展

相比于GPS导航系统，机器视觉导航系统更具科技化和先进化，能够更为直观地实现导航。具体优点：一是采用相对坐标系，提供差值信号，使用起来比较灵活；二是视觉导航具有信息探测范围广、目标信息完整等优势，能够检测微小目标，如沟、坑、杂草等，误差可达毫米级水平，能够为精准农业和其他农业应用提供许多有用的资源。机器视觉导航系统的研究在很大程度上是对图像处理算法的应用。农业机械机器视觉导航系统构成，如图6.6所示。

①机器视觉导航方法分类。人工路标方法：该方法采用白色标记线作为路标，铺设于农业机具作业行走的地面上，视觉传感系统在行走过程中不断监测标记线，并随时控制作业机具的转向机构，调整机器人的移动方向（胥芳等，2002）。该方法具有路径标识简单、可靠、成本低、柔性好和图像处理易于实现的优点；但对农业机具的作业环境有很高的要求，一般用于地面条件良好的温室内。

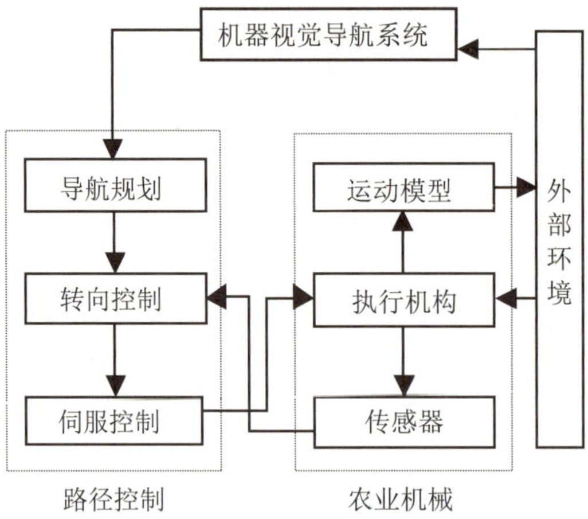

图6.6　农业机械机器视觉导航系统结构

基于田间作物在空间排列的特征进行视觉定位导航的方法：农业机械可以根据田间作物的图像判断作物排列行与机械的相对位置，规划出行走基准线；然后，利用两条道路边界平行的特点，求得图像上无限远处的点和农业机械的自身位置以及行走方向。此类导航方法用于喷洒除草剂和施肥等作业。

②机器视觉导航中的信息处理。基于机器视觉导航方法，在拖拉机上安装视觉导航传感器。一般的安装方式是让镜头对着拖拉机的前下方，即用视觉传感器去识别位于拖拉机行进方向前方的作物行，在本地坐标系条件下得到车辆的横向偏差和范围偏差等运动参数。将视觉传感器作为导航传感器使用时，需要将图像信息从摄像机坐标系变换到车辆坐标系。像素单位的导向信号在通用性和发展性方面都不完善，应该变换到实际空间的长度单位。

在农业机械的作业过程中，基于农田作业自身的特点，由田垄、犁沟、行茬构成的实际引导线主要是直线和可以用多段直线拟合的小曲率曲线，因此在视觉导航中通过对直线特征的检测就可以得到导航的基准。在直线特征的检测算法中，Hough变换通过将图像空间中的直线变换为参数空间的点，对所有可能落在直线边界上的点进行累加统计完成检测任务（杨为民等，2004）。由于这种算法利用了图像全局特性，因此鲁棒性很强，受噪声和直线间断的影响小，而且能够确定特征到亚像素级精度。

由于Hough变换在对参数空间检测时要进行统计计算，计算量很大，一幅256像素 ×256像素的图像需要3 s以上的处理时间，无法完成导航任务；研究中也发现，若图像处理的时间过长（大于200 ms），则导航精度和稳定性都很差。在采集到的场景图像中，除导航特征以外的信息全是无效信息，这不但浪费了大量的处理时间，而且增加了场景的复杂程度，还可能产生对场景中其他直线特征的误检。

通过设置兴趣区域（region of interest，ROI）实现选择注意机制，只对ROI中的图像进行处理，可以大大减少图像处理的工作量，降低场景的复杂性，突出导航特征。由于车辆行驶的连续性，在图像处理速度足够快的前提下，可以假设相邻两次检测的导航特征的位置和方向没有突变。因此在检出起始导航特征后，将上次图像处理得出的导航特征信息反馈回来，把检测得到的直线特征定义为当前ROI的中心，通过递归算法使ROI窗口跟随导航特征移动，形成一条覆盖导航基准的检测带。由于Hough变换是对图像中每个存在的像素遍历所有可能经过该点的直线参数，然后进行累加，这样根据上次的检测信息还可以缩小对当前特征的搜索范围。利用已知的位姿信息和转向系统的先验知识，预测导航特征参数的可能区间，只在这一区间内进行检测，从而提高了图像处理的速度和可靠性。

③农田作业环境下自然导航特征的检测。通过对大量农田作业环境中作为导航特征的自然景物图像的分析，可以将导航特征分为两类，即边界类和团块类。边界类导航特征是指经过图像预处理可以将场景图像分为两个区域，用区域间的边界来作为导航特征，如收割作业时已收割作物与未收割作物形成的收割边缘，田垄与犁沟的边缘等。团块类导航特征是指经过图像预处理以后，形成一系列分离的团块，以这些团块的分布特征作为导航特征，如进行苗间护理和中耕除草时农田中的农作物行等。边界类和团块类的处理结果，如图6.7所示。

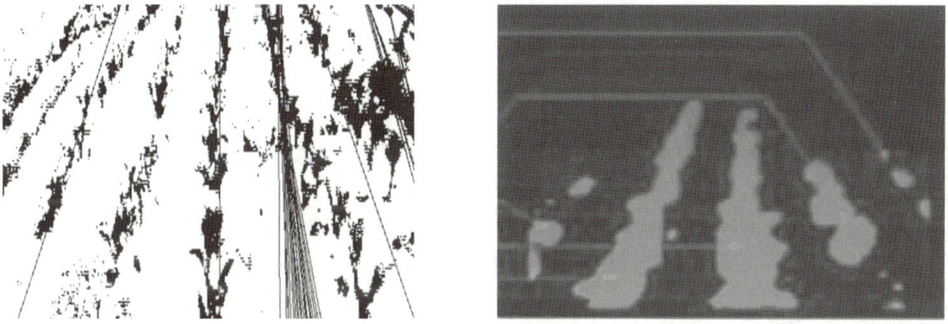

（a）边界类处理结果　　（b）团块类处理结果

图6.7 边界类和团块类处理结果

对于边界类的特征，首先对导航特征所在的区域进行生长和融合，然后用梯度法提取边界，对得到的边界图像直接用Hough变换检测导航特征。根据透视关系，由此产生的边界代表了一定宽度的带状导航基线，由Hough变换产生的直线则是在这段基线内实际存在的不连续线段组成的最长直线。由此得到的车辆位姿误差，可以去除导航特征区域不规则边界局部弯曲的干扰。与直线拟合的方法相比，拟合直线是一条假想直线，在真实环境中并不存在，在实际基线长度较长的情况下进行导航时，有可能使车轮进入导航特征所在的区域，引起误导和对导航特征的破坏。

对于团块类特征，导航特征表现为与田地中的石块、杂草相比面积大得多的团块。因此，首先进行二值形态学操作去除细小团块的噪声干扰，然后通过团块分析（block analysis）得到各团块的重心和面积。对每个团块的重心用团块的面积加权后进行Hough变换检测，基于Hough变换的统计特性就可以得到由较大的团块中心形成的导航基线。

④机器视觉导航应用实例。华南农业大学在基于机器视觉的农机导航研究中，采用改进的C均值聚类算法处理动态阈值化的图像以确定“垄”的中心轨迹，有效地去除了石块、杂草等随机离散点给系统导航参数带来的噪声。对导航图像的进一步处理，包括把聚类后的目标中心轨迹点划分成3段，依次进行Hough变换，以提取出每一线段的导航信息，组成弯道导航参数变量序列，提供移动平台转向控制信息（姜国权等,2008），如图6.8所示。田间导航实验结果表明：航向角标准差为4.6°，位置标准差为0.0018 mm，平台移动速度为0.5 m/s，图像处理速度为2.5 fps。

（a）Hough变换处理前原图像

（b）Hough变换处理后含直线段导航信息图像

图6.8　Hough变换前原图像以及变换后含直线段导航信息图像

吉林大学研制出了一种基于机器视觉的玉米施肥智能机器。该机器在拖拉机的正前方位置安装一套彩色CCD机器视觉传感系统，通过拖拉机行进过程中的前方地表图像识别，判断某一垄沟中心线与拖拉机纵向对称线的侧向偏差，运用自动控制理论设计最优导向控制器，控制前轮偏向角，实现拖拉机对目标的稳定、准确跟随。

（3）多传感器融合技术在农业导航中的应用

多传感器融合技术在农业工程导航中具有非常重要的作用。由于农业生产环境复杂、传感器本身存在的一些不足（如单一传感器获取的信息有限），所以通常会存在不确定性以及偶然的错误或缺失，影响整个导航系统的稳定性和精度。这就需要将一些传感器结合起来使用，将它们各自产生的信息进行综合，以便获得合适的环境信息。多传感器融合技术是指利用多个传感器共同工作，得到描述同一环境特征的冗余或互补信息，再运用一定的算法进行分析、综合和平衡，最后取得环境特征较为准确可靠的描述信息。除GPS和机器视觉传感器外，农业导航中常用的传感器还包括激光测距仪、陀螺仪、地磁方向传感器（geomagnetic direction sensor，GDS）等。

①激光测距仪。激光测距仪是根据发射的光被物体反射后返回的时间（time of flight）算出光源与物体间的距离。图6.9和图6.10分别是农业导航中常用的二维激光测距仪（SICK公司的LMS200）及激光测距仪的测距原理（黄志华，2009）。从发光器发射的激光束经其内置的旋转镜改变方向，被物体反射的光再次通过旋转镜到达受光器。通过镜子的旋转，周围被扇形扫描，不仅能够检测出到对象物体的距离，其轮廓也可求得。

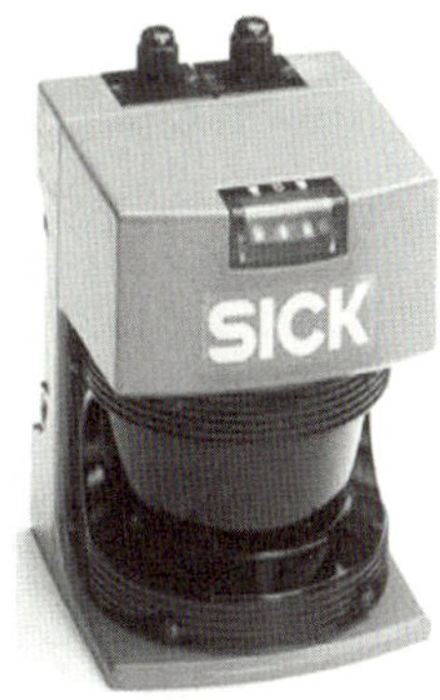

图6.9 LMS200激光测距仪

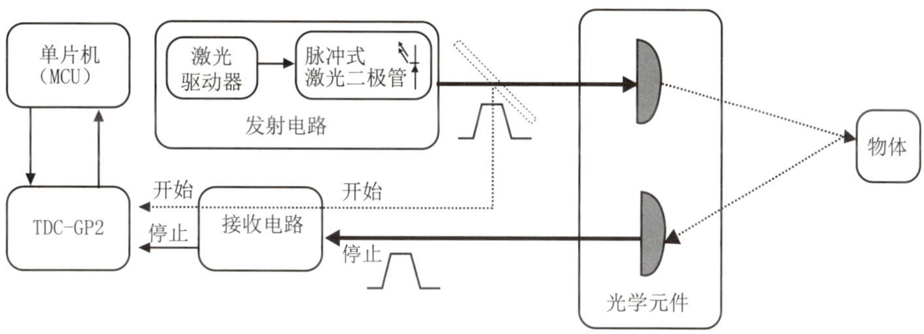

图6.10 激光测距仪工作原理

激光测距仪的扫描角度最大为180°，扫描间隔可为0.25°、0.5°及1°，采集的距离及角度数据可通过RS-232C或RS-422接口读入计算机。多台激光测距仪配合使用，可以扩大扫描的角度范围，如图6.11所示。发射光源使用红外激光二极管，其激光保护级别为1级的人眼安全型，也可以用于对人的探测。固定的激光测距仪可进行二维平面的扇形扫描，如果使其上下移动或旋转，那么也可进行三维扫描。

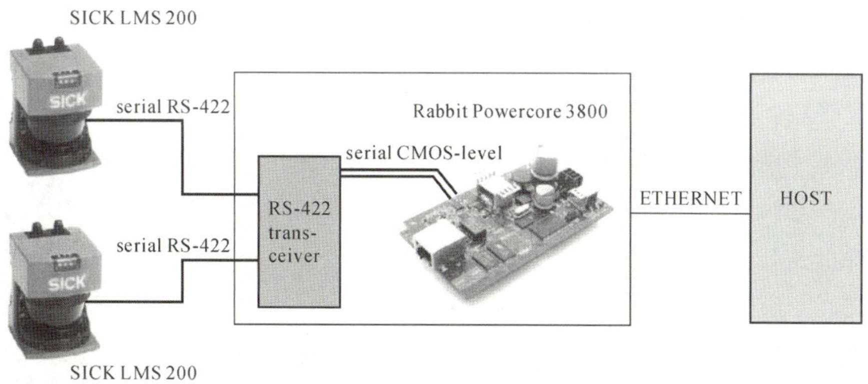

图6.11 双激光测距仪的使用及数据采集系统结构

应用激光测距技术，通过与环境地图的匹配，可以用于农业机械自身位置的确定。在农业工程中，激光测距设备可作为GPS或者机器视觉导航的辅助装备，被广泛应用于障碍物的识别，指导作业机具有效地躲避障碍物。激光测距设备一般安装于农业机械的正前方或者顶部，如图6.12所示。日本北海道大学运用激光测距传感器和GPS研究了车辆自动导航系统，车辆在稻田里的实验性能非常好。使用激光技术需要特别注意的是，在室外应用时，测距效果会受太阳光的影响。此外，烟、雾等也会引起激光的衰减、散射，导致无法获得产品规格参数中列出的检测距离。

图6.12　激光测距装备在农业机械中的安装位置

②陀螺仪。陀螺仪（gyroscope）不受其周围磁场以及磁性物体等的影响，即使在宇宙空间也能够测量角速度和角度(方位)。不过，测量的方位是基于惯性原理的，是以初始状态为零（基准）的相对方位。传统的陀螺仪价格高、寿命短、难操作，仅限于船舶、航空、航天领域使用。随着电子技术的发展，新开发的使用压电元件和光纤等的新型陀螺仪，已应用于摄像机的手抖动修正、汽车姿态控制等。陀螺仪的测量原理大致可以分为以下3类：

一是利用惯性和岁差运动的陀螺仪。这种陀螺仪也称为机械式陀螺仪，其利用了角动量守恒定律，即旋转体（陀螺）的旋转轴持续指向惯性空间的某一方向。因为有可动部分，所以制作、维护困难，价格偏高。

二是基于科氏力的陀螺仪。科氏力是给具有速度的物体施加角速度时，在与速度和角速度都垂直的方向上产生的力，利用该原理的陀螺仪有流体式陀螺仪和振动式陀螺仪等。

三是基于萨格纳克效应的陀螺仪。萨格纳克效应是指假设在环状结构的光路内通常有方向相反的两束光，如果使环状光学系统旋转，则在左、右两个方向行进的光的路径产生光路差，汇合时产生相位差。利用该原理制成的陀螺仪有光纤陀螺仪和环形激光陀螺仪等。

③地磁方向传感器。地磁方向传感器相当于测量地球上普遍存在的地磁场的电子罗盘，通过正确测量地磁的水平分量并计算出磁偏角，可以确定农业机械作业时

的方位。一般使用的地磁方向传感器为磁通门型传感器，由高导磁材料的环形铁芯、铁芯上的励磁线圈及缠绕在铁芯外的正交检测线圈构成。铁芯由数千赫兹的交流电过饱和励磁，在铁芯相对部分的检测线圈上感应出由交变磁场产生的磁通密度所引起的电压。

在利用GDS作为导航传感器测量移动物体在水平面上的方向时，正确求出地磁场的水平分量并计算出磁偏角，就可以得到车辆方向。但是，测量微弱的地磁变化会混入检测误差因素。此外，农业机械左右、前后的颠簸与倾斜也会影响方位检测精度。

多传感器融合实现农业机械导航。基于GPS导航和惯性传感器，如光纤陀螺仪和加速度传感器组成的导航系统在农业车辆自动导航中的应用非常普遍。日本三菱公司利用加速传感器和角速度传感器开发了自动水稻种植机械，在0.7 m/s的速度下，它的偏差不超过0.1 m（蒋蘋，2012）。

日本北海道大学结合RTK-GPS和光纤视觉陀螺（fiber optic gyroscope，FOG）传感器，运用传感器融合算法确定FOG偏差以及实时补偿位置误差。根据地理信息系统（GIS）以及导航地图，测试显示车辆在转弯处的耕种最低速度为0.5 m/s，而在进行化学药物喷洒中的最高速度达到2.5 m/s，总体上车辆运行的平均误差为3 cm，最大误差为7 cm，完全满足一般的农田操作需要。该科研小组还运用超声波传感器和红外线传感器研究了车辆自动跟随系统，如图6.13所示，车辆在稻田里的试验性能非常好。

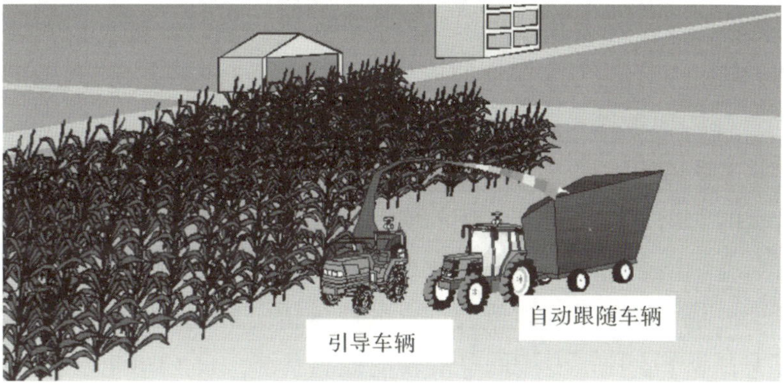

图6.13 车辆自动跟随系统田间作业

日本研究学者使用成本低廉的导航传感器，即地磁方向传感器和陀螺仪，开发了一种具有较高精度的导航系统。利用自适应线性增强装置（adaptive line enhance，ALE）消除地磁方向传感器的噪声，用最小二乘法（least square method，LSM）估算陀螺仪的漂移误差，最后融合这些传感器输出得到精确的导向。地磁传感器虽然价格低，但是它会受到车辆本身磁性的影响而无法测得正确数据。

华南农业大学以智能移动平台为基础研究了基于GPS和电子罗盘的导航控制系统，该系统以比例积分微分（proportion integration differentiation，PID）为输出控制，测试直线偏差和弯道偏差分别在1 m和2 m以内。

6.1.3 农业机械导航控制

农田地面状况较差，农业车辆在作业时，轮胎与地面相互作用的过程复杂，建立比较合理而准确的模型是很困难的。由于农业车辆模型中蕴含着大量信息，可以反映车辆行驶过程中的状态变化，因此应尽量挖掘车辆模型所提供的信息。车辆模型是控制方法的基础，是保证理论分析正确性的前提。同时，对车辆建立精确的数学模型也是提高控制精度的关键。

目前对车辆模型的研究主要集中于车辆运动学与动力学模型。近年来，随着模糊控制、神经网络等智能控制方法在农业车辆上的应用，不需要建立精确的车辆模型就可以达到良好的控制效果。农业车辆的控制方法主要是指对车辆的转向进行控制，即调节车辆的前轮转角以取得需要的横向偏差和方位偏差，实现车辆按预期路径行走。其研究方法主要是设计合适的控制器，它根据车辆定位数据与期望的路径比较得到的定位误差，按一定的控制规律控制车辆按规划的路径行驶。

农业车辆的工作环境较为复杂，有些情况是不可预知的，且经常处于变化中，因此控制器的设计应充分考虑影响车辆运动的各种因素，如电液控制部件、车辆的动力学特征、工作路况和车辆速度等，从而根据车辆的状态和工作环境为转向机构提供合适的控制命令，使车辆沿理想路径前进。目前的控制方法主要有基于运动学模型的控制方法、基于动力学模型的控制方法、基于PID控制的方法和基于智能控制的方法等。

（1）农业车辆转向机构

转向机构的作用是直接控制车辆的实际角位移，使得农业车辆不断调整位置和方向，从而沿理想路径运动。绝大多数现代农业车辆都采用液压操作系统，因此转向机构的自动控制一般都是通过改装现有的液压转向系统来实现的。在美国，许多生产厂家可为农业车辆提供专用的电液转向控制系统。自1978年带有自动导航仪的拖拉机在欧洲的农业生产中出现以来，经过40多年的发展，它已在农业生产中得到广泛应用。它的转向机构也是由电液系统控制的，基本原理是将车轮角位移传感器传回的电信号与理想路径电信号值相比较，其差值即为转向装置需要调节的角位移量，再通过转向控制液压阀控制换向油路实现车辆转向。

华南农业大学以日本久保田SPU60型插秧机为研究对象，该机采用整体液压转向装置。为了在不改变原有转向装置的情况下实现自动转向控制，华南农业大学在插秧机上增加了转向操纵控制器、转向驱动机构和测速及测转向轮偏角传感器。图

6.14为转向控制系统组成结构及实物。转向驱动机构的功能是将电动机经过减速器减速增矩后的转向力矩传递给插秧机转向柱。在减速器的输出轴上安装一个直齿轮，该齿轮和转向柱上安装的齿轮通过链条传动，传动比为1.6∶1，电机和减速器通过螺栓固定在转向柱上。

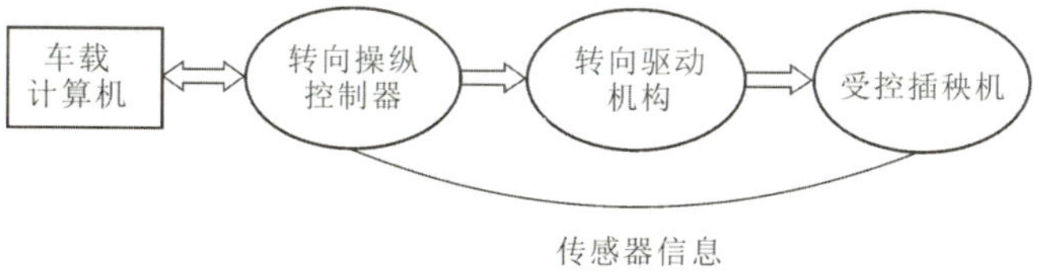

（a）组成结构

（b）实物

图6.14 转向系统组成结构及实物

（2）农业车辆转向控制方法

①基于智能控制的方法。神经网络和模糊控制是当前两种主要的智能控制技术，它们都能模拟人的智能行为，不需精确的数学模型就能解决许多不确定的、非线性的自动化问题。因此，一些学者也将智能控制技术应用于农业车辆的自动导航中。日本北海道大学等应用神经网络和遗传算法建立了具有自学习能力的农业车辆控制系统。在该系统中，农业车辆的运动模型被认为是一个非线性系统。神经网络结构是[5 5 5 3]形式。根据不同的约束条件进行导航路线的优化，对于在平坦路面上行驶的农业车辆，这一模型虽具有很好的控制效果，但它不适用于控制在斜坡路面上行驶的农业车辆。

②基于PID控制的方法。常规PID控制是一种线性控制，其算法简单实用，被大量应用于过程控制中，并取得了较好的效果。

PID控制器有比例、积分和微分3个校正环节：比例环节（P）成比例地反映系统的偏差信号，偏差一旦产生，控制器立即产生控制作用，以减小偏差，比例系数越大，调整速度越快；积分环节（I）可以消除系统稳态误差，其作用的强弱取决于积分常数，但易带来系统的稳定性降低、振荡加剧等负面问题；微分环节（D）反映偏差信号的变化趋势，并能在偏差信号值增大之前，在系统中引入一个有效的早期纠正信号，从而加快系统的动作速度，减少调节时间。

轮式农业机械的转向控制系统是一个目标设定值不断变化的随动控制系统，其快速响应和稳定性是主要问题。PID控制器的比例和微分校正环节对提高该控制系统性能具有一定作用，积分环节可消除系统稳态误差，但会带来稳定性降低等负面影响，对转向控制不利。因此，转向控制系统采用P、D校正环节建立控制器。

图6.15为华南农业大学开发的基于DGPS和PID算法的自动导航插秧机航向跟踪过程中转向控制原理。首先计算实际航向与目标航向的偏差，作为比例微分（proportion differentiation，PD）控制器的输入，自适应PD控制器依据插秧机行进速度在线整定P、D参数，并输出转向轮的期望偏角。实际偏角和期望偏角的偏差作为P操纵控制器的输入，操纵控制器控制转向机构执行动作，实现期望转角，从而达到转向控制目的（张智刚等，2005）。

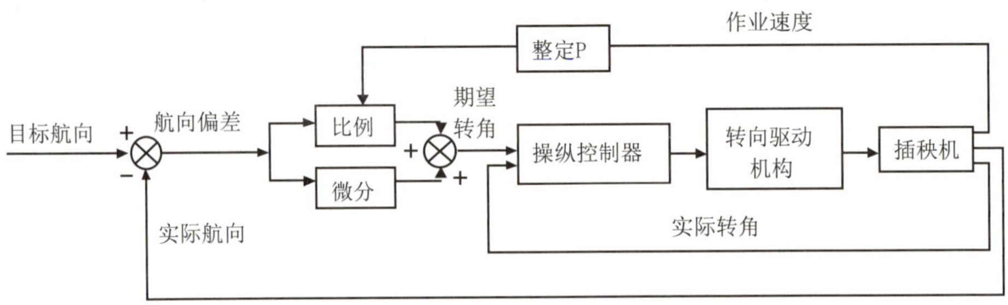

图6.15　转向控制原理

6.2　智能化农业作业技术装备

智能化农业机械（intelligence agricultural machine，IAM）或智能控制系统（intelligence control system，ICS）下的农机具是实现精细农业的重要设备。智能化农业机械首先利用DGPS技术实现精确定位，然后根据处方图生成的智能控制软件，针对农田小区存在的差异自动执行分布式投入决策。

支持精细农业的智能化农业机械主要包括收获机械产量监视器与产量图自动生成系统，如英国福格森公司生产的带DGPS和产量传感器的联合收割机，可按15 m^2小区绘制作物产量分布图，以及自动控制精度平地机，自动控制实现精密播种、精细施肥、精细施药和精细灌溉等定位控制作业的变量处方农业机械，实施机载农田空间信息快速采集的机电一体化农业机械等。由于精细农作应用技术的发展，目前国内外已有多种商品化的变量处方投入的各类农业机械在生产和使用，其中较成功和效益较好的有施肥、喷药和播种等。

6.2.1　拖拉机自动驾驶系统

目前传统的农机作业完全依赖驾驶员的驾驶经验，在直线度和结合线的精度上很难得到保证，尤其在地块较大的情况下，偏航的情况在所难免，返工直接造成生产成本加大和地块利用效率降低。农业卫星导航自动驾驶技术应用在田间作业的农业机械上，可以保证实施耕地、起垄、播种、喷药、收获等农田作业时衔接行距的精度，减少农作物生产投入成本，并使农作物的种植农艺特性优化，提高作业质量，降低成本，增加经济效益。

劳动力成本越来越高，而且每年都要花费更多的时间和精力来做拖拉机操作手的技术技能培训，无形中加大了农业生产中的投入成本。农业卫星导航自动驾驶技术的应用大大降低了对拖拉机操作手技能的要求，而且在农田内，操作手不用关注牵引机械的方向盘、行走方向，可以有更多的时间来关注农具的工作状态（如播种机内的种子量、打药机内的农药量等），降低了操作手的作业疲劳度，提高了田间作业质量。尤其是在耕种期和收获期，农业卫星导航自动驾驶技术的使用可以实现牵引机械在一天24小时内始终如一的自动驾驶。作业时间不受白天、黑夜的困扰，大大提高了机车的出勤率和时间利用率。

基于北斗卫星导航系统的拖拉机自动驾驶系统，利用卫星定位、机械控制、惯性导航等技术，使农机按照规划好的路线，自动调整行进方向，可适用于开沟、耙地、播种、插秧、起垄、施肥、喷药、收获等各种农业作业环节。自动驾驶导航系统由北斗卫星接收机、显示器、摄像头、角度传感器及电动方向盘组成，如图6.16所示。

图6.16　华测导航公司的领航员NX510自动驾驶导航系统

北斗卫星接收机安装在拖拉机顶棚上，用以接收定位卫星信号，定位出机械当前位置、速度等信息；接收机中的惯性导航模块实时测定车身的倾斜角度，并进行地形补偿；同时接收基准站播发的修正参数，将定位精度提高至1～2 cm。显示器中录入规划路径，接收车载卫星定位组件提供的位置、速度信息并自动与规划路线进行反算，然后计算出合理转向方式，并发出指令，控制自动控制组件。电动方向盘根据指令，控制车辆转向，最终实现自动控制。

自动驾驶导航系统将卫星定位、决策支持以及自动控制有机结合，基准站和车载卫星定位组件结合，实时、高精度地测出车辆当前位置、速度等信息并提供给决策支持组件；决策支持组件反算出当前位置与规划路线的偏差并控制自动控制组件，进行合理的转向调整，最终实现自动控制。各个组件各司其职，完成既定的工作目标（韩子行，2016）。

6.2.2 精细变量施肥机

土壤养分在田间分布存在差异，这也是变量施肥的客观基础。传统的施肥方法是在同一块农田内均一施肥，这是肥料浪费和环境污染的根源之一。变量施肥技术是精确农业的重要组成部分，它根据作物实际需要，基于科学施肥方法（如养分平衡施肥法、目标产量施肥法、应用电子计算机指导施肥等），确定对作物的变量投入，即按需投入。实践表明，实施按需变量施肥，可大大提高肥料利用率，减少肥料的浪费以及多余肥料对环境造成的不良影响，因此其经济、社会和生态效益显著。

国外已研制出监测土壤肥力的实时传感器，它在应用作业中切入的两个圆盘犁刀之间加入电位差，使在两个圆盘犁刀之间的土壤形成电磁场，由于电磁场的性质受土壤特性的影响，因而产生可以控制并调整肥料投入数量的信号，最终通过排肥管道的调节电磁阀门实现肥料的变量投入。土壤特性由土壤类型、有机物含量、土壤阳离子交换能力、土壤湿度和硝酸盐的氮肥水平组成。氮肥实时投入量的控制信号由传感器输出、农艺学要求和产量目标综合决定。

美国GreenSeeker生产的作物含氮量检测施肥系统可装备在田间施肥机械上对作物不同时期的含氮量进行在线监测，将实时监测的含氮量结果与电子地图内叠存的数据库处方进行比对，可对不同田块区域内作物的施用氮肥量进行调整。图6.17为美国俄克拉荷马州立大学（Oklahoma State University）研制的装备了GreenSeeker含氮监测仪的施肥机。

图6.17　装备了GreenSeeker含氮监测仪的施肥机

如图6.18所示，该施肥机可按田块的不同需要，有针对性地撒施不同配方及不同量的干粉混合肥。具体工作过程如下：田间各局部所需的肥料、农药和微肥的比例及单位面积用量，都已事先存入微处理器中，根据扫描田间地图，计算机将信息送往电液阀，以控制由肥料斗经计量轮排出的肥料量。肥料落入不锈钢输送链，然后被带到混合搅龙，在此用注入泵将农药注入，同时微肥从微肥斗撒落其中。上述混合物（肥料、农药）落到水平短搅龙里被进一步搅拌并推送到竖直搅龙。混合物升运到顶后被双刮板送到分配头，然后进入20个分立的输送管中。混合肥此时到达文丘里喷管与空气流混合。该气流由液压驱动鼓风机产生并被分送到空气多路歧管，压力升高气流加速将混合肥料带到不锈钢杆管和喷嘴处随即以扇形撒向地表。

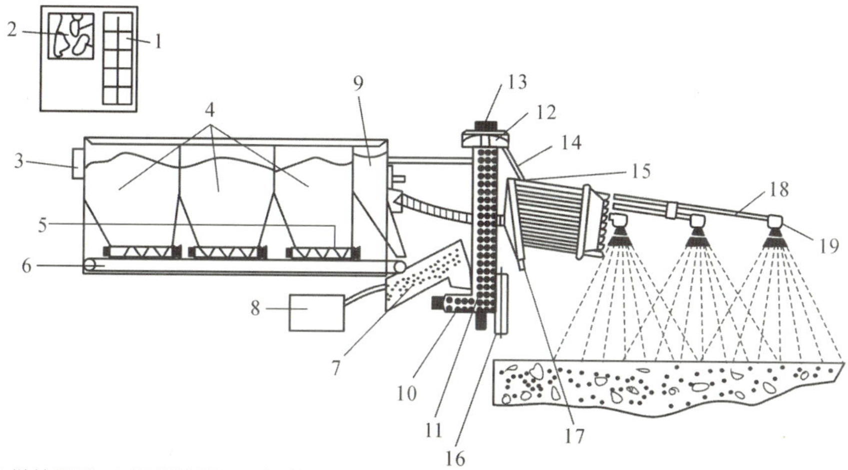

1.微处理器；2.田间地图；3.电液阀；4.肥料斗；5.计量轮；6.输送链；7.混合搅龙；8.注入泵；9.微肥斗；10.水平短搅龙；11.竖直搅龙；12.刮（浆）板；13.分配头；14.输送管；15.文丘里喷管；16.鼓风机；17.空气多路歧管；18.杆管；19.喷嘴

图6.18 精细变量干粉混合施肥机

6.2.3 精细变量喷药机

农作物的田间管理过程中，病虫草害一直是影响农作物生长的主要因素。目前，大田的病虫草害防治采取的主要方法有农业生态防治、生物防治和化学防治。其中，农业生态防治和生物防治见效慢，大部分病虫草害主要还是依靠化学防治方法进行及时控制。长期大量、大规模使用化学农药不可避免地增加了农业投入，带来了草害虫的抗药性、次生性害虫的爆发、环境污染、农药残留超标等令人担忧的生态与农产品安全问题。因此，人们越来越感受到限制农药使用量的重要性，进行精细喷洒农药，减少环境污染。

精细变量喷药机在技术上要解决的三大问题是：喷雾流量的控制与雾滴大小相互影响，喷药量受行驶速度的影响，小区药量及雾滴大小不能按处方图要求定位调节。图6.19为装备了GPS的精细变量喷药机。

图6.19　装备了GPS的精细变量喷药机

国外研制的光反射传感器，利用棕色土壤和绿色作物叶子能反射不同波长光波的特性，可用于辨别土壤、作物和杂草。利用反射光波的差别，可用于鉴别缺乏营养或感染病虫害的作物叶子。变量施加除草剂有两种方法：一种是事先用杂草传感器绘制出田间杂草斑块分布图，然后综合处理方案，给出杂草斑块处理电子地图，由电子地图输出处方，通过变量喷药机械实施；另一种是利用杂草检测传感器，随时采集田间杂草信息，通过变量喷洒设备的控制系统，控制除草剂的喷施量。研究表明，通过处方变量投入，除草剂的施用量可减少40%～60%（籍俊杰等，2012）。

PATCHEN公司生产的Weeds Seeker PhD600为应用半导体二极管光反射传感器的农药变量供给系统，它以发光二极管为光源，光电二极管接收并分析反射的光波数据，产生信号并控制喷药喷嘴阀。只有当杂草出现时，才喷洒除草剂以减少除草剂的使用量。

喷药量和雾滴大小的控制系统基于改进的脉宽调制技术（pulse width modulation，PWM），该系统的进一步完善，是根据事先绘制好的田间喷药（处方）图的要求和GPS对喷药机的田间定位，来独立调节药量和雾滴大小。如图6.20所示，一个差分GPS接收器提供地速和行驶距离数据存入机载计算机。该计算机根据用户事先设定的喷药量和雾滴大小田间分布图，来决定田间逐个位置喷药的流量和压力。压力控制回路是由一个电液控制阀及离心喷雾泵改进而成的。压力的设定值通过闭环控制器的机载计算机给定。商品流量控制器保持着流量的闭环控制。流量的设定被输入的行驶速度值自动调节。该系统安装在喷药拖车上，流量可调范围达4∶1，而压力变化为70～700 kPa，响应速率达1～2 Hz。

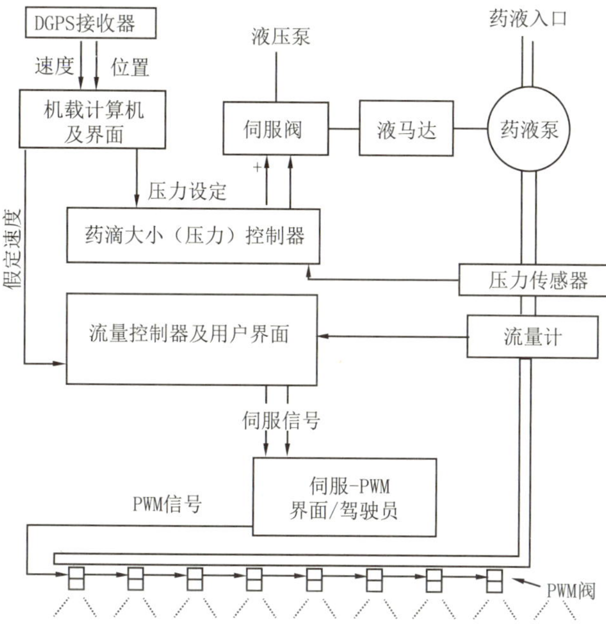

图6.20　流量及雾滴大小调节的变压控制器

基于杂草分布图的控制策略，存在实时性问题，当杂草分布图准备好时，田间状态可能已改变。将机器视觉检测和定位成行作物用于田间作业，已成为国内外学者研究的热点。从20世纪90年代开始，一些发达国家（以美国、日本为代表）已经开始研究面向农业生产的农药可变量应用（饶洪辉，2006）。经过多年的探索，目前较为成熟的有基于地图的和基于实时传感技术的农药变量喷洒系统，即利用机器视觉实时获得杂草空间分布信息，仅对杂草丛生的区域喷施所需数量的药剂，这样的系统更有效率，且对环境危害最小。基于机器视觉控制的喷药机的设计，如图6.21所示。

（a）机器视觉传感器安装

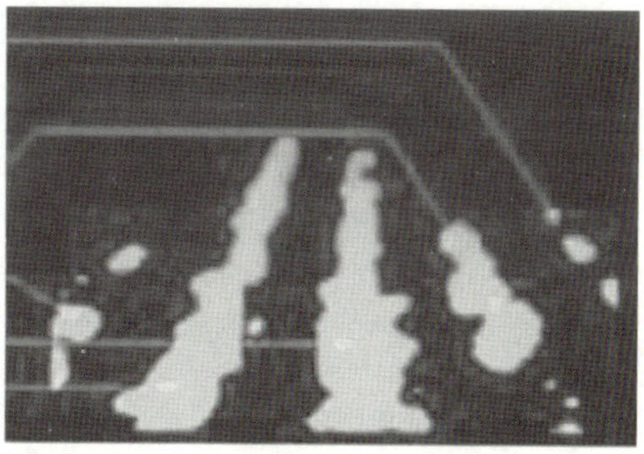

（b）基于机器视觉检测杂草结果

图6.21　基于机器视觉技术的精确田间虫害控制系统

视觉系统中包括多个摄像机，每个摄像机辨识一行作物，多个摄像机获得的多幅图像在被计算机处理前合成一幅独立的图像（512像素 ×480像素）。摄像机位于喷施杆前1 m处，通过这种方法，喷药机前方狭长形面积可以以较高分辨力被感知而不必增大图像的尺寸。在改进模型中，使用2个摄像机，每个摄像机拍摄田间2行作物，则4个摄像机可以拍摄8行作物。QuadraSplit 421SS型视频分离器可将4幅分离的视频帧组合形成1幅合成的视频图像。为了减少对植物分割的图像处理时间，可使用近红外线滤波器产生高对比度的植物图像。有了滤波器，CCD摄像机对700 ~ 1100 nm范围内的反射光是敏感的。主要的图像处理机是一台便携式田间计算机，为Pentium 133 MHz CPU。通过一系列接口与计算机相连的是一个可编程的16位、25 MHz CPU的工控机，用于喷药机速度传感和电磁阀控制。田间图像的获取使用一台高速CX-100型接收器。

传统的化肥撒施喷药机上，喷嘴间距和喷杆高度的选择主要依据总体的喷施模型的一致性要求。而对于新型精确喷药机，传感系统空间分辨力被认为是选择喷嘴间距的主要因素，每个喷嘴单独控制。每个喷嘴覆盖的田间带尺寸应该是相等的，或者稍大于视觉系统的检测带。喷杆高度可调整，以便图像视觉面积和喷施重叠量能够很好地适应作物状况。试验时，喷药机前进速度为1.6 ~ 5 km/h，利用一个8 mm的视频磁带记录器将田间植物和控制决策的图像组合成一个图像（通过一个图像分离器）被实时地记录下来，所提供的数据用以测试系统的精确性，如图6.22所示。

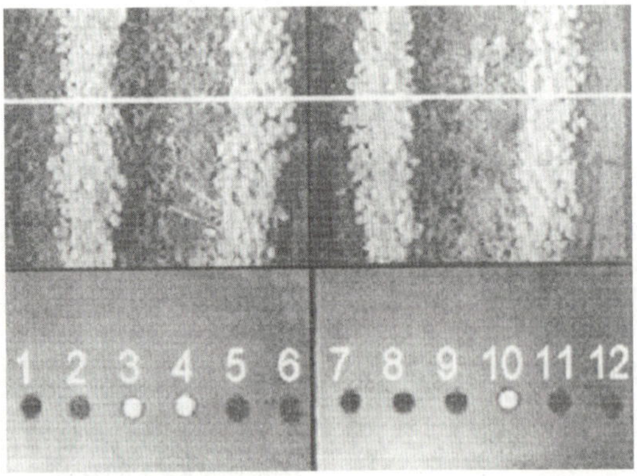

图6.22 田间图像与控制响应实例

注：图中水平线以上是处理过的图像部分，喷杆上12个喷嘴用标有数字的LED表示，当LED亮，相应的喷嘴进行动作。

在喷雾机精确喷雾作业中，喷雾目标的准确识别与检测是一项重要的工作。欧洲ISAFRUIT项目资助开发了一种新型的多通道对靶风送式喷雾机，该型喷雾机具备基于超声波传感器的作物识别系统（crop identification system，CIS），该系统在拖拉机以2 km/h、4 km/h、6 km/h、8 km/h的速度行进中准确地识别喷雾目标，并控制喷头的开启与关闭，实现精确喷雾。该型喷雾机的外观以及可控喷头局部放大，如图6.23所示。

（a）喷雾机外观　　（b）可控喷头局部放大

图 6.23　多通道对靶风送式喷雾机

6.2.4　精确变量播种机

精密播种是指按精确的粒数、间距和播深，将种子播入穴孔中，可以是单粒精播，也可以是多粒播成一穴，但要求每穴粒数相等。精密播种可以节省种子，且不需间苗，与普通播种相比，种子在播深、播量、播距等各环节都做到了精确控制，因而更有利于种子的生长发育，提高作物产量。精密播种机是实现精密播种的主要手段，而排种器是播种机得以实现精密播种的核心部件，是决定播种机特性和工作性能的主要因素。排种器的工作机理和结构是否合理将直接影响播种机的播种精度、播种速度、制造成本以及对种子的适应性等各个方面，因此有必要对精密播种技术进行研究与创新，以进一步提高精密播种质量。图6.24为精确变量播种机。

图 6.24　精确变量播种机

在精细农业模式下，为了适应GIS提供的不同地块的播种期土壤墒情，土地生产能力（参考产量图）等条件的变化，精密播种机要进行以下的调控，如图6.25所示。

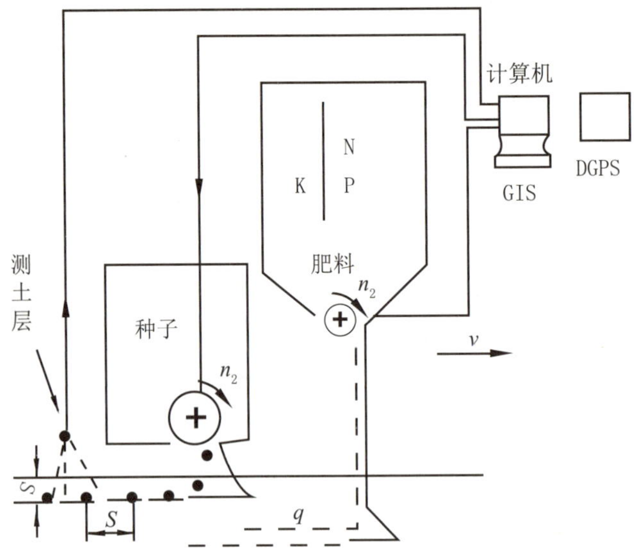

图6.25 精密播种机示意

(1)播种量(即粒距S)的调控

根据地力和预期产量调整排种轮转速n_1，控制播种量（S）以期取得不同的单位面积保苗株数。

(2)开沟深度(或种子覆土深度δ)的调控

根据土壤水分、温度和种子特点调整开沟器相对地表的高度，并且控制覆土深度δ保持一个要求的稳定值，在此要有相应传感器检测覆土深度δ。

(3)施肥量(甚至肥料组成)的调控

根据土质、作物品种、密度等条件变化，通过改变排肥器转速n_2或出肥口调控单位面积施肥量q，必要时可调控肥料含量的组成(如N、P、K等)。

播种机工作时，由DGPS确定播种机所在位置，通过GIS了解该位置土壤、水分、产量能力等条件，由计算机计算确定所需的粒距S、施肥量q和覆土深度δ，并发出指令通过执行机构控制这3个参量。为了保持δ稳定，还要有检测装置随时检测δ偏离预定值的情况，并进行反馈控制。播种机要根据小区的土壤湿度、肥力等因素进行播种深度、播种距离和播种量的调整。由于土壤湿度经常变化，可在播种机上装配能实时测定土壤湿度的传感器，然后根据小区土壤湿度的高低，实时调整种子的播种深度以提高发芽率，或根据处方图的信号按小区实施播种距离和播种量的调整。

西南农业大学(现为西南大学)研制的电磁振动式排种器控制系统，应用在水稻穴盘精量播种机上，穴播量1～3粒的合格率达90%以上。其硬件电路由光电传感器、红外发射接收电路、光电位置传感器及其放大电路组成，利用光电一体化闭环控制技术实现了电磁振动式排种器的控制。光电传感器及红外发射接收电路用于检测种子是否存在；光电位置传感器用于检测秧盘及其孔穴的位置；单片微机控制器用于采集各传感器输出信号，并根据要求给出相应的控制信号，使精密播种装置的各个工作部件相互协调动作，排种器每次只排出一粒种子，播种精度较高，达到了精密播种的效果。

德国阿玛松（Amazone）公司出品的精确变量播种机，是在其气力式ED型精播机基础上改进而成的。其排种轮由电子－液压马达驱动，可根据机载计算机Amatron Ⅱ A发出的指令进行无级调速（见图6.26），使得每平方米面积上的播种量满足处方图的要求（郑宇光等，2010）。为达此目的还要在配套的DGPS装置引导下进行田间作业。

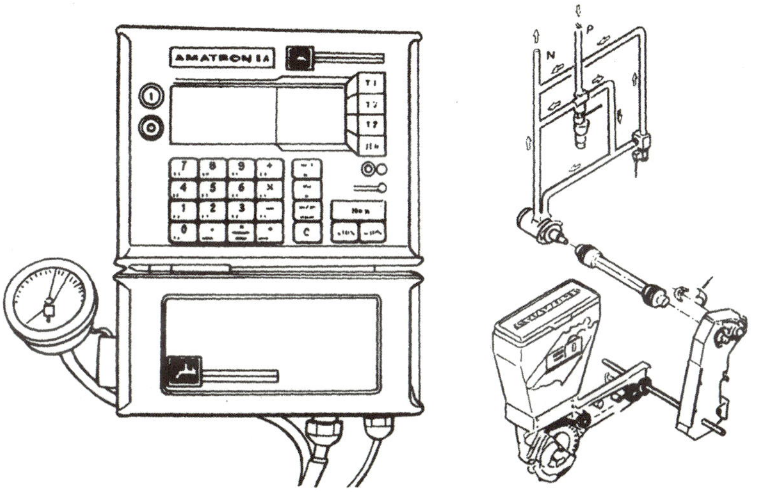

图6.26 电子－液压控制变量排种系统

按田块各局部参数（肥力、墒情、土质差异）的不同实际需要，在播种作业中随时精确调节播种量和播深，可望达到整块地出苗整齐、苗壮之目的。

6.2.5 精确变量处方灌溉设备

在大面积旱田中，采用大型喷灌设备，与漫灌相比，可以大量节约用水，并且省工、省时。利用调整喷灌机械的行驶速度、喷口大小和喷水压力等都能进行喷水量的控制，可以根据地块和作物的要求，进行适时适量的喷水。国外的自动灌溉管理系统可在几周前根据不同的作物生长期、土壤和地貌情况的要求，在规定的时间，按不同地块的要求，洒入不同量的人工降雨。在大型平移式喷灌机械上加设GPS，利用存放在GIS中的信息和数据，通过处方，可实现人工降雨的变量投入。图6.27为变量处方灌溉设备。

图6.27　变量处方灌溉设备

现以美国爱达荷州阿伯丁一个圆形变量喷灌系统为例加以说明。该系统采用主从微处理器分布式控制，使得臂长达392 m的喷灌机得以随时调节喷洒流量，以适应各田块因土壤质地、耕作层厚度、地形以及产量潜力不同对水分及农药的不同需求（方慧，2003）。该系统的优点是安全可靠、方便使用、节约用水、节省农药、节能，如图6.28所示。系统仪表包括两支0 ~ 100 PSI压力传感器和0 ~ 1000 GPM流量计。以电子控制变速驱动供水泵和药液泵来调节流量，该分布控制系统采用了载波传感多路存取冲突避免（carrier sense multiple access with collision avoidance，CSMA-CA）双向网络，直接经由480 V交流动力电网通信。

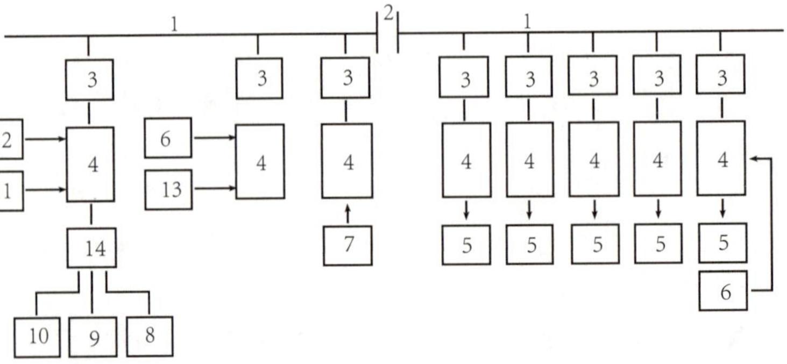

1.三相480V交流电；2.转动枢轴；3.动力线插座；4.从属微机及网络通信；5.阀控制器；6.压力传感器；7.位置编码；8.串行接口；9.键盘；10.液晶显示；11.水泵变速驱动；12.流量计；13.药液泵变速驱动；14.主机

图6.28　精确变量灌溉控制系统

6.3　具有测产功能的谷物联合收获机

现代谷物联合收获机由于采用自动监测和自动控制技术，已具有以下几个功能：割茬高度自动控制、脱粒喂入量自动控制、收割台自动仿形、谷粒损失率监测和显示等；自动监测并显示作业速度、脱粒滚筒转速等运行参数；故障诊断及报警；计算和统计作业面积、耗油率及产量等。由于精细农作定位的要求，谷物联合收割机产品已装有卫星定位系统接收机和能采集、计算以及统计产量的各种传感器，利用监测和处理的数据，可在专用计算机上利用软件生成小区产量分布图，并通过彩色显示器向驾驶员显示或由打印机打印出彩色产量分布图，为实施精细变量处方农作打下基础。图6.29为带有产量传感器的联合收割机。

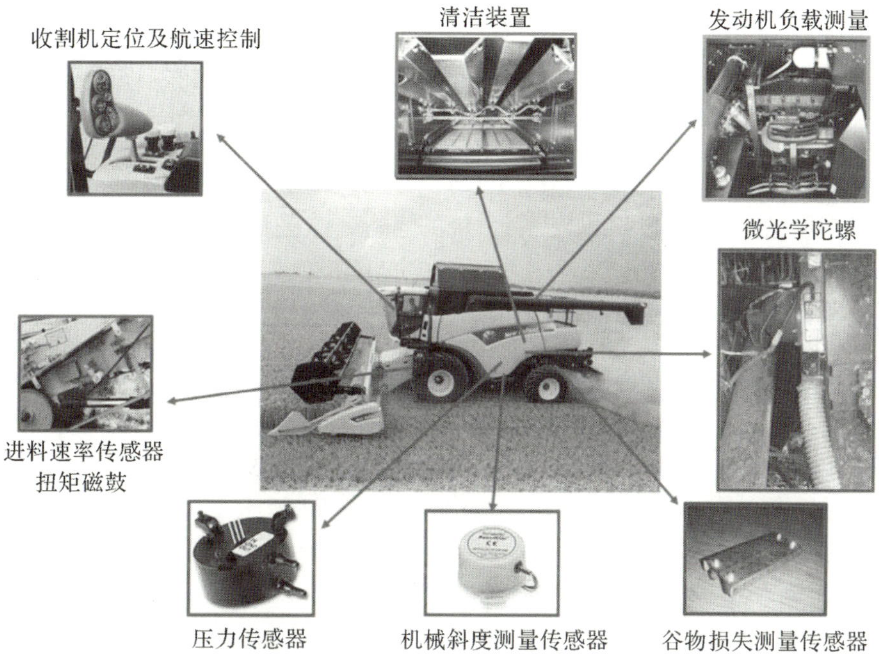

图6.29　带有产量传感器的联合收割机

传统田间测产方法：单产量=总产量/地块亩数。

精细农业田间测产方法：单产量=（谷物质量流量-水分含量+损失量）/（收割机行驶速度 × 割幅宽度）。

6.3.1　结构原理

谷物联合收割机智能测产系统是基于DGPS技术、传感器技术和微处理器技术的集成系统。系统主要包括主控单元、CF卡、差分全球定位系统、一系列传感器（如流量传感器、含水率传感器、速度传感器、割台高度传感器等），如图6.30所示。

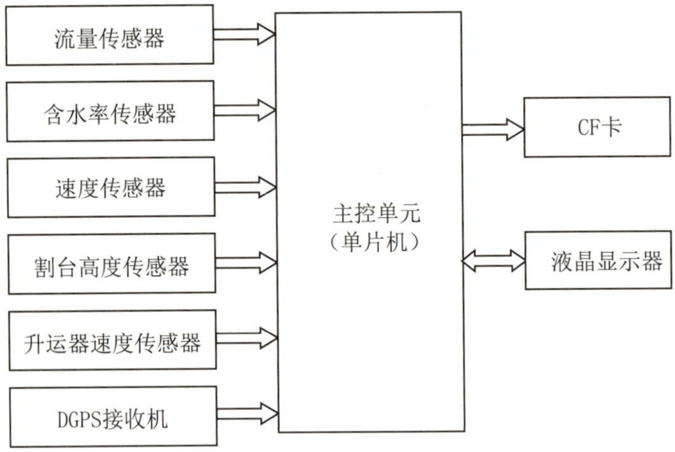

图6.30　联合收割机智能测产系统总体结构

当智能测产系统工作时，一系列传感器实时测得单位时间谷物质量或流量、谷物含水率、机器前进速度、割台高度、运粮升运器提升速度，同时向控制显示终端传送数字或模拟信号，据此可以计算谷物单位面积产量。DGPS接收机输出每一测试点的经纬度值、割台高度信号控制系统的运行，这些信号通过控制终端显示处理，并且可通过CF卡记录和存储这些数据，再经过后台处理，用产量图软件生成谷物产量图，最终用于指导精细农业生产实践。相应传感器在联合收割机上的布置，如图6.31所示。

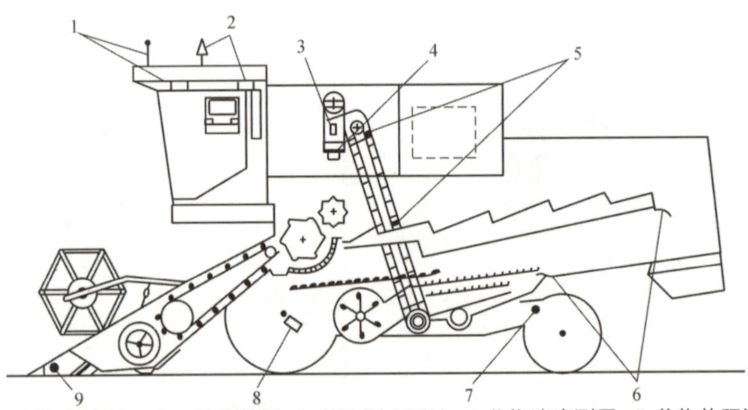

1.DGPS接收装置；2.GPS接收装置；3.谷物湿度测量；4.谷物速度测量；5.谷物体积流量测量；6.谷物损失测量；7.转向角度测量；8.距离/速度测量；9.割幅测量

图6.31　相应传感器在谷物联合收割机上的布置

6.3.2　谷物联合收割机产量传感器和部件

谷物产量是指在一定时间间隔内单位面积农田内收获的谷物总的质量或体积。要确定产量，必须测定两个参数：一是收获谷物的质量，二是收获农田的面积。这样就可计算出单位面积的谷物产量。测量点的位置通过DGPS系统可测定。装有产量传感器等部件的谷物联合收获机，主要有DGPS接收器，谷粒流量、谷粒湿度、作业行驶速度、收割台提升位置等监测传感器，电子监控显示器等。

（1）谷粒流量传感器

获取农作物小区产量信息，建立小区产量空间分布图，是实施精细农业的起点，它是作物生长在众多环境因素和农田生产管理措施综合影响下的结果，也是实现作物生产过程中科学调控投入和制定管理决策措施的基础。为此，我们需要在收获机上装置DGPS卫星定位接收机和收获产品流量计量传感器。通用的DGPS接收机，可以每秒给出收获机在田间作业时DGPS天线所在地理位置的经纬度坐标动态数据，流量传感器在设定时间间隔内（机器对应作业行程间距内）自动计量累计产量，再根据作业幅宽（估计或测量）换算为对应时间间隔内作业面积的单位面积产量，从而获得对应小区的空间地理位置数据（经纬度坐标）和小区产量数据。这些原始数据经过数字化处理后存入智能卡，再转移到计算机上采用专用软件做进一步处理。实际上，产量空间分布数据处理是一个复杂的过程，但可以通过专用软件快速完成。例如，GPS接收机指示的天线位置动态数据与割台收割作物的即时位置，因机器结构不同而有空间上的差异；谷物流量传感器通常是安装在脱粒、分选、清粮过程后的净粮输出部件上，要反映作物田间对应位置的产量计量数据，需要考虑到收获机的结构尺寸内物流工艺设计、作业速度等多种因素，可通过建立数学模型来做出估计。由于收获时谷粒的含水量不同，所以收获时还需要同时测量谷粒的含水量，以便在数据处理时换算成标准含水量以对单产水平进行评估。迄今，用于小麦、玉米、水稻、大豆等主要作物的流量传感器已有通用化产品，关于棉花、甜菜、马铃薯、甘蔗、牧草、水果等作物的产量传感器，近几年已做了许多研究，有的已在试验使用。

国外从20世纪90年代开始研究谷物联合收割机产量监测系统及配套的谷物流量传感器。联合收割机测产系统使用的谷物流量传感器可分为称重式、容积式、冲击式、间接式四类。近年来的新发明和设计仍属于这四大类。各种谷物流量传感器及其特性如下。

图6.32为称重式谷物流量传感器。根据具体结构，称重式谷物流量传感器又可分为谷仓称重式、升运器称重式、搅龙称重式等。

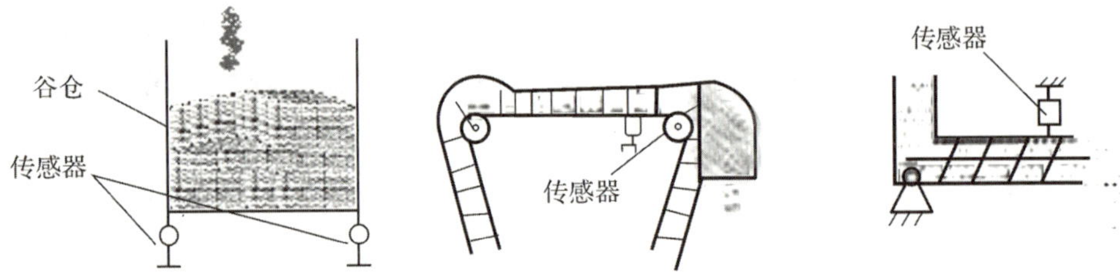

（a）谷仓称重式　　（b）升运器称重式　　（c）搅龙称重式

图6.32　称重式谷物流量传感器

谷仓称重式谷物流量传感器通过2～3个荷重传感器测量整个谷仓单位时间的重量变化，从而测定谷物的瞬时产量。此方法要求整个谷仓与联合收割机不直接接触，安装比较困难，在联合收割机倾斜的时候会导致一定的测量误差，同时因为要称量整个谷仓的重量，要求荷重传感器的量程较大，所以测量精度受到限制。

升运器称重式谷物流量传感器需要把传统的升运器改装为三角形升运器，水平输运部分一端以铰链固定，另一端用荷重元支撑，测量荷重元输出的信号即可测得谷物的流量。实验表明，在同一地块同一天标定后，其最大误差为-6.72%，安装这种传感器需要对收割机的结构做较大的修改。

搅龙称重式谷物流量传感器需要把搅龙的一端用铰链支撑，搅龙的中间挂在一个电子称重单元上，通过测量搅龙和谷物的动态总重量来计算流经搅龙的谷物流量。此方法也需要修改联合收割机谷物运输系统的结构。

图6.33为容积式谷物流量传感器。容积式可分为谷仓测高式、转轮容积式、刮板光电容积式等。

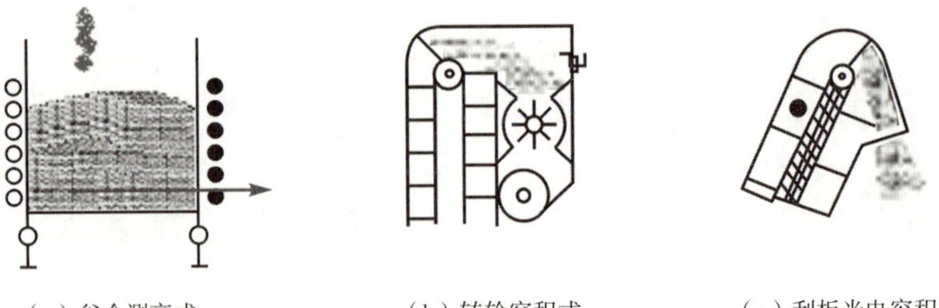

（a）谷仓测高式　　（b）转轮容积式　　（c）刮板光电容积式

图6.33　容积式谷物流量传感器

容积式谷物流量传感器可以测定一定时间间隔内通过谷物的容积或通过固定容积的时间。转化成质量流量时，还需要测定谷物的密度，谷物的密度又与作物种类、生长条件有关，要得到准确的谷物质量流量，我们需要在每一个地块都重新测量谷物密度。光电式容积传感器通过测量谷物在刮板上的堆积高度来估测刮板上的谷物容积。联合收割机的姿态和行进方向都会使谷物堆积的形状发生变化，导致测量误差也比较大。另外，不同谷物种类和不同含水率的摩擦系数不同，也会导致堆积形状发生变化。使用一维光电容积式谷物流量传感器测量的体积最大误差达13%，使用二维光电容积式谷物流量传感器并用分段线性回归模型测量的容积最大误差可减少到9%。

冲击式谷物流量传感器，如图6.34所示。根据结构的不同可分为曲面冲击式、检测手指式、节流管冲击式和弯管冲击式等多种形式。

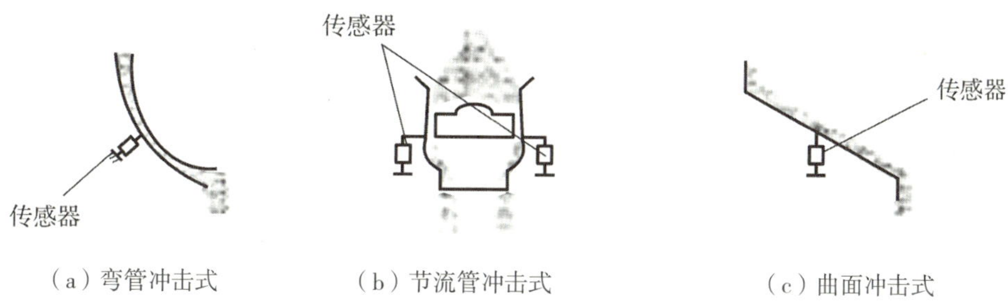

图6.34 冲击式谷物流量传感器

间接式谷物流量传感器，如图6.35所示。间接式谷物流量传感器主要有电容式、射线式和Coriolis式三种。

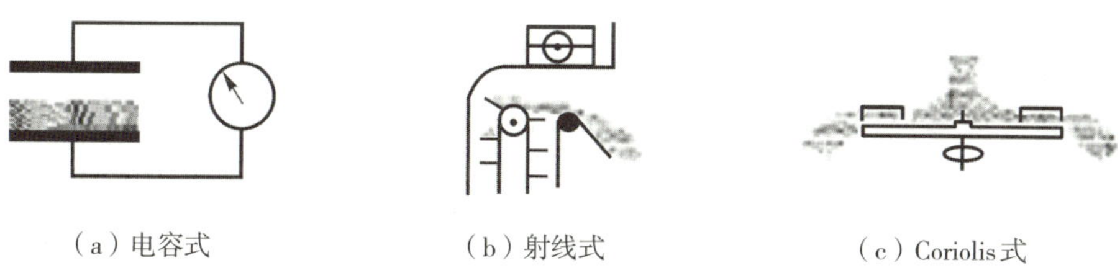

图6.35 间接式谷物流量传感器

电容式谷物流量传感器利用平板电容之间的介电特性测量谷物流量。但是谷物的介电常数除了与谷物流量有关外，还与谷物的含水率和谷物种类相关，所以每种谷物必须单独标定，且标定曲线是非线性的。

利用谷物对γ射线的吸收特性制成γ射线谷物流量传感器，在对不同的谷物单独标定之后，误差一般不超过1%，且不受谷物含水率的影响。

X射线式谷物流量传感器利用谷物对X射线的吸收特性测量谷物的流量，当谷物的含水率在15%～25%时，传感器输出的信号与谷物流量的相关性大于99%。为了防止X射线泄露，传感器需要5 mm的钢板作屏蔽，传感器不工作时不产生X射线。

目前应用在谷类作物收割机上的产量传感器主要有三种类型：冲击式流量传感

器(见图6.36(a))、γ射线式流量传感器(见图6.36(b))和光电容积式流量传感器(见图6.36(c))。它们分别用于约翰·迪尔公司、凯斯公司和爱科集团等公司的精细农业谷物联合收割机产品上。冲击式流量传感器计量误差在3%以内，基于γ射线穿过谷粒层可引起射线强度衰减，从而监测谷粒在粮道内通过的数量，加上谷粒通过传感器时的速度，便可测定出谷物的流量，其计量误差不超过1%。

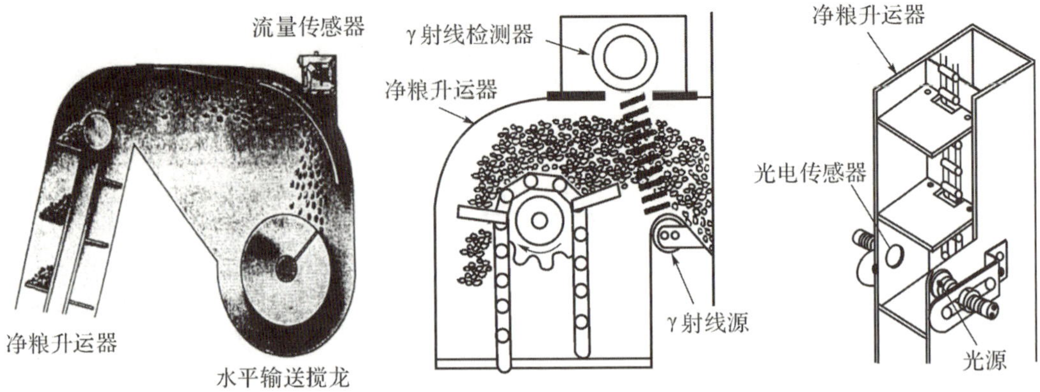

（a）冲击式　（b）γ射线式　（c）光电容积式

图6.36 谷物流量传感器工作原理

（2）谷物水分传感器

谷物水分传感器采用电容传感器作为测量器件。电容传感器是将被测非电量的变化转化为电量变化的一种传感器。它具有结构简单、分辨力高、可非接触测量，并能在高温、辐射和强烈震动等恶劣条件下工作的优点。如图6.37所示，电容传感器的检测原理是将被测谷物放入传感器两极板间的介质空腔。谷物含水量不同，可使电容传感器的相对介电常数发生变化，即引起电容值变化，从而测出谷物的水分含量。由于所测的谷物为颗粒形状，其装入容器中存在许多气隙且介电常数较小，所以其传感器的极板有效面积较大。

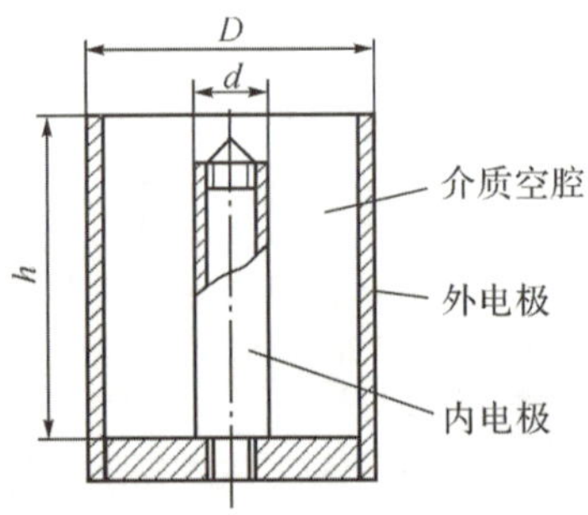

图6.37 电容传感器结构

收获机上应用的谷粒含水量测量，均按极板式电容传感器原理设计。由于单位体积谷粒质量随其含水率的变化而变化，谷物水分含量直接影响物料的安全储藏和贸易定级，因此储藏、贸易过程中的水分检测十分重要。国家在谷物收购过程中开始推行收购统一化、标准化，其中就包括谷物水分检测的标准化。公认的谷粒标准含水率为15.5%。谷物收获时一般含水率较高，容易造成谷物发热、发酵、变质和发芽率下降以及计算产量的较大误差。因而收获时必须进行谷粒含水率测量，以便折算其在标准含水率下的谷粒质量及为后续谷物的烘干提供原始数据。所以，在产量监测系统内还包括一个谷粒湿度传感器，它采用电容极板式，安装在净粮升运系统靠近谷粒流量传感器附近，利用高频电流测量电容器两平板间谷粒的介电常数，便可检测谷粒的含水率。当然，我们在使用前需用常规的谷粒湿度仪进行标定。

（3）行驶速度传感器

计算谷物产量必须监测联合收获机行驶速度。传统的行驶速度靠测量驱动轮轴转速和驱动轮直径计算得出，但由于驱动轮与地面之间产生滑转以及驱动轮直径随负荷质量大小而变化等因素，所得速度与真实行驶速度有一定的误差。当前多采用雷达和超声测速传感器。雷达利用微波，超声则利用高频声波，当波束射到地面反射后被接收的波频率发生变化，由此便可测算出行驶速度。为避免地面有作物残渣等影响测量精度，联合收获机常将传感器安装在收获机机架靠近地面且在收获机前轮压过的平道上的位置。行驶速度也可由GPS定位系统信号计算得出，但其精度受GPS定位精度的影响。

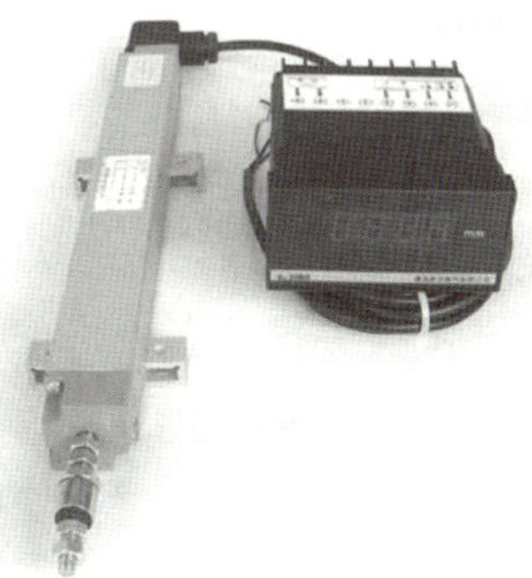

图6.38 SL 2000位移传感器

（4）收割台提升位置传感器

收割机在地头转弯时或经过没有作物的田间作业通道时，收割台将停止工作而升高，由提升位置传感器发出信号，可以自动暂停作业面积的统计计算。图6.38为一种位移传感器，它可以安装在收割台上用于控制收割台提升高度。

对于收割台提升传感器来说，因每个传感器、数显表的灵敏度稍有不同，使用前必须调整标定。此外还有机械式行程开关位置传感器，如图6.39所示。这种传感器的缺点是，在收获这种工作环境中容易受到粉尘的影响而失灵，另外在设置提升高度时需要手动安装来设定工作高度，使用起来不方便，虽然其价格低廉，但在谷物收割机中很少使用。

图6.39 几种常见的机械式行程开关

（5）电子监控显示器

电子监控显示器安装在驾驶室内，使驾驶员容易监控机器作业的状态，它与计算产量的所有传感器都有电路连接。显示板附近还附有输入键盘，需要时，驾驶员可以手动输入或选定某些数据（如设定割幅宽度、设定收割台提升高度等）和需要的某些标记（如“地块A”“北40”“作业1”等）。显示板上也可显示谷粒含水率、瞬时产量、某块地的平均产量、收割作业面积、行驶速度以及DGPS接收信号的质量等数据，供驾驶员参考。监控器还具有计算处理或存储各种数据的功能。

（6）GPS全球卫星定位系统

为测量统计某一地块各小区的产量，必须在收获作业的同时，利用GPS定位系统同步监测田间各小区的位置。通用GPS接收机可以每秒输出1个三维定位信号，并以行驶距离为单位划分田间小区及计算其产量，小区的田间位置必须同步由接收机输入产量监控器。GPS可以通过差分信号进行校正以提高定位精度。

6.3.3 产量图的形成

有了小区位置、谷粒流量、收割宽度和行驶速度等数据以及单位换算和标定等系数，产量监控器可使用软件计算统计瞬时产量、小区平均产量、每公顷平均产量等数据。这些数据可以写入个人计算机存储卡国际协会（Personal Computer Memory Card International Association，PCMCIA）数据卡。产量数据的采集、存储和生成产量分布图的过程，如图6.40所示。操作员可将IC智能卡由产量监控器取出，插入掌上或PC端的IC读卡机槽内，计算机读入数据后，可以通过专用的软件汇总生成各种产量统计数据和数据库，并可由彩色打印机打印出某一地块各小区根据产量的高低，用不同颜色加以区分的彩色产量分布图，也可以根据需要由统计和整理后的数据画出某一地块各小区不同产量的统计直方图。

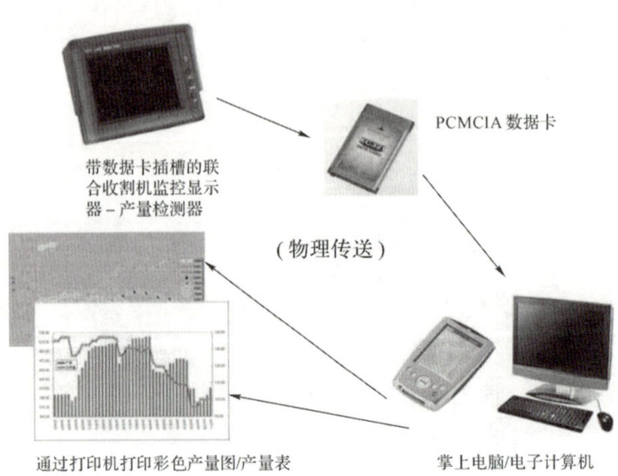

图6.40　生成产量图时的数据传送

6.3.4 “绿色之星”精准农业技术系统简介

“绿色之星”是美国约翰·迪尔公司研制开发的精准农业技术，它适合于大规模农业经营机械化农场使用。精准农业是基于农田内作物生长环境因素存在时空差异性，实施变量投入的作物生产精准化的管理技术体系。也就是利用信息技术，结合从多种来源中获得的数据，为作物生产管理做出科学的决策。其意义在于，对作物生长环境因素获知的信息越多，就会更有效地运用农业机械和其他科技手段，用最少的投入获取最大化的产出，提高农产品品质和产品生产全过程的透明度。农产品跟踪体系对农业机械科技创新提出更高的要求（马文起等，2003）。“绿色之星”精准农业技术主要由以下几部分组成。

（1）全球卫星定位系统（GPS）

GPS是一个全天候、高精度、全球性无线电导航定时、定位信息服务系统，是在全球任何地方都可以免费享用的空间信息资源。GPS利用全球24颗卫星和约翰·迪尔公司的3颗纠偏卫星，根据用户对精准度的要求给其提供几种信号中的一种进行测量。其中双频校正最为准确，可达到 ±5 cm；单频校正次之，可控制在30 cm之内。用户只需安装3个基本硬件，即“星火”卫星定位接收器、“绿色之星”显示器和移动处理器。这3个硬件可以安装在拖拉机、联合收割机、自走式喷药机、变量播种施肥机等农业机械上，并可以互换使用，与各种软件配合实现产量图生成和变量播种、变量施肥、变量施药等。

（2）产量监测及产量模拟图

约翰·迪尔公司的收割机可选装：①产量传感器；②水分传感器；③行驶速度传感器及数据显示器。可在行进中测出各地域粮食的产量和水分等数据，并通过处理器将其转存在数据卡上，后经计算机处理即可编制产量数据表，将数据表与全球定位系统获得的位置数据进行联合处理，便可生成产量模拟图。

（3）地理信息系统（GIS）

地理信息系统是采集、储存、管理、分析和描述具有区域性、多维性数据的空间信息技术，利用可移动的GPS取样器、田间数据采集装置，计算机处理系统将土地边界、土地类型、地形地貌、排灌系统、历史土壤测试结果、化肥和农药使用情况及历年产量结果做成各自的成图管理起来。通过历年产量分析，观察田间产量变异情况，找出时空差异，然后通过产量图及其他相关因素层图比较分析，找出影响产量的主要限制因素。在此基础上，构建出地块优化管理系统，用于指导当年播种、施肥、除草、灭虫、中耕等农艺措施。

（4）传感器技术

依据变量投入地图，应用传感器进行田间定位操作。实时传感器在开始时进行土地特征或产量测定，由变量投入控制系统自动地按土地特征或产量需求控制投入化肥、农药等物料。传感器必须不间断地监测数据参数，监测数据的方式必须与定位系统同步使用，实施定位监测或定位投入控制。传感器也可以单独应用于田间数据采集。常用的传感器有：土壤和作物数据采集传感器（测量土壤有机物含量、土壤水分含量、作物与杂草比率、土壤养分含量等数据）、压力传感器、流量传感器、转数和速度传感器。“绿色之星”联合收割机的产量测定是由安装在籽粒升运器上部的质量流量传感器实时测试收获的籽粒流量，与籽粒湿度传感器、收割机割幅信息及收割机速度传感器相配合进行产量测定。当谷物从籽粒升运器上部流出时，将会撞击安装流量传感器的弯曲挡板，谷物流量传感器可测出1/10000英寸的变化，然后转换为收获谷物的质量。籽粒升运器升运链上的刮板可使系统自动归零（约3 s），避免系统调零而使收割机经常停车和重启动。温湿度传感器不断采集谷物样本并检测籽粒的湿度和温度，自动将所收获的产量转换为烘干后产量。

（5）监视器及计算机自动控制技术

监视器应用于联合收割机和拖拉机作业运行中监视、显示和记录农机性能及运行参数，计算、显示工作效率及投入量，并以数据卡形式输出或输入。“绿色之星”显示器有一个简易的跟踪屏幕，上面有各种驱动命令菜单，可使操作者快速编辑信息。移动处理器装在“绿色之星”显示屏的背后，将采集的耕作、土壤、作物和定位方面的信息存入数据存储卡。该存储卡可支持800 h的数据容量，并且把采集到的信息自动传输给办公室计算机JDmap软件系统。计算机主要用于数据输入、分析、编辑及显示，构成分析模型、预测模型、决策模型和经济分析模型。将土壤资源、农用物资投入及作物栽培的有关数据合成，输出田间处方电子图。“绿色之星”农业技术的一切控制都来源于高精度的电子图。将产量数据、土壤成分和田地条件、农艺要求数据构成综合数据卡，与全球卫星定位系统结合起来，用来控制农业机械设备，实施定位变量投入。

（6）智能化控制农业机械

智能化控制农业机械包括装有全球卫星定位接收器、产量传感器和处理器的拖拉机，联合收割机，带有自动控制装置的播种机、施肥机、喷药机及其他配套机具。精准农业要求拖拉机驾驶有更高的技术，约翰·迪尔公司生产的拖拉机就配置了卫星导航自动对行系统。“绿色之星”模拟导航系统相当于人工方向盘，它有三种模式：直线导航模式是引导操作者沿同一条直线前进；曲线导航模式是引导操作者沿往复直线、环形线及渐开线行驶；自动对行模式适用于直立生长、按行种植的作物。它可引导操作者在经过一条路经后，准确地进入下一条路径，以减少对行的烦琐，减少作业重行或偏行，夜间作业在地头转弯时也不用划印器，自动对行系统可以减轻驾驶员疲劳，提高工作效率，获得更大的生产力。同时履带及轮式拖拉机配置了自动驾驶系统，驾驶员根据具体的农业生产，设定行走路线。完全不用手握方向盘，只需检测仪表，获得与对行系统一样的好处。

（7）农业管理方案

农业管理方案包括：① 精准农业，如在卫星定位基础上的耕作、播种、施肥、喷药、收获等；② 农艺及信息服务，如天气预报、农业文件记录、化肥农药信息、模拟工具、生产资料、畜牧业等；③ 机车通信，如农机远程诊断、机群管理、农具管理、预防性维护保养、自动控制等；④ 企业管理，如机械作业计划、零部件管理、财务管理、利润图等。

6.3.5 CASE 2366谷物联合收割机先进耕作系统（AFS）简介

（1）AFS系统工作原理

CASE 2366轴流谷物收割机由DGPS、产量监测器、前进及轴速传感器、净粮升运器轴速传感器、割台高度电位器、谷物流量传感器、谷物含水量传感器和数据卡及图形软件等组成，如图6.41所示。谷物流量传感器位于净粮推运搅龙顶部。谷物进入升运器顶部时，在导流板引导下打击传感器的冲击板，从产量监测器发出电信号（赵新元，2006）。此信号的输出和谷物流量成正比关系。由净粮升运器轴速传感器的输出信号对流量传感器的输出信号进行校正和工作状态限定。信号处理单元对前进速度传感器、升运器轴速传感器、谷物含水量传感器、割台高度电位器及谷物流量传感器的输出进行整合处理，测定机器行走距离、工作面积、瞬时谷物含水量和瞬时作物流量。差分全球定位系统（DGPS）为这些信号提供重要的位置信息。所有信号传递到产量监测器，由系统软件通过现场标定的方法有效地减小实测误差，然后将数据记录在数据卡上，得到对应每一空间位置所收获的小区产量数据。数据卡可在通用微机上利用专用数据软件生成小区产量空间分布图，用于产量分析并作为实施变量农作的基础。

（2）AFS系统收获前及收获中的设定

对收割机AFS系统的设定主要包括：设定日期和时间；选择正确的联合收割机类型；设定地块，即给每个地块一个特定的名称；选择要收获的谷物的种类；设定割台类型和宽度；设定数据单位，英制或公制；设置GPS采样时间间隔；根据作物类型设定割台停止高度（当割台高度超过停止高度时，不计算产量和面积）等。

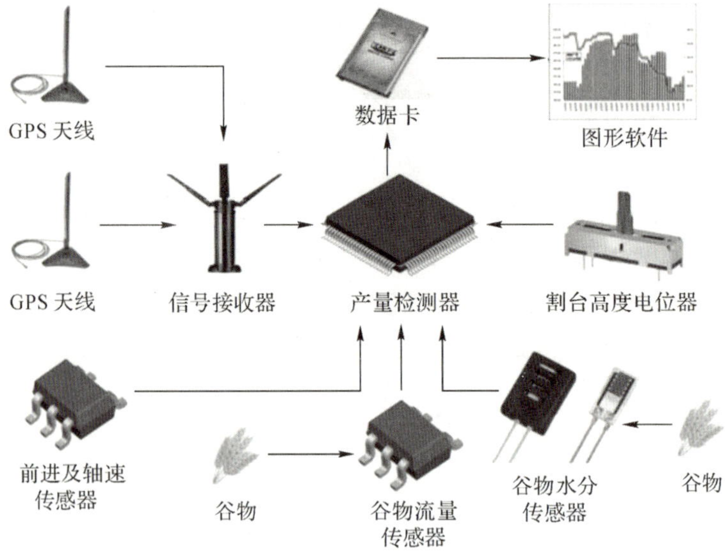

图6.41　CASE 2366收割机精细农业系统原理

每天开始收割前，需要认真检查上述的各种设定，任何一项设置出现错误都可能导致全天的收获数据无效。例如，割台宽度的设定，正常收割时为6 m，如果前一天在最后的收割过程中，将割台宽度调整为2 m，而在第二天收割时没有及时调整，那么就会导致所有面积数据的错误。因为收割机是按照割台宽度乘以行走距离来计算面积的。同时，要注意在收割某一地块前，一定要设置割台停止高度，因为割台高度传感器将相对于收割机的高度信号传递给产量监测器，以确定是否计算行走距离和面积。当收割某种作物时，要把割台放在规定割茬的位置上，从驾驶室仪表上看到割台高度所在位置，将此高度作为割台停止高度，一旦割台高度超过此值，将不计算产量和面积（胡鹏，2005）。

（3）AFS系统收获中的标定

AFS系统的标定包括距离、面积、温度和含水量、产量的标定。

①距离标定。在收获前，找一块条件类似于将要收获的土地进行距离标定。方法是首先用皮尺量出一定的距离，用标杆做好标识。用收割机测量，终端上显示测量距离，若测量距离与实际距离不相等，则在输入实际距离后系统计算出一个校正系数。

②面积标定。因为在收割机进入地块放下割台或离开地块升起割台的过程中有少许误差被计入，为了消除这些误差，需要进行面积标定。面积标定的方法与距离标定类似，首先用皮尺或DGPS测定要收割区域的面积，等收割完成后，终端上会显示测量面积，如果与实际面积不相等，则在输入实际距离后按“校准”按钮，系统计算一个面积校正系数。

③温度和含水量标定。在联合收割机的谷物含水量传感器中安装了温度传感器，用来校正收获作物时外界温度变化对作物水分测量精度的影响。当收满一个粮仓时，比较温度传感器得到的作物温度与实际测量所得到的温度，并将传感器测量的温度调整到实际温度。为了提高谷物的含水量测量精度，需用一台精度较高的谷物水分测试仪作为参考，对传感器进行标定。凯斯产量监测器的校正实际上是在改变偏差百分数，产量监测器已经建立了各种作物的标准偏差值，如小麦和水稻为+2.0，大豆为+4.7，玉米为+0.0，实际操作时将偏差百分数调整到标准值的3%以内。在麦收试验的含水量标定中，标定前测量值与实际值间的平均相对误差为6.7%，而标定后在误差验证中两者的相对误差仅为0.235%，减少了6.465个百分点。

④产量标定。将收获的作物用标准计量秤称量，然后将产量监测器显示的谷物质量值调整到实际的质量值，使产量监测器达到最大精度。每次产量标定中的称重次数应当进行3次以上，每次的产量应在1400 kg以上。在标定产量时，对应每次称重，要求联合收割机的速度要有所变化，每次产量应相近，这样标定结果才能比较准确。

（4）数据分析及处理

CASE IH公司的Instant Yield Map数据处理软件，可根据原始数据得到Raw Data Point、Grid Map、Smooth Grid Map和Contour Plot三种产量分布图。每种图还可将产量分成不同的等级，这样可以快速地看出田间的情况并标定出低产区域。例如，在麦收试验中，某一地块的产量分布，如图6.42所示。

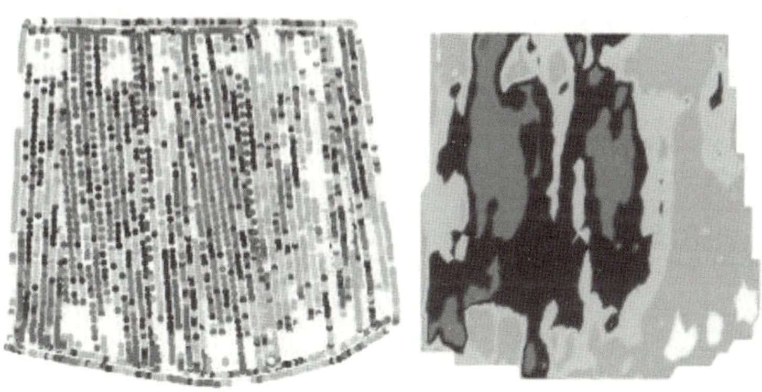

图6.42　产量分布

6.4　农业机械通信相关标准ISO 11783

随着电子技术的飞速发展，农业车辆和机具的电控设备越来越多，传统电控单元间采用点对点的联结方式，线束多、布线复杂，造成网络可靠性低、数据资源难以共享，机具间协调控制不易实现。为了使不同农业车辆的电控单元能够互联、数据共享，国际标准化组织（International Standards Organization，ISO）制定了ISO 11783标准，即农林车辆串行数据通信与控制网络的国际标准，它是一种在CAN 底层协议（物理层和数据链路层）之上实现的高层协议，并且兼容J1939协议。CASE、FENDT等公司已开发出很多符合ISO 11783标准的产品，大大简化了车辆布线系统，降低了成本，实现了电控单元间的数据高度共享，提高了系统可靠性及故障诊断水平（张飞等，2008）。图6.43为拖拉机通过ISO 11783总线与其他农耕装备进行通信，图6.44为基于ISO 11783的农机作业虚拟终端。

图6.43　农业机械通过ISO 11783总线与其他农耕装备进行通信

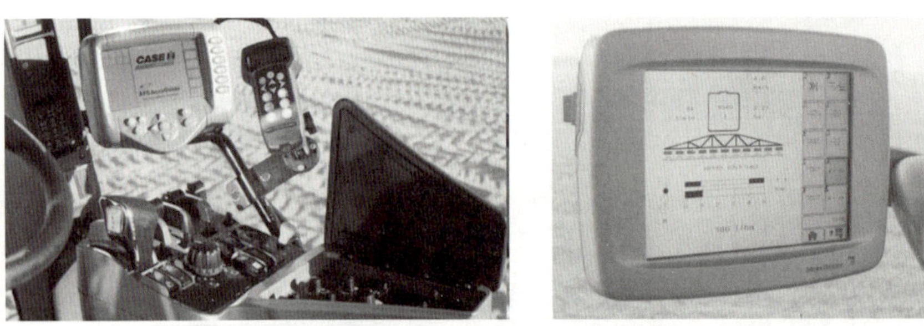

图6.44　基于ISO 11783的农机作业虚拟终端

6.4.1　CAN 协议概述

控制器局域网（controller area network，CAN）属于现场总线的范畴，是一种有效支持实时分布式控制的串行通信网络。在20世纪80年代初期，由德国Bosch公司为解决汽车庞大的布线问题而设计的，它能支持高安全等级的分布式实时控制。CAN 总线采用了多主竞争式总线结构，具有多主站运行和分散仲裁的串行总线以及广播通信的特点。CAN 总线上任意节点可在任意时刻主动地向网络上其他节点发送信息而不分主次，因此可在各节点之间实现自由通信。1993年，国际标准化组织颁布了CAN 的国际标准ISO 11898，并先后对该标准做了补充和修改。CAN 被细分为数据链路层和物理层两个不同的层。

（1）数据链路层

数据链路层包括逻辑链路控制子层（logic link control，LLC）和媒体访问控制子层（medium access control，MAC）。逻辑链路控制子层的作用是：为远程数据请求以及数据传输提供服务、报文过滤、为恢复管理和过载通知提供手段。媒体访问子层的作用是，定义传送规则，即控制帧结构、执行仲裁、错误检测、出错标定、故障界定等。MAC是CAN 协议的核心。

（2）物理层

物理层的作用是在不同节点之间根据所有的电器属性进行消息位的实际传输，对位时间、位编码、位同步进行解析。

6.4.2 ISO 11783总线标准介绍

（1）物理层

ISO 11783第2部分定义了ISO 11783的物理层，物理层的作用是在不同节点间根据所有的电器属性进行消息位的实际传输，对位时间、位编码、位同步的解释（宋岩等，2007）。该部分主要定义250 KB网络（使用绞缠、无屏蔽、四芯线缆作为介质）的物理层。ISO 11783规定每个网段最多有30个电子控制单元（electronic control unit，ECU）。四芯电缆作为传输介质，两根作为导线传递CAN _H和CAN _L信号，另外两根作为终端电阻的电源线。

ISO 11783定义3种连接器、总线扩展连接器、农具总线分离连接器和诊断连接器。总线扩展连接器用于扩展农具总线使之能够连入拖拉机内部，如位于拖拉机内部的虚拟终端需要通过总线扩展连接器连入农具总线。农具总线分离连接器用于将一个或多个农具连入农具总线（每个农具之间存在该类型连接器），当没有挂接农具时可以充当终结器。诊断连接器应该在容易接入的地方连接，以便接入其他终端设备。另外还有一个连接器可用于连接J1939ECU的Optional ECU Stub连接器。ISO 11783给出的典型的物理层视角的网络结构，如图6.45所示。

（2）数据链路层

①数据帧。ISO 11783的数据链路层基于CAN 2.0B的扩展帧格式。ISO 11783数据链路层的设计目标是，在物理层提供的物理连接上建立可信的数据通信链路。ISO 11783的数据链路层提供必要的同步控制、顺序控制、差错控制和流量控制。ISO 11783的数据链路层与J1939的数据链路层较为相似。

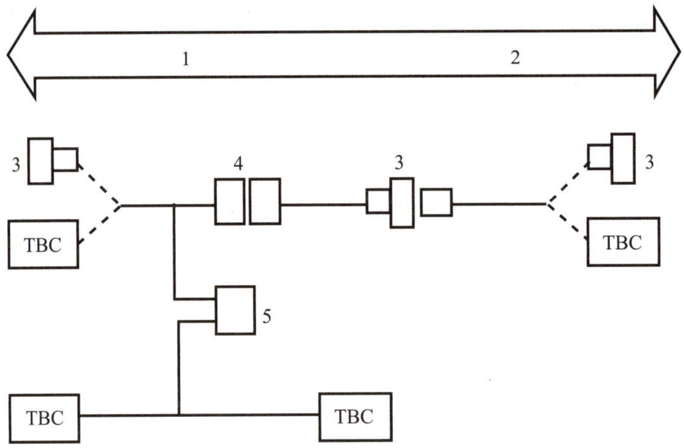

1.拖拉机端；2.农具端；3.分离连接器；4.总线扩展连接器；5.诊断连接器

图6.45　ISO 11783总线物理层

②参数组数与协议数据单元（protocol data unit，PDU）。ISO 11783使用PGN来标志PDU的内容和种类。PGN意为Parameter Group Number参数组数，参数组用来标识PDU类型与内容，也即其DataField中的数据类型，以及是否为多包（multi-packet）。每一个参数组都会被指定一个参数组数PGN，用来标志该参数组，参数组数共有8672种。在ISO 11783中，PGN由保留位（R，1bit）、数据页位（DP，1bit）、报文格式（PF，8bit）、组扩展（GE，8bit）组成。根据PF取值的不同，PDU可以分为PDU1、PDU2。当PF≤239时，该PDU为PDU1；当PF≥240时，该PDU为PDU2。PDU1，PDU2，如表6.1所示。ISO 11783允许用户使用私有PGN自定义一些消息用于本厂商制造的设备之间的通信，这些私有PGN是ISO 11783已经规定好的，PDU1和PDU2都有私有PGN，其中PDU1的私有PGN为61184，而PDU2的私有PGN为65280～65535。

表6.1　ISO 11783中的PDU1和PDU2

No of Bit	3	1	1	8	8	8	8
PDU1	Priority	R	DP	PF	PS（DA）	SA	Data
PDU2	Priority	R	DP	PF	PS（GE）	SA	Data

注：R（reserved）：保留位；DP（data page）：数据页；PF（PDU format）：PDU格式；PS（PDU specific）：PDU特性；DA（destination address）：目的地址；SA（source address）：源地址；GE（group extension）：组扩展。

在PDU1中PS为目的地址，而在PDU2中PS为组扩展（group extension）。PDU2没有目的地址，不用于向特定地址发送而只能用于广播。PDU1可以向特定地址或全局地址发送。ISO 11783支持的数据长度可为0～1785字节。当数据长度在0～8时，使用一帧CAN数据帧即可发送完毕，当数据长度大于8小于等于1785时，可用多帧CAN数据帧进行传递。ISO 11783把长度超过8而不大于1785的数据帧的传递方式称为“多包”（multi-packet）。多包的传递需要使用ISO 11783定义的组功能中的传输协议（transfer protocol）。传输协议中定义了连接建立与断开、顺序控制、流量控制等机制，确保多包数据传递的正确性，其主要功能包括信息打包、重组、连接管理。

③消息种类。ISO 11783的数据链路层目前共支持5种消息：命令（command）、请求（request）、广播/响应（broadcasts/responses）、确认（acknowledgement）、组功能（group function）。

（3）网络层与网络管理

ISO 11783的网络层主要负责在多个网络之间传输信息，即网络的互联。网络层对网段之间的信息传输进行管理。在ISO 11783中，网络互联设备的主要功能有：转发、过滤、地址转换、报文重组。ISO 11783网络层共定义5种网络互联设备，分别是中继器、网桥、路由器、网关、拖拉机ECU。ISO 11783要求其网络拓扑结构满足无环的要求，并且从一个结点到另一个结点只有一条路径。网络上可用的地址共有254个，不包括全局地址255和0地址。

网络互联设备的转发（forwarding）和过滤（filtering）功能是网络互联的核心。对于消息的转发要求保证优先级不发生改变，并且只有高优先级的消息发完之后才能发低优先级的消息。过滤是指对某些不必要或不能转发的消息进行丢弃。ISO 11783规定的过滤模式有阻塞模式和通过模式两种。阻塞过滤为模式0，除了过滤数据库中规定过滤的数据，默认所有消息均可转发。阻塞模式会导致网络流量增加，但是可以简化或去掉过滤算法。阻塞模式特别适用于网桥。通过模式为模式1，默认阻塞所有消息，除了过滤数据库（此时称为转发数据库更合适）中规定的消息。ISO 11783提供了一系列手段对相关的数据库进行管理。消息过滤数据库的管理通过（网络管理）组功能来实现。

ISO 11783网络管理定义设备名和设备地址，提供维护设备地址和名字的手段，负责发现和报告有关网络错误。从网络管理的角度看，设备可分为4种：地址服务不可配置型、地址服务可配置型、地址命令可配置型、地址自配置型。网络管理规定，名字绝对值越小设备在地址冲突中占据某个特定地址的概率就越大。

（4）虚拟终端规范

ISO 11783定义了虚拟终端。虚拟终端本身也是一个ECU，虚拟终端一般连接在农具总线上，并且位于拖拉机（或自推进机器的驾驶部分）内部。它负责网络结点（如ECU、农具等）和用户之间的交互，可以把网络结点的相关信息显示在虚拟终端上，也可以把用户的输入发送到ISO 11783网络上。虚拟终端具有图形化的显示界面和输入功能。虚拟终端的名字恰如其分，用户可以通过一个虚拟终端来访问多个网络结点，对一个网络结点来说，它独占该虚拟终端，而事实上用户可通过该虚拟终端查看多个结点的信息。虚拟终端可以接受用户输入。一般虚拟终端包含显示区域和输入区域，典型的输入设备是软按键（softkey）。显示区域可分为数据显示区域、软按键功能显示区域。软按键的数目没有具体要求，但是必须能够满足任意一个软按键遮蔽（soft key mask）的需要。

虚拟终端和网络结点之间通过工作集（working set）来进行通信。通常一个工作集可以包含一个或多个网络结点。工作集至少包含一个结点，即工作集主站。工作集主站包含该工作集中所有结点的用于输入、输出的必要信息。为了减少通信量，工作集中的信息按照对象进行组织。工作集中包含对象池（object pool），每个工作集中的对象有一个在其对象池中唯一的对象标识，这样可以保证每个对象都是可寻址的。对象池中的对象按照树形结构组织，深度优先访问。对象的属性可以在运行时（run time）改变，可以动态添加、替换、删除对象。

（5）农具消息规范

ISO 11783第7部分规定了农具消息规范。农具消息规范主要说明消息集和定义拖拉机与农具之间通信所用的消息。消息集支持的信息包括：时间、地速（ground speed）、距离、导航、动力输出参数、三点悬挂装置（three-point hitch）、一般过程信息、照明功能参数等。ISO 11783使用参数组数来标志一组参数。对于两个或两个以上的数字参数，发送顺序是低字节在前。

ISO 11783共支持测量数据和命令数据两种数据类型。所谓测量数据就是当前进行传输的ECU所测得的某个参数的值，如发动机转速、动力输出等。命令数据是指发送命令的ECU希望某个多态的参数被置为某一个（命令发出者）指定的状态。任何ISO 11783参数必然是两者之一。ISO 11783还规定了各种参数的取值范围、数据结构等。

（6）拖拉机ECU规范

拖拉机ECU是ISO 11783系统中一个关键角色。ISO 11783网络可分为两部分，一部分是拖拉机总线（tractor bus），另一部分是农具总线（implement bus）。这两部分的通信工作是通过网关来进行的，此网关角色由拖拉机ECU充当，如图6.46所示。拖拉机总线并非必需，可能只有拖拉机ECU一个结点。另外，拖拉机ECU在农机总线上描述拖拉机本身或者自主推进机械的类似功能。拖拉机ECU至少要有一个结点，以便能够接入农机总线。当系统包含拖拉机总线和农机总线两部分时，拖拉机ECU至少要有两个结点，分别称为拖拉机ECU农机总线结点、拖拉机ECU拖拉机总线结点。拖拉机ECU收集拖拉机总线上包含在一个特定的分级（classification）之中的信息。拖拉机ECU将使用其自身的特定源地址将这些信息转发到工具总线上。拖拉机ECU本身也可以向农具总线上发布有特定目的地址的数据。拖拉机ECU也会转发某些农具总线上的数据到拖拉机总线。ISO 11783将拖拉机－农具接口（tractor-implement interface）分为3类：Class1、Class2、Class3。其等级越高被要求支持的信息也就越多。

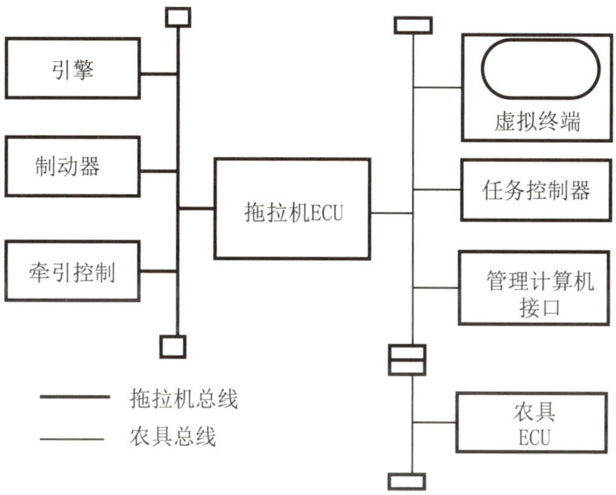

图6.46 拖拉机ECU示意

（7）任务控制器与管理信息系统数据交换

任务控制器通常包含在一个ECU中，该ECU位于农具总线上。任务控制器可以从控制计算机中下载命令并且在进行田间操作（field operation）时发送给相应ECU。任务控制器支持3种模式发送命令：基于时间、基于距离、基于位置。基于位置方式需要GPS的支持。

6.4.3 ISO 11783农机总线应用举例

以拖拉机照明系统为例来说明ISO 11783标准下的CAN数据帧。灯光命令（lighting command）是从拖拉机到灯光控制器的信息，默认优先级为3，数据长度为8字节，PF=254，PS=65，数据页为0，当需要打开拖拉机前高亮灯和左转信号灯并关掉右转信号灯时，灯光控制器接收的数据帧如下。

（1）仲裁场

具体数值如表6.2所示，其中源地址是发送控制器的地址。

表6.2 灯光命令数据帧仲裁场

名称	P	R	DP	PF8.3	SRR	IDE	PF2-1	PS	SA
数值（二进制）	011	0	0	111111	1	1	10	01100101	00010000

（2）数据场

数据场8字节的每一位都有明确的定义，它们中每2个二进制位组合定义一个参数，明确表达了32个照明参数。第1字节中的参数与位置的对应关系，如表6.3所示。00B表示停用（deactivate），01B表示激活（activate），10B表示保留（reserved），11B表示不关心。其他字节都有与第1字节类似的完备的定义。拖拉机前高亮灯的控制字节在数据场第1字节的位8和位7，左转信号灯的控制字节在数据场第2字节的位8和位7，激活信号数值为01B。右转信号灯的控制字节在数据场第2字节的位6和位5，取消信号数值为00B，其他灯光信号保持不变，则8字节数据为7F4FFFFFFFFFFFFFH。

表6.3 数据场第1字节参数与位置的对应关系

字节中位置	位8，位7	位6，位5	位4，位3	位2，位1
所表示参数	前高亮灯	前低亮灯	前备用灯	运行指示灯

（3）帧起始、控制场、循环冗余校验（cyclic redundancy check，CRC）场、应答场和帧结尾

它们的数值由CAN控制器自动设定完成。

思考题

1. 目前应用GPS进行农机导航存在哪些问题？
2. 应用机器视觉技术进行农机导航时，受到哪些因素的影响？
3. 简述智能化变量控制农业机械发展状况。

参考文献

[1] 方慧，2003. 基于掌上电脑的农田信息采集系统的研究[D]. 杭州：浙江大学.
[2] 顾宝兴，2012. 智能移动式水果采摘机器人系统的研究[D]. 南京：南京农业大学.
[3] 韩子行，2016. 浅谈全球定位系统GPS导航在龙亢农场现代农业中的应用[J]. 农业机械 (8): 122-123.
[4] 胡鹏，2005. 谷物产量数据处理及产量分布图生成系统的开发研究[D]. 镇江：江苏大学.

[5] 黄志华, 2009. 基于人机一体化思想的室内移动机器人自主定位和导航研究[D]. 上海: 上海大学.
[6] 籍俊杰, 李谦, 2012. 智能化农业与智能化农机装备[J]. 农业技术与装备 (3): 27-31.
[7] 蒋蘋, 2012. 基于双源激光的田间作业机械导航定位系统研究[D]. 长沙: 中南大学.
[8] 姜国权, 何晓兰, 杜尚丰, 等, 2008. 机器视觉在农业机器人自主导航系统中的研究进展[J]. 农机化研究 (3): 9-11.
[9] 姜月霞, 2015. 农用拖拉机自动导航的非线性控制算法研究[D]. 镇江: 江苏大学.
[10] 李健平, 林妙玲, 2006. 自动导航技术在农业工程中的应用研究进展[J]. 农业工程学报, 22(9): 232-236.
[11] 马文起, 蔡忠颖, 卢丛, 2003. "绿色之星"精准农业技术[J]. 现代化农业 (5): 35.
[12] 饶洪辉, 2006. 基于机器视觉的作物对行喷药控制系统研究[D]. 南京: 南京农业大学.
[13] 宋岩, 徐皑冬, 杨为民, 2007. 农机总线ISO 11783网络技术研究[J]. 拖拉机与农用运输车 (1): 80-82.
[14] 伟利国, 张权, 颜华, 等, 2011. XDNZ 630型水稻插秧机GPS自动导航系统[J]. 农业机械学报, 42(7): 186-190.
[15] 胥芳, 张立彬, 计时鸣, 等, 2002. 农业机器人视觉传感系统的实现与应用研究进展[J]. 农业工程学报, 18(4): 180-184.
[16] 杨为民, 李天石, 贾鸿社, 2004. 农业机械机器视觉导航研究[J]. 农业工程学报, 20(1): 160-165.
[17] 张飞, 赵剡水, 周志立, 等, 2008. 基于ISO 11783标准的农业车辆CAN总线通信原理与应用[J]. 河南科技大学学报 (1): 39-42, 109-110.
[18] 张漫, 季宇寒, 李世超, 等, 2020. 农业机械导航技术研究进展[J]. 农业机械学报, 51(4): 1-17.
[19] 张智刚, 罗锡文, 李俊岭, 2005. 轮式农业机械自动转向控制系统研究[J]. 农业工程学报, 21(11): 77-80.
[20] 赵新元, 2006. 农作物产量数据处理技术的研究[D]. 长沙: 中南大学.
[21] 郑宇光, 张晋国, 2010. 第3代小麦气吸机排种器综合调速系统的研究[J]. 农机化研究, 32(8): 61-64.
[22] 周建军, 郑刘刚, 李素, 等, 2010. 基于ISO 11783的拖拉机导航控制系统设计与试验[J]. 农业机械学报, 41(4): 184-188.

第 7 章

农业航空技术及其应用

CHAPTER 7

7.1 农业航空技术发展现状与趋势

农业航空是指为农业（包括林、牧、渔业）生产服务的航空事业，主要包括农业航空低空遥感技术及装备和农业航空作业（如喷药、施肥、除草剂、播种、辅助授粉等）技术及装备（郭永旺等，2014）。

农业航空是现代农业的重要组成部分，也是精细农业的重要支撑技术和装备。“农用无人机”被麻省理工学院（Massachusetts Institute of Technology，MIT）评为2014年度“十大最具突破性的科技创新”。“加强农用航空建设”被列为2014年中央一号文件（中共中央、国务院印发的《关于全面深化农村改革加快推进农业现代化的若干意见》）的重要内容。

7.1.1 农业航空技术发展现状

中国农业航空始于1951年（中国民用航空局发展计划司，2015），经过几十年的发展，中国农业航空已经由最初的有人驾驶航空器作业为主发展到目前的有人驾驶航空器作业和无人驾驶航空器作业并存的局面（娄尚易等，2017）。当前，中国农业航空作业量的统计主要分为有人驾驶航空器涉农航化作业和无人驾驶航空器涉农航化作业两部分。

（1）有人驾驶航空器涉农航化作业情况

据文献《从统计看民航（2015）》以及中国民航局2016年5月发布的《2015年民航行业发展统计公报》，2014年中国有人驾驶航空器的持证通航企业有239家，其中实际开展涉农航化作业的有56家；2014年涉农航化作业飞行小时数为38220 h，其中防治病虫害占65%，航空护林占18%，占总作业飞行时间的83%。2014年度有人驾驶航空器涉农航化作业情况如表7.1所示（中国民用航空局发展计划司，2015），不同作业类型的占比情况如图7.1所示。

2015年，中国农业航空作业时间虽然只占通用航空飞行总时间的5.4%，但是已经突破往年的最大作业时间38220 h，达到了42100 h，与2014年相比，增长了10.2%（中国民用航空局发展计划司，2015）。从数据中可以看出，中国有人驾驶航空器农林航化作业时间正稳步增长，这标志着中国农业航空行业已进入蓬勃发展的重要阶段（林蔚红等，2014）。

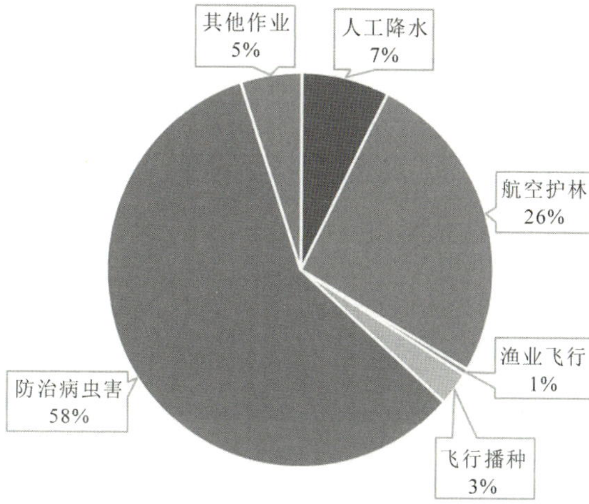

图7.1 2014年度有人驾驶航空器不同作业类型的作业时间对比

（2）无人驾驶航空器涉农航化作业情况

据农业航空产业技术创新战略联盟网络数据（周志艳等，2017），截至2016年12月，涉及农用无人机的科研、生产销售、作业服务、人才培训、金融保险等单位约有192家，来自23个省、区、市。从单位类型分，科研类单位约占13%，生产销售类单位约占61%，作业服务类单位约占16%，人才培训类单位约占6%，金融保险单位约占3%，其他类型单位约占1%，如图7.2和图7.3所示。

表7.1 2014年度有人驾驶航空器农林航化作业情况

单位名称	农林业航空作业时间 /h
全行业合计	38 220
北大荒通用航空有限公司	7 422
新疆通用航空有限责任公司	2 839
东北通用航空有限公司	2 692
山东通用航空服务股份有限公司	1 962
中国飞龙专业航空有限公司	1 916
湖北同诚通用航空有限公司	1 753
齐齐哈尔鹤翔通用航空有限责任公司	1 701
榆树通用航空有限公司	910
沈阳通用航空有限公司	902
湖北银燕通用航空有限公司	887

续表

单位名称	农林业航空作业时间 /h
广州穗联直升机通用航空有限公司	873
黑龙江凯达通用航空有限公司	844
武汉通用航空有限公司	790
江苏华宇通用航空有限公司	721
海直通用航空有限责任公司	678
青岛直升机航空有限公司	660
山东高翔通用航空股份有限公司	646
山西三晋通用航空有限责任公司	588
西安直升机有限公司	554
荆门通用航空有限责任公司	538
湖南华星通用航空有限公司	502
通辽市神鹰通用航空有限公司	490
呼伦贝尔天鹰通用航空有限责任公司	465
秦皇岛市佰德恩飞行运动有限公司	453
珠海中航通用航空有限公司	442
青山绿水通用航空有限公司	428
湖北楚天通用航空有限公司	410
辽宁鹏飞通用航空有限公司	374
江苏省徐州农用航空站	355
齐齐哈尔昆丰通用航空有限公司	346
四川三星通用航空有限责任公司	311
海南三亚亚龙通用航空有限公司	293
北京天鑫爱通用航空有限公司	278
大庆通用航空有限公司	271
鄂尔多斯市通用航空有限责任公司	266
云南英安通用航空有限公司	243
东方通用航空有限责任公司	229
北京首航直升机通用航空有限公司	228
河北中航通用航空服务有限公司	217
新疆开元通用航空有限公司	203
山东黄河口通用航空有限公司	198
四川天翼飞行俱乐部有限公司	160
河南蓝翔通用航空公司	159
中飞通用航空公司	148
四川奥林通用航空有限责任公司	126
山西成功通用航空股份有限公司	115
北京润安通用航空有限公司	90
白城通用航空有限责任公司	86
安阳通用航空有限责任公司	79

续表

单位名称	农林业航空作业时间 /h
江西长江通用航空有限公司	77
四川西林凤腾通用航空有限公司	75
广东聚翔通用航空有限责任公司	63
天津拓航通用航空有限公司	58
浙江东华通用航空有限公司	48
湖南衡阳通用航空有限公司	33
山东海若通用航空有限公司	17
青海飞龙通用航空有限公司	8

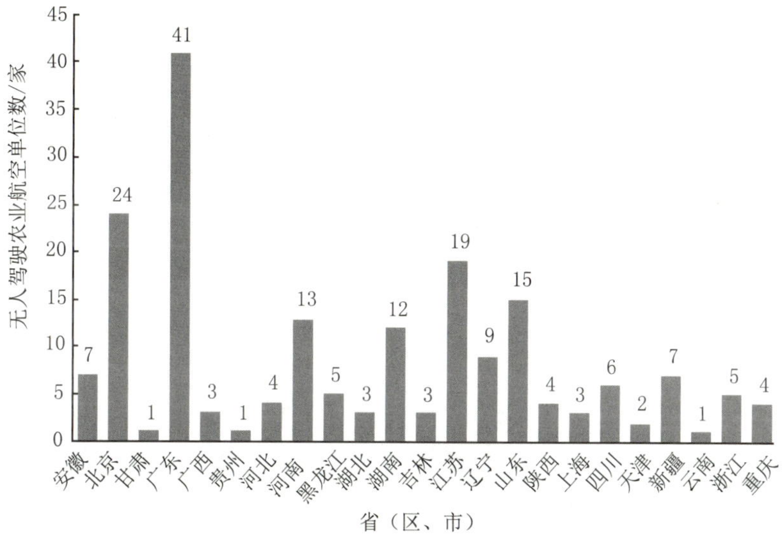

图7.2　涉及农用无人机的单位分布情况

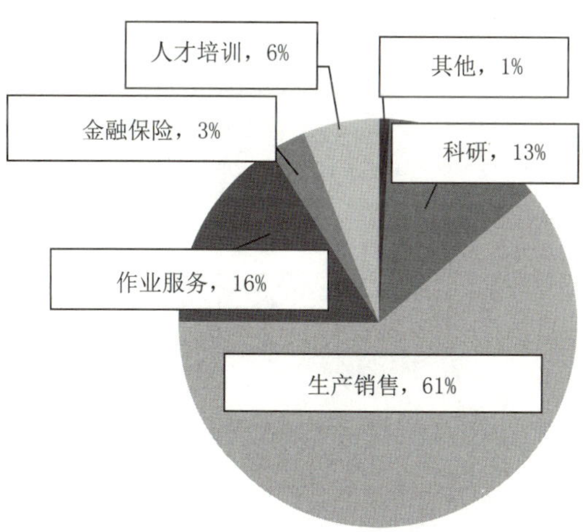

图7.3　涉及农用无人机的单位类型情况

植保无人机机型数约233个，其中单旋翼机型有64个，约占27.5%，多旋翼机型有168个，约占72.1%，固定翼机型有1个，约占0.4%，如图7.4所示；油动力约占19.7%，电池动力约占80.3%，如图7.5所示。氢燃料电池（Garceau et al.，2015；刘莉等，2016）和石墨烯电池（刘正清等，2017；Pena et al.，2015）等新型高效能源的测试机型已有报道。上述数据表明，当前中国植保无人机多为以电池为动力的多旋翼机型。由于多旋翼无人机相对于单旋翼无人机和固定翼无人机而言，具有机械结构简单、操作简易以及对起飞地点要求不高等优点（金昱洋等，2016）。预计未来几年内，中国植保无人机仍将以多旋翼电动无人机为主。

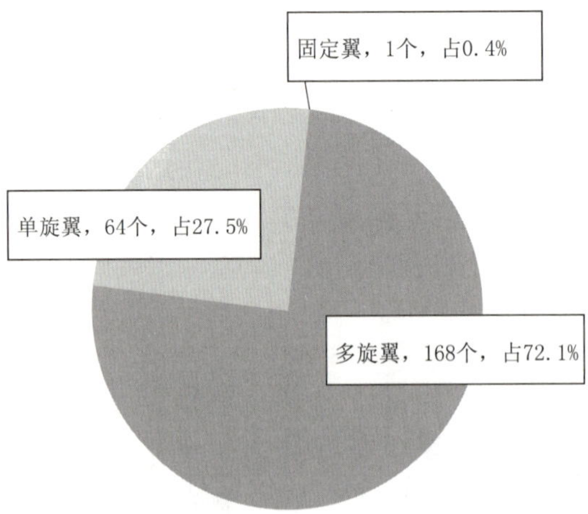

图7.4 植保无人机升力部件的类型情况

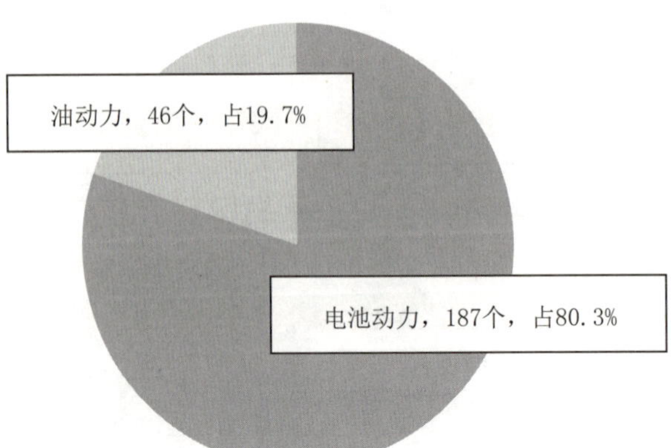

图7.5 植保无人机动力部件的类型情况

在上述机型中，有效载荷量为5 kg、10 kg、15 kg、20 kg、30 kg的机型是主流，其中有效载荷量为10 kg的机型最多，约占29.6%；其次是5 kg的机型，约占12.0%；15 kg的机型约占9.9%；20 kg的机型约占9.4%，如图7.6所示。上述数据表明，当前中国植保无人机机型的有效载荷量以10 kg为主。从作业效率角度来看，有效载荷量越大，单个架次的作业面积就越大，作业效率也越高，但同时单位时间内消耗的动力能量越多（陈冲等，2017），综合成本也更高。从目前动力部件的技术水平来看，有效载荷量为10 kg的机型应该处于综合成本-效益曲线的最佳结合点，因此成为当前的主流机型。

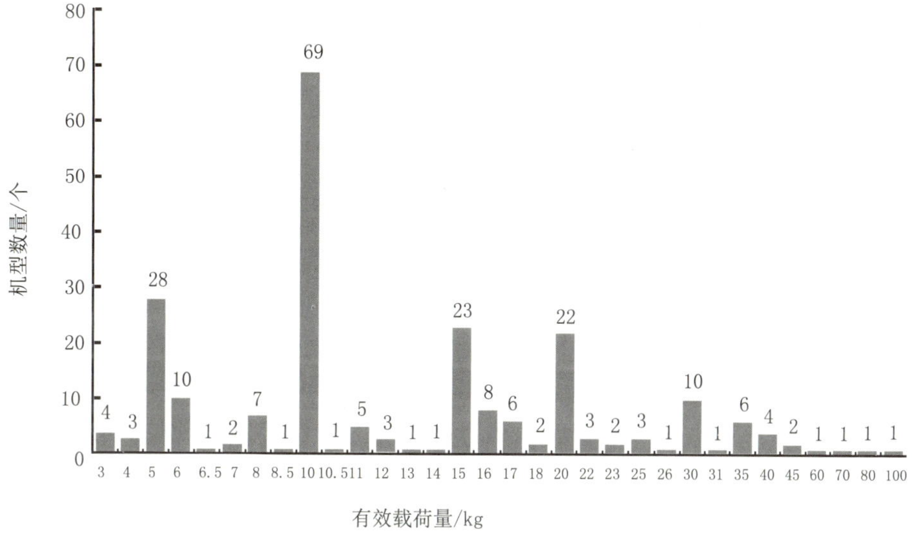

图7.6 植保无人机机型的有效载荷量分布情况

据农业农村部统计，截至2020年，中国植保无人机保有量已达11万架，如图7.7所示，比2014年度增长157倍；2020年，植保无人机作业面积已达10亿亩次，如图7.8所示，比2014年度增长233倍。该数据表明，农业无人机用于航空植保作业正逐渐兴起，且发展势头良好。

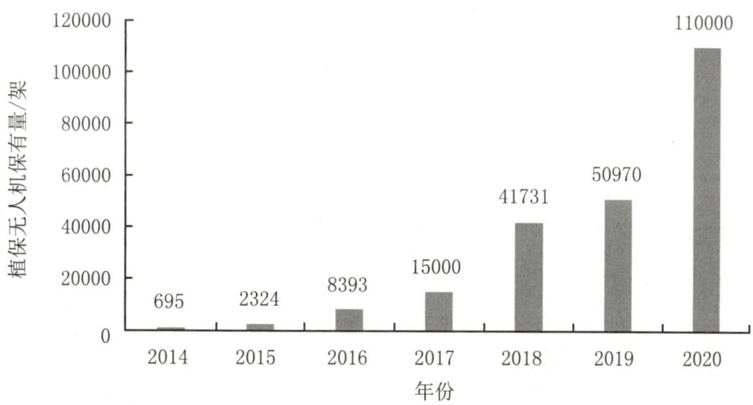

图7.7 2014—2020年中国植保无人机保有量

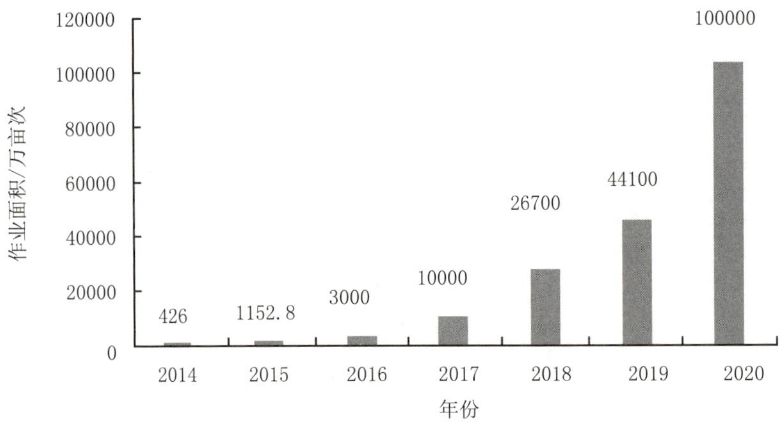

图7.8 2014—2020年中国植保无人机作业面积对比情况

7.1.2 农业航空发展趋势分析

农业航空具有作业效率高、质量好、适应性广、成本低，应对突发灾害能力强等特点（吴金华等，2016）。有人驾驶与无人驾驶两种农业航空器的作业方式各有优缺点（周志艳，2013）。有人驾驶飞机具有载液量大、喷洒作业效率高等优点，适用于连片大面积农田病虫害防治、卫生防疫消杀等作业；但也存在作业高度高导致的雾滴飘移控制难度大、易飘离靶标区造成污染等问题，其易受起降场地、使用地点和时间等限制，而且绝大部分飞机使用的都是专用航空燃油，农业航空作业时加油不方便，这就提高了作业成本。此外，超低空飞行所带来的安全威胁也是有人驾驶作业方式另一个值得考虑的因素。为了获得较佳的防飘移效果，农业喷洒作业的高度通常为3～20 m，飞行员可处置的时间短，低空气象条件（如能见度、低空风切变等）影响大，易引发安全事故。据统计，超低空飞行中撞障碍物、撞地事故占整个民航事故总数的80%。

与有人驾驶飞机相比，无人驾驶旋翼机虽然载荷量小，滞空时间少，但作业优势也比较明显：作业高度低（部分机型可贴作物冠层飞行）、飘移少、对环境的污染小；可空中悬停，与GPS系统配合可实现较高精度的位置定位；旋翼产生的向下气流有助于增加雾流对作物的穿透性，提高防治效果；不需要专用机场和驾驶员，受农田四周电线杆、防护林等限制性条件的影响小；进行植保作业时可在田间地头起降、维护保养、加油、加注药液，减少了往返机场的飞行时间及燃料消耗；作业机组人员相对较少，运行成本低，灵活性高，在非管制空域可随时起降。此外，无人机飞控手的培养要比飞行员的培养成本低得多。因此，农用无人机可弥补现有有人驾驶飞机的不足，在中国现代农业发展中对其具有重大需求。

中国农业航空的发展应结合中国农业的特点，因地制宜，走“多机型、多作业方式并举”的道路。根据各地区的实际情况选择适宜机型，例如：东北、新疆等视野开阔的大面积、大农垦地区，宜采用有人驾驶固定翼飞机作业；而在南方丘陵、地形复杂的小地块区域宜采用小型农用无人机作业，以此提高中国航空植保作业的适应性。未来中国农业航空各机型所占比例预测，如图7.9所示。

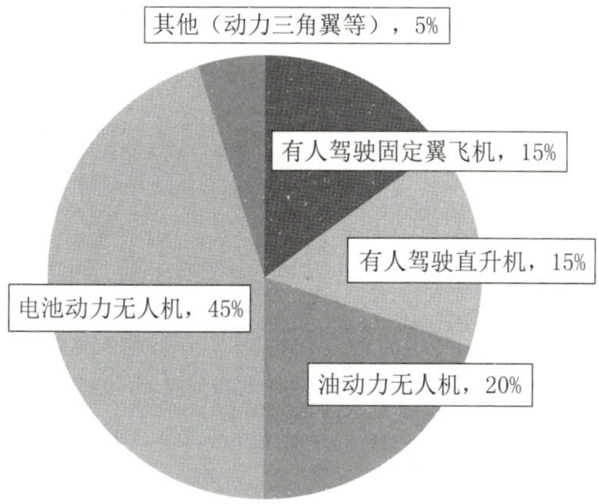

图7.9 未来中国农业航空各机型所占比例预测

中国农业航空产业发展的目标定位如下：整体水平达到与发达国家“并跑”状态，其中，农用无人航空器作业预期可达到“领跑”状态。

7.2 农业航空低空遥感技术与装备

7.2.1 农业航空低空遥感平台与传感器

（1）农业航空低空遥感平台

农业航空低空遥感平台包括直升机、无人机、飞艇等，这些平台可在不同尺度上、短时间内得到大量的农田信息。直升机和飞艇虽然能够携带较大的载荷，但易受天气条件的限制，运营成本较高。无人机可以相对灵活地飞行在不同高度，且成本较低，更适用于田间作物信息的获取。因此，利用无人机进行农田信息监测成了当前研究的热点。无人机按飞行平台的不同，可分为单旋翼、固定翼和多旋翼无人机。

①单旋翼无人机。无人直升机发动机驱动旋翼提供升力，把直升机举托在空中，具有可空中悬停、载重能力大以及续航时间长的优势，但机械结构复杂，维护成本高，在遥感监测中应用较少。

②固定翼无人机。它主要依靠螺旋桨或者涡轮发动机产生的推力作为飞机向前飞行的动力。固定翼无人机虽然飞行速度快、续航时间长、载荷较大，但飞行速度难以调节且需要较大的起飞着陆场地。作物生长密集的农田常无法提供足够的起降

场地，因此该机型应用较少。

③多旋翼无人机。它主要通过改变每个旋翼的转速来控制飞行器的平稳和姿态。飞行器结构简单，航速姿态可调、飞行稳定、能够定点悬停，对起降要求较低，适合获取多重复、定点、多尺度、高分辨率的植被信息。多旋翼无人机适合小面积拍摄和短距离高度精确跟踪拍摄，而单旋翼和固定翼无人机适合大面积、长续航拍摄，但是精准度不如多旋翼无人机。

（2）机载传感器

由于受到载荷能力的限制，机载传感器需要满足轻便、小型的要求。无人机相对于地基平台能同时搭载的传感器数量一般较少，目前在农业上普遍采用的无人机搭载的传感器有高清RGB相机、双目相机、红外成像、多光谱/高光谱相机以及激光雷达等传感器，利用传感器可对作物表型进行遥感解析，如病害诊断、成熟度评判、产量估测、重要表型性状分析、生长状态监测与评估等。不同类型的传感器具有其各自的优势和局限性，可根据应用需求进行具体分析选择。

①高清RGB相机。高清RGB相机是农业领域应用最广泛的一种传感器，其具有价格低廉、体积较小、分辨率高等特点，数据采集时对天气要求相对较低。可用于检测作物冠层的覆盖面积、颜色，也可以用于估算叶面积指数和地上生物量，另外，利用RGB获取的图像信息也可以用来分析作物的形状、结构、密度以及各种胁迫和病虫害的预警。

②双目相机。单一使用RGB相机在农田场景中往往需要对植物高度进行测量，因此具有一定的局限性。通过双目相机立体成像系统能够对冠层结构进行3D重建，以获取农作物冠层结构以及长势信息。此外，使用双目相机可以有效避免田间作物之间的遮挡干扰成像问题。

③热成像传感器。对于干旱胁迫检测，热成像传感器是最有力的工具之一。因为冠层的温度和其蒸腾效率有直接的关系，所以通过检测冠层温度可以评估其当前的水分腾发状态，并可据此进行水胁迫的判断。此外，热成像传感器也可用于监测某些疾病的发生情况。一般而言，植物受胁迫会导致气孔的开张调节失调，因而病变区域的蒸腾作用高于健康区域，旺盛的蒸腾作用会导致感染区域温度的下降，叶面温差较正常叶片高。

④光谱传感器。光谱传感器可分为多光谱和高光谱传感器。它们的区别在于光谱带的数量和每个光谱带的宽度不同。多光谱成像的光谱分辨率一般在0.1 μm数量级，而高光谱成像的光谱分辨率一般在0.01 μm数量级。在实践中，多光谱传感器虽生成的图像数据精度没有高光谱高，但多光谱传感器其效率高，更适合于成本效益好的无人机平台。通过结合多光谱传感器各波段辐射值，以代数方式计算植被指

数（VI），以突出目标植物的特定特征。通过建立模型，可估算植物物理和生化特征，如健康状况、叶绿素含量、水分胁迫、植被活力和冠层生物量等（Jang et al., 2020）。

⑤激光雷达传感器。激光雷达具有直接快速获取目标表面模型，分辨率高，点云密度大，抗干扰能力强，可直接获取物体三维空间信息，不依赖于外界光照条件或目标本身的辐射特性等优点。目前，机载激光雷达系统已成功用于大范围的森林资源清查和精准林业测量，可用于森林蓄积量、树高和生物量估算。

上述传感器基于农业航空低空遥感平台获取田间信息，在作物监测中应用较多。除此之外的一些传感器，如超声波传感器、深度相机等也不乏应用的案例。每种传感器都有使用条件的限制，需要针对特定的目标和应用场景进行合理选择。常用农业低空遥感平台传感器的应用范围和使用限制，如表7.2所示。

表7.2 常用农业低空遥感平台传感器

传感器类型	应用范围	使用限制
高清RGB相机	植被冠层颜色及覆盖度、冠层形态及结构、植株高度、叶面积及叶倾角、根结构、开花检测、病害检测、发芽率	受外界环境的光照条件影响较大
双目相机	冠层结构、冠层体积、植株高度、叶倾角	使用前需要进行校准，使用时受外界环境的光照条件影响较大；计算量大，对计算机硬件要求高
激光扫描传感器	冠层高度及结构、叶面积、体积和生物量估测	通常需要与GPS以及位置检测装置配合使用
热成像传感器	冠层温度、气孔导度、生物或非生物因素引起的水胁迫检测、病害检测、成熟度检测	需要校准，易受外界环境的影响，在稀疏的冠层条件下很难将土壤和冠层温度区分开
多光谱传感器	光合检测、氮素含量、生物量估测、叶面积指数	植株结构及外界光照会影响传感器信号，光谱信号难以描述组织结构内的信息
高光谱传感器	叶片/冠层生物成分、色素浓度、养分状态、含水量、LAI和NDVI、生物/非生物胁迫测量	使用前需要校准，外界环境光照条件会影响传感器信号，需要经常进行白平衡校准

（3）多传感器融合的无人机低空遥感平台

浙江大学何勇教授团队开发了国内首套多传感器融合的无人机低空遥感平台，通过三轴无刷云台搭载RGB相机、图传和25波段多光谱相机，如图7.10所示，配备辐射定标系统和地面控制点，可实现图像的零延时高清回传以及遥感影像的辐射校正和预处理，有效、准确地建立作物养分、长势遥感反演模型。

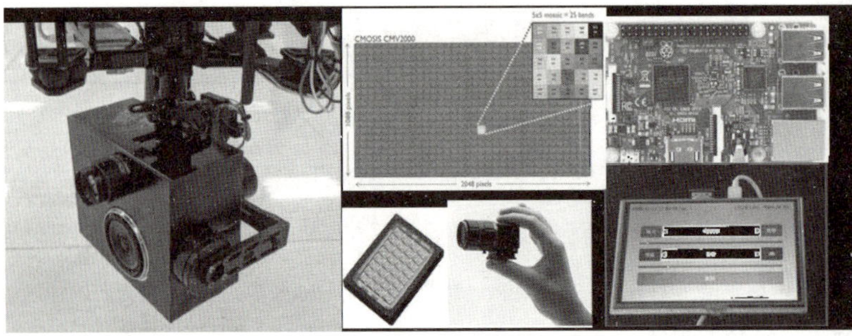

图7.10　遥感平台系统构成

研发的多传感器融合的无人机低空遥感平台，为了实现遥感图像以及光照强度等信息的准确获取所采用的自稳云台机械结构，如图7.11所示，包括1个基座和3个框架。基座通过一个橡胶减震器与飞行器平台连接来减少飞行器机身产生的干扰。惯性测量装置（inertial measurement unit，IMU）包括陀螺仪和加速度计，用于测量相机姿态的变化，包括横滚（roll）、俯仰（pitch）和偏航（yaw）。自稳云台的用户输出包括两种模式，即期望角速度模式和期望角度模式。研发的自稳云台有效消除了姿态偏移、气流扰动、高频振动等干扰，保证了云台垂直对地误差小于 ±0.05°。

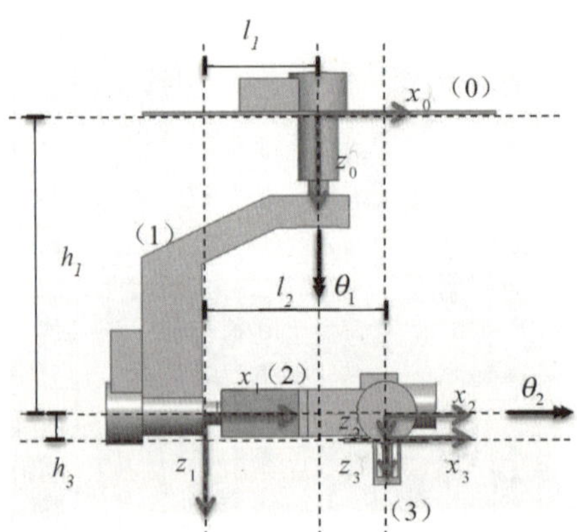

图7.11　自稳云台机械结构侧视图

针对无人机遥感影像校正与直接地理配准问题开发了定位定向系统（position and orientation system，POS）。该POS记录仪通过收集低刷新率卫星定位数据与高刷新率微机电一体化系统（micro-electro mechanical system，MEMS）传感器（气压计、磁强计与惯导数据），采用松耦合拓展卡尔曼滤波算法实现数据融合，最终产生连续高精度的定位数据以及姿态数据，同时设计了相机控制接口，对能够接受地面遥控信号触发相机进行影像数据采集的遥感传感器实现控制采集，从而使得POS数据与影像数据高度同步。POS系统包括控制单元、GPS模块、IMU模块以及照度传感器，如图7.12所示。POS系统通过飞控给的触发信号与云台搭载的传感器实现同步触发，实现遥感数据POS信息及照度信息的实时记录。

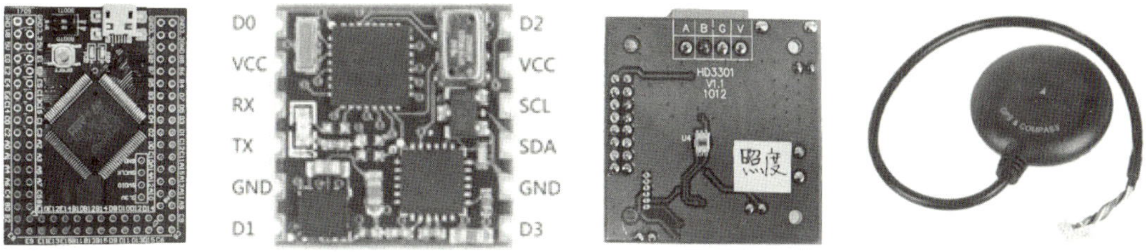

（a）控制单元　（b）IMU模块　（c）照度传感器　（d）GPS模块

图7.12　POS系统组成

无人机平台所搭载的多光谱相机是德国XIMEA公司生产的XIMEA xiQ系列MQ022MG-CM工业相机，该相机内部传感器为比利时IMEC公司生产的CMOSIScmV2000 SSM5×5多光谱成像传感器，镜头采用美国Edmund（爱特蒙特）公司生产的16 mm定焦镜头。该多光谱相机的具体参数，如表7.3所示。

表7.3　多光谱相机主要性能参数

指标名称	指标参数
尺寸	25.4 mm× 25.4 mm× 73.0 mm
整体重量	123 g
光谱波段范围	600 ～ 1000 nm
波段数	25
光谱带宽	10 ～ 15 nm
传感器有效尺寸	11.27 mm×6 mm
空间分辨率	409像素 ×216像素
输入电压	5 V
工作功率	1.5 W
输出帧率	340 fps
输出位数	10位
快门方式	全局快门
焦距	16 mm
视场角	43.6° FOV
工作温度	-30 ～ 70 ℃

该多光谱相机将（法布罗-珀罗）结构滤光薄膜镀在传感器表面，以5×5共25个像素为一个阵列将25个不同波段的滤光薄膜排列在传感器上，实现了一次成像即获取25个波段光谱图像的快拍式采集方式，如图7.13所示。该相机的优势是体积小、质量轻、成像速度快、波段数多，非常适合集成在无人机遥感平台上，用于采集目标的多光谱信息，最终获取图像，如图7.14所示。

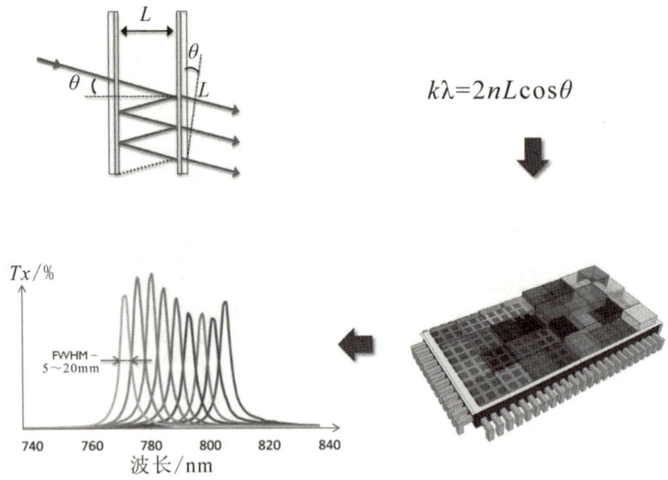

图7.13 多光谱相机成像原理

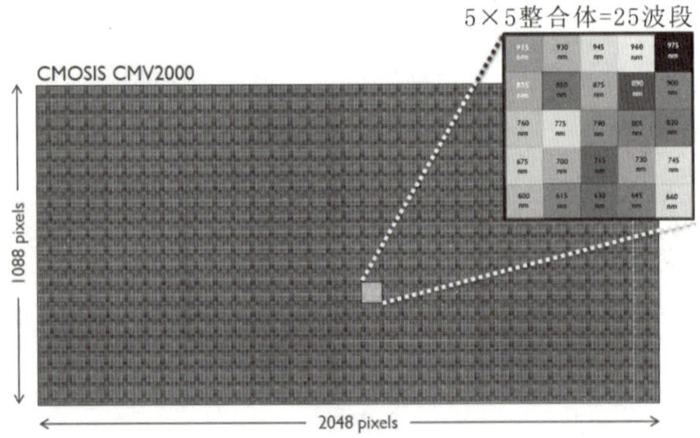

图7.14 多光谱相机成像

无人机平台所搭载的可见光相机为索尼微单相机，相机镜头采用索尼SEL16F28定焦镜头，相机具体参数，如表7.4所示。无人机低空遥感信息获取平台整体框架，如图7.15所示。

表7.4 可见光相机主要性能参数

指标名称	指标参数
尺寸	66.9 mm × 119.9 mm × 59.0 mm
整体重量	358 g
传感器尺寸	23.4 mm × 15.6 mm
空间分辨率	6000像素 ×4000像素
焦距	16 mm
视场角	83° FOV

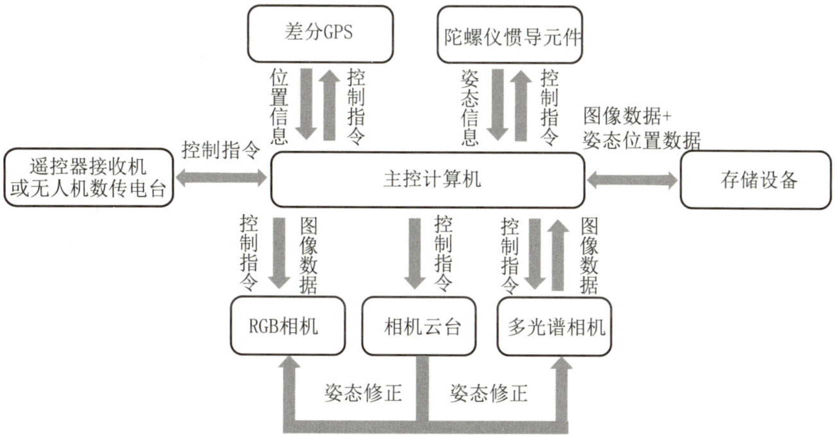

图7.15 无人机低空遥感平台整体框架

7.2.2 作物长势信息监测技术

监测植被生长状况，不仅可以为植物的栽培过程中的精准管理提供科学依据，有效并及时发现植物所受到的各类胁迫，保证植被健康生长，同时还可以为不同植物科学提供极为关键的基础数据，以供科学家分析，从而揭示植物病理、产量、基因表达与环境之间的相互作用等方面的机理。运用低空遥感技术对植物长势信息进行监测受到广泛的关注，通过现代智能农业传感器对植被生长状态实现无接触的测量，不但能有效地提高监测的实时性和可靠性，还可以大大降低田间调查成本（陈鹏飞，2018）。

（1）基于低空遥感与光谱技术的长势信息监测方法

光谱技术能定性定量分析植物结构、生理、生化等表型并评估其空间分布，可以用于对植物长势信息的检测。利用植物细胞中的分子对不同波长电磁波的响应效果的不同，可生成植被冠层反射率曲线，如图7.16所示（刘良云，2014）。利用低空遥感平台搭载光谱传感器采集植物冠层各个波段的反射率，结合地面需要测量的长势指标，通过使用传统的统计学方法或者机器学习算法可建立关于植物冠层反射率同地面人工测量的长势指标之间关系的模型。

通过对表征作物叶片叶绿素含量的SPAD值与光谱指数建模，可实现叶绿素含量的估测。以大田环境下5个不同品种四叶期、拔节期的玉米为研究对象，利用无人机获取试验区可见光影像，对土壤背景进行掩膜处理，提取15种可见光植被指数、24种纹理特征，综合分析植被指数、纹理特征与玉米冠层SPAD值的相关性，基于植被指数（见表7.5）、纹理特征和植被指数，分别建立逐步回归（stepwise regression，SR）、偏最小二乘回归（partial least squares regression，PLSR）和支持向量回归（support vector regression，SVR）模型，定量估算叶绿素相对含量。

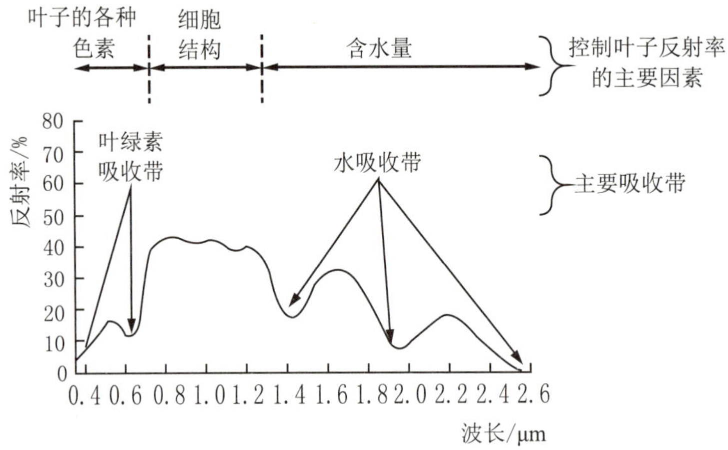

图7.16　典型植被冠层反射率曲线

表7.5　与SPAD值相关的可见光植被指数

序号	指数	计算公式
1	MGRVI	$(g^2-r^2)/(g^2+r^2)$
2	RGBVI	$(g^2-br)/(g^2+br)$
3	GRVI	$(g-r)/(g+r)$
4	PPR	$(g-b)/(g+b)$
5	GLA	$(2g-r-b)/(2g+r+b)$
6	ExR	$1.4r-g$
7	ExG	$2g-r-b$
8	ExGR	$2g-r-b-(1.4r-g)$
9	CIVE	$0.441r-0.881g+0.3856b+18.78745$
10	VARI	$(g-r)/(g+r-b)$
11	IKAW	$(r-b)/(r+b)$
12	WI	$(g-b)/(r-g)$
13	RGRI	r/g
14	GBRI	g/b
15	RBRI	r/b

注：g是指green，b是指blue，r是指red。

（2）基于DSM的长势信息监测方法

数字表面模型（digital surface model，DSM）的出现为调查作物的冠层生长状况提供了一种新的研究方法，并逐渐在精细农业中得以应用。通过对比不同时期的DSM数据，可以实现对株高等表征作物生长势表型数据的获取。利用无人机搭载高清数码相机可分别获取马铃薯不同生育期的影像数据，同时可采集地面实测株高（height，H）以及地面控制点（ground control points，GCPs）的三维空间坐标数据（刘杨等，2020）。基于运动结构算法生成的各生育期DSM分别与裸土期DSM作差值运算，可得到马铃薯作物高度模型，利用ArcGIS软件基于各小区的矢量数据，可分别计算统计出5个生育期各小区的马铃薯实测株高H，其模型评价如图7.17所示。

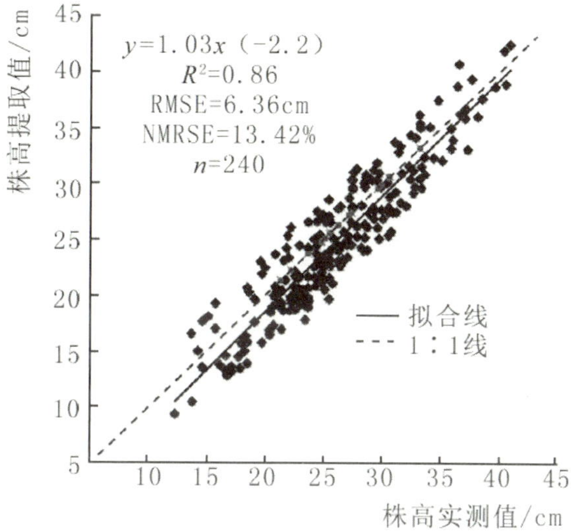

图7.17　基于DSM提取的马铃薯株高和对应实测株高的对比

在藤架类农作物冠层活力监测中，利用DSM数据可以很好地对长势进行监测。基于DSM，利用全局阈值法、粗糙度法、自适应阈值法、底帽算法，对作物生长区域和其他区域进行划分，提取藤架类作物的生长区域，结合实际调查结果，可实现对葡萄和猕猴桃的冠层活力自动分级（Xue et al.，2019），如图7.18所示。

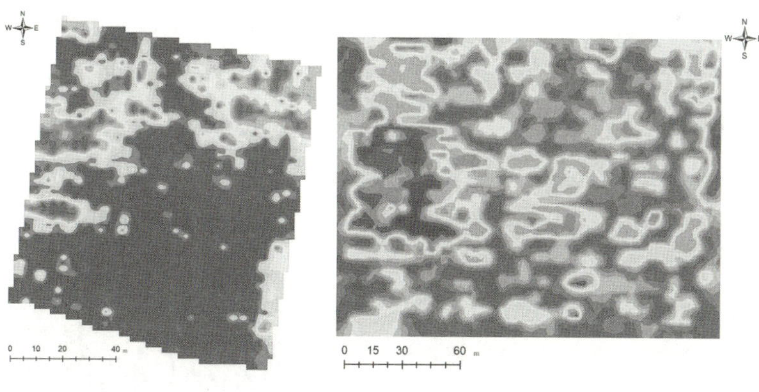

（a）葡萄园冠层胁迫程度　（b）猕猴桃园冠层胁迫程度

彩图（a）

彩图（b）

图7.18　基于DSM的冠层活力评价

7.2.3 作物产量信息预测技术

（1）产量预测技术

目前预测产量的方法主要有三种：第一种基于统计模型预测产量，第二种基于作物生长模型预测产量，第三种基于遥感技术预测产量。

①基于统计模型预测产量。在统计模型预测作物产量的方法中，可以使用农业气象学的相关数据作为统计回归模型的输入参数，将历史产量与气象参数相结合进行季节性单产预测；另外比较常见的方法是，利用表征作物生长状况的农学指标来预测作物产量，选取与产量相关的作物参数，如生育期测得的作物叶绿素含量、LAI等，建立统计回归模型完成产量预测，因基于统计模型的方法比较简单所以容易实现。近些年来，随着研究的不断发展和进步，基于统计模型的回归模型中也尽可能地加入了更多影响农田产量的因素，如气象条件、大气辐射、虫害、蒸发蒸腾以及技术与资源等。

②基于作物生长模型预测产量。基于过程的作物生长模型模拟的是作物与生长环境之间的关系，通过农业生态系统模型可以将遗传、作物种群大小、作物管理方式、气候以及作物在生长季所面临的胁迫等因素或变量整合在一起，模拟一系列土壤氮变化过程，如作物生长和氮吸收等，从而模拟作物整个生长发育过程，达到预测作物生物量以及产量的目的。目前已有多种作物模型可供选择，如农业生产系统模拟器（APSIM），主要针对美国田间作物土壤氮变化及玉米生长和氮吸收过程；GRAMI（禾本科）作物模型利用遥感数据模拟禾本科作物生长，可以模拟不同时空下水稻生产力（Jeong et al.，2018）；反硝化-分解（denitrification-decomposition，DNDC）模型是研究受土壤环境和田间管理之间相互作用影响的作物生长的生物地球化学模型，目前已广泛应用于农田生态系统中（Zhang et al.，2018）。

③基于遥感技术预测产量。目前已经开发了许多方法将航空遥感数据用来估算产量，并在很多研究中对这些方法进行了运用，得到了很多结果与反馈。这些传感器可以被安装在航空飞机、无人机等设备平台上。传感器可分为被动传感器与主动传感器，它们都可以收集生育期内的作物、土壤以及天气状况信息（Detar，2008）。

（2）基于无人机平台的作物产量预测技术

近年来，搭载小型传感器的无人机遥感平台因其具有运行维护成本低、高效、灵活性高、作业周期短、数据分辨率高等特点，已被广泛应用于农业遥感领域，并对农作物测产进行了探索。图7.19为无人机正在进行水稻测产作业。

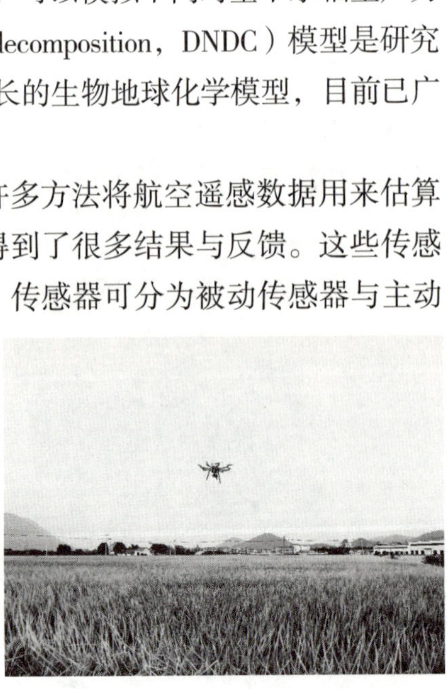

图7.19 无人机平台的水稻测产作业

①基于光谱指数的作物产量估测。利用无人机分别搭载可见光和多光谱相机获取作物不同生育期的田间影像数据，同时在地面测定叶片的相对叶绿素含量、株高、生物量等指标。基于预处理的可见光和多光谱影像分别计算多种可见光植被指数和多光谱植被指数，将其与作物叶绿素含量、株高、生物量等参数进行相关分析，利用地面测量实际值对相关参数进行校正，选择相关性最高的可见光植被指数和多光谱植被指数，构建基于植被指数的作物产量反演模型（张国圣，2017），可实现产量预测的可视化，如图7.20所示。

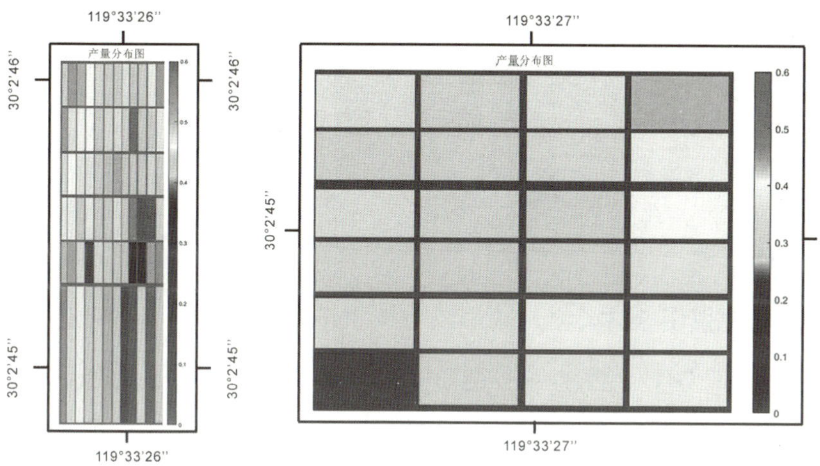

彩图（a）

彩图（b）

图7.20 产量预测可视化－水稻产量预测

②基于热红外图像的作物产量预测。国内外众多研究表明，冠层温度变化与作物自身调节、环境因素影响有关，其不仅影响作物呼吸、光合、蒸腾等过程，而且对蛋白质和淀粉的合成也有巨大影响。因此，应用手持式热红外仪和无人机搭载的热红外相机获取作物花期冠层温度分布图，结合同期进行的小麦光合能力监测，可以分析作物花期不同时间段内冠层温度、植株氮含量、光合性状及不同器官生物量积累以及最终作物产量。

③基于穗数识别计数的产量估算。亩穗数、穗粒数、千粒重被称为产量三要素。高效地获取小麦、水稻等农作物的穗数，对产量的估算有非常重要的作用。无人机低空遥感可以提供高空间分辨率的遥感图像，使得对穗数的识别计数成为可能。已有研究表明，利用无人机平台搭载高清数码相机，拍摄从抽穗期到成熟期的水稻冠层影像，经过数字图像处理、机器学习分割识别等方法，可以实现计算机自动识别单位面积果实穗数，如图7.21所示。

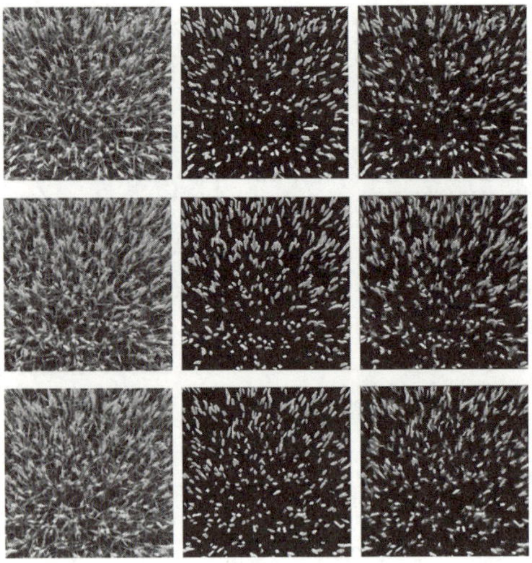

图7.21　小麦麦穗识别计数

资料来源：Ma et al.，2020。

7.2.4　作物病虫害信息监测技术

作物病虫害的遥感监测技术作为一种无损监测技术，主要依赖于电磁波谱与地面目标之间根据一定波长的相互作用并与辐射能量相关联。病虫害引起的植物形态和生理变化中，大致有四种与遥感有关的变化类型（Zhang et al.，2019）：生物量的减少和LAI的降低、感染引起的病变或坏死组织、作物器官色素系统被破坏、作物枯萎。多个电磁波段的信息对上述的变化会产生反应，因此，可见光相机、可见光近红外光谱传感器、热红外和荧光传感器、雷达等不同传感器在作物病虫害监测中具有广泛的应用前景。其中，可见光近红外光谱传感器技术日趋成熟，该方法通常针对全波段建立分类模型或建立优选特征波段的分类模型，涉及的数据处理方法有偏最小二乘判别分析、支持向量机、人工神经网络以及随机森林等（张德荣等，2019）。

近年来，深度学习相关方法也广泛应用于无人机遥感图像处理当中。通过无人机搭载高清可见光相机，结合计算机视觉及深度学习算法可实现对小麦等粮食作物病害类型和严重度（Mi et al.，2020；Zhang et al.，2019）的检测，也可实现对果树病害的快速定位（见图7.22）及诊断（见图7.23）。

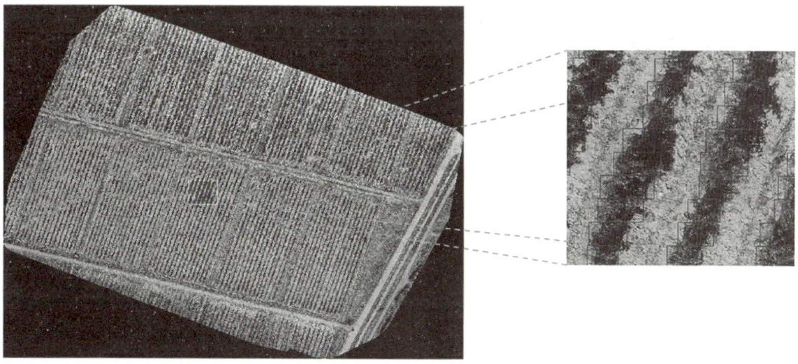

彩图

图7.22 基于无人机正射影像的葡萄带病植株定位检测

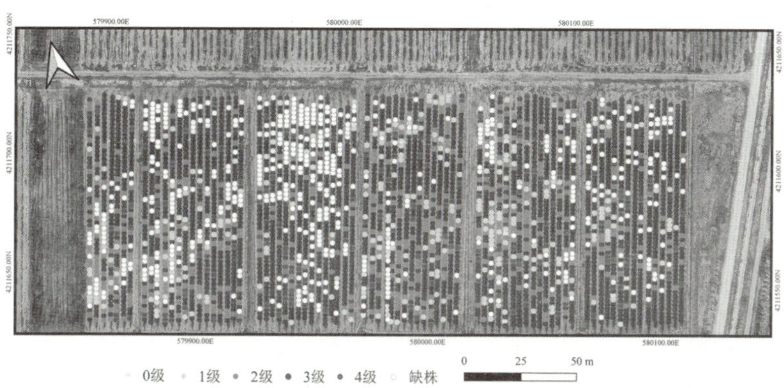

彩图

图7.23 卷叶病带病毒株在葡萄园中的分布及分级结果可视化

另外，研究者将五波段的多光谱相机和无人机平台与计算机视觉技术结合，实现了对健康和受条锈病感染的小麦植株的识别，如图7.24所示。在获取五个波段的光谱数据后，采用U-Net语义分割网络对光谱图像进行训练，实现了基于光谱图像的健康与受条锈病侵染的小麦植株的自动分割（Su et al.，2020）。

遥感传感器作为新的工具被广泛用于害虫侦察、监测迁移群、虫害水平检测、爆发预测以及不同果园和农作物的害虫入侵管理等领域（Devadas et al.，2015）。尽管研究已经证明，使用高光谱成像技术结合各种分类算法，并根据遗传学、生态学和形态学特征可区分密切相关和隐蔽的昆虫物种（Wang et al.，2016），但是目前虫害遥感监测更多的是依赖目标害虫造成的作物损害程度，而不是取决于实际的生物体。针对大尺度虫害研究，国内科研团队利用中国高分（GF）系列卫星数据、美国Landsat与MODIS数据和欧洲航天局Sentinel系列卫星数据等，结合全球气象数据和调查数据、虫害预测预报模型等，通过数字地球科学平台大数据分析处理，持续开展了亚非各国的沙漠蝗虫灾害遥感监测研究（黄文江，2020）。

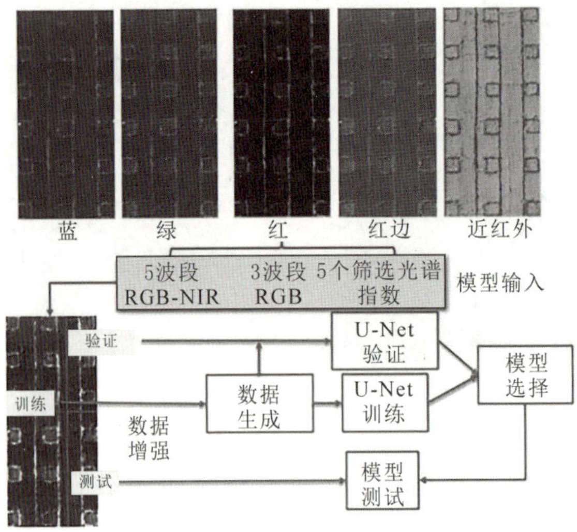

彩图

图7.24 基于U-Net的小麦条锈病检测流程

针对害虫的小尺度监测，研究者利用多频雷达记录了15类害虫（有11种和3个科）的数据。可以从多频雷达截面（radar cross section，RCS）中提取昆虫的质量和体长，其不确定度分别为16.31%和10.74%。胸部宽度得到了估计，长宽比得到了实现，不确定度分别为13.37%和7.99%。通过分析代表23个物种的5532只昆虫的统计数据，研究者得出结论，在可实现的测量精度下，23个物种的正确识别率都大于50%，其中对23个物种中的15个物种识别率达到80%以上（Hu et al.，2019）。

另外，在用荧光或热传感器检测作物病虫害时，研究者一般都通过引入一些参数，将荧光或热信号与感染症状联系起来。一些研究者通过使用荧光峰值的荧光振幅比（如F_{686}/F_{740}）来实现对一些作物病害的早期检测。与光谱特征和荧光特征相比，从热红外传感器得出的用于检测作物病虫害的特征相对简单明了。

7.2.5 地空星融合的作物信息检测技术

实现作物不同生长阶段信息的快速高效获取非常重要，常用的信息获取方式主要有三种：地面检测方式，灵活、精度高，但存在点测量效率低、成本高的特点；应用无人机可以在作物生长的关键时刻进行信息获取，满足作物全周期的信息获取的需要，但无人机载荷量小，作业面积容易受限；利用遥感卫星检测的方式，其特点是效率高、覆盖广，为农业大面积的信息获取创造了条件，但也受卫星周期性限制，特别是受云雾的影响，作物生长的关键时期也可能会造成信息的缺失，此外分辨率也会受到限制。

近年来，许多发达国家都在推进实施地空星一体化的信息获取，人机协同工作的作业模式。其中的“地”，为地面物联网数据采集；“空”，为无人机遥感数据采集；“星”，为卫星遥感数据采集。通过地空星融合的作物信息检测方式与装备，可实现对农业数据的感知和诊断，并最终实现精准化种植和智能化管理。由于地空星的分辨率不一样，其成本也不一样，而把地空星融合后，就能实现高效率、较高精度的信息获取，满足作物全生长周期、全天候的信息获取需要。农业进入到4.0时代，地空星融合的作物信息检测方式将引领农业的发展。

（1）地空星一体化的智慧果园平台设计

从技术体系看，地空星一体化的果园智能感知系统主要包括多源卫星遥感影像快速处理系统、无人机智能感知系统、地面传感网智能感知系统、互联网智能终端调查系统和天空地遥感大数据管理平台等五大子系统（吴文斌等，2019）。

平台总体采用分层架构，兼顾松耦合、高可靠性、高扩展性进行设计，包括感知层、传输层、数据层和应用层。平台核心功能主要体现在3个方面：①利用遥感卫星、物联网、传感器终端等技术构建地空星一体化监控系统，这是智慧果园数字化管理的基础，采用这些技术手段可以实现对果园地空星不同角度的全方位、全周期的数据采集；②应用卫星导航、物联网、移动通信、自动化控制技术等为果园的设备设施配置作业监测终端和智能控制系统，是智慧果园智能化管理的基础，采用这些技术手段可以实现对设备设施的联网控制，并开展精准作业和远程操控；③应用大数据、人工智能等技术构建智慧果园的“中枢神经”与“智慧大脑”是智慧果园数字化决策、未来无人化管理的基础，采用这些技术可以实现果园的智能感知、智能分析、智能决策、智能作业、智能预警、智能调度（吴文斌等，2019）。

（2）地空星融合的作物病虫害检测

利用航空和卫星图像可以绘制棉花根腐病感染的地图。机载图像的像素分辨率可满足实际需求，但其可用性随地点和时间的不同而不同。高分辨率卫星图像由于重访时间短、地面覆盖面积大，是另一个重要的图像来源。通过ENVI等软件对图像进行分类，然后创建处方图，可供变量作业控制系统使用。对于棉花根腐病项目，可使用多种分类技术评估棉花根腐病的识别效果，以在航空图像中区分受感染和未受感染的地区。

许多作物病害可以利用航空或卫星图像成功地检测和绘制，但我们仍然缺乏对如何将遥感数据转换为实际处方图的探索，因此需要进行更多的研究，以制定将图像分类图转换为应用图的操作程序（杨成海，2020）。

7.2.6 农业航空低空遥感发展趋势

地空星一体化的农业遥感大数据融合是未来农业航空遥感的发展趋势之一。目前，地空星协同观测对农业资源环境监测应用的满足度还不高，卫星和传感器参数设计没有充分体现农业特有需求。关键作物生长期与关键农事管理节点需要微波遥感全天候遥感观测数据，土壤定量遥感、作物品种与品质监测、病虫害遥感监测等需要高光谱遥感数据，作物生理与生长状态监测需要荧光遥感、偏振遥感等新型遥感器的应用，地空星多源观测数据的融合与同化理论和技术方法也需要加强（唐华俊，2018）。

物联网、5G等在农业遥感领域的应用拓宽是未来农业航空遥感的发展趋势之一。由于遥感数据普遍较大，获取时间较长，物联网、5G通信技术的成熟使得在短时间内同时获得多源遥感数据成为可能。例如物联网，可以用于低空遥感当中数据收集、覆盖范围扩展以及在农业特定应用场景中的无人遥感系统；我国现有的通信、导航、遥感卫星系统各成体系，军民系统孤立、信息分离、服务滞后，5G通信技术发展使其与卫星遥感之间的相互关系更加紧密（李德仁，2019）。

人工智能与航空遥感监测相融合是农业低空遥感的应用趋势之一。作物信息反演是一个非常复杂的过程，传统的机理反演方法以及经验和半经验反演方法受限于光谱波段的特定范围、复杂环境的不确定性和光谱复杂性，然而人工智能技术的迅速发展推动了数据驱动模型的广泛应用。通过与人工智能技术相结合，能够大幅度缩短遥感图像处理周期，提高作物信息反演精度的同时催生新的遥感应用领域。建立数据驱动模型能够实现遥感信息反演自动化，简化处理流程，促进遥感技术应用的变革。

7.3 农业航空植保喷施技术与装备

农业航空植保技术利用农用航空飞机搭载喷药装置，并通过控制系统和传感器进行操控，从而对作物进行变量精准喷药，克服了人工作业效率低、地面喷雾机具无法下田作业的难题。随着我国精细农业发展，农业航空植保作为一种新型防治病虫害的手段得到了飞速发展。科技部、农业部及相关部委在科研规划中都将农业航空应用作为重要支持方向（娄尚易等，2017）。国家“十二五”规划中，“微小型无人机遥感信息获取与作物养分管理技术”等农用航空课题项目被立项研究；“基于低空遥感的作物追肥变量管理技术与装备”和“无人机变量喷药控制分析平台的研发”均被列入“十三五”规划课题。在各级政府部门、农业机械企业、各大农业院校及各科研院所的广泛关注下，植保无人机在我国取得了快速发展，并广泛应用于作物病虫害统防统治作业管理。

目前，国内无人机企业已近400家，从事植保无人机研发与生产的企业也越来越多，并呈快速增长趋势，主要以单旋翼无人机和多旋翼无人机为主。

单旋翼无人机，如图7.25所示。以无锡汉和航空技术有限公司研发生产的汉和CD-15植保无人机为例，该机载药量可达15 kg，喷洒速度为3.6 m/s，喷洒时间为

12 ～ 15 min，喷洒效率为0.13 hm^2/min，每天可连续作业26.7 ～ 40 hm^2。其采用极简无副翼设计和翘尾设计，集成各种传感器及喷洒轨迹显示与信息化管理系统，可实现自动悬停。

图7.25 单旋翼无人机

多旋翼无人机，如图7.26所示。以广州极飞科技有限公司研发生产的极飞农业P20植保无人机为例，该机载药容积达5 ～ 8 L，最高作业速度为6 m/s，作业效率为单次起降1.3 hm^2，载药可持续飞行25 min。该机搭载由极飞科技自主研发的农业无人机飞行控制系统，采用A2智能手持终端，能根据实际载药量和电量规划航线，利用实时差分定位系统，使无人机实现厘米级精度航线飞行，其智能气象站为飞行规划提供实时、准确的气象信息，实现智能、精准、高效、节能的植保作业。

7.3.1 农业航空植保喷施系统与装备

农业航空植保喷施系统主要包括喷头、液泵、药液箱、药液管、喷杆以及相应控制单元。整个系统配合无人机飞行状态实施喷洒任务，随着无人机喷洒作业朝着智能化方向发展，该系统还集成了定位系统、喷施系统、自动避障系统以及各类传感器（田志伟等，2019），如图7.27所示。

图7.26 多旋翼无人机

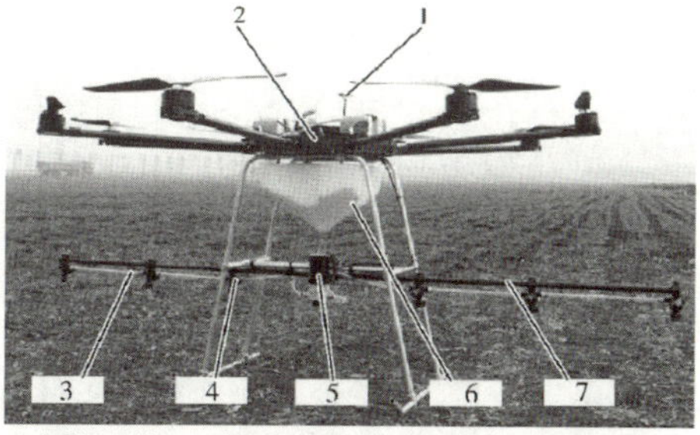

1.定位系统；2.控制系统；3.药液管；4.喷头；5.液泵；6.药液箱；7.喷杆

图7.27 农业航空植保喷施系统

（1）喷头

喷头是无人机喷施系统中的关键部件，它不仅承载着雾化药液的功能，还要与无人机喷洒环境完美匹配，减少雾滴飘移。因此，无人机喷施系统对喷头要求较高。喷头科学分类能使其更好地与药械匹配，满足不同喷施需求。欧洲喷头分类能够客观评估不同喷头的减飘性能，日本通过风洞试验建立了基于相对飘移潜力的喷头分类系统。美国农业工程师协会按照S-572标准将喷头分为非常细（粒径小于100 mm）、细（100～<175 mm）、中等（175～<250 mm）、粗（250～<375 mm）、非常粗（375～<450 mm）和极粗（≥450 mm）（Hilz et al.，2013）。

（2）液泵、药液管

液泵和药液管的制作材料应具有防腐、耐用、易维护等特性。在药泵的进出药液管路中应设置过滤网，其中出药管路过滤网的孔径应不大于喷嘴最小孔径。管路宜设置多级过滤网，过滤网应便于清洗和更换。

（3）定位系统

自动定位技术是保障植保无人机作业的基础，自动定位技术能够减小农药和无人机本身对作业人员的伤害概率，同时提高作业效率。

①GNSS导航方法。发达国家的农用航空飞机都配备了精密的GPS导航设备与系统。无人机使用GPS进行植保作业或农情数据采集导航的研究时间较长，技术相对成熟，我国在此领域起步较晚，研究重点集中在分析与改进GPS导航精度上。BDS是我国自主研制的卫星导航系统，具有全部知识产权，可摆脱对国外卫星导航系统的依赖，保证无人机的飞行路径与精度不受外部干扰。

②组合导航技术。惯性导航具有短时间内导航精度高的优点，但惯性导航精度越高，成本也越高，且该方法易受气流影响。目前，该技术主要应用于军事无人机的导航中。有国内外学者将惯性导航与GNSS结合用于植保无人机导航作业的研究。受到植保无人机的成本约束和农业作业环境中复杂风向、气流因素的影响，使用该方法导航的植保无人机的飞行最大偏航距为3 m，平均偏航距在0.1 m左右。

基于机器视觉的导航方法具有实时性强、成本低的优点，单目视觉处理技术可快速获得无人机周围环境的二维信息，进行植保无人机的相对位置判断。双目视觉方法可获得植保无人机周围环境的二维信息与深度信息，其数据层次更为丰富，但数据处理速度较慢，主要应用于植保无人机的避障探测。视觉方法与全球卫星定位相结合的导航方法可在全球卫星定位获取绝对位置的基础上结合视觉方法进行相对位置的调整，在小区域范围内具有导航精度高、实时性好的优点。其作业效果受光线影响较大，目前该方法主要应用在无人机的避障导航与精准喷施上。

除单双目相机外，雷达传感器可获取无人机周围的二维信息，雷达穿透雾、烟、灰尘的能力强，抗干扰能力强，与全球卫星定位系统相互配合，可达到良好的导航效果，雷达传感器的成本较高。目前，以T16型大疆植保无人机为代表的植保无人机采用雷达传感器与载波相位差分技术进行导航（曹光乔等，2020）。

（4）关键喷施控制系统

①雾化装置。雾化装置是喷施系统的核心部件，市场上现有的雾化装置普遍存在以下问题：制造、分类标准欠缺与材质和工艺不佳限制了雾化效果；雾化理论基础研究不足；雾化装置研发与喷洒需求分离。这些问题造成我国雾化装置落后于发达国家。文晟等（2016）提出了一种超低容量旋流喷头结构，指出喷头出口直径是影响喷头雾化性能的主要因素，建议适当增加药液黏度来提高雾化质量。Zhou et al.（2017）设计了一种离心式雾化装置，研究了结构参数对雾化特性的影响，认为最佳旋转槽形状为方形。无人机喷洒过程中所经历的外界环境比较复杂，需要专用雾化装置，随着植保无人机技术的发展，开发无人机专用雾化装置是一个研究热点。

②静电喷施系统。静电喷施系统采用异性电荷相吸原理，通过电极对雾滴充电，使其携带电荷，然后在电场力、重力和喷施压力共同作用下向靶标飞去，从而改善沉积性能。静电喷施系统主要由药液箱、药液管、静电喷头、泵、高压电发生器等组成，因充电过程发生在药液雾化后，所以电极多与喷头结合在一起，即静电喷头。由于静电喷头的荷电性能和雾化效果直接影响喷施效果，因此成为系统中的关键部件。

（5）自动避障系统

无人机喷施时农田周围环境较为复杂，有建筑、电网、通信等设施，这对安全作业产生威胁。因此，无人机自主避障是目前研究的一个热点课题。因障碍物形状特征差异较大，且分布随机化，所以无人机避障技术的难点在于障碍物的自主识别。目前，无人机避障的方法有：超声波避障、红外线避障、激光雷达避障和视觉避障。超声波避障原理虽然简单，但是其测量范围小、精度低；红外线避障与超声波避障原理大致相同，但光波易受到其他光源的影响，使得其测量准确度降低；激光雷达避障虽然测量快、范围广、精度较高，但其价格高、体积大；视觉避障中无人机通过视觉传感器可以输出周围景象丰富的信息，具有实时性好、功率损失较低、测量范围较广、花费较低等优点，可以使植保无人机有效地实施植保工作（明宇，2018）。

7.3.2 农业航空植保变量喷施技术与应用

变量喷施技术是高精度、高效率农业航空植保的核心，它不仅可减少化肥农药用量，还可以提高病虫害控制率。变量喷洒的控制是根据不同小区所需喷液量的变化制定和传送相应的流量控制指令，然后通过某一控制策略实现变量喷洒输出，从而保证精确的变量喷施作业。主要的控制变量喷洒的方式有变压力式输出控制、变浓度式输出控制和基于PWM技术的控制三种方式。

变压力式输出控制是传统的喷洒流量控制方法，应用比较广泛。其工作原理为：事先将作业溶液和溶剂（通常为水）按照一定的比例进行均匀混合，控制器根据无人机速度控制伺服阀开度的大小，通过改变喷洒管道内的压力来改变喷洒的量，从而使喷洒量达到能够满足作业地块的要求。

变浓度式控制系统流量调节范围较小，雾量分布容易产生畸变。变浓度式输出控制系统采取将溶质和溶剂分离的途径，基本包含一个溶剂箱和一个（或多个）原液箱。其工作原理为：通过变量控制器判断所需的喷施量，输入固定的溶剂流量和定量的原液用量，混合后进行均匀喷施作业。

基于PWM技术进行变量控制输出。其工作原理为：在喷雾之前，要保证已经在水箱中将药剂与水搅拌均匀，并且在限定的调节范围内，保持系统的压力，通过给定不同占空比的PWM脉宽调制信号，改变电磁阀的打开和关闭的时间比，从而改变输出的流量。基于PWM技术输出控制方式可以分为连续式PWM变量控制与间歇式PWM变量控制。变压力式输出控制和变浓度式输出控制两种变量喷施技术在变量控制响应速度方面存在延迟，而且控制精度很难保证，因此不适合植保无人机变量控制。基于PWM技术的变量控制技术不仅响应快速，而且流量控制精度很高，适合微量低空喷洒作业的植保无人机变量喷施控制（段立蹄等，2018；王大帅等，2017；郑启帅，2019）。

（1）基于PWM的变量喷施系统

王玲等（2016）基于PWM设计的变量喷施测控系统（见图7.28），可通过无线数传模块实现地面测控单元对无人机变量喷药的远程控制。该无人机PWM变量喷药系统由地面测控单元和机载喷施系统两部分组成，并由无线数传模块实现两部分的远程通信，如图7.29所示。

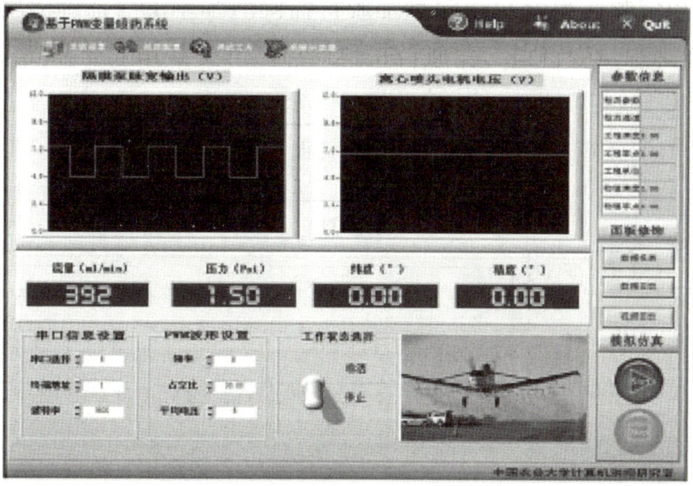

图7.28 基于PWM变量喷药系统

①配置型地面测控软件设计。以测试系统模块化、虚拟化、可复用化为理念，开发了基于Lab Windows/CVI的配置型地面测控软件。地面测控软件采用频率为10 Hz、占空比可调的脉冲信号，通过无线数传模块发射端，实现对机载喷施系统中隔膜泵的脉宽调制调速，从而改变系统压力及流量，实现无人机喷雾的变量调节。对隔膜泵电动机采取脉宽调制调速，是在直流电源电压保持不变的情况下，通过改变PWM占空比来改变隔膜泵电动机导通和关断时间，从而调节隔膜泵电动机两端平均电压。

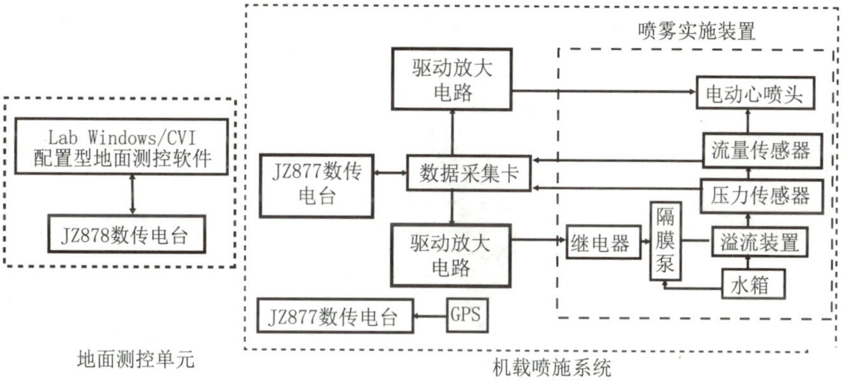

图7.29 总体设计框架

②机载喷施系统设计。机载喷施系统主要由微型无人机、数据采集模块、功率放大模块、喷雾实施装置与供电模块组成，喷雾实施装置中的水箱、隔膜泵、管道、溢流装置、流量传感器、压力传感器及电动离心喷头组成了供液系统。为实现无人机低空低量喷雾，选取普兰迪1203型隔膜泵，其工作电压为12 V，最大压强可达0.5 MPa，最大流量为1.0 L/min。数据采集模块选用USB总线及串口通信二选一的多

功能信号采集卡，可接收地面测控单元无线传输的脉冲信号，经驱动放大后控制隔膜泵及电动离心喷头电动机转速。该系统能实现2路PWM输出、8路数字信号输出、16路模拟信号采集、2路模拟信号输出及8路数字信号输入。数据采集模块功能结构示意如图7.30所示。电动离心喷头是航空喷施装备的关键部件，直接影响喷药的沉积效果；英国Micro公司的Ulva+型喷头，如图7.31所示，该离心喷头电动机与雾化转盘锁紧连接，当电动机驱动雾化转盘旋转时，隔膜泵将药液经喷嘴送到雾化转盘内，药液在离心力作用下，沿着雾化盘外缘上的齿尖螺旋状飞出，从而形成细小雾滴。该电动离心喷头有4种不同喷孔直径的喷嘴，其中，黄色喷嘴喷孔直径最小，灰色最大。该系统可通过螺栓对喷嘴类型进行更换，以获得不同喷孔直径对雾滴大小影响的数据。

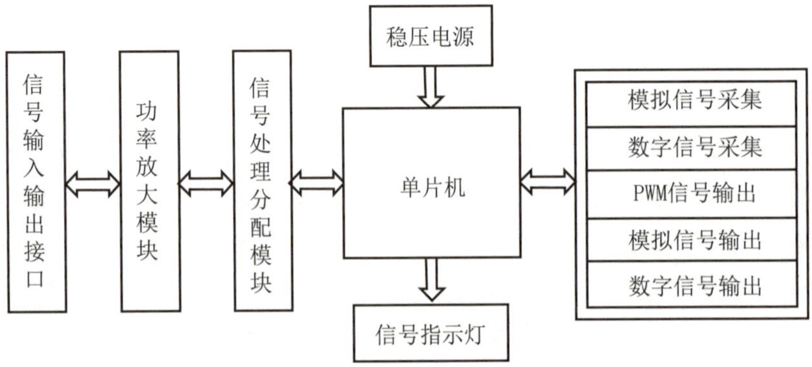

图7.30　数据采集模块功能结构示意

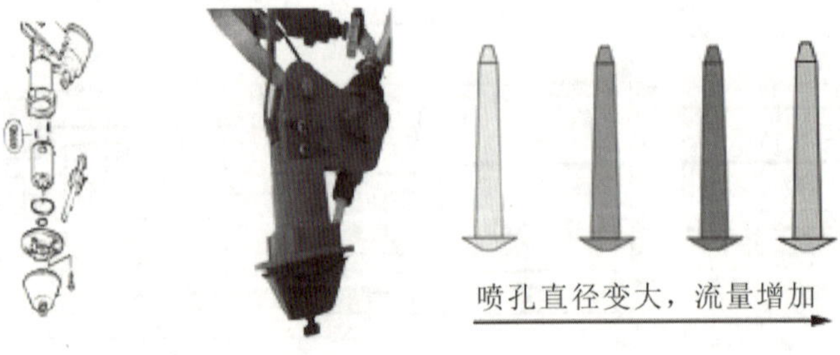

（a）离心喷头结构　　（b）喷嘴类型

图7.31　离心喷头结构与喷嘴类型

总体来说，该系统实现了地面测控软件通过调节脉冲宽度及电动离心喷头转速对机载喷施装置压力、流量、雾滴粒径的远程控制；同时，地面测控软件还可接收机载GPS、流量及压力传感器数据，进行显示、保存，实现对无人机喷药作业的实时监测。

（2）基于图像识别的无人机精准喷雾控制系统

随着数字图像处理技术的发展，将图像识别和分类技术应用到植保无人机的精准喷雾系统中，为化肥农药减施目标的实现提供策略支持将具有独特的优势和良好的应用前景。王林惠等（2016）设计了一种无人机精准喷雾系统，该系统主要内容包括图像获取、图像预处理、特征提取、图像识别并给出控制信号4个部分。在预处理阶段，系统通过中值滤波、分割等对图像进行初步处理，使之成为易于识别和处理的图像；在特征提取部分，系统对图像进行抽象化，将目标提取出来，为后续的识别和定位奠定基础；在图像识别阶段，系统基于仿真建立的支持向量机（support vector machine，SVM）模型，将图像的特征参数输入SVM中，得出识别结果，即输出数据，并根据此数据对喷头采取喷雾措施。系统整体架构，如图7.32所示。该精准喷雾控制系统的设计主要通过SVM算法仿真、算法移植、精准喷雾控制3个步骤实现，如图7.33所示。系统的硬件平台主要由图像采集模块、图像处理模块、外扩存储器模块、喷雾控制模块等组成，如图7.34所示。

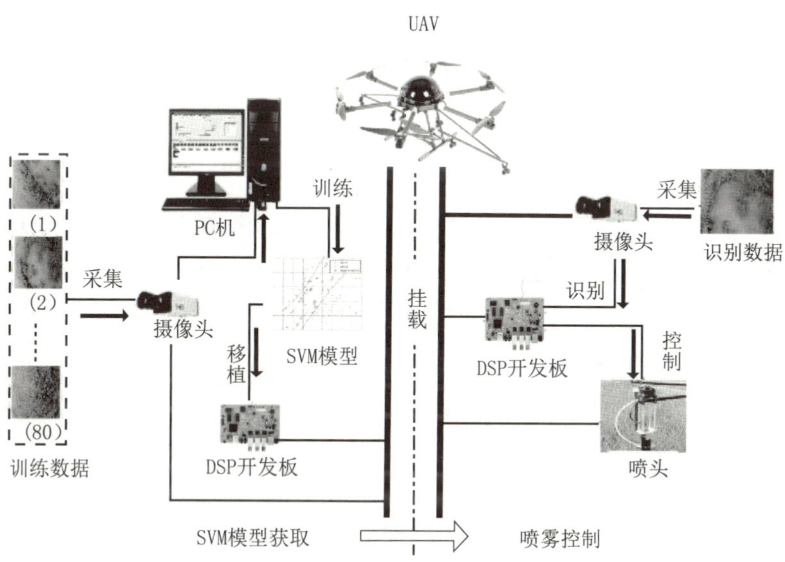

图7.32　无人机精准喷雾控制系统整体架构

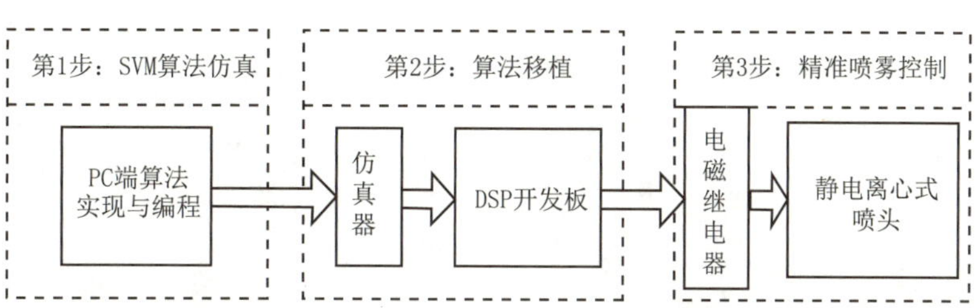

图7.33　无人机精准喷雾控制系统整体工作流程

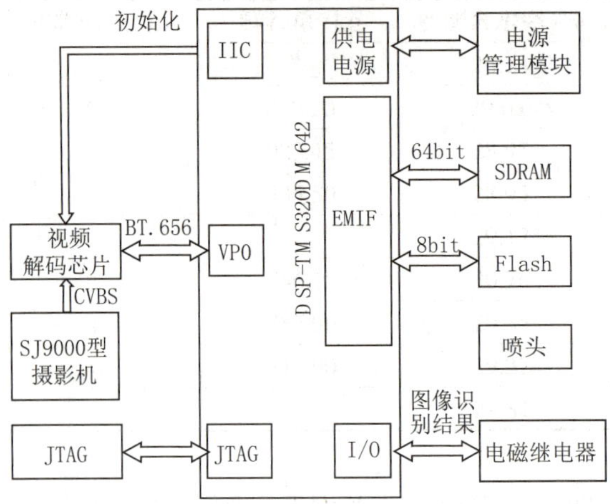

图7.34 无人机精准喷雾控制系统硬件

7.3.3 地空星融合的植保作业技术与应用

地空星一体化技术利用多源信息协助植保作业喷施决策，对于实现作物不同生长阶段病虫害防治非常重要。卢璐等（2017）基于实时载波相位差分（RTK）技术结合BDS系统优化了植保无人机飞行控制系统。该系统的功能模块主要包括传感器、控制器和执行机构三部分，如图7.35所示。其中，传感器模块用于测量飞机的飞行状态信息；控制器通过比对飞行状态和指令状态，由控制算法解算出所需的控制指令，并控制执行机构驱动飞机按指令飞行；执行机构为PWM信号驱动舵机，包括三个斜盘舵机、一个油门舵机和一个尾舵机，其将控制指令由电信号转换为舵机的转动角度，通过舵机转动带动飞机的舵面偏转产生控制作用。搭载RTK定位系统，与BDS系统结合后，无人机可以在航线制定后进行飞行作业，妥善解决因航线偏移而带来的重喷、漏喷等问题。

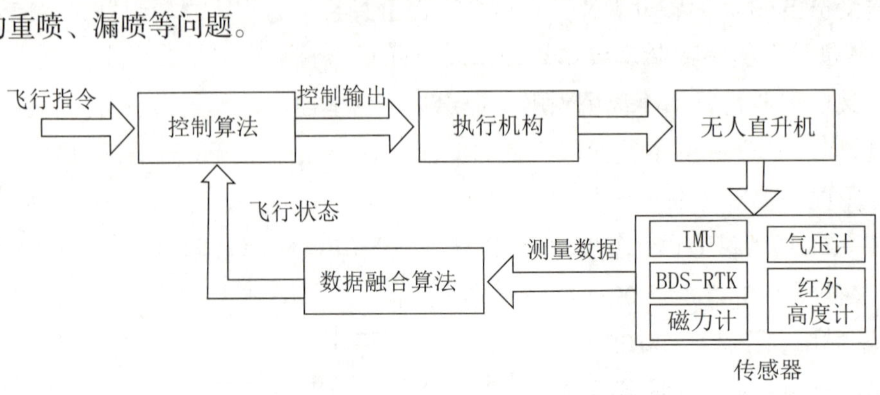

图7.35 飞控系统结构

多旋翼植保无人机在农药喷洒、植保飞防等领域有很大的优势，但在实际操作中还有很多不稳定的因素，最主要的就是如何获得准确的定位坐标。王高亮等（2017）基于BDS系统，设计了一种多旋翼无人机定位系统，该系统按照功能可以分为硬件系统和软件系统两部分。

（1）硬件系统

最顶层为嵌入式Linux系统层。多旋翼植保无人机上连接的地面端可以显示多旋翼植保无人机当前各个模块的运行状态和参数，用户可以按照需求设置相关飞行参数、多旋翼植保无人机的默认参数，该层也称人机交互层。中间层使用了意大利ST公司的STM32F427VIT6处理器。该处理器是一个32位微型控制器，是ARMCortex-M4的内核，超频工作可到159 MHz，并拥有内存直接访问DMA（direct memory access）选项和浮点运算单元，能在外界干预的环境下迅速进行浮点解算，为无人机提供了工业级的稳定性和安全性。它主要负责飞行算法处理、多传感器的信息融合，将底层传感器采集的信息在操作处理后传输至最顶层或反馈到底层，使多旋翼无人机转换为对应的飞行状态。最底层，即STM32F405RGT6微处理器，主要负责传感器采集。信息层重点包括BDS定位单元、电机控制单元、数据传输单元等。

（2）软件系统

控制软件的核心任务是为无人机飞行角度的获取及把控、地面发射机数据解算、通信连接状态实时处理。与功能相对应，植保无人机的控制软件可以分为三组，软件流程如图7.36所示。第1组采用了微型处理器的高级IO捕获口，捕获中断程序中的遥控器S-BUS数据；采用180 Hz作为无人机飞行角度控制频率，完成对传感器的数据处理，再由IO口以PWM形式传输给无人机的电子调速器，给多旋翼无人机的电机下指令，完成对无人机的操作动作。第2组采用控制器的定时器断点函数，每隔8 ms运行一次，自检地面控制器数据的改变值。若断点函数中的捕获值与当前地面段的数值不一致，则说明通信正常；如果一致的话，则表明地面控制器已经对植保无人机失去了控制，这个时候应该马上标定连接错误符，采取相应措施给植保无人机下达返航命令，并返回主函数。第3组为主函数部分，大多数功能都在此函数中得以实现。系统启动后首先初始化各个模块。然后对每一个传感器获得的数据进行姿态解算，若此时无人机返回故障信号，则应该立刻把植保无人机的飞行角度设置为水平，使其能保持垂直飞行。如果没有接收失控信号，则应该继续获取输入断点代码标识的无人机飞行状态信号，解算相应的植保无人机控制算法得到控制量并调制成PWM数据，然后用DMA模块将得到的无人机数据传送至对应的子程序中，这样即可调节植保无人机的电机转速，达到最佳的调校效果。

实验结果表明，该系统具有很好的动态响应和稳态响应功能，在存在外界干扰的情况下，仍能跟踪期望的姿态，如图7.37所示。

地空星三位一体农田多源信息获取技术与地面、无人机和卫星遥感融合的大面积农田信息监测与平台，能够充分发挥地空星三位一体农田多源信息获取与融合关键技术及装备的优势，通过点面结合、时空互补，来满足作物全周期、全天候、大面积、低成本、快速、准确的信息获取与精准管理要求，从而实现智慧农业作物及其生长环境信息的准确、适时、全域获取和精准作业。

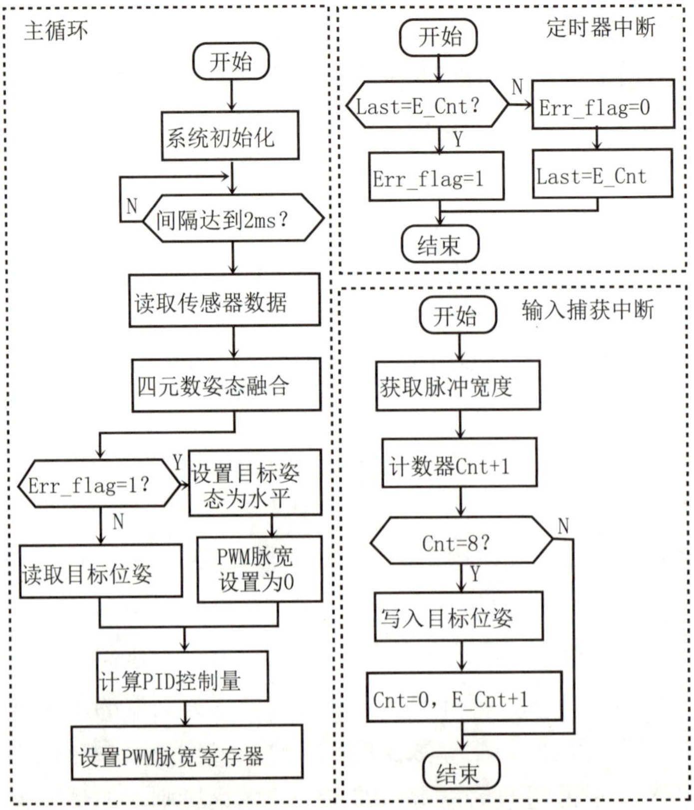

图7.36 软件流程

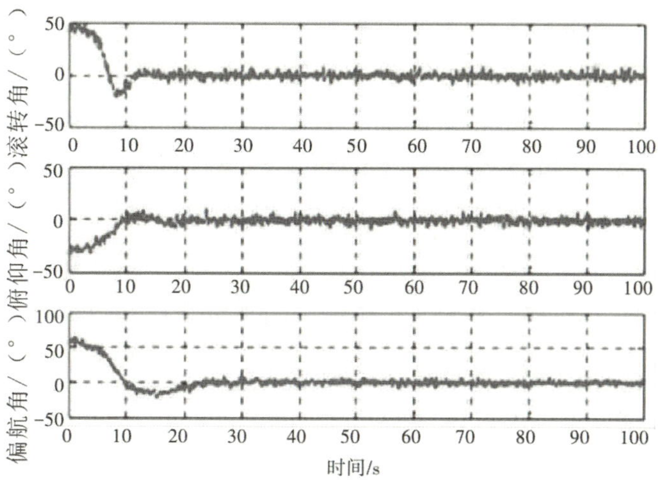

图 7.37 姿态角响应实测曲线

7.3.4 农业航空植保作业发展模式与趋势

（1）多机型、多作业方式并举

中国农业航空的发展应因地制宜，走“多机型、多作业方式并举”的道路，根据各地区的实际情况选择适宜的机型（见图 7.38），以此提高航空植保作业的适应性。

（a）多旋翼植保无人机　（b）固定翼植保无人机

图 7.38 多种植保无人机

（2）农业航空喷施主要剂型的筛选与评价

研究适合航空植保飞行平台的农药药液性质，筛选出可用于航空植保的农药剂型。研究航空施药条件下，农药制剂对主要粮食作物的生理影响与生物防治效果，针对主要粮食作物病虫害防治要求，筛选出可用于航空植保的杀虫剂、除菌剂、生长调节剂等。研究航空施药条件下，农药雾滴沉降、黏附、铺展规律，筛选出可以减少雾滴蒸发、减少飘失、促进农药雾滴黏附与铺展的航空植保喷雾助剂。

（3）航空喷施作业技术参数的选择与优化

中国现有农用飞机的机型，包括有人驾驶、无人驾驶（如单旋翼和多旋翼、油动力和电池动力等）飞机的不同机型。在不同气象条件下（包括喷雾作业时不同时间段气流变化、温度变化等），农药雾滴在空中飘移、蒸发、沉降的规律，研究飞行高度和飞行速度及旋翼风场对雾滴的沉积与飘移的影响规律，制定不同机型喷施作业的雾滴沉积和飘移检测标准。通过室内风洞实验与田间验证方法，优化航空作业参数，对适用于不同作物、不同病虫害防治的飞机作业参数进行选择与优化，包括作业压力、喷雾量、雾滴粒径、雾滴分布性能，以及飞行高度、飞行速度、航线规划与导航控制方式等。考核航空平台田间作业可靠性与连续工作能力，优化田间喷施作业速度、喷施量；优化航空平台施药载荷与续航能力，提高能效比和田间作业效率。针对不同作物的生长特性与病虫害发生规律，确定不同防治时期、不同病虫害航空喷施方案与喷施要求，确定作业参数范围，制定不同作物、不同病虫害、不同机型配套的喷施作业技术规范。

（4）无人机自主飞行控制系统的选择与优化

研究高精度飞行姿态及导航定位传感器，融合激光及声呐测距等传感器，消减地效的影响，开发无人机超低空飞行高稳定性自动驾驶控制技术，提高飞行控制精度，保证无人机超低空飞行作业时的稳定性。完善无人机的失控保护措施，包括开发具有失控保护、故障自动检测、报警功能的飞控系统，实时跟踪监视各类参数，排除安全隐患，提高无人机平台低空飞行的安全性。开发适用于微小型无人机的机载地面高程三维信息测量系统，结合三维地理信息系统，融合GPS、GIS技术开发面向复杂农田作业环境的微小型无人机路径规划优化算法，实现无人机按照预定航路自主飞行作业；开发新型操控手柄，取代传统的人工总距、横滚、俯仰，航向姿态操作，实现“推杆即走，拉杆即停”的操作方式，实现“傻瓜式”操控，降低操作难度。减轻整机质量，同时提高有效载荷和动力部件的使用寿命是当前微小型农用无人机应用中的挑战之一。应重点解决轻量化与寿命之间的矛盾，使发动机及动力电池的使用寿命进一步得到提高，降低整体使用成本（周志艳等，2014）。

（5）航空喷施装备关键部件的设计与优化

开发雾滴谱窄、低飘移的航空专用可控雾化系列喷嘴；开发农业航空植保静电超低容量施药技术，主要包括可控雾滴雾化技术研究与装置开发、雾流高效充电技术研发等，提高药液在靶标的附着率；开发质量轻、强度高、耐腐蚀、方便吊挂、防药液浪涌、空气阻力小的流线型药箱及喷杆喷雾系统；开发体积小、质量轻、自吸力强、运转平稳可靠的航空施药系列化轻型隔膜泵。

（6）航空植保对环境和生态的影响跟踪监测

关于航空植保中细小雾滴飘移进入环境后的负面影响的跟踪研究尚未开展。为保证航空植保的健康发展，需要研究监测航空喷雾后对邻近作物、蜜蜂、畜舍、水源等的影响，为航空植保提供技术参考。

7.4 农业航空撒播作业技术与装备

航空撒播是指在农用飞机上挂载专用撒播器进行农业颗粒物料撒播的作业方式。国外的航空撒播起步较早，美国从1929年就开始用飞机撒播水稻。德国和澳大利亚等农业航空发达的国家也多以有人驾驶固定翼飞机撒播为主。国内早期的航空撒播作业平台主要依托有人驾驶固定翼飞机和直升机。目前用于有人驾驶固定翼飞机的播撒器已比较成熟，多用于施肥、飞播造林和飞播牧草（Xiao et al.，2015），专门用于无人驾驶航空器的撒播器近年来得到了较快发展，但尚未达到植保作业那样的大规模应用。

7.4.1 有人驾驶固定翼飞机常用撒播技术及装置

（1）简易改装的航空撒播装置

如图7.39所示，简易航空撒播装置由大型客机改装而成，在机舱内加装物料箱，播量调控由安装在机舱底部的控制阀门实现，控制阀门由驾驶员手动控制，且无专用的抛撒装置，从阀门流出的物料直接由高速气流吹散开。该撒播装置结构简单，撒播量手动控制，适合飞播种草等均匀度要求不高的场合，是早期开展飞播种草所用的主要装置。

图7.39　简易航空撒播装置

（2）风道式航空撒播装置

风道式航空撒播装置是有人驾驶固定翼飞机撒播常用的装置，它主要由撒播装置和排料装置组成。撒播装置设有入风口、入种口和导流风道，排料装置的槽轮安装在撒播装置的入风口处。作业时，打开机舱底部阀门，控制槽轮转动将物料排放至撒播装置的入风口处，飞机高速飞行时产生的高速气流将物料颗粒吹送至导流风道内，物料颗粒在导流风道内获得较大的初速度，并沿若干导流板飞离撒播装置，形成较大的撒播幅宽。

如图7.40所示，风道式航空撒播装置的导流风道分别向两侧呈弧形伸展，该撒播装置风道起始段的侧壁上有一排大小不一的圆孔，使从中间下落的物料颗粒尽量从中间吹出，避免航线中心漏播；风道内部由弧度不同的导流板隔开，引导物料沿着固定的轨迹运动；在风道延伸段的侧壁上设置若干出料口，可扩大物料颗粒分散范围，增大撒播幅宽。

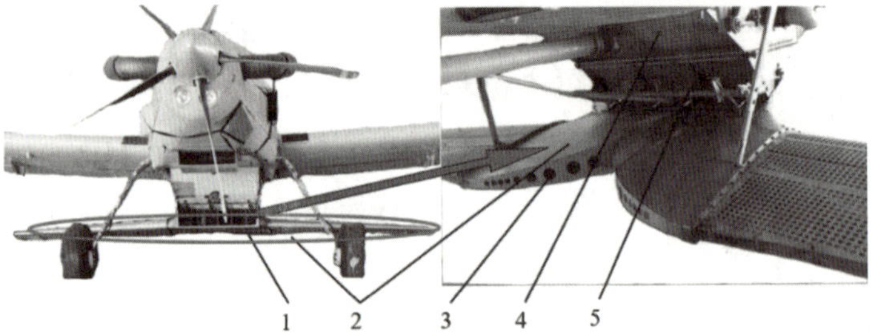

1.入风口；2.导流风道；3.出料孔；4.物料箱；5.排料装置

图7.40　向两侧延伸的风道式航空撒播装置

如图7.41所示，风道式航空撒播装置整体呈锥形，风道内设置了若干不同锥角的导流板，出料口斜向下方。在实际作业中，从控制阀门流出的物料颗粒随即被机身周围高速气流吹入锥形风道内，形成较为对称的颗粒分散区域。

由于该类型的航空撒播装置主要是利用有人驾驶固定翼飞机产生的高速气流，所以较适宜在大面积连片区域作业。然而，撒播装置的作业主要是靠驾驶员手动操作完成，难以获知飞机底部的物料撒播情况，排量控制主要凭经验，因此，该类型的航空撒播装置通常适用于对均匀性和精确性要求不高的撒播作业场合。

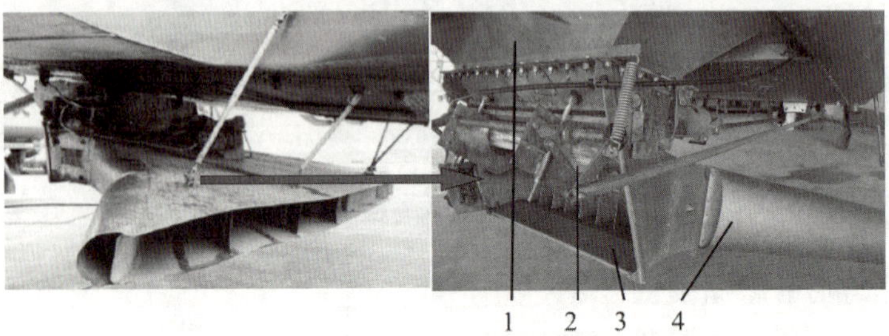

1.种箱；2.排种机构；3.入风口；4.锥形风道

图7.41　后向锥形的风道式航空撒播装置

7.4.2 有人驾驶直升机常用撒播技术及装置

有人驾驶直升机常用的撒播装置从安装方式上主要分为固定式和吊挂式两种类型。如图7.42所示，固定式航空撒播装置设置在机舱内，颗粒从机身两侧的出口排出；吊挂式航空撒播装置通过软绳吊挂在直升机上。这种独立的撒播装置与直升机组合的方式降低了航空器对撒播装置的要求，方便替换撒播装置，提高了航空器的适用性，扩大了航空撒播的范围。无论是固定式还是吊挂式，只要该撒播装置能够独立完成撒播作业，就可以安装在直升机上进行航空撒播。

（a）固定式

（b）吊挂式

图7.42 有人驾驶直升机搭载的航空撒播装置

7.4.3 无人驾驶航空器撒播技术及装置

近年来，无人驾驶航空器的作业性能得到了迅速提高，在颗粒物料撒播方面的发展也取得了较快发展。无人驾驶航空器撒播装置主要分为离心圆盘式和气力式两种，通常可以撒播粒径为0.5 ～ 5.0 mm的农业颗粒物料。

（1）离心圆盘式撒播装置

离心圆盘式撒播装置可搭载于多旋翼无人机和无人直升机，其核心部件是排量控制机构和离心圆盘。排量控制机构用于控制落入圆盘上的颗粒量，圆盘上安装不同形状和位置的挡板。在撒播作业中，落在圆盘上的颗粒在离心力和摩擦力的共同作用下运动到圆盘边缘，最后被甩出去，形成环形沉积区域。图7.43为搭载于多旋翼无人机的离心式撒播装置。该装置的撒播圆盘外安装了防护罩，防护罩只允许颗粒从固定的角度抛撒，用于控制颗粒抛撒形成的分散角度区域，即有限角度的撒播。图7.44为一种基于单旋翼无人直升机的离心圆盘式撒播装置。该撒播装置的离心圆盘安装在物料箱底部，无防护罩遮挡，颗粒能够从任意角度抛撒出去，形成360°的环形分散范围，即360°全周抛撒。

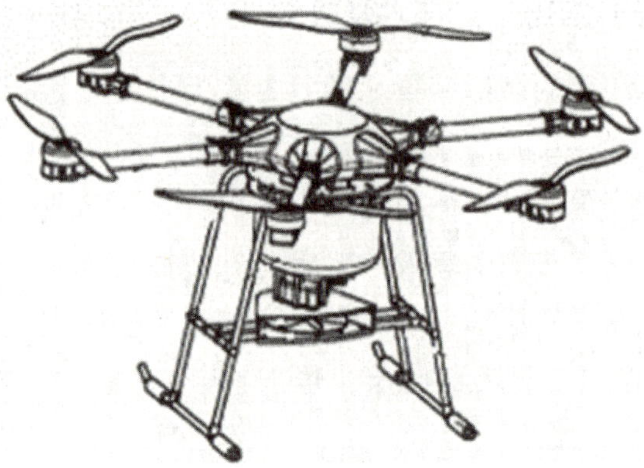

图7.43　搭载于多旋翼无人机的离心式撒播装置

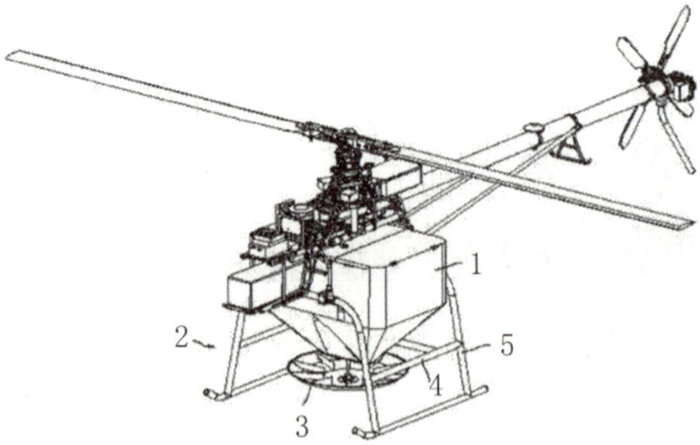

1.料桶；2.支架；3.甩盘；4.连接架；5.横杆

图7.44　搭载于无人直升机的离心圆盘式撒播装置

国内关于离心圆盘式无人机撒播技术的研究较多。华南农业大学罗锡文院士团队最先研发了一种适用于多旋翼无人机撒播作业的离心圆盘式机载装置，该装置通过移动物料箱出口处的挡板进行播量调控，通过旋转圆盘实现颗粒抛撒（罗锡文等，2014）。为了提高物料排放的流动性和连续性，宋灿灿等（2018）设计了专用排料轮，将其安装在离心圆盘与物料箱的出料口之间替代挡板来进行排量调节。为了解决全周撒播时离心圆盘正下方出现颗粒沉积较少或空心的沉积分布区域的问题，Wu et al.（2020）在圆盘周围设计了挡板环，以利用回弹作用改变颗粒在空中的运动轨迹，并通过台架试验和动态试验优选出撒播水稻的最佳参数。

随着无人机撒播技术的不断成熟，国内也出现了商品化的撒播无人机产品。比较有代表性的有深圳市大疆创新科技有限公司（简称DJI）、广州极飞科技有限公司（简称XAG）和珠海羽人飞行器有限公司（简称珠海羽人）等，相关的撒播无人机如图7.45～图7.47所示。

图7.45 DJI的离心圆盘式撒播无人机

图7.46 XAG的离心圆盘式撒播无人机

图7.47 珠海羽人谷上飞系列离心圆盘式撒播无人机

尽管离心圆盘式撒播无人机的工作原理简单，但是存在颗粒指向性控制困难、落料轨迹较分散、颗粒的沉积分布区域不稳定（由环形落种带叠加而成）、高速旋转的圆盘易伤种且变量控制精度不高等问题（Fulton et al.，2001）。

（2）气力式撒播装置

气力式撒播装置主要利用高速气流吹送颗粒物料，对颗粒运动轨迹的指向性控制比离心圆盘式更易于实现。宋灿灿等（2018）设计了一种基于多旋翼无人机的气力式撒播装置，如图7.48所示。该撒播装置主要由排料机构组成，风力系统由锥形导流通道和风机组成，可实现对颗粒的引流，增加对颗粒轨迹的控制，有利于提高撒播分布的均匀性。XAG在2018年发布了一款气力式撒播无人机，如图7.49所示。该产品由槽轮式排料机构和由4个电控涵道风扇产生的集中气流输送系统组成（李晟华等，2018）。深圳高科新农技术有限公司发布了双通道气力式撒播无人机，如图7.50所示。利用物料箱底部设置的蝶形阀（由两个半圆形叶片组成），可绕中心轴旋转，不同的旋转角度可获得不同的排量。

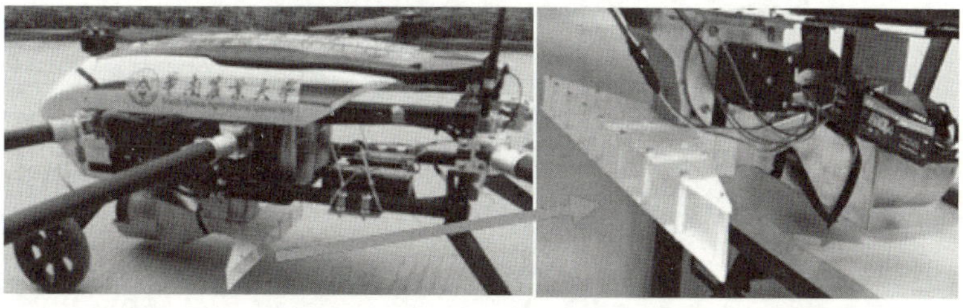

图7.48 无人机气力式撒播装置

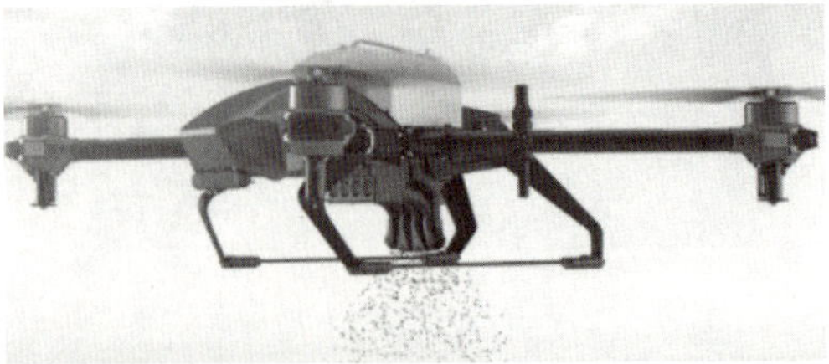

图7.49 XAG的气力式撒播无人机

图7.50 双通道气力式撒播无人机

（3）成行条播装置

利用无人驾驶航空器还能实现成行的条播。珠海羽人在一些特殊结构的农用无人机的机臂上并列安装了若干独立的小型撒播装置（陈博，2019）。每一个小型撒播装置包含完整的撒播部件，由简易槽轮式排种器和气力输送单元组成。工作时，从物料箱中排出的颗粒经高速气流携带以一定的初速度从导管出口向下喷射出去。各小型撒播装置可沿机臂调整安装位置，相邻独立的小型撒播装置之间的间距即条播行距。

张青松等（2020）设计了一种油菜种子条播无人机，如图7.51所示。该条播装置包含槽轮式排种器和若干输种导管。输种导管的一端连接排种器，另一端间隔固定在支撑架上。作业时，由排种器排出的油菜颗粒会落入不同的输种导管，在自重作用下从导管出口落下，形成若干束颗粒流。研究者通过仿真建模确定了适合油菜种子的撒播装置结构参数和作业参数，并进行了田间试验。实验结果表明，种子分布均匀性变异系数（coefficient of variation，CV）为38.23%，满足油菜播种要求。

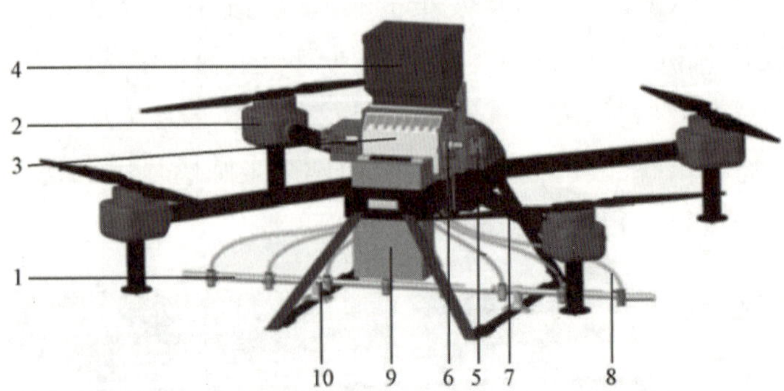

1.出种口支撑架；2.无人机旋翼；3.槽轮；4.种箱；5.步进电机；6.联轴器；
7.机载控制系统；8.导种管；9.无人机电池；10.出种口

图7.51 油菜种子无人机条播装置

上述无人机条播的方法主要依靠颗粒自重下落，其加速能力有限，种子在下落时易受旋翼风场影响，播种作业时出种口需离地面较近（通常在50 cm以内）才能有效果。然而，随着飞行高度的降低，无人机的操作难度及事故率急剧上升，极易出现撞地等安全事故。

（4）点射播种装置

为了采用无人机实现成行成穴播种，减少旋翼等外部风场对种子下落的影响，使无人机保持较高飞行高度仍能实现成行成穴的精量播种，且种子能有一定的入泥深度，周志艳等（2020）设计了一种无人机点射播种装置，如图7.52所示。该装置主要由无人机机体、种箱、排种器、分种器、点射播种模块、角度调节机构组成，可实现五行齐播，作业行距在15 ~ 30 cm内可调，水稻播种时入泥深度为0 ~ 8 mm。

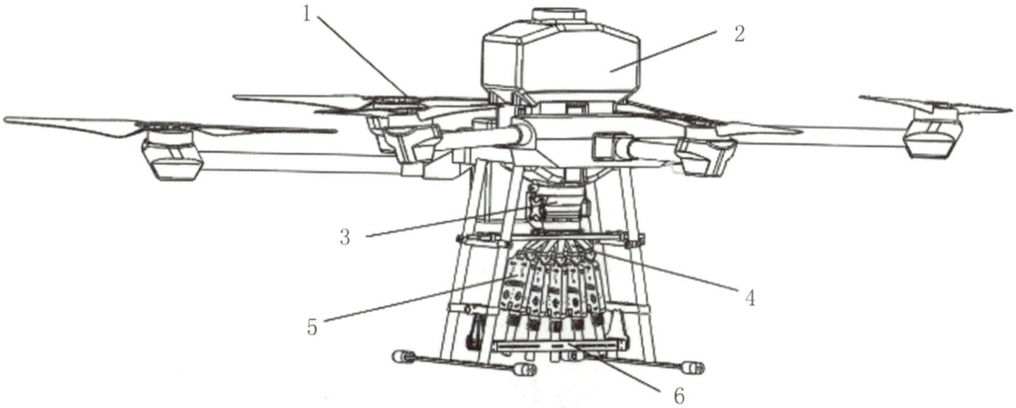

1.机体；2.种箱；3.排种器；4.分种器；5.点射播种模块；6.角度调节机构

图7.52 无人机点射播种装置

7.4.4 多旋翼无人机变量施肥技术与应用

无人机变量施肥技术的实现主要包括前期准备和施肥作业两部分，如图7.53所示。前期准备主要是指通过遥感监测或测土配方的方法获得施肥处方图。施肥作业是指施肥无人机通过解析施肥处方图获得不同位置的施肥信息，并通过控制执行部件调整施肥量，达到变量施肥的目的。华南农业大学开发了国内首套基于遥感处方图的无人机变量施肥系统，并将其应用于自主研发的气力式施肥无人机上，如图7.54所示。

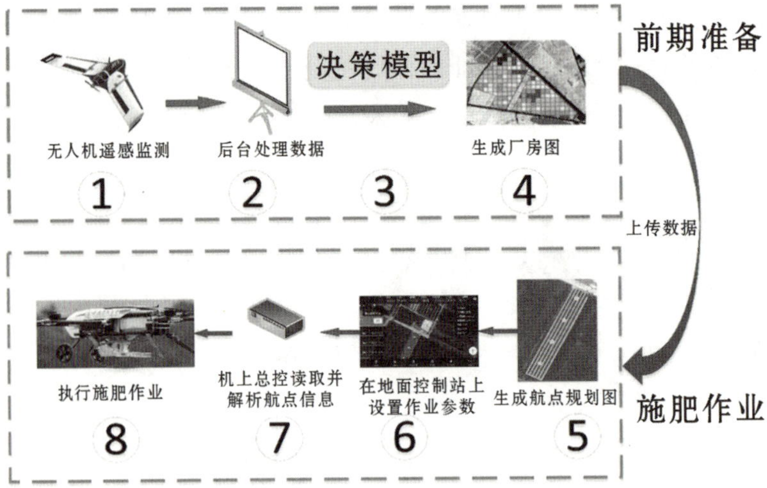

图7.53 基于遥感处方图的无人机变量施肥过程

1. 施肥无人机平台；2. 物料箱；3. 排料轮和电机；4. 涵道风机和电机；
5. 多通道气力式撒播器；6. 手持地面站

图7.54 气力式施肥无人机

气力式施肥无人机的变量施肥控制系统结构，如图7.55所示，其主要包括航线控制器、施肥控制器、地面站、涵道风机与电调、槽轮电机和光电开关。该变量控制系统可实现定量与变量施肥。变量施肥作业过程，如图7.56所示，主要包括以下步骤：①在手持地面站加载和解析处方图的规划航线，生成带有施肥量的航点规划图，并上传至无人机天空端的航线控制器；②对目标物料进行流量标定，并在作业前设置物料参数和作业参数；③上传航点规划图和作业参数，在无人机飞行过程中，天空端实时读取航点规划图中的各航点信息，并与无人机的实际位置坐标比对，发送施肥量给施肥控制器；④施肥控制器将施肥量的信息转换为槽轮电机的转速并发送到槽轮电机，同时与光电开关和涵道风机进行通信，执行变量施肥作业。

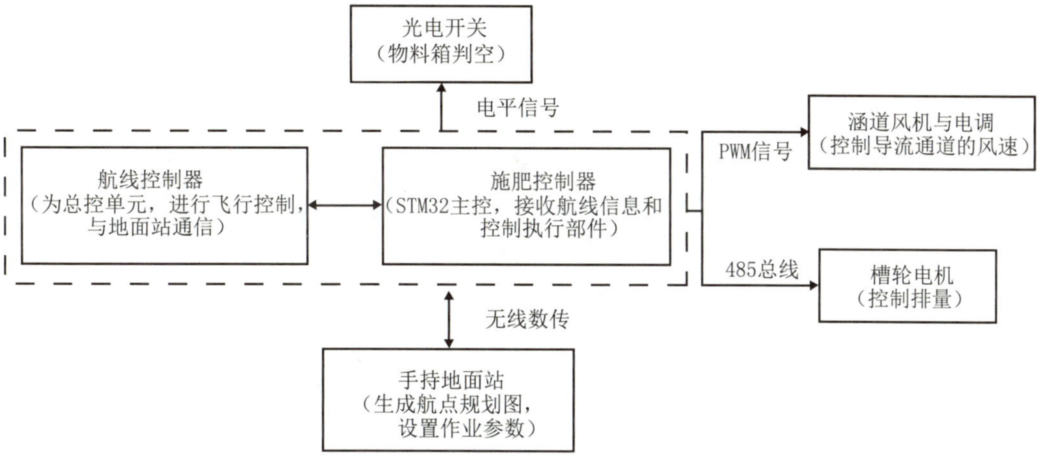

图7.55　变量施肥控制系统

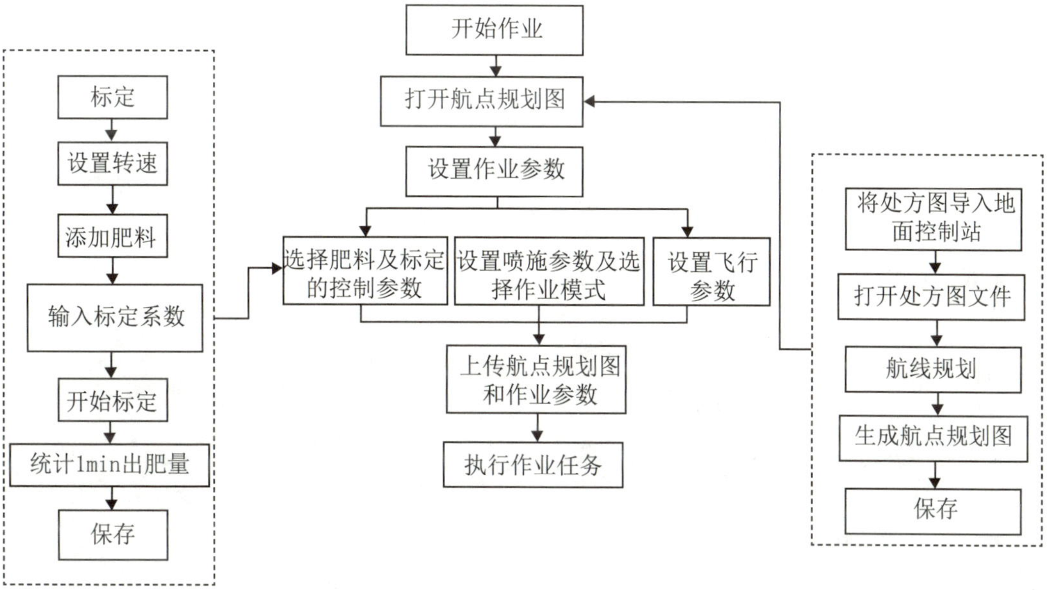

图7.56　无人机变量施肥过程

地面站是提供编辑目标区域的飞行路线和设置施肥参数的交互界面，如图7.57所示。在地面站上能够完成处方图的解析和航线规划，同时也可以监控实时飞行信息、撒播状况和查看其他设置参数。

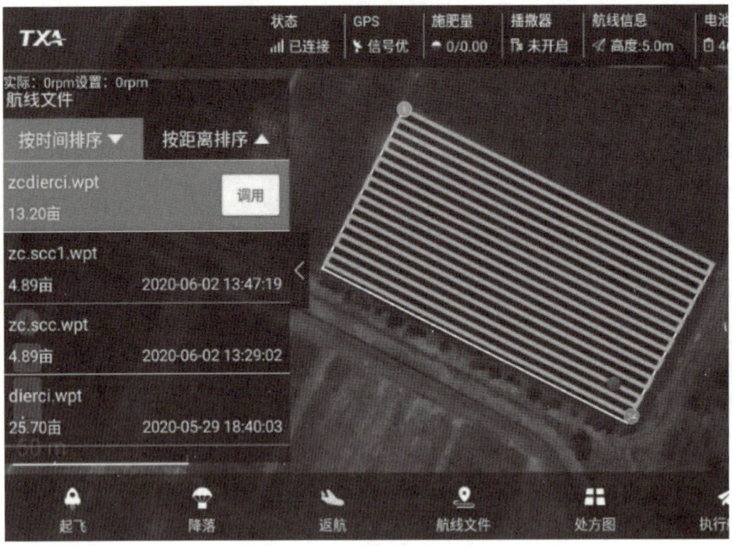

图7.57　地面站人机交互界面

水稻变量施肥是无人机撒播技术的典型应用场景。水田环境复杂，地面机械易陷车和损伤作物，且水稻生长周期内需要多次追肥，无人机撒播技术可有效解决水稻施肥难的问题。

2019年，华南农业大学在广东省罗定市太平镇开展了晚稻无人机变量施肥田间试验和应用。为了对比施肥效果，试验区内设置了4个处理区：1区和2区采用基于处方图的无人机变量施肥技术，3区采用人工撒施+控肥技术，4区采用传统施肥技术。试验共进行3次，分别为分蘖肥、穗肥和粒肥的撒施。试验所用的变量施肥无人机以及试验现场分别如图7.58和图7.59所示。

（a）多通道　　（b）双通道

图7.58　田间试验所用的气力式施肥无人机

（a）追施分蘖肥　　（b）追施穗肥　　（c）追施粒肥

图7.59　无人机变量施肥田间试验

两种气力式施肥无人机施肥结果统计如表7.6所示。从表中可以看出，采用气力式无人机施肥的准确率多在85%以上，作业效率最高为2.06 hm^2/h，远高于地面施肥机械。

表7.6　变量施肥作业情况

试验	样机	作业面积/hm^2	施肥量/kg	施肥准确率/%	作业效率/（$hm^2 \cdot h^{-1}$）
分蘖肥	多通道	4.12	268.83	98.39	0.41
	双通道	5.16	336.69	89.38	0.63
穗肥	多通道	5.12	267.25	88.89	2.05
	双通道	3.96	258.18	96.39	0.92
粒肥	多通道	3.12	75.91	92.94	2.06
	双通道	3.96	99.40	84.66	1.98

试验区内水稻的测产结果如表7.7所示。从表中可以看出，采用无人机变量施肥技术的处理区1和处理区2的平均产量分别为7109.34 kg/hm^2和7403.72 kg/hm^2，均高于其他2个处理区。在施肥量比传统施肥方式平均减少22.52%的情况下，作物长势差异较小，穗大粒多，结实率高，籽粒饱满，平均产量达7256.53 kg/hm^2，与传统施肥相比增产15.67%。

表7.7　测产结果

试验区域	田块编号	实收面积/m^2	鲜谷重/kg	实测含水率/%	折合产量/（$kg \cdot hm^{-2}$）
1区	1	808	727.15	26.53	7567.01
	2	2169	1908.30	27.07	7343.96
	3	1134	861.15	26.17	6417.05
平均				26.59	7109.34
2区	1	1335	1155.65	27.65	7168.08
	2	644	592.15	26.2	7766.43
	3	838	706.15	24.55	7276.65

续表

试验区域	田块编号	实收面积/m²	鲜谷重/kg	实测含水率/%	折合产量/(kg·hm⁻²)
平均				26.13	7403.72
3区	1	675	490.20	29.6.0	5851.42
	2	1117	923.45	28.95	6722.69
	3	398	335.50	28.95	6854.77
平均				29.17	6476.29
4区	1	682	546.15	30.76	6346.05
	2	499	387.90	29.35	6285.65
	3	409	312.90	29.32	6188.68
平均				29.81	6273.46

无人机变量施肥技术在水稻追肥作业中的成功应用，表明无人驾驶航空器能够作为地面机械的良好补充，在变量施肥领域发挥重要作用。

7.4.5 农业航空撒肥播种作业发展模式与趋势

中国丘陵山区面积约为100万平方公里，大部分丘陵山区机械化作业水平低，缺乏适用的丘陵山地省力化水稻种植及田间管理智能机械装备，田间管理机械化水平较低，其中追肥作业几乎全靠人工下田完成。采用无人机进行撒播作业可为全国丘陵山区机械装备的发展提供新思路，市场潜力巨大。

7.5 农业航空的其他应用

7.5.1 农业航空辅助授粉技术与应用

（1）概述

水稻是自花授粉作物，其花器结构决定它适合自花授粉，而杂交水稻制种是异花授粉的异交栽培过程，不育系自身花粉完全败育，必须依靠父本的花粉受精结实。母本异交结实率的高低决定制种产量的高低，而母本异交结实率的高低取决于父本可提供的有效花粉数量。因水稻花粉靠风传播，飘散距离小，且自然风力又不稳定，所以杂交水稻制种需要人工辅助授粉。辅助授粉可以使父本花粉充分、均匀地散落到母本颖花柱头上，这是提高异交结实率、获得高质量杂交种子和高产的重要途径，如图7.60所示。水稻的花期约为10天，且日开花时间短，约在每天10:00—12:00开花，晴好天气时一般每天授粉3～4次，每次授粉间隔20～30 min（吴辉，2014），因此，必须在有限的时间内完成授粉作业（李继宇等，2014）。人工使用绳索或竹竿振动开花的父本稻穗，使父本花粉向母本的穗层传播，这种人工辅助授粉方式的父本花粉传播的距离短，限制了父本和母本相间种植的宽度。父本一般采用单行或双行种植，难以进行机械化种植和收割（汪沛等，2013）。

（a）拉索赶粉法

（b）双竹竿赶粉法

图7.60 传统杂交水稻辅助授粉

（2）农业航空辅助授粉技术

无人机具有作业高度低、无须专用起降机场地、操作灵活轻便、环境适应性强等突出优点。授粉作业效率可达80～100 hm^2/d，是人力的20倍，能够较好地适用于大面积水稻制种辅助授粉作业，如图7.61所示。无人机辅助授粉是利用旋翼产生的风将花粉扩散出去的授粉方式。花粉在风力作用下的运动分为两种：一种是花粉被气流直接吹散出去；另一种是花粉在气流冲击植株茎秆的作用下被抛出或被振动产生的气流带动向前运动。在气力作用下，花粉的分布受气流影响显著，花粉量随流速的增大而增大。花粉在一定速度的定向气流中能保持较好的直线传播。无人机飞行时旋翼所产生的大风力，可使父本花粉传播更远，授粉效果更好；可扩大父本和母本相间种植的宽度，实现父本和母本的机械化耕种和收割。无人机辅助制种授粉已成为实现杂交水稻制种全程机械化的关键，也是实现水稻制种全程机械化的必然选择。

（a）多旋翼无人机赶粉

（b）单旋翼无人机赶粉

图7.61 无人机杂交水稻辅助授粉

微型农用植保无人机飞行作业相对安全，其具有以下优势：①地形适应性好，对于复杂的田间环境具有更好的适应性，适合我国制种基地；②无须专用起降机场地、低空作业，不受航空管制；③小巧轻便、操控灵活。

因此，为了保证授粉效果，无人机杂交水稻辅助授粉制种技术主要应做好以下四个方面的工作：针对不同类型农用植保无人机辅助制种授粉配套设计不同的父本和母本相间种植大行比；不同类型农用植保无人机辅助授粉时设置适宜的飞行参数（如高度、速度等）、效率和成本匹配；选择适合以农用植保无人机辅助授粉的机械化制种亲本；选择适合不同农用植保无人机辅助授粉的父本和母本群体构成及机械化种植技术（吴辉，2014）。

（3）农业航空辅助授粉风场

无人机旋翼产生的风并非单向或定向气流，花粉在风力作用下的传播主要利用与水稻冠层平行的气流。要研究直升机所形成的风场对杂交水稻辅助授粉的影响，须在稻田中实时测量飞行器风场在水稻冠层的分布情况以及无人机飞行高度和速度产生的影响。通过测量平行于无人机飞行方向的风速和垂直于飞行方向的风速可分析无人机所形成风场平行于水稻冠层的分量对花粉扬起和输送的情况，测量垂直于水稻冠层的风速可了解直升机所形成风场对水稻的损伤情况（强大风速会引起花粉传播受阻和水稻倒伏等，如无人机悬停时通常风速可达15 m/s以上）。

目前，风速风向的测量主要有机械式、毕托管式、热线（膜）式和超声波式等。其中，机械式测风仪器是最常用、使用历史最长的设备，成本较低且使用方便。为分析直升机旋翼气流到达水稻冠层产生风场的分布，可将风场分解为3个分量：平行于飞机飞行方向*X*、垂直于飞机飞行方向*Y*及垂直于水稻冠层方向*Z*。*X*方向和*Y*方向形成的平面与水稻冠层面平行。图7.62左侧为三方向风速测量节点的3个叶轮风速传感器安装示意，下部为三角支架，可方便架设于田间、可防风吹倒；上部为风速传感器安装座，构成空间直角坐标系，上部可相对于下部调整高度以适应不同高度的水稻。*X*、*Y*方向形成的平面与水稻冠层面水平，花粉的悬浮输送主要来自这2个方向的风力，风力越大越好；*Z*方向主要考察飞机所形成风场对水稻植株的损伤情况，该方向风力越小越好（李继宇等，2014）。

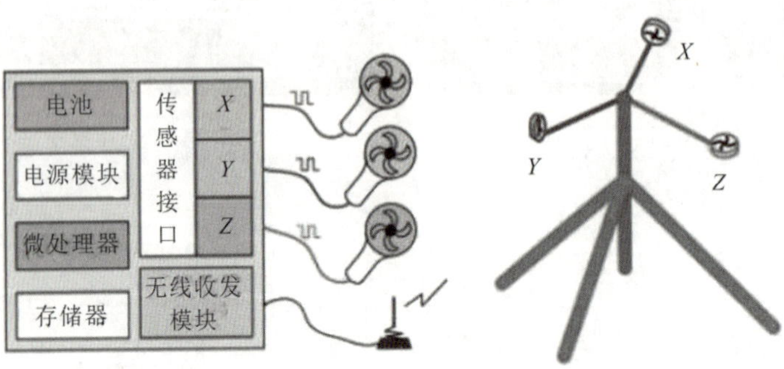

图7.62 三向风速测量示意

（4）参数的选择

不同类型的农用无人直升机结构不同，旋翼所产生气流到达作物冠层后形成的风场也有较大差异，对应的风速、风向和风场宽度等参数对花粉的运送效果直接影响授粉的效果（母本结实率）、作业效率及经济效益。因此，我们需要针对不同的机型参数（如翼展、轴距、旋翼个数及布局、飞机及负载质量等），决策出较佳（效率较高、作业成本较低）的飞行作业参数（包括飞行高度、飞行速度、作业航向、有效负载等），同时又能较好地满足辅助授粉生产的需要（保证母本结实率）。

7.5.2 农业航空农村区域规划技术与应用

（1）乡村振兴与规划

2018年，中共中央、国务院印发了《乡村振兴战略规划（2018—2022年）》，以着力推进农业农村现代化，这是我国出台的首个全面推进乡村振兴战略的五年规划。随着我国城市化不断加快，城市建设用地逐年扩张，乡村作为新型城镇化的母体，对乡村土地资源的规划利用、增加土地利用率将缓解城市建设用地紧张的局面（马娟娟等，2016）。乡村规划作为一种多元、融合的综合性规划，包括经济、社会、环境等多重目标，各目标之间的轻重因时、因地制宜，如图7.63所示。面向“三农”，乡村规划应把保障粮食和食品安全作为基本目标，把构建和谐乡村社区和提高乡村居民福利水平作为根本目标，把乡村环保和实现资源永续利用作为长期目标（房艳刚，2017）。

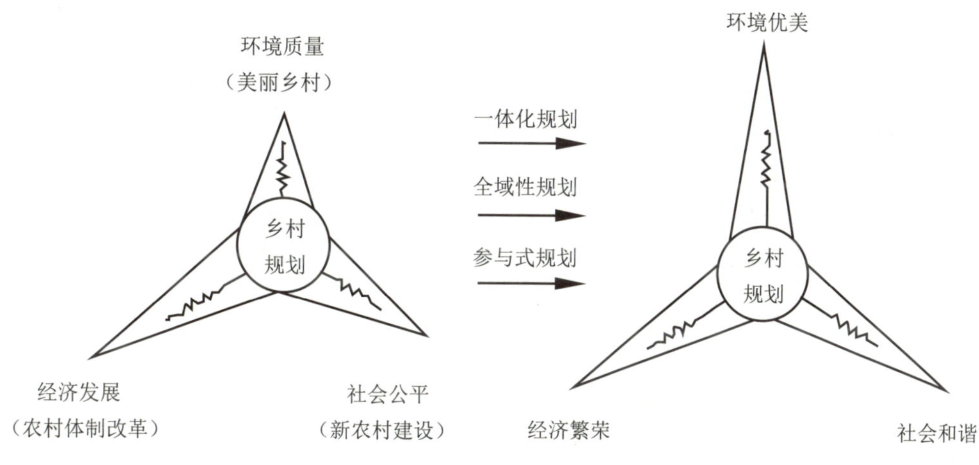

图7.63 乡村规划的理念、目标和策略

资料来源：房艳刚，2017。

村庄规划应结合实际，开展专项规划研究，包括产业旅游规划、村建设规划以及山林田湖综合整治规划等。在此基础上，村庄规划应以土地利用规划为底盘，优化土地利用结构和布局，包括：①坚持生态保护优先；②强化耕地和永久基本农田保护；③优化建设用地空间布局。最终形成村域范围内一张蓝图，发挥村庄规划在乡村振兴战略中的基础支撑作用（苏志军，2018）。

（2）无人机航测规划的优势

常用的全站仪、RTK等测量技术无法满足高效率的新农村规划对测绘任务的需求，而无人机航拍测绘技术不仅能够满足对基础地形测绘的比例精度的要求，且大大提高测绘的效率（张勇超，2016）。因各种复杂地形都可以利用无人机遥感观测，并进行高分辨率重构，因此被广泛应用于农村土地利用和规划中。

7.5.3 农业航空森林资源调查与应用

（1）森林资源调查及意义

随着信息化和全球化的发展，同时为实现林业资源的可持续发展和精确、高效的统计，使用无人机低空遥感等新技术进行森林资源调查的需求日益增长（史洁青等，2017）。

（2）机载传感器

无人机作为一种空中载体自身带有动力装置和定位、导航模块，而且能够远程实时通信、遥控。在无人机上搭载不同的传感器载荷，根据传感器获得信息的物理意义，能够实现对森林区域中不同特征参数的调查与应用。对于森林资源调查，无人机上常用的传感器载荷有：可见光相机、红外相机、激光雷达、高光谱成像仪以及合成孔径雷达（贾慧等，2018）。

由于价格低廉、体积小巧，且成像性能优越、空间分辨率高，因此可见光相机是使用最广泛的机载传感器。低空遥感可见光相机所获取的林区图像能够反映多数森林中地物的形貌、色彩，可见光图像与人眼对外界的感知相符合，仅靠视觉就能够实现林种识别和造林地成活率判别等任务。

红外相机能够感知波长在0.76～1000 μm范围内的电磁波（光），机载红外相机由于受体积、重量以及加工工艺不成熟等限制，相较于可见光相机，其分辨率和性能不佳。热红外波段的热像仪在森林资源调查中常用于林火监测，包括火点分布、过火面积、火情蔓延趋势分析，近红外波段的相机可用于林地土壤水分和土壤有机质含量探测等。

激光雷达是一种利用激光测距技术的主动式三维扫描系统（传感器），通过激光扫描测距测角，能够获取高分辨率、高精度的地物表面三维坐标以及数字地面模型。它可用于快速获取大范围森林结构信息，包括林分平均高、平均胸径、冠层垂直结构、冠层体积、地上生物量、蓄积量等森林资源调查参数。

高光谱成像仪在紫外线、可见光、近红外及中红外波段内，能够获取几十甚至上千个光谱波段下的光谱反射率图像数据。其光谱响应比宽波段的多光谱数据更灵敏，能够更好地描述植被特征，实现冠层生物物理参数和化学参数的估测。

合成孔径雷达是一种主动式相干微波遥感成像技术，其工作波段位于P波段到Ka波段之间，它能够提供大尺度、高分辨率的地表反射率图像。合成孔径雷达对植被有一定的穿透性，与可见光相机相比，可以更多地获取森林表层和冠层体散射信息，在生物量估测方面，具有无可替代的地位。

（3）无人机在森林资源调查中的应用场景

目前，多载荷无人机在森林资源调查方面的应用主要集中在森林特征参数信息提取、森林小班区划与造林成活率核查、森林植被覆盖率提取、森林火灾与病虫害监测（贾慧等，2018）。

森林火灾是全球性的林业重要灾害之一，每年都会造成林业资源的重大损失和大范围的环境污染。传统的森林防火监测，主要采用地面巡护、人工瞭望台观察、远程视频监控和卫星遥感方式，存在着地面巡护监测范围小、卫星监测分辨率低、不够灵活等问题。利用无人机遥感技术进行森林火灾监测快捷、高效，能够快速、机动、准确地对火灾进行监测，为火灾预警以及救援提供决策参考。2020年4月，凉山彝族自治州冕宁、木里、西昌多地突发森林火灾，无人机24小时无间断监测火情，持续为凉山州多地森林火灾扑救提供测绘应急保障。目前，森林消防无人机监测森林火灾作为一种新型森林火灾遥感监测手段，已被我国很多省（区、市）广泛应用，全面提升了森林防火预防体系建设能力。

7.5.4 农业航空集群作业技术与应用

（1）无人机集群技术

集群是一种生物集体行为，其概念源于生物学研究，自然界中的鸟类、昆虫、鱼类等大量个体聚集在一起，往往能够完成单体所无法完成的任务，同时这种大规模的群体运动场景令人震撼，如图7.64所示（李鹏举等，2020）。

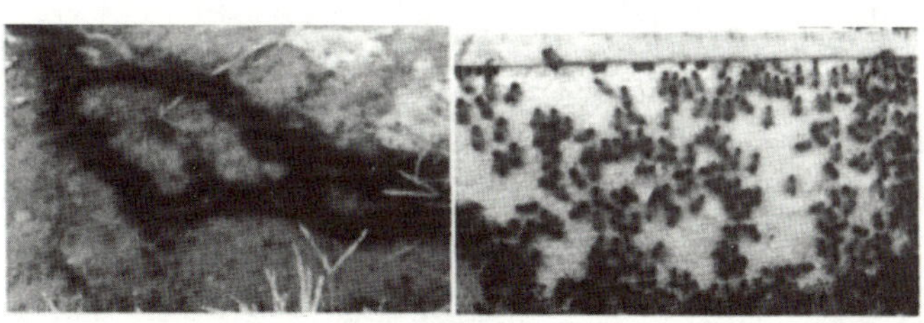

（a）蚁群搬家　　（b）蜂群采蜜

图7.64 生物集群行为

无人机集群是指由一定数量的同类或异类无人机组成，利用信息交互与反馈、激励与响应，实现相互间行为协同，适应动态环境，共同完成特定任务的自主式空中智能系统。单架无人机就像生物集群中的个体，虽然能够独立完成任务，但当面对大面积待作业区域时，多个无人机或者无人机集群将极大地提高作业效率、缩短作业时间。无人机集群并不是无人机之间的简单编队，而是通过控制策略使机群产生协同效应，从而具备执行复杂度高、规模大的任务的能力。

对无人机集群的有效控制是完成复杂集群任务的基础，无人机集群任务规划属于复杂问题的组合优化，从运筹学角度，可采用分层控制方法解决。无人机集群任务规划问题可划分为决策层、路径规划层、轨迹生成层、控制层四部分，如图7.65所示。其中，决策层负责无人机集群系统中的任务规划与分配、避碰和任务评估等；路径规划层负责将任务决策数据转换成航路点，以引导无人机完成任务、规避障碍；轨迹生成层根据无人机姿态信息、环境感知信息生成无人机通过航路点的可飞路径；控制层控制无人机按照生成的轨迹飞行。

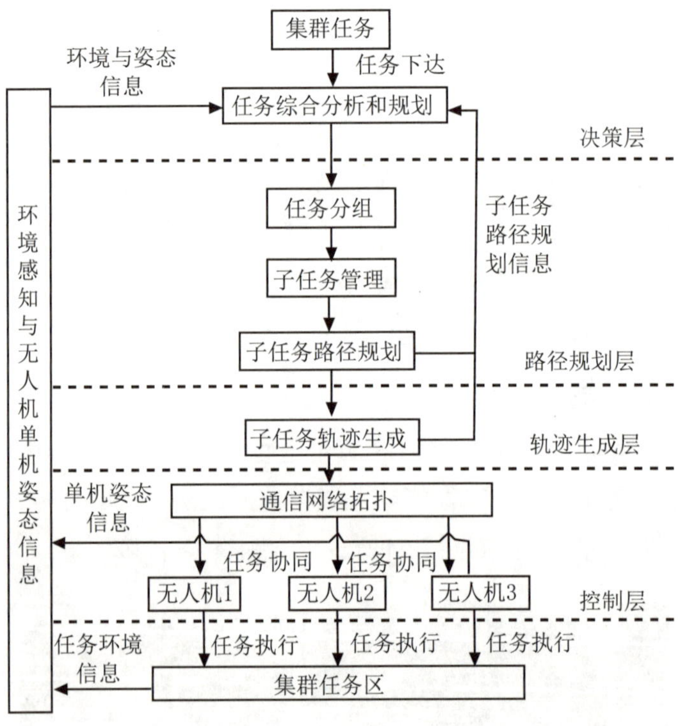

图7.65　无人机集群任务规划分层结构

（2）航空集群作业在农业上的应用

尽管对无人机集群技术已经有了长远的研究，但其在农业上的应用并不多，一方面考虑到农业对成本的敏感性，另一方面农田作业并不算复杂任务。但在大规模的农场上，无人机多机协同作业以及集群作业，将大大提高作业效率，有利于完成抢农时的高效作业。

张亮等（2020）设计并公开了一种集群控制式无人机农药喷洒系统，包括作业无人机集群、遥感无人机、空中农药输送管路、农药搅拌车、无人机运载车等。与传统的农机相比，该系统能够提高农药喷洒的效率，扩大有效的喷洒面积，同时降低对农作物的破坏，高效作业的同时降低了设备和人工成本。

集群化无人机能够有效地覆盖大面积区域并进行信息交互与协同作业，它解决了有限空间内多无人机之间的冲突，提高了作业效率，降低了人力成本并提升了集群的可靠性，是未来新型农业航空的研究方向之一。

思考题

1. 简述我国农业航空技术的发展现状与不足。
2. 试述农业航空低空遥感技术的其他潜在应用。
3. 概括农业航空植保技术的优势与发展瓶颈。
4. 思考农业航空技术在施肥和播种环节中的主要差异和关键点。
5. 结合相关政策与科技发展，构想农业航空的发展空间与创新应用。

参考文献

[1] 曹光乔, 李亦白, 南风, 等, 2020. 植保无人机飞控系统与航线规划研究进展分析[J]. 农业机械学报, 51(8): 1-16.
[2] 陈博, 2019. 机载吹射式种子精量直播装置及无人机[P]. 中国, CN209366462U.
[3] 陈冲, 赵阳, 2017. 无人机续航能力评估系统[P]. 中国, CN106951650A.
[4] 陈鹏飞, 2018. 无人机在农业中的应用现状与展望[J]. 浙江大学学报(农业与生命科学版), 44(4): 399-406.
[5] 段立蹄, 刘洋洋, 茹煜, 2018. 植保无人机变量施药监测技术研究发展与展望[J]. 中国农机化学报, 39(6): 108-113.
[6] 房艳刚, 2017. 乡村规划: 管理乡村变化的挑战[J]. 城市规划, 41(2): 85-93.
[7] 郭永旺, 袁会珠, 何雄奎, 等, 2014. 我国农业航空植保发展概况与前景分析[J]. 中国植保导刊, 34(10): 78-82.
[8] 黄文江, 2020. 巴基斯坦与索马里沙漠蝗虫迁飞概况及农牧业损失评估[J]. 农业工程技术, 40(18): 22-24.
[9] 贾慧, 杨柳, 郑景飚, 2018. 无人机遥感技术在森林资源调查中的应用研究进展[J]. 浙江林业科技, 38(4): 89-97.
[10] 金昱洋, 王智超, 曲以春, 2016. 浅析多旋翼无人机系统技术改进[J]. 科技创新导报(7): 13-16.
[11] 李德仁, 2019. 展望5G/6G时代的地球空间信息技术[J]. 测绘学报, 48(12): 1475-1481.

[12] 李继宇, 周志艳, 胡炼, 等, 2014. 单旋翼电动无人直升机辅助授粉作业参数优选[J]. 农业工程学报, 30(10): 10-17.

[13] 李鹏举, 毛鹏军, 耿乾, 等, 2020. 无人机集群技术研究现状与趋势[J]. 航空兵器, 27(4): 25-32.

[14] 李晟华, 苏家豪, 2018. 一种物料撒播装置、无人机及物料撒播方法[P]. 中国, CN110963039A.

[15] 林蔚红, 孙雪钢, 刘飞, 等, 2014. 我国农用航空植保发展现状和趋势[J]. 农业装备技术 (1): 6-11.

[16] 刘莉, 杜孟尧, 张晓辉, 等, 2016. 太阳能/氢能无人机总体设计与能源管理策略研究[J]. 航空学报 (1): 144-162.

[17] 刘良云, 2014. 植被定量遥感原理与应用[M]. 北京: 科学出版社.

[18] 刘杨, 冯海宽, 黄珏, 等. 2020. 基于无人机数码影像的马铃薯生物量估算[J]. 农业工程学报, 36(23): 181-192.

[19] 刘正清, 张怡, 赵洪洋, 等, 2017. 构建单分散MoSe2/石墨烯纳米复合材料: 一种优越的钠离子电池材料(英文)[J]. 中国科学: 材料科学(英文版) (2): 167-177.

[20] 娄尚易, 薛新宇, 顾伟, 等, 2017. 农用植保无人机的研究现状及趋势[J]. 农机化研究, 39(12): 1-6.

[21] 卢璐, 耿长江, 边玥, 等, 2017. 基于RTK的BDS在农业植保无人直升机中的应用[C]. 第八届中国卫星导航学术年会论文集.

[22] 罗锡文, 李继宇, 周志艳, 2014. 一种适于无人机撒播作业的机载装置及撒播方法[P]. 中国, CN0104176254A.

[23] 马娟娟, 王辉辉, 2016. 无人机航拍测绘技术在农村土地利用规划中的应用[J]. 建筑工程技术与设计 (36): 2188.

[24] 明宇, 2018. 一种基于视觉的植保无人机避障[J]. 电子世界 (22): 141-142.

[25] 周志艳, 明锐, 臧禹, 等, 2017. 中国农业航空发展现状及对策建议[J]. 农业工程学报, 33(20): 1-13.

[26] 史洁青, 冯仲科, 刘金成, 2017. 基于无人机遥感影像的高精度森林资源调查系统设计与试验[J]. 农业工程学报, 33(11): 82-90.

[27] 宋灿灿, 周志艳, 姜锐, 等, 2018. 气力式无人机水稻撒播装置的设计与参数优化[J]. 农业工程学报, 34(6): 80-88, 307.

[28] 苏志军, 2018. 乡村振兴战略下村庄规划编制的思路及方法[J]. 南方国土资源 (9): 21-24.

[29] 唐华俊, 2018. 农业遥感研究进展与展望[J]. 中国农业文摘-农业工程, 30(5): 6-8, 5.

[30] 田志伟, 薛新宇, 李林, 等, 2019. 植保无人机施药技术研究现状与展望[J]. 中国农机化学报, 40(1): 37-45.

[31] 汪沛, 胡炼, 周志艳, 等, 2013. 无人油动力直升机用于水稻制种辅助授粉的田间风场测量[J]. 农业工程学报, 29(3): 54-61, 294.

[32] 王大帅, 张俊雄, 李伟, 等, 2017. 植保无人机动态变量施药系统设计与试验[J]. 农业机械学报, 48(5): 86-93.

[33] 王高亮, 王强, 罗嘉伟, 等, 2017. 基于北斗导航的植保无人机定位设计[J]. 智能计算机与应用, 7(5): 46-49.

[34] 王林惠, 甘海明, 岳学军, 等, 2016. 基于图像识别的无人机精准喷雾控制系统的研究[J]. 华南农业大学学报, 37(6): 23-30.
[35] 王玲, 兰玉彬, Hoffmann W, 等, 2016. 微型无人机低空变量喷药系统设计与雾滴沉积规律研究[J]. 农业机械学报, 47(1): 15-22.
[36] 文晟, 兰玉彬, 张建桃, 等, 2016. 农用无人机超低容量旋流喷嘴的雾化特性分析与试验[J]. 农业工程学报, 32(20): 85-93.
[37] 吴辉, 2014. 农用植保无人直升机辅助杂交水稻制种授粉效果研究[D]. 长沙: 湖南农业大学.
[38] 吴金华, 张迟, 沈志洵, 等, 2016. 全球植保行业发展现状及发展趋势[J]. 安徽化工, 42(4): 13-15, 23.
[39] 吴文斌, 史云, 段玉林, 等, 2019. 天空地遥感大数据赋能果园生产精准管理[J]. 中国农业信息, 31(4): 1-9.
[40] 杨成海, 2020. 遥感和精准农业技术在作物病害检测与管理中的应用实例[J]. 工程(英文版), 6(5): 102-112.
[41] 张德荣, 方慧, 何勇, 2019. 可见/近红外光谱图像在作物病害检测中的应用[J]. 光谱学与光谱分析, 39(6): 1748-1756.
[42] 张国圣, 2017. 基于高光谱的水稻氮素诊断和产量估测模型[D]. 沈阳: 沈阳农业大学.
[43] 张亮, 徐正伟, 施佳, 2020. 一种集群控制式无人机农药喷洒系统[P]. 中国, CN211494471U.
[44] 张青松, 余琦, 王磊, 等, 2020. 油菜勺式精量穴播排种器设计与试验[J]. 农业机械学报, 51(6): 47-54, 64.
[45] 张勇超, 2016. 无人机航拍测绘技术在农村土地利用规划中的应用研究: 以江西省石城县洋地村为例[J]. 江苏农业科学, 44(9): 416-421.
[46] 郑启帅, 2019. 基于多旋翼无人机的油菜变量追肥技术研究[D]. 杭州: 浙江大学.
[47] 中国民用航空局发展计划司, 2015. 从统计看民航2015[M]. 北京: 中国民航出版社.
[48] 周志艳, 臧英, 罗锡文, 等, 2013. 中国农业航空植保产业技术创新发展战略[J]. 农业工程学报, 29(24): 1-10.
[49] Detar W R, 2008. Yield and growth characteristics for cotton under various irrigation regimes on sandy soil[J]. Agricultural Water Management, 95(1): 69-76.
[50] Devadas R, Lamb D W, Backhouse D, et al., 2015. Sequential application of hyperspectral indices for delineation of stripe rust infectionQing and nitrogen deficiency in wheat[J]. Precision Agriculture, 16(5): 477-491.
[51] Fulton J P, Shearer S A, Stombaugh T S, et al., 2001. Pattern assessment of a spinner disc variable-rate fertilizer applicator[C]. ASAE Annual International Meeting, Kentucky.
[52] Garceau N M, Kim S Y, Lim C M, et al., 2015. Performance test of a 6 L liquid hydrogen fuel tank for unmanned aerial vehicles[J]. IOP Conference Series: Materials Science and Engineering, 101: 012130.
[53] Hilz E, Vermeer A W P, 2013. Spray drift review: the extent to which a formulation can contribute to spray drift reduction[J]. Crop Protection (44): 75-83.

[54] Hu C, Kong S, Wang R, et al., 2019. Radar measurements of morphological parameters and species identification analysis of migratory insects[J]. Remote Sensing, 11(17): 1977.

[55] Jang G, Kim J, Yu J K, et al., 2020. Cost-effective unmanned aerial vehicle (UAV) platform for field plant breeding application[J]. Remote Sensing, 12(6): 998.

[56] Jeong S, Ko J, Choi J, et al., 2018. Application of an unmanned aerial system for monitoring paddy productivity using the grami-rice model[J]. International Journal of Remote Sensing, 39(8): 2441-2462.

[57] Mi Z, Zhang X, Su J, et al., 2020. Wheat stripe rust grading by deep learning with attention mechanism and images from mobile devices[J]. Frontiers in Plant Science, 11: 558156.

[58] Pena J M, Torres S J, Serrano P A, et al., 2015. Quantifying efficacy and limits of unmanned aerial vehicle (UAV)technology for weed seedling detection as affected by sensor resolution[J]. Sensors, 15(3): 5609-5626.

[59] Su J, Yi D, Su B, et al., 2020. Aerial visual perception in smart farming: field study of wheat yellow rust monitoring[J]. IEEE Transactions on Industrial Informatics, 17(3): 2242-2249.

[60] Wang Y, Nansen C, Zhang Y, 2016. Integrative insect taxonomy based on morphology, mitochondrial DNA, and hyperspectral reflectance profiling[J]. Zoological Journal of the Linnean Society, 177(2): 378-394.

[61] Wu Z, Li M, Lei X, et al., 2020. Simulation and parameter optimisation of a centrifugal rice seeding spreader for a UAV[J]. Biosystems Engineering (192): 275-293.

[62] Xiao X, Wei X, Liu Y, et al., 2015. Aerial seeding: an effective forest restoration method in highly degraded forest landscapes of sub-tropic regions[J]. Forests (6): 1748-1762.

[63] Xue J, Fan Y, Su B, et al., 2019. Assessment of canopy vigor information from kiwifruit plants based on a digital surface model from unmanned aerial vehicle imagery[J]. International Journal of Agricultural and Biological Engineering, 12(1): 165-171.

[64] Zhang D, Wang D, Gu C, et al., 2019. Using neural network to identify the severity of wheat fusarium head blight in the field environment[J]. Remote Sensing, 11(20): 2375.

[65] Zhang F, Zhang W, Qi J, et al., 2018. A regional evaluation of plastic film mulching for improving crop yields on the loess plateau of China[J]. Agricultural and Forest Meteorology (248): 458-468.

[66] Zhou Q, Xue X, Qin W, et al., 2017. Optimization and test for structural parameters of uav spraying rotary cup atomizer[J]. International Journal of Agricultural and Biological Engineering, 10(3): 78-86.

第 8 章

精细农业技术集成与应用

CHAPTER 8

随着精细农业的不断发展，越来越多的精细农业技术产品被投入市场和农业生产实践。然而，现有的精细农业软硬件产品，尤其是从一些发达国家引进的产品，往往自成体系，没有统一的技术标准和接口，生产实践中不同规格、品牌产品之间难以进行有效集成和协同工作，这在一定程度上制约了精细农业技术的进一步应用与发展。为此，从农业生产实际需要出发，研究制定精细农业软硬件技术产品的集成技术及规范，面向不同农业生产需求构建精细农业技术集成平台，实现各类精细农业技术产品的有机衔接与协同工作，对于加快精细农业发展，实现更大范围的推广应用具有重要意义。

本章主要从精细农业数据交换、软件集成、硬件通信及智能控制集成技术三个层面，介绍精细农业技术集成平台及其应用。其中，精细农业数据交换采用面向对象技术建立精细农业领域数据模型与交换格式，用以描述当前精细农业生产涉及要素对象及其属性，并实现精细农业软硬件系统间的数据交换。精细农业软件集成平台是一个帮助精细农业信息获取、处理、管理、分析与决策的软件，实现无缝集成和高效协同的工作环境；平台通过积累的多种精细农业功能、流程与数据服务构件，以及良好的构件重用共享机制和定制开发工具，帮助用户灵活应对不同应用需求，快速搭建针对性的精细农业应用系统。精细农业硬件通信及智能控制集成平台包括一系列可以便捷互联的硬件通信支持设备，以及一些通信标准和规范等。该平台涵盖了个域网络、局域网络和广域网络。三层网络内部独立自治，网络之间通过不同的桥接设备完成信息交互，确保信息可以在数据采集系统、分析系统、智能农机装备等各类精细农业硬件设备之间实现信息的交互与共享，实现工作协同。可以说，数据交换、软件集成、硬件通信及智能控制集成，是精细农业技术集成应用的三大技术基础。

8.1 精细农业数据模型与交换标准

8.1.1 精细农业数据概念模型

精细农业数据共享和数据分析决策系统基于实现空间和非空间数据紧密耦合，并需要得到现有精细农业技术产品中各类GIS软件的支持；结合应用需要选择一个遵循国际化标准、数据格式兼容性强、完全面向对象、能很好地反映现实世界的实体；反映实体与实体之间关系的数据编码规范或者通用数据格式是建设精细农业数据模型与交换标准的最佳选择。地理标记语言（geographic markup language，GML）是开放式地理信息系统协会（Open GIS Consortium，OGC）制定的基于可扩展置标语言（extensible markup language，XML）的，中立于任何厂商、任何平台的地理信息编码规范。GML能够表示地理空间对象的空间数据和非空间属性数据，如图8.1所示。基于GML数据存储和交换格式为精细农业信息系统之间数据交换、传输以及共享提供了一种新思路，可以较好地解决多源空间数据集成和互操作的问题。

GML中使用的关键概念源自Open GIS Abstract Specification和ISO 19100系列规范，其提供了各种不同类型的对象来描述地理现象。这些对象包括要素（feature）、坐标参考系（coordinate reference system）、几何（geometry）、拓扑（topology）、时间（time）、动态要素（dynamic feature）等。

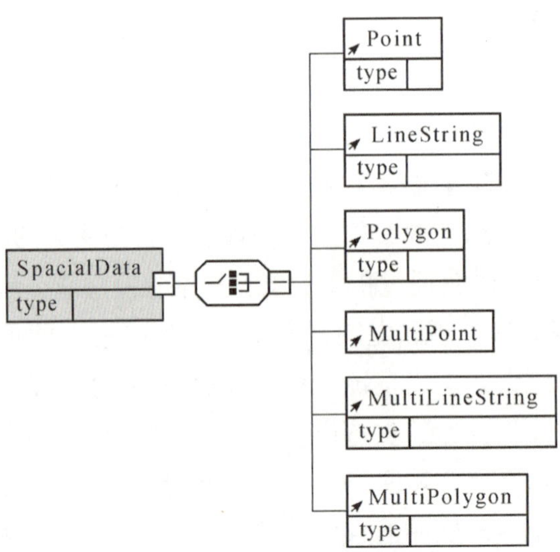

图8.1 GML空间要素对象

使用GML作为精细农业空间数据交换格式具有如下优势：

一是GML 地理要素（feature）由属性信息和几何图形组成，GML支持构建相当复杂的要素，如要素间的嵌套。GML的地理要素表示法可以方便地表示精细农业的空间/非空间耦合数据。

二是传统的二进制文件必须了解其数据结构，才能进行编辑修改，而GML可通过 XLink、XPointer 或 URI 与其他 XML数据链接，容易与非空间数据集成。

三是GML遵循OGC所制定的地理抽象模型，该模型已得到了大多数GIS软件厂商及第三方软件厂商的支持，因此数据在转换成GML过程中不会有信息的损失。

四是GML可以同时表达基于要素模型的矢量数据和基于场模型的栅格数据。

五是GML是基于文本的地理信息表示，比较简单、直观，容易理解和编辑，使用一般的文字编辑软件即可阅读和编辑，不依赖任何GIS软件。

六是GML封装了空间地理参考系统、主要的投影关系等，保证了分布式处理的扩展性和灵活性。

GML将抽象地理数据模型用XML编码实现是抽象地理数据编码规范，这也使之成为通用的数据存储和交换的格式。开放的GML规范使数据在Internet环境下互操作和共享得以很好地实现，精细农业的数据管理对象，具有突出的空间和时间差异性，选GML作为精细农业数据编码格式用于数据交换和存储较为适宜，其基本构建方法如图8.2所示，采用的数据交互过程如图8.3所示。

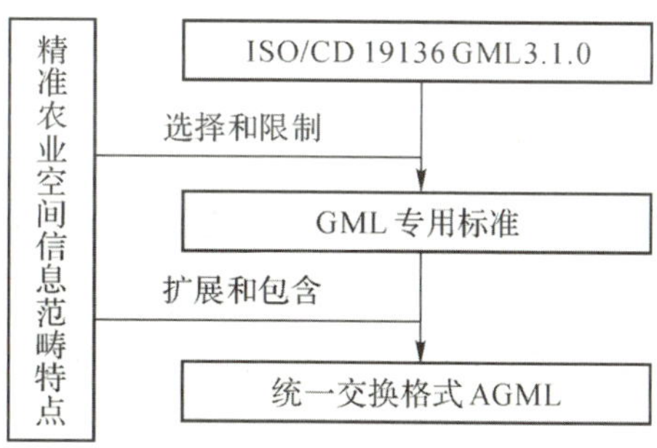

图8.2 基于GML的精细农业数据标准构建方法

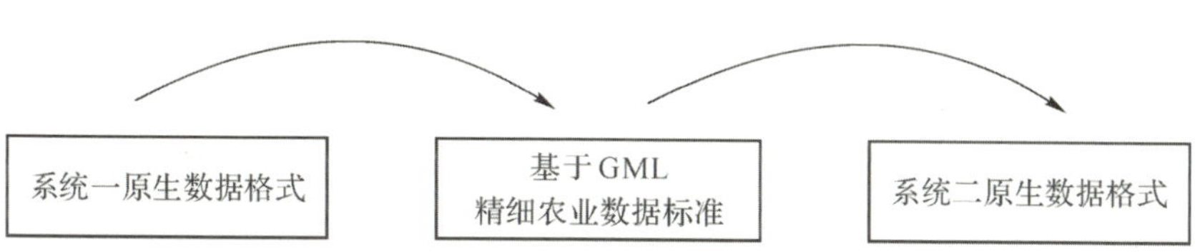

图8.3 精细农业数据交互过程

土壤、气象、病虫草害、作物等是精细农业密切关注的研究对象，将这些农业对象相关信息和其所处空间位置结合，用“农业信息+空间位置”的结合体作为一个要素对象，即用对象模型来表达农业信息，增强了信息的直观性，同时使数据更加方便地参与GIS空间分析和计算。该要素对象用 GML 中的要素进行表达，不同的农业对象构成农业地理信息要素的集合体。

对象模型采用树状结构作为数据的组织形式，每一份XML文件组成一棵有向树，有且只有一棵，唯一代表一个精细农业要素图层，是构成要素集（feature collections）的所有农业要素实体（feature）的集合，图8.4为要素集和要素的模型结构。

图8.4 要素集结构

对应的要素实体包括属性数据和空间数据。要素的属性数据和空间数据在逻辑上相关，但两者具有不同的结构。将属性数据和空间数据结合后，元素attributes data和spacial data在同一个父结点元素Agri Feature下，对某个农业要素操作时，调用的是农业要素所对应的元素Agri Feature及其子孙结点，这样大大简化了查询过程。

8.1.2 精细农业数据逻辑模型

一个要素集同时是一个抽象的要素类，同一个要素集中的要素组成一个要素图层，多个要素图层组成图层集。具体的要素用GML中的几何模式、要素模式以及坐标模式、拓扑模式和动态要素模式来表达，在此基础上建立精细农业要素模型。图8.5为基于GML的精细农业要素层次模型。

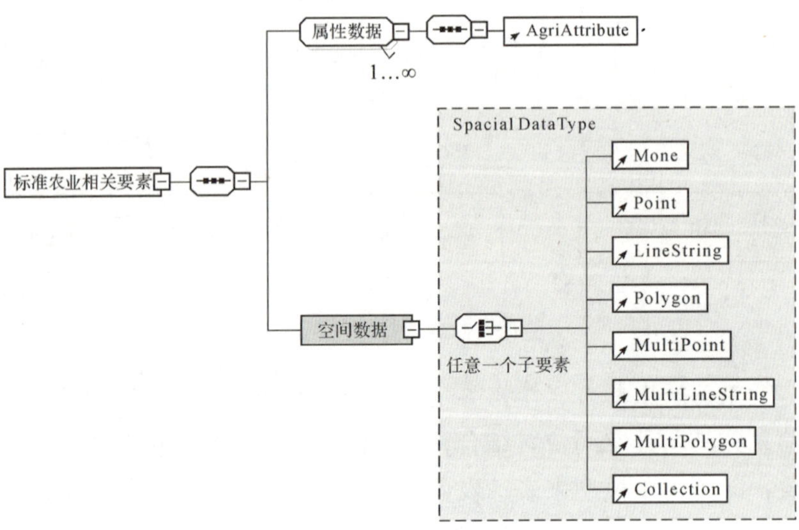

图8.5 基于GML的精细农业要素层次模型

由下至上第一层是GML的抽象地理要素、几何要素等抽象对象层，是精细农业数据应用模型和数据格式的基础。

第二层是精细农业要素对象层，描述精细农业数据采集、管理、分析、决策等阶段中的空间和非空间要素。由第一层中的要素、几何、拓扑、坐标参考系等模式表示。

第三层是要素类层，该层是具有相同属性集、相同行为和规则的空间对象的集合，由第二层要素构成。

第四层是要素集层，是具有相同空间参考系的要素类的集合。

第五层是图层的集合，由多个图层组成。

在数据的具体组织过程中，借用了Composite设计模式，如图8.6所示。在设计时，一个要素类用一个组合对象来描述，组合对象由若干个不同的对象组合而成，组合对象也可包含组合对象。其中蕴含着整体与部分之间的语义关系，进行灵活的空间分析和查询。

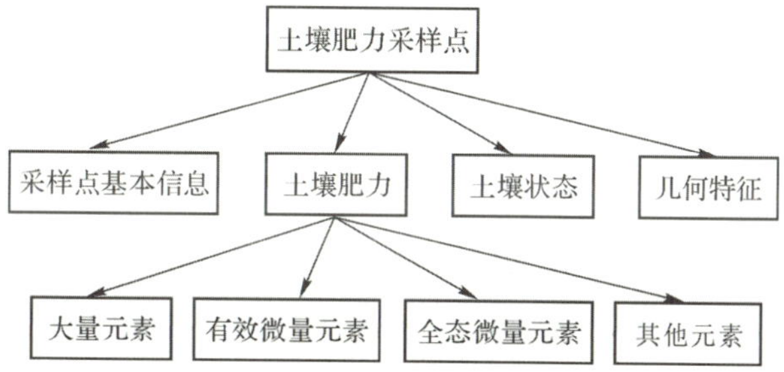

图8.6 精细农业数据Composite设计模式——以土壤肥力为采样点

农田地块、农作设施、施肥施药灌溉配方、病虫害等一系列精细农业的数据统一采用要素来组织和管理。精细农业相关数据可划分为六大数据集，分别为基础地理数据集、农作物生产管理数据集、农业环境数据集、土壤数据集、作物数据集、病虫草害管理数据集等。各数据集包含了与主题相关的要素信息，其中所有的要素与要素数据集始终用要素名称或要素主题名称来标识。农业生产中的农田地块、农田灌溉管理、排灌条件、施肥田间试验、施肥灌溉、病虫害调查和防治、作物产量采集及其空间分布特征等农业生产和管理的数据都属于生产管理数据集中的内容。

8.2 精细农业软件集成平台

精细农业应用软件是精细农业技术体系的核心组成部分，承担着信息处理、管理、分析与决策的功能，它们接收来自精细农业信息获取设备提供的数据，并为接入的精细农业智能装备提供处方图等决策结果，是联系精细农业信息获取环节和精细实施环节的桥梁。建设精细农业软件集成平台是为上述各类软件实现无缝集成和高效协同工作提供支撑环境，支持用户进行精细农业信息获取、分析决策和精细实施的全过程作业。

从应用场合看，精细农业软件集成平台需要有能力支持分散农户与规模化农场大田生产，以及精细农业技术的精细施肥、精细灌溉和精细施药分析决策软件技术；从支持的软件类型看，它为各种类型的系统提供接口，支持基于各类物联网及移动终端的信息采集系统、基于单机/网络的信息分析决策系统以及运行于智能农机装备的变量实施控制系统实现集成应用与协同工作。

精细农业软件集成平台主要由以下几部分构成：一个可集成各类精细农业软件进行协同工作的基础运行环境，一系列可用于快速搭建精细农业应用系统的功能构件、数据对象和业务流程构件，一套用于平台运行监管分析的工具，一系列规范与指导集成过程的方法、规范和标准，一组面向不同应用需求的系统定制模板。

通过精细农业软件集成平台，可以实现精细农业应用软件系统之间的无缝集成应用，实现基于服务构件的精细农业专业模型、业务流程、领域数据的积累、重用和共享。利用平台内嵌的流程工具和应用模板，面向不同应用需求快速搭建精细农业集成应用系统；也可通过定义标准接口，为接入集成平台的第三方应用系统，包括智能农机装备控制系统、网络应用、智能终端/桌面应用系统等提供各类可供调用的精细农业专业服务构件。

基于精细农业软件集成平台的应用软件集成开发是一种创新的软件开发模式。这种模式的价值在于：一方面通过软构件技术最大限度地实现专业资产的有组织积累，这些资产包括精细农业专业模型、业务流程、领域数据等，平台支持用户在新建系统时复用这些积累，有效实现数字化资产保护和升值，避免闲置浪费和重复开发；另一方面，集成平台及其积累的构件资产可以帮助用户极大地提升开发效率、提高软件质量。我国幅员辽阔，不同地区的自然条件、种植作物、肥水药运筹模型、耕作方式大不相同，精细农业技术推广应用所面临的客观条件对应用软件适应复杂环境、满足变化需求的能力提出了很高的要求，而基于精细农业软件集成平台的应用软件集成开发强调随需应变，能灵活应对频繁变化的需求，并快速形成软件，为精细农业技术的推广奠定了基础。

精细农业软件集成平台主要包括总体架构、运行环境、软构件技术、平台运行机制，以及基于平台的软件集成开发等内容。

8.2.1 平台架构

精细农业软件集成平台的总体架构设计遵循面向服务架构（service oriented architecture，SOA）的思想，并以微服务构件技术为SOA架构实现的技术路线，实现现有和新建应用系统的集成。根据精细农业软件集成及应用需求，该平台设有基础层、数据层、服务层、业务流程层、应用层和接入层。各层的建设和运行遵循统一的软件集成、数据访问及信息交互标准规范。此外，该平台可提供一组工具，用于系统安全管理与状态监控，其总体架构如图8.7所示。

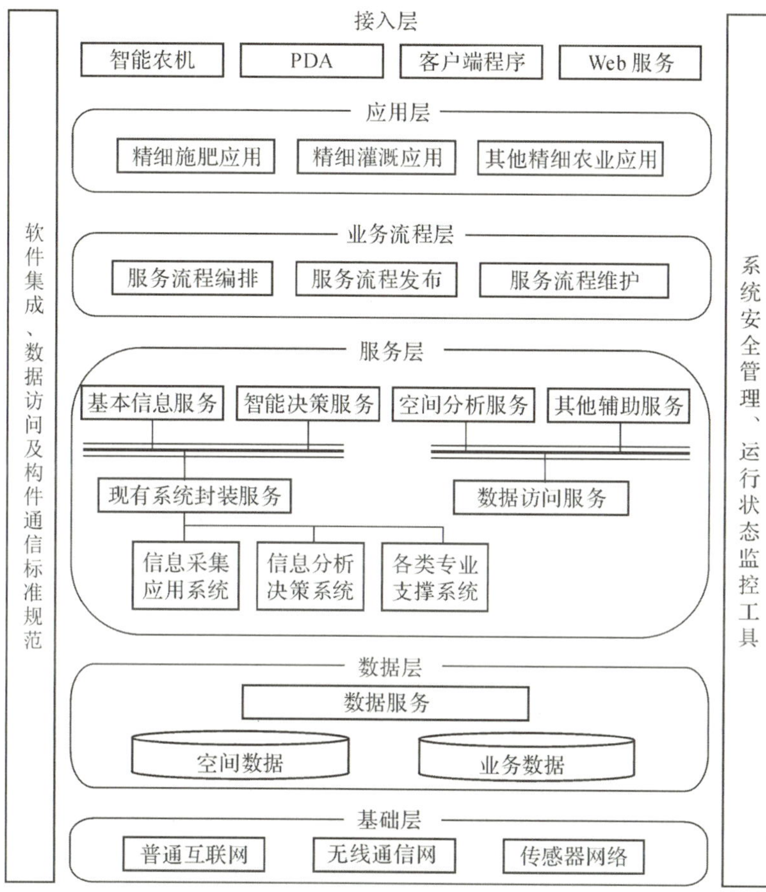

图8.7 精细农业软件集成平台总体架构

8.2.2 基础运行环境与工具

软件集成运行环境是整个精细农业软件集成平台的基础，为集成平台内新建和集成的专业服务构件及流程提供了运行容器和环境。集成运行环境主要由服务注册管理容器、服务总线、业务流程管理工具、数据访问工具和运行监管工具等组成。其中，服务注册管理容器用于提供高性能可伸缩的服务管理能力；服务总线用于服务构件的管理；业务流程管理工具用于将服务构件编排形成专业流程，并进行管理；数据访问工具包括一组标准的数据访问构件和适配器，用于屏蔽异构数据环境对于数据访问的差异性要求，建立以数据对象为模式的统一访问；运行监管工具用于对平台运行状态进行监管，包括对服务构件运行状态和使用频率的监控。服务总线和业务流程管理工具是软件集成运行环境的核心，下文将对它们开展进一步说明。

（1）服务总线

精细农业软件集成平台提供了一种基于服务构件的、灵活的、可扩展且可组合的方法，来集成现有精细农业应用系统，或者构造新的应用系统。这种方法的技术基础是业务功能的虚拟化，即实现服务构件的定义和使用与其实现的分离，服务请求者将请求发送到提供其所需功能的服务提供者，而不必考虑它如何实现。服务总线是辅助实现虚拟化的一种体系结构模式，它支持虚拟化通信参与方之间的服务交互并对其进行管理，提供了服务提供者和请求者之间的连接桥梁。

服务总线被定义为一种开放的、基于标准的消息通信工具，它通过适配器和接口，来完成异构服务之间的互操作。服务总线提供服务的中介，解耦服务请求者和服务提供者，采用了“总线”这样一种模式来管理和简化应用之间的集成拓扑结构，以广为接受的开放标准为基础来支持应用之间在消息、事件和服务级别上的动态互联互通，是面向架构的核心。

服务总线管理服务的元数据描述，并对服务进行注册管理；在服务请求者和提供者之间传递数据及对这些数据进行转换，并支持由实践中总结出来的一些模式，如同步模式，异步模式等；具有发现、路由、匹配和选择的能力，支持服务之间的动态交互，解耦服务请求者和服务提供者。此外，服务总线也具有安全支持、服务质量保证、可管理性和负载平衡等能力。在精细农业软件集成平台中，服务总线部署于服务层，实现对各类服务进行全面管理，包括服务注册与发布、服务质量与级别管理、服务交互与安全性控制、服务通信与消息处理等。

在精细农业集成平台的服务层中，可以基于服务总线实现对新的标准Web服务或者SCA服务的添加发布，或者对已有服务进行热插拔更新，以及基于编排内容进行服务路由，或进行服务提供者与请求者之间的协议转换等。服务总线结构如图8.8所示。

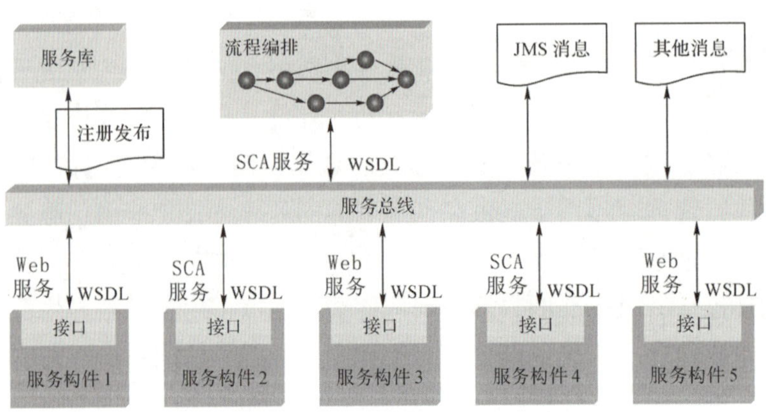

图8.8 精细农业软件集成环境——服务总线结构

（2）业务流程管理工具

业务流程管理工具是精细农业软件集成运行环境的关键组成部分，它提供了用于将服务构件根据业务需求编排形成可供直接调用的业务流程的能力，如图8.9所示。它被部署在业务流程层，提供图形化的专业服务流程编排功能。

工作流程编排的主要过程可分为4步：设计、实现、执行和监控。因此，业务流程管理工具包括了设计、实现、执行、监控和优化业务流程系列工具。

在开始构建业务流程场景时，我们需要用到流程设计工具。利用该工具，可以实现对流程设计建模，并将建模结果保存为标准XML格式的XPDL XML文件，这种格式可用于在各种工具之间交换流程模型。基于流程设计建模结果，流程实现人员可使用业务流程开发工具编写业务逻辑，并与现有服务构件建立联系，组装用来与人进行交互的人机界面。该工具内嵌业务流程引擎，在网络服务器的支持下，可支持实现所有人员执行的集成。同时，该引擎也负责编排所有流程及其资源——人机界面、服务构件、应用程序和系统等；管理正确的次序，实施业务规则，审计每个步骤以确保纠正流程执行并管理异常；而流程执行工具负责执行用流程设计工具和业务流程开发工具实现的流程，以及使用业务流程执行语言（business process execution language，BPEL）编写的各类流程。

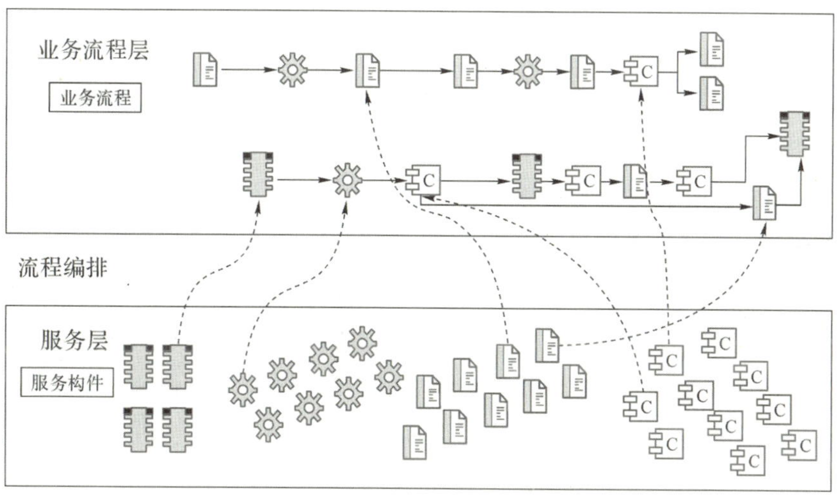

图8.9 精细农业软件集成环境——流程编排

8.2.3 软构件及其组装规范

（1）精细农业软构件编程规范

为了实现精细农业软件集成应用，精细农业软件集成平台提供了包括数据统一访问规范、软构件编程规范，以及流程编排规范等在内的一系列约束性规范与标准。

其中，软构件编程规范是整个软件集成的核心，按照统一的构件编程规范进行已有系统的集成和新建系统的建设，是精细农业软件集成平台顺利运转的保障。下文将针对该规范开展详细论述，并在接下来的部分给出遵循该规范建设的精细施肥和精细灌溉业务构件的例子。

基于组件的编程，一直是软件业简化编程和提高效率和质量的重要方法，但是对于不同语言我们往往有不同的组件模型，从而需要不同的调用方式。为了给不同的接口提供统一的调用方式，IBM等中间件厂商提出了面向服务的组件模型（SCA）。这个模型不但解决了统一调用的问题，还提出了基于组件的构建模型，并提供了许多服务质量（quality of service，QoS）能力。因此，从技术的角度来说，SCA是现有组件模型的延续和扩展。SCA的目的是使用户在构建应用时，不是直接面对具体技术细节的层次，而是通过服务组件的方式来构建应用。这种方式也使得用户的应用具有良好的分层架构，能够很好地分离应用的业务逻辑和IT逻辑，不但易于应用的构建，也易于应用的更改和部署。

基于SCA的编程规范目前已经得到国际标准化组织的认可，4.1版本在2017年已经发布。为了确保精细农业软件集成平台可以与主要厂商开发平台上开发的系统或构件保持兼容，本章引入SCA构件编程模型，并根据精细农业软件特点对其进行适当修改，用作集成平台的构件编程规范，来约束和指导集成平台上的构件的设计、开发和部署。

SCA服务组件与传统组件的主要区别在于：①服务组件往往是粗粒度的，而传统组件以细粒度居多。②服务组件的接口是标准的，主要是WSDL接口，而传统组件常以具体API形式出现。③服务组件的实现与语言是无关的，而传统组件常绑定某种特定的语言。④服务组件可以通过组件容器提供QoS的服务，而传统组件完全由程序代码直接控制。服务构件是SCA中的基本组成元素和基本构建单位，也是具体业务逻辑的映射。我们可以把它看成构建应用的“积木”。SCA组件是SCA应用程序的原子，一个组件是SCA实现的配置的实例，它提供消费服务。SCA允许多种不同的实现技术，如Java、BPEL、C++等。SCA定义了一个扩展机制，此机制允许引进新的实现类型。一个单一的SCA实现可以被多个组件使用，其中每一个组件都有不同的配置。组件有一个指向实现的引用，它是实现的一个实例、一个属性值的集合、一个服务引用值的集合。属性值定义了组件属性的值，与组件的实现中定义的一样。引用值定义了它所指向的服务，也与实现中定义的一样。这些值可以是一个特殊组件的特殊服务，或包含构件的一个引用。组件通过设置属性的值及引用其他组件提供的服务来配置实现。一个组件及其部件的示例，如图8.10所示。

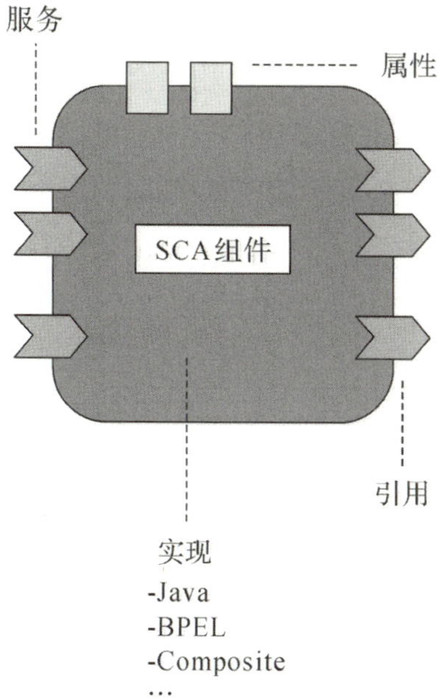

图8.10　SCA组件及其部件

一个SCA构件是一个SCA域的基本组成单元。一个SCA构件是一个组合，它包括组件、服务、引用以及连接它们的连线。构件通常把元素贡献给一个SCA域。一个构件具有以下特征：一是可以作为一个组件实现来使用。当以这种方式使用时，构件会为组件可见性定义一个界。构件里声明的组件不能直接从此构件的外面被引用。二是可以用来定义一个部署单元。构件通常把业务逻辑部件贡献给一个SCA域。一个构件及其部件的示例，如图8.11所示。

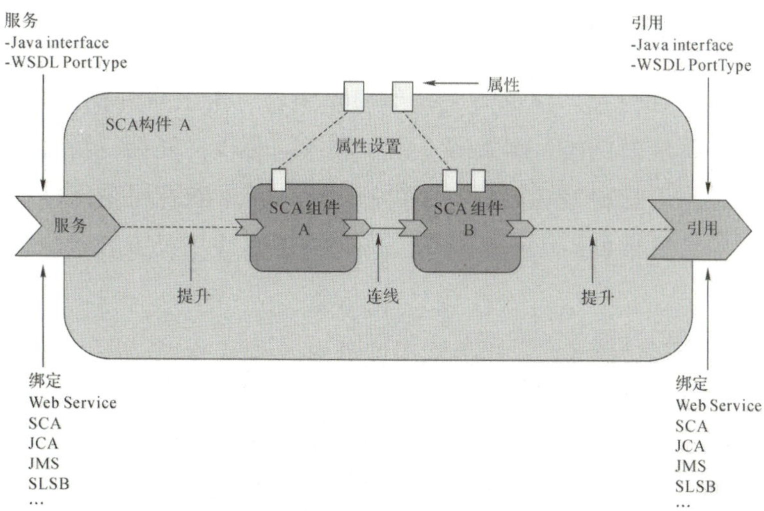

图8.11　SCA构件及其部件

一个SCA域代表一个服务集合，这个集合提供业务功能的一个范围且被一个单一组织控制。一个域指定了由一个或多个构件文件提供的实例、配置、组件集合的连接。这个域像构件一样，也拥有服务和引用。域同样也包含连接组件、服务和引用的连线。一个SCA域及其部件的示例，如图8.12所示。

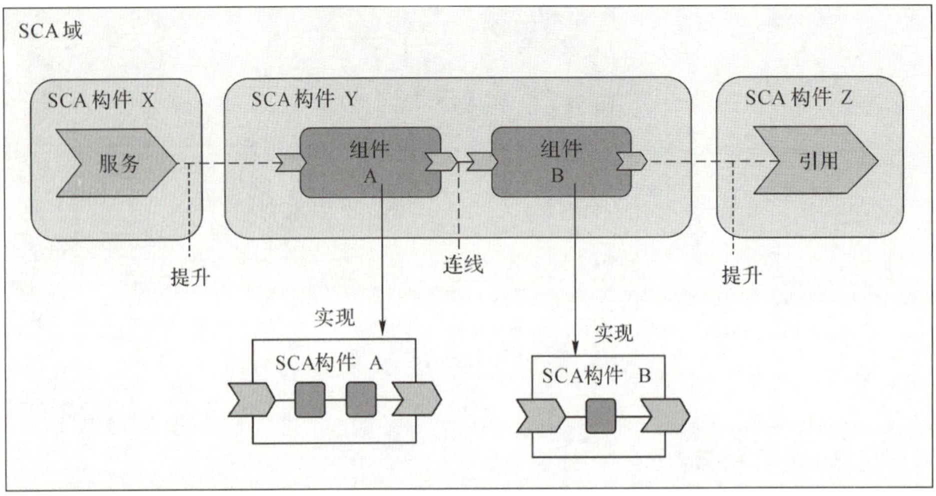

图8.12 SCA域及其构件

（2）精细农业基本软构件及其管理

为了实现精细农业应用软件的快速集成开发，精细农业软件集成平台提供了一系列的专业服务组件。这些组件依据标准的SCA组件规范设计开发，按照功能可以划分为：精细农业模型组件、基本信息服务组件、空间分析服务组件、智能决策服务组件、其他辅助服务组件等。

精细农业模型组件包括精细施肥、精细灌溉、精细施药等业务过程使用的主要的专业模型组件，如目标产量法施肥决策模型组件、近三日外推法灌溉决策组件、迁飞性害虫时空蔓延模拟模型组件等。由于农业问题较为复杂，精细农业模型种类繁多且大多仅适用于特定地区的特定作物，因此，精细农业模型组件的积累是个长期的过程。目前集成平台提供了主要的几大类模型组件，更多的模型组件可以由用户逐步添加。

（3）精细施肥和灌溉业务构件及流程组装

以典型的单元尺度精细施肥业务活动为例，按照精细农业软构件编程规范，给出由精细农业软件集成平台提供的SCA组件（原子服务）组装形成SCA构件（业务子流程）、SCA域（业务流程）的业务构件体系设计实例。

单元尺度的精细施肥业务流程包括土壤采样、数据处理分析和决策等三个过程、七个活动；涵盖了从信息获取、分析决策到输出决策结果的精细施肥全过程，相应的信息获取设备和智能农机装备可以在对应的活动中接入并进行数据交互。因此，该业务流程覆盖了一种典型精细施肥作业的全过程，基本流程如图8.13所示。在设计软构件体系时，该业务流程以域的形式存在。

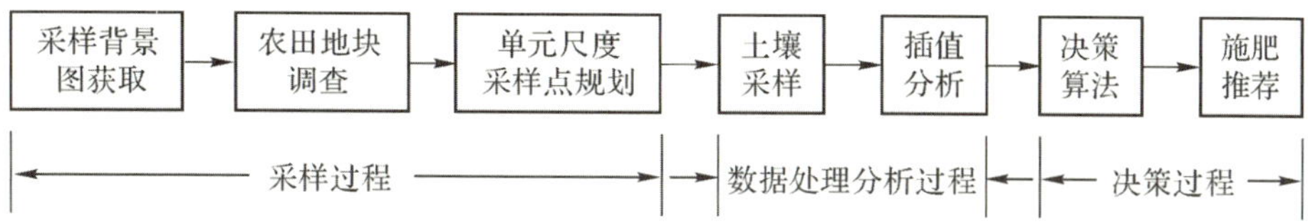

图8.13　单元尺度精细施肥业务流程

精细施肥业务构件（子流程）为整个业务流程提供具体实现，这个流程中每一个活动都被定义为一个SCA业务构件，而每个业务构件又由一到多个精细农业软件集成平台提供的组件组装而成。图8.14描述了目标产量法施肥推荐流程。在组件设计过程中已经平衡了系统运行率和组件可重用性能，因而会出现一个组件被多次重用的现象。

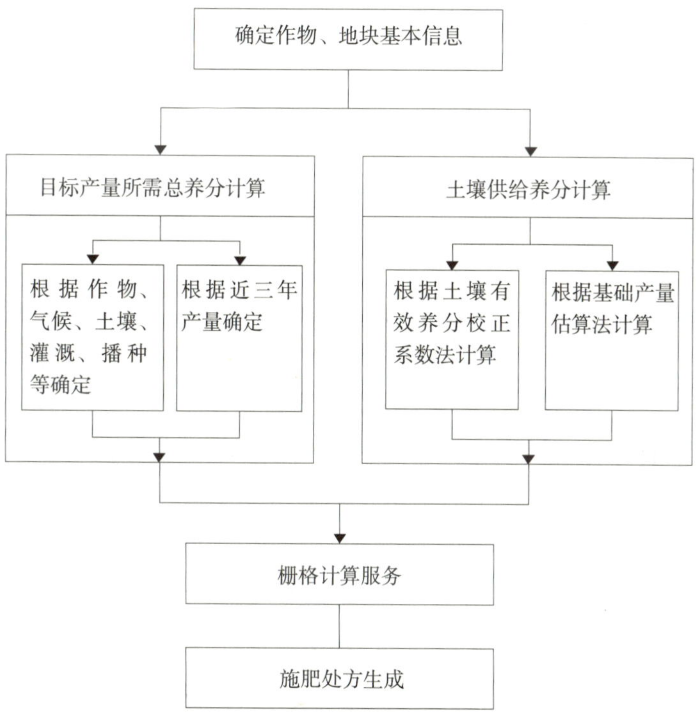

图8.14　施肥决策服务处理流程

8.2.4　平台运行机制与应用系统开发

精细农业集成平台以Web服务为具体实现技术。网络服务的基本架构由3个参与者和3个基本操作构成。3个参与者分别为服务提供者、服务请求者和服务代理，3个基本操作分别为发布、查找和绑定。Web服务基本架构如图8.15所示。

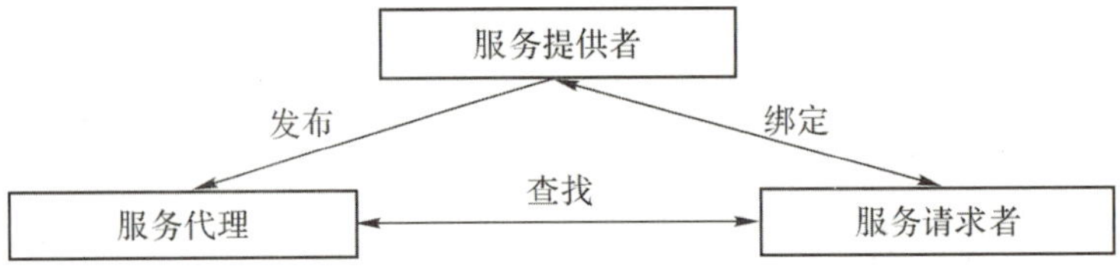

图8.15 Web服务基本架构

服务提供者将其服务发布到服务代理的一个目录上，当服务请求者需要调用该服务时，他首先利用服务代理提供的目录去搜索该服务，得到如何调用该服务的信息，然后根据这些信息去调用服务提供者发布的服务。当服务请求者从服务代理得到调用所需服务的信息之后，通信在服务请求者和提供者之间直接进行，而无须经过服务代理。

Web服务体系使用一系列标准和协议实现相关的功能，例如：使用万维网服务定义语言（Web service description language，WSDL）来描述服务，使用通用描述、发现与集成（universal description，discovery ang integration，UDDI）来发布、查找服务，而简单对象访问协议（simple object access protocol，SOAP）被用来执行服务调用。在Web服务架构的各模块间以及模块内部，消息以XML格式传递。其原因在于，以XML格式表示的消息易于阅读和理解，并且XML文档具有跨平台性和松散耦合的结构特点。

精细农业大量运用空间信息技术，尤其是GIS技术。Web服务与GIS的结合产生了GIS Web服务，它的出现有效解决了传统GIS存在的系统内部耦合度高、缺乏良好的互操作性、难以与其他系统有效集成等问题。作为专门用于地理空间信息处理、分析和发布的一类特殊的Web服务，GIS Web服务具有跨平台、可伸缩、功能全面、系统可维护性好、软件集成成本低、标准化程度高等特点，相比于传统GIS，基于GIS Web服务构建的分布式GIS在空间数据共享、软件复用与系统集成等方面具有明显优势。例如：GIS Web服务通过建立具有标准数据接口的空间数据服务，来帮助用户查找、获取分布于网络，并由不同提供商提供的数据，实现空间数据共享；GIS Web服务通过对现有GIS系统的重构，建立服务构件，提供规范接口，可以实现异构服务间的互相调用，实现服务层面的软件复用；GIS Web服务与传统的面向对象和基于消息的软件集成方法相比，能更加有效地解决精细农业系统中多源空间数据、异构系统的集成难题。结合上述技术，下文对精细农业软件集成平台内部几种主要的运行机制进行讨论。

（1）服务的发布注册和管理

精细农业软件集成平台注重服务构件的积累，构件服务的注册管理机制是平台的基本机制之一，为了便于应用系统快速的发现和使用服务，平台对服务自身功能、使用情况、生命周期、服务地址、开发维护单位等描述信息进行注册、管理。下文以精细施肥决策相关服务的注册管理为例，进行相关机制的描述。服务注册者首先登录注册工具，创建服务注册用户，创建要注册服务的机构，如表8.1所示，之后注册服务构件，完成注册后，即可发布这些服务。发布服务对应的信息包括名称、能完成的功能、如何调用、可能需要调用哪些服务构件等。应用程序开发者和服务维护者可以查找和订阅服务。

表8.1 注册机构信息

注册栏目	注册内容
Name	Nercita
Description	国家农业信息化工程技术研究中心
Contacts	Gaoyb

（2）服务的集成和装配

目标产量法施肥决策是精细农业施肥决策系统中常用的方法。施肥决策算法中包含目标产量所需总养分计算、土壤供给养分计算、栅格计算等。传统的施肥决策系统将各计算包封装成服务，服务调用的方法是客户端直接向服务提供者发出服务请求。每个服务提供者的服务地址和传输协议都是每个客户端的应用程序，需要单独处理，服务之间的调用以点对点方式连接，紧密耦合在一起实现施肥决策功能，如图8.16所示。这种调用方式的缺点是服务之间紧密耦合，一旦服务发生变化，整体系统都要跟着改变，无法对变化做出快速响应，系统灵活性差，维护费用高。

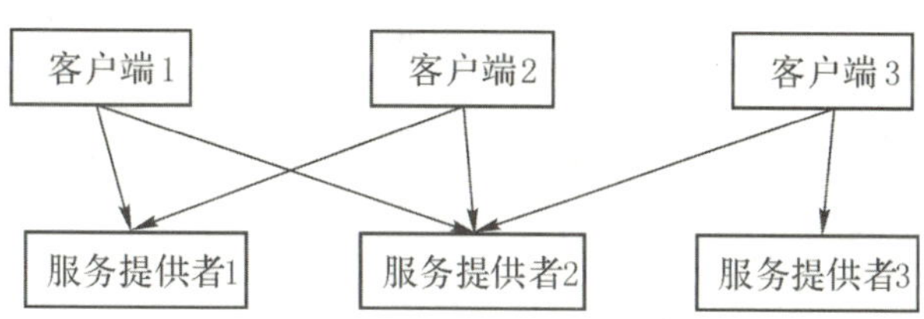

图8.16 传统的服务调用方法

通过SOA架构技术的企业服务总线（enterprise service bus，ESB），将服务的WSDL描述注册到企业服务总线上（称为业务服务），在总线内部实现对消息的路由，从而将真正的服务提供者的地址和传输协议都隐藏起来，对外由总线提供统一的服务（称作代理服务），如图8.17所示。

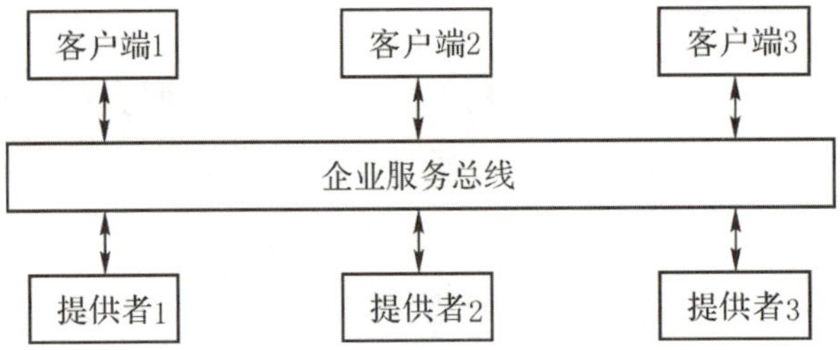

图8.17　基于服务总线的SOA架构技术

服务的集成实质上是ESB对业务服务、代理服务的WSDL描述文件注册以及服务之间消息路由的过程。其中，业务服务到代理服务的消息路由是企业服务总线的核心。在系统开发集成项目中，首先在总线上创建项目（施肥决策项目）装载所要集成的WSDL文件，其次创建业务服务和代理服务，最后实现业务服务和代理服务之间的消息路由等。

以目标产量所需总养分计算服务为例，将根据生长条件计算总养分服务、根据近三年产量计算总养分服务封装成Web服务，注册两个业务服务到企业服务总线。目标产量所需总养分计算代理服务接受客户端消息，企业服务总线根据传来的不同消息路由到指定的业务服务上，计算的结果返回给客户端，实现对外提供目标产量所需总养分的计算服务。目标产量所需总养分计算服务的流程，如图8.18所示。

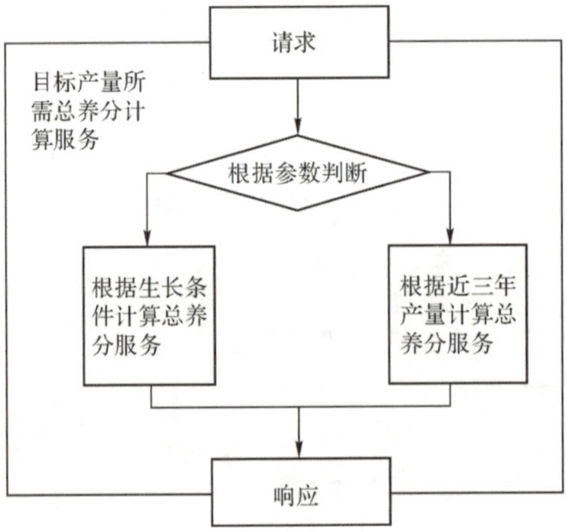

图8.18　目标产量所需总养分计算服务流程

通过企业服务总线将会创建以下内容。

创建两个出站服务：根据生长条件计算总养分出站服务，指向上面的/ws2/Total Nutrien Calculation By Production Conditions外部服务；根据产量计算总养分出站服务，指向上面的/ws2/Total Nutrien Calculation By Yield 外部服务。

创建一个入站服务：目标产量所需总养分计算服务，根据消息内容的不同分别指向根据生长条件计算总养分出站服务、根据产量计算总养分出站服务，实现动态路由的功能。企业服务总线集成目标产量所需总养分计算服务的架构，如图8.19所示。

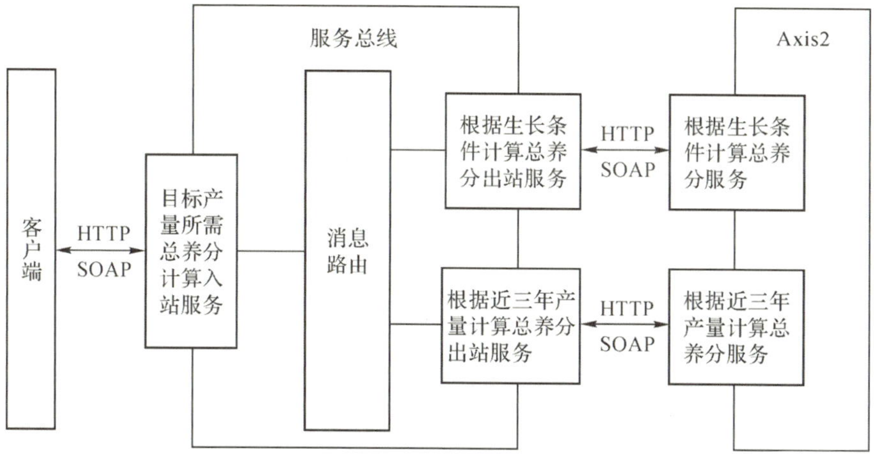

图8.19　ESB集成目标产量所需总养分计算服务的架构

代理服务调用业务服务的过程，实质上是服务之间消息路由的过程。消息流由一系列节点组成。在目标产量所需总养分计算服务中，消息由启动节点路由到业务服务的路由节点。由于目标产量所需总养分计算出站服务、根据生长条件计算总养分服务以及根据产量计算总养分服务所接受的请求格式和内容不同，在整个消息路由过程中，企业服务总线将根据客户端请求的内容重新生成调用业务服务所接受的请求格式和内容，如图8.20所示。

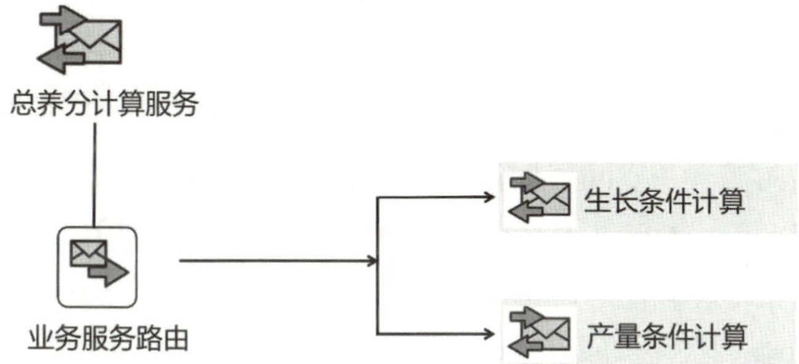

图8.20　服务路由

（3）空间信息分析、表达机制

空间信息分析表达服务的运行逻辑在OGC所定义的W*S系列服务规范中并没有得到体现，本章在研究W*S系列服务规范的基础上，运用XML和Web服务技术研制空间信息分析Web服务的描述、注册、发现机制，研究建立空间信息分析Web服务接口规范与访问协议，实现空间信息表达方法和空间信息分析Web服务，如图8.21所示；在此基础上，提出面向任务的空间信息分析的Web服务组合运行逻辑。

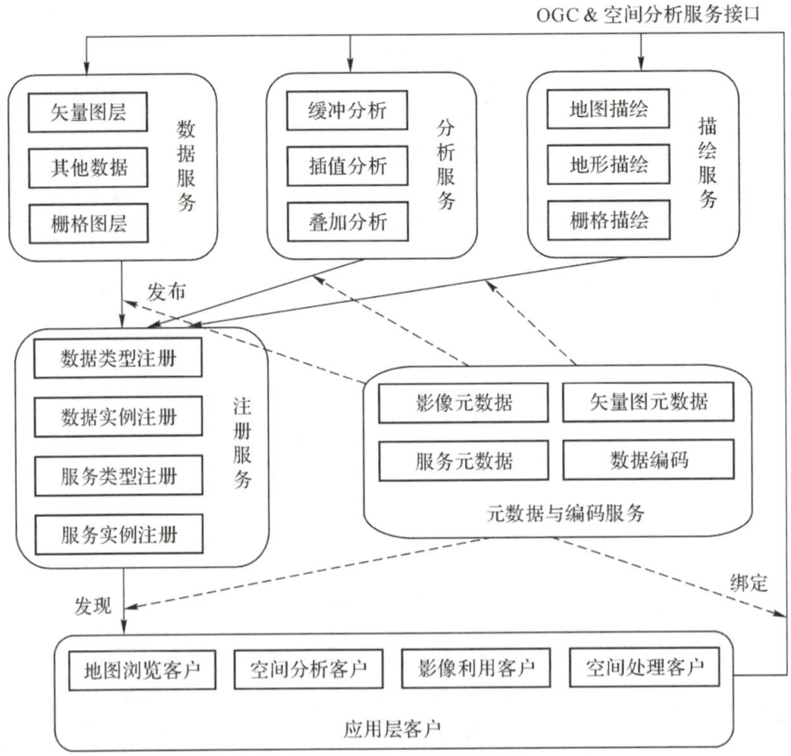

图8.21　空间信息分析表达服务运行逻辑

（4）服务请求及响应机制

根据集成平台应用层任务的请求，平台先进行响应并解析，然后调用精细农业应用流程模板，利用服务流程建模工具对决策分析业务流程进行设计，最后使用服务总线提供的服务查找与匹配工具在服务注册中心查找出相应的Web服务和空间数据，在此基础上形成Web服务与空间数据集成的描述文档，对所需的Web服务和空间数据进行描述，交由服务集成执行工具。该工具负责启动服务执行引擎，实现集成服务的运行。服务执行引擎接收到任务后，在各种资源准备就绪的情况下开始调用各类Web服务。在运行过程中，它将各种状态信息返回服务执行引擎的监控工具，同时将执行结果通过服务集成执行工具返回给用户。整个过程如图8.22所示。

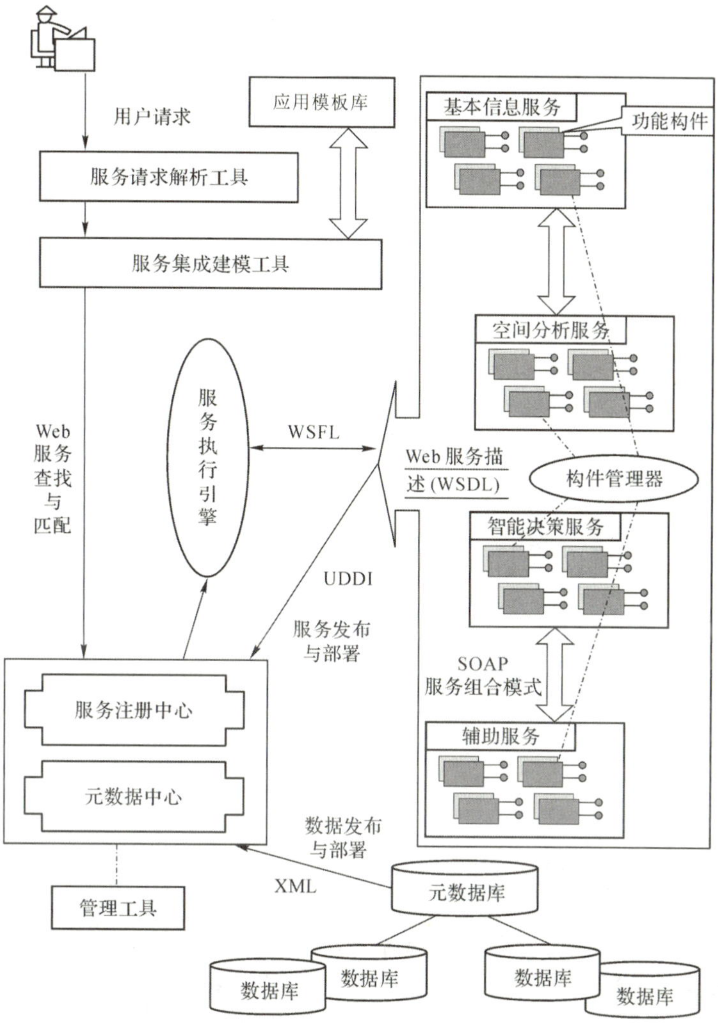

图8.22 精细农业专业服务构件集成运行逻辑

(5)系统应用开发

精细农业软件集成平台依托软构件技术，实现精细农业专业模型、专业流程、专业数据的有组织积累；依托SOA服务总线和流程编排技术实现积累构件的重用和共享。一方面，用户可通过前文提及的工具和定制的应用模板，也可根据需求组织构件，快速搭建多种精细农业集成应用系统，如农场（乡镇、县域）的精细农业应用系统（如精细灌溉决策系统、田间信息获取系统等）；另一方面，用户也可通过定义标准接口，为接入集成平台的第三方应用系统，包括智能农机装备控制系统、Web应用系统、智能手机/桌面应用系统等提供各类可供调用的精细农业专业服务构件。

基于平台新建应用系统的方法，搭建流程可划分为需求分析、系统设计、开发调试、测试部署和管理监控五个阶段，如图8.23所示；不同的只是每个阶段都是以构件为基础，采用基于软构件工程的工作方式进行。推荐以B/S（Browser/Server）形式为基于精细农业软件集成平台新建应用系统的主要形式，以基于浏览器的应用程序为最终用户提供服务；然而，用户也可以基于平台搭建C/S（Client/Server）形式的应用系统，即将集成平台作为服务器端，新建桌面（包括移动设备）系统作为客户端，以传统桌面软件的形式向最终用户提供服务。

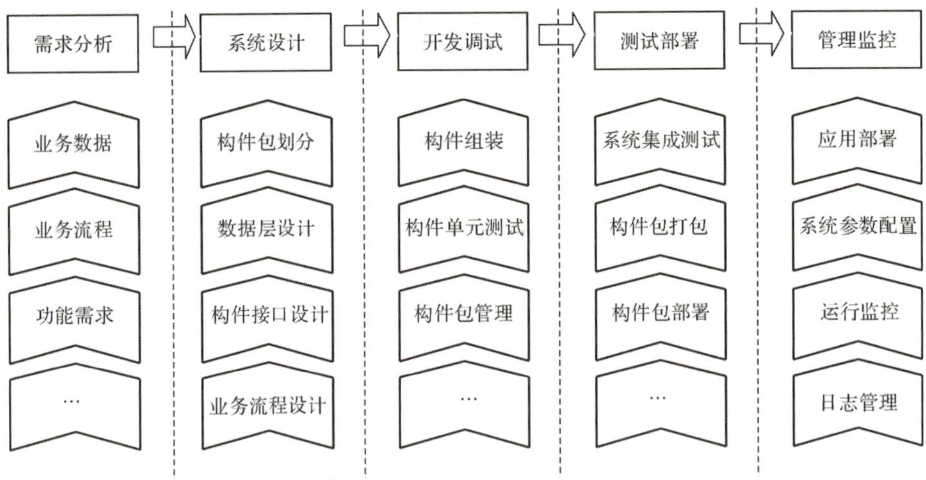

图8.23 新建应用系统的搭建流程

概括来讲，系统搭建基本步骤如下：

进行系统的需求分析，完成数据、业务流程和功能需求的整理；进行系统的设计，设计各项业务流程，完成所需构件划分和构件接口设计、数据层设计和元数据定制，提交元数据管理器；选择技术体系中已有构件，有必要的话，编写技术体系中尚不存在的构件，加入技术体系的构件库，在开发环境中完成构件组装，并将构件配置信息提交至构件管理器；利用平台提供的工具进行组件组装、专业业务流程编排和部署；选择适用的定制模板，部署业务构件，根据需求定制个性化用户界面；配置系统参数，进行系统部署；在系统范围内完成各组件的单元测试和集成测试。

精细农业软件集成平台也可通过Web服务标准接口，为接入集成平台的第三方应用系统，包括智能农机装备控制系统、Web应用系统、移动设备/桌面应用系统等提供各类可供调用的精细农业专业服务构件。平台的构件管理工具提供了构件信息列表，公开服务接口，第三方应用系统通过接口调用专业服务构件。平台仅公开接口信息，确保了服务构件开发者的知识产权。

用Java或者.NET开发的第三方应用系统可以在系统开发时调用平台提供的构件实现具体的功能，例如，数据处理、基于模型的分析等；遵循构件化方式设计开发的第三方应用系统也可以在其使用过程中再连接到集成平台，选择相应服务构件使用。开发过程调用服务构件示例如图8.24所示。图8.25展示了在农田精细灌溉决策系统开发过程中调用集成平台提供的天气预报信息服务构件，以获取明/后天的气象条件信息，用于灌溉决策的场景。

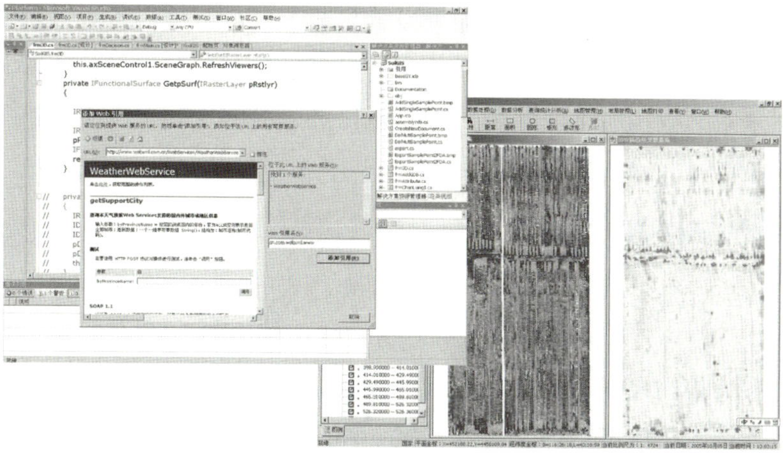

图8.24 开发过程调用服务构件示例

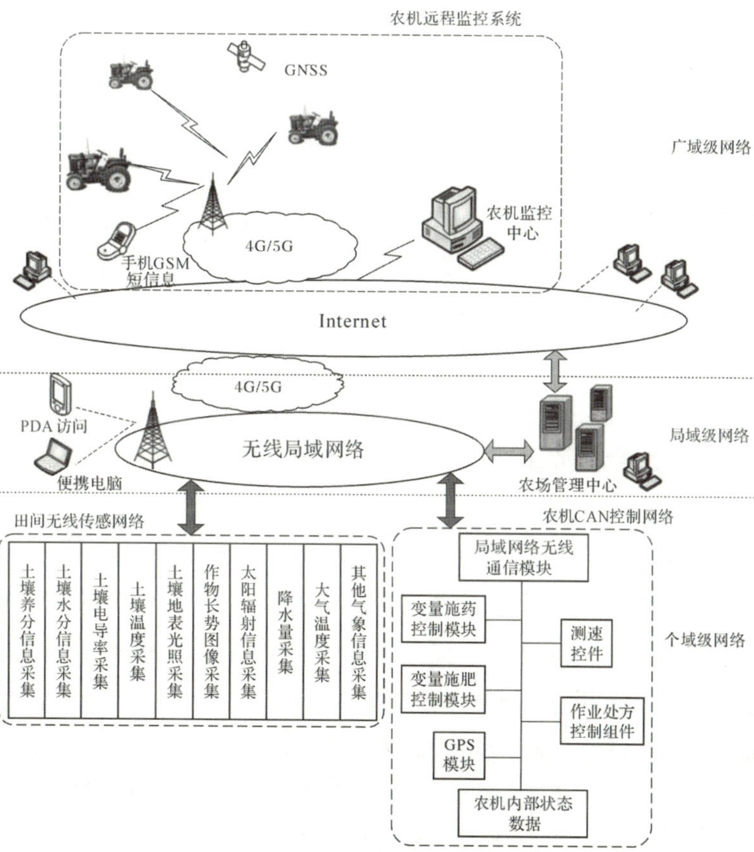

图8.25 精细农业通信集成平台

8.3 精细农业通信与智能控制技术集成

从田间数据的获取到决策的实施，每一步都离不开硬件设备之间的信息交互。随着通信技术和计算机技术的发展，出现了越来越多的通信技术和设备，它们的出现方便了我们的选择和应用，也增加了设备集成互联的难度。针对这些特点，有必要开发一系列可以便捷互联的硬件通信支持设备，制定一些通信标准和规范，使得信息从田间采集到应用服务决策，再到农机作业，能够便捷地交互和共享，成为一个协同的、内联的、交互的平台。

8.3.1 硬件通信技术集成平台

在对多种先进的控制总线技术、数据采集技术、远程通信技术等进行深入分析和研究后，结合精细农业的特点，规划完成了通信集成平台。

该平台在通信的层次上分为个域级网络、局域级网络、广域级网络数据管理中心和访问接入端。三层网络内部独立自治，网络之间通过不同的桥接设备完成信息交互。该设计模式一方面提高了网络的可靠性和安全性，部分网络出现通信故障时，不会影响全网通信，而且按照数据的安全级别，可以很容易地将其控制在不同的权限范围内，提高了网络的稳定性和网中数据的安全性。另一方面也为许多先进通信技术在精细农业行业的应用提供了广阔的空间。由于采用层次结构，网络具有较小的耦合性，因此其他通信设备的加入变得更加容易。

（1）个域级网络

个域级网络主要指农机机载通信控制网络、田间信息采集网络以及其他田间设备之间的通信网络，是平台的感知终端和执行终端。田间信息采集网络是精细农业的“感觉器官”，其获取数据的准确与否直接影响决策的准确程度。本书作者团队在充分研究现有通信技术和信息采集技术的基础上，设计完成了田间无线传感系统。该通信系统具有数据获取量大、维护量小、数据获取实时性强等特点，极大地满足了精细农业对田间数据的要求，而且系统采用无线射频通信方式和干电池与太阳能结合的供电方式，使得系统具有很好的移动性和田间适用性。

农机是精细农业的“四肢”，而其内部控制网络和通信网络是农机的“神经”，依靠它将农机与作业执行机构以及内部各逻辑控制单元连接在一起，使其成为一个有机的作业整体。因为农机设备干扰信号较多，而且一台拖拉机有时要挂接几个作业设备，为此，在设计和选择内部网络时，抗干扰性、扩展性、兼容性是三个非常重要的指标。在研制适宜农机应用的典型控制单元的基础上，我们按照分布式控制系统的原理构建了农机作业CAN 总线控制系统。通过CAN 总线通信网络，实现拖拉机和执行机构的通信、拖拉机内部部件间的数据共享、不同执行机构统一的显示和人机接口。

（2）局域级网络

局域级网络是指农场级别的网络，它一般连接个域级网络和农场管理中心。以田间无线传感系统为例，数据信息在每个田块的汇聚节点汇聚融合后，最终要提供给用户或决策者。为此，可以通过有线或无线局域网技术（wireless local area network，WLAN）将数据传送到农场级别的管理中心，在管理中心，决策者决定是否将数据进一步提供给更广域的用户。不难看出，局域级网络不过是数据在农场级别的一个汇聚，它是广域级网络与个域级网络的过渡性网络，随着移动通信技术和广域无线通信技术的发展，农场内部局域网的界限变得越来越模糊，并有逐渐被广域级网络覆盖的趋势。

（3）广域级网络

这里的广域级网络仅指Internet。随着计算机和通信技术的发展，网络普适化和泛在化势在必行，人们对数据的访问和计算，已不满足于桌面，而是希望可以随时、随地地访问和获取数据。正是鉴于这样一种思想，我们的平台并没有停留在农场级别的网络设计上，而是更进一步地将农场中所有的数据信息都汇入Internet，并借助Internet、4G/5G等移动通信网络的内部互联实现对田间信息、农机状态的远程获取、控制。

（4）数据管理中心

数据管理中心是通信集成平台不可缺少的重要组成部分。它既是信息采集网络与控制执行网络的纽带，也是整个集成平台的核心。底层信息采集网络采集到的信息数据汇集到数据管理中心，管理中心对数据进行分析处理，做出决策，然后控制农机完成精细作业。另外，数据管理中心负责所有信息和状态数据的存储。田间传感网络采集的数据、当前农机状态信息等都被存储在数据管理中心。该数据管理中心配合相应的服务器软件对外实现资源共享。

（5）访问接入端

构建网络的目的就是实现从田间到访问终端交互信息的透明、可靠，使得用户可以随时随地了解田间信息和农机状态。访问形式显然已不能仅仅局限于单台PC。该平台不但提供有线和无线的Web接入，而且结合移动通信技术，将短信息等形式都列入访问接入形式，使得对信息的获取形式变得多种多样，体现了以人为本的未来网络特点。该集成平台除具有一般通信平台的可靠性、实用性和农业针对性的特点外，还具有以下三个突出的特点：

①开放性

该平台不是一个封闭的平台，而是一个开放的、具有很强兼容性的平台。随着新技术的发展，该平台将变得越来越有活力，可以将先进的通信技术吸纳到精细农业中来，给精细农业的发展注入新的生机。

②层次性

农业受自然条件影响较大，这点决定了农业标准和规范的制定必须因地而异、因时而异。在这样一种前提下，我们不能对通信平台的实现给出唯一的解决方式，而是注重从精细农业应用的共性出发来探讨问题，包括本节后面提到的农田无线传感系统和农机控制系统，都仅作为一种参考，而不是唯一的解决方式。我们按照通信网络的基本架构，对网络进行了三层划分，这样，一方面提高了系统的开放性，减少了不同设备间的耦合；另一方面，层次性的划分也更能引导我们从共性的、宏观的角度把握精细农业通信平台的特点。

③泛在性

平台在设计初期就充分考虑了对数据的最大共享和随处计算，对用户不仅提供桌面浏览和计算，而且还不拘泥于单纯的数据查询、计算，从最大限度的人机交互、最大限度的人与农田信息交互和最大限度的人与农机的交互角度出发，实现对数据无所不在的访问，对状态无所不能的控制。尽可能将人的注意力集中到解决实际问题本身，而不是数据的计算和具体的操作形式。

8.3.2 农机作业单元通信与控制

（1）基于CAN总线的农机作业单元通信协议

随着精细农业的发展，信息采集和控制等电子设备在农业机械中得到大量应用，使得整个农机作业系统朝着智能化、网络化和分布式控制的方向发展，为了实现这些电子设备之间的互联互通，接口设计和通信协议的标准化显得日益重要。为此，现场控制局域网络（controlled area network，CAN）协议被选用为农业机械电子设备的总线标准协议的基础。

CAN是德国BOSCH公司开发的用于汽车的总线通信协议标准。1986年，德国首先提出了基于CAN 2.0A版本的农业机械总线标准DIN 9684，并从1993年起被欧洲各国的农机制造厂商普遍采用。到20世纪90年代中期，国际标准化组织（ISO）以DIN 9684为基础，制定了在CAN 2.0B版本基础上的ISO 11783标准，作为正式的农业机组数据通信及其接口设计的国际标准。通用标准的建立，使农业机械上的电子系统具有通用性、兼容性，从而减少了用户购买设备的成本，提高了设备的使用效率，促进了农业机械智能化的发展（陈燕呢等，2017；王新忠等，2017）。图8.26为CAN总线通信网络结构。

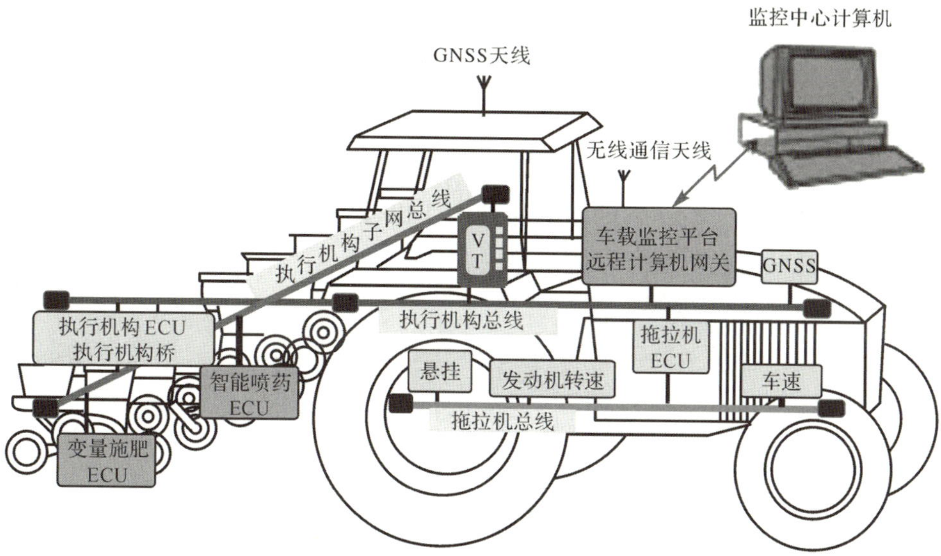

图8.26 CAN总线通信网络结构

CAN为串行通信协议，能有效地支持具有很高安全等级的分布式实时控制。CAN的应用范围很广，从高速的网络到低价位的多路接线都可以使用。制定一套适合我国大中型拖拉机及作业机组的电子监视和作业控制的电子控制单元通信协议标准，将使精细农业作业系统中的电子设备具有通用性、兼容性和可扩展性。图8.27为通信协议制定的工作流程。

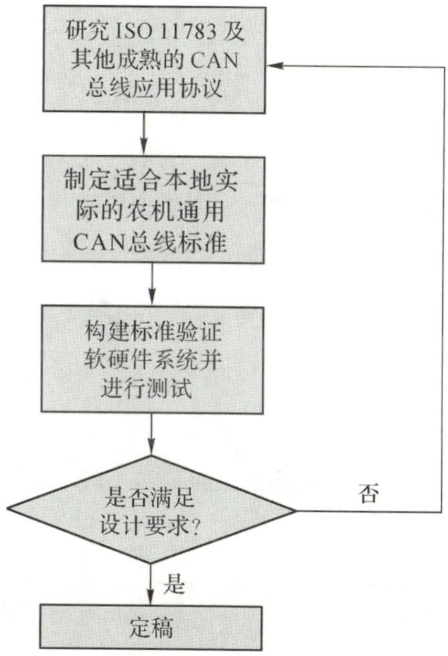

图8.27 通信协议制定的工作流程

以CAN总线协议为基础，制定适合农业机械电子控制单元（ECU）之间进行通信的高层应用协议，制定设备之间的接口标准；实现总线地址的动态分配、总线优先级的分配和管理；定义虚拟终端的人机通信接口，包括菜单控制、屏幕显示和数据采集等功能及功能键定义；定义系统中常用的消息类型；定义系统的故障诊断和管理方法；定义基于无线通信网络的移动作业机械与农场作业监控中心间的双向通信规范。CAN总线通信标准设计的主要内容如下：

①制定设备之间的接口标准

接口标准的设计包括通信电缆的定义、标准接头的定义、通信频率的选择及终端电阻的确定等方面。图8.28为CAN总线网络中存在的接头。

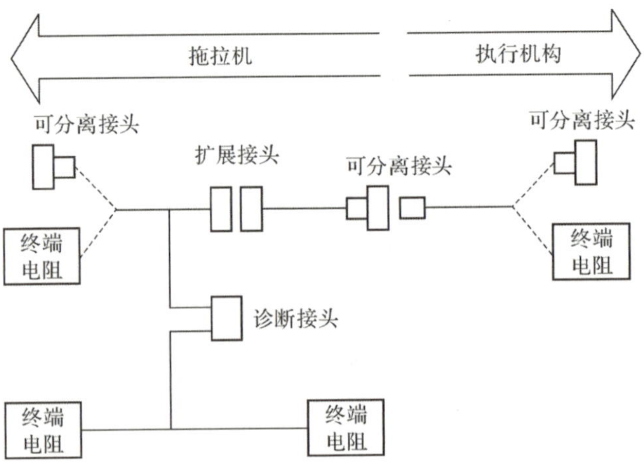

图8.28 CAN总线网络中存在的接头

②消息结构及消息类型的定义

消息结构由标识符和数据域组成。消息结构的定义对29位的标识符进行合理的划分和利用，包括消息发送的目的地址、源地址和消息的优先级等。协议对常用的消息类型进行了定义，基本的消息类型包括时间、日期、轮速、地速、行走距离、GNSS位置/状态信息和三点悬挂的状态等。图8.29是典型的消息结构示意。

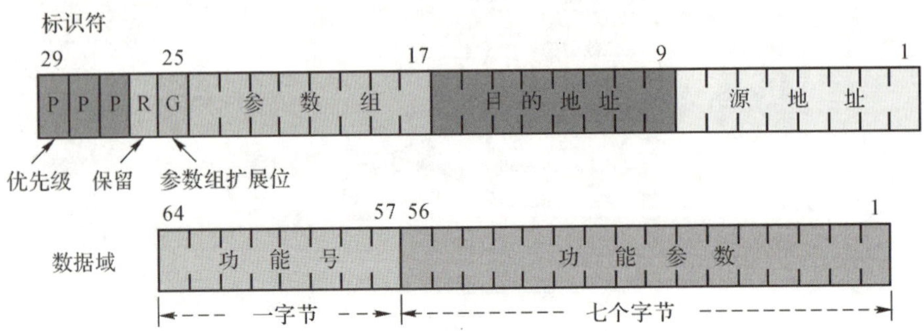

图8.29 消息结构示意

（2）农业总线虚拟终端

虚拟终端（virtual terminal）将为总线系统中的ECU提供统一的显示界面和操作接口。协议对虚拟终端中的按键功能、菜单控制和屏幕显示进行定义，并定义虚拟终端和ECU之间通信的消息格式。虚拟终端的设计主要包括菜单设计、界面显示和功能键实现，虚拟终端具有人机交互的功能和一定的诊断功能。图8.30是虚拟终端示意。

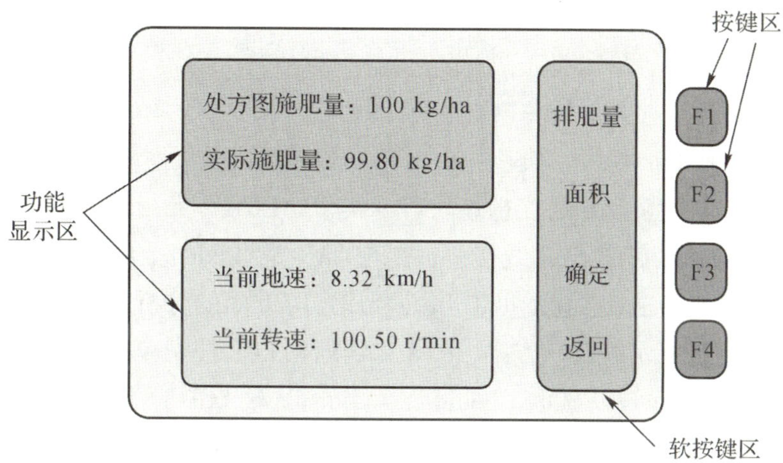

图8.30　虚拟终端示意

①任务控制器的设计

任务控制器主要完成移动作业机械与农场作业监控中心间的双向通信，协议中定义了双向通信规范。任务控制器主要完成远程信息的获取和发送，以及将获取的信息发送给执行机构。任务控制器在系统中起到任务控制和与远程计算机实现通信的作用。任务控制器包括人机界面、通用分组无线业务（general packet radio service，GPRS）通信接口、CAN总线接口和本地存储接口等模块。

②系统的故障诊断和管理方法的定义

诊断及故障管理对系统中常见的故障类型进行分类，并给出相应的诊断方法。故障的类型包括短路、断路和通信错误等。

（3）基于CAN总线的农机作业控制系统构建

一个典型的基于CAN总线的农机作业控制系统，如图8.31所示。该系统由基于WinCE的嵌入式控制计算机、GNSS接收机、作业导航指示模块、变量施肥控制器和地速采集模块等组成。每个CAN总线节点都遵循总线通信标准，通过总线获取所需的信息，并传送其他节点所需的信息。下文将首先介绍具有CAN总线接口的典型电子作业控制单元的设计方案，然后重点介绍农机作业控制系统中各CAN总线节点的设计，最后介绍这几个节点是如何利用CAN总线通信协议实现变量施肥作业的。

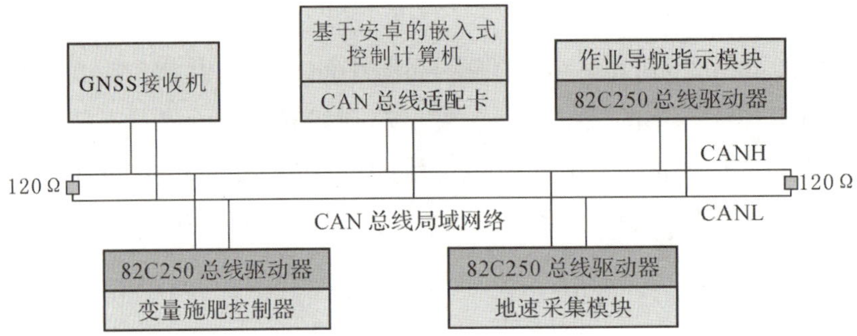

图8.31　基于CAN总线的农机作业系统

①典型电子作业控制单元（ECU）设计方案

在精细农业作业应用中，典型的ECU单元包括地速采集模块、GNSS信息采集模块、变量施肥控制模块和导航光棒模块等。典型的ECU单元由输入电路、微处理器和输出电路组成，具有CAN总线接口，能与CAN总线网络上的其他ECU单元进行通信。通过对功能需求、性能、可扩展性和成本等方面的分析，确定了具有监控功能的通用电子控制单元的设计方案，图8.32为通用ECU控制单元的结构。该单元由微处理器、DA、AD、液晶显示（liquid crystal display，LCD）、键盘、CAN总线接口和电源模块等组成。该通用电子作业控制单元能根据不同功能需求进行软硬件的裁剪，以实现不同的用途。

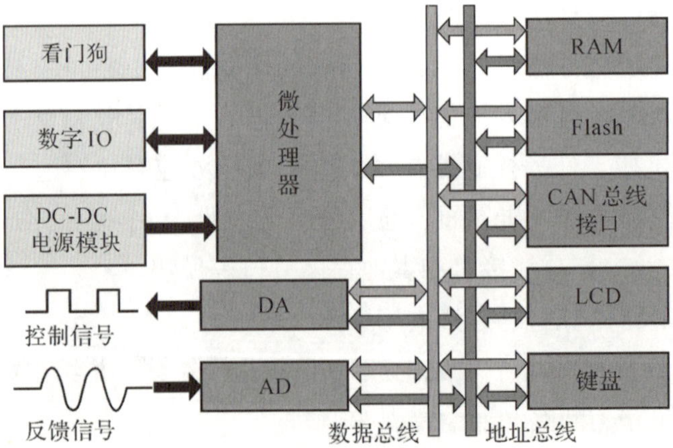

图8.32　通用ECU控制单元

②嵌入式农田机械作业监控终端

嵌入式农田作业机械监控终端是为了满足农田作业过程监视、控制和信息采集的需要而开发的，上述基于CAN总线的农机作业控制系统，其实现了“上位机”的功能。在硬件设计的过程中，充分考虑信息采集和监控方面的功能需要，选用了具有良好的I/O扩展性能和多路数模信号输入、输出接口的硬件板卡，可以根据不同应用需要进行硬件裁减定制。综合考虑功耗、性能、可扩展性和成本等因素，确定采用系统集成的开发方式，系统集成了嵌入式PC104主板、液晶屏、触摸屏、键盘、通用I/O接口和GNSS输入设备，并通过PC104总线扩展AD、DA和CAN总线通信模块，使系统能满足基于CAN总线的农机作业监控的需要。图8.33为嵌入式农田作业机械监控终端实物。

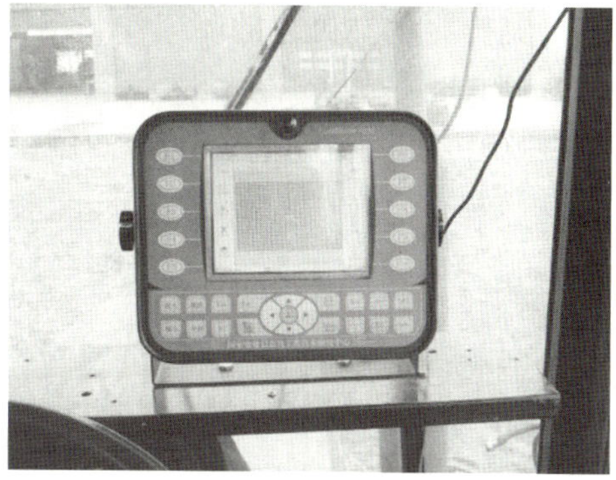

图8.33　嵌入式农田作业机械监控终端实物

在系统软件设计方面，采用基于嵌入式实时多任务操作系统的内核，结合系统硬件配置，进行专用操作系统的创建、测试和组件裁剪，定制适合终端设备的实时嵌入式操作系统。在应用软件系统开发上，开发了通用嵌入式功能组件，包括数字信号采集显示组件、模拟信号采集显示组件、平行作业导航功能组件和变量作业控制组件等，为基于嵌入式农田机械作业监控终端的应用系统开发提供基础。

③变量施肥控制器

本节点为一种手自一体化的变量施肥控制器，该控制器能通过CAN总线或串口接收施肥量信息，实现自动施肥，也可以通过旋钮设定施肥量，实现手动施肥。该控制器的主要设计原理如下：

假设系统在某一施肥单元的处方施肥量为A_r，此时作业机械的瞬时行走速度为V_t，施肥机械的有效幅宽为W_i，肥料的瞬间流量为F_r，则有：

$$A_r = \frac{F_r}{V_t * W_i}$$

由上述公式可以看出，在能实时测定作业机械行走速度的前提下，欲使系统按照处方量施肥，核心任务是控制肥料的流量。排肥驱动机构的转速是肥料流量的决定因素，本控制器选择电液比例阀作为控制液压马达排肥机构的驱动元件，因此只需要输出控制电液比例阀开度的电压信号，就可以实现改变液压马达转速的目的，从而控制排肥轴转速。

本节点采用数字信号处理器（digital signal processor，DSP）作为主控制器，与传统的微控制器相比，DSP具有处理速度快、外设资源丰富、性能稳定和易于实现许多先进的控制算法等优点，适用于控制领域。利用DSP内置的CAN控制器，外加CAN收发器82C250，实现与上位机的CAN总线通信。利用DSP的SPI接口控制D/A转换器产生电压信号，经运算放大器放大后加载到电液比例阀上，然后通过液压马达控制排肥机构的转速，达到控制肥料流量的目的；把安装在排肥轴上的光电码盘采集排肥驱动机构的转速作为反馈信号，利用PID控制算法进行闭环控制。外接LCD和键盘，实现系统状态的显示和控制参数的输入。外接一个12挡位的旋钮用于手动、自动施肥模式的切换和施肥量设定。控制器中有Flash存储器用于作业参数的存储。图8.34为变量施肥控制器的原理。

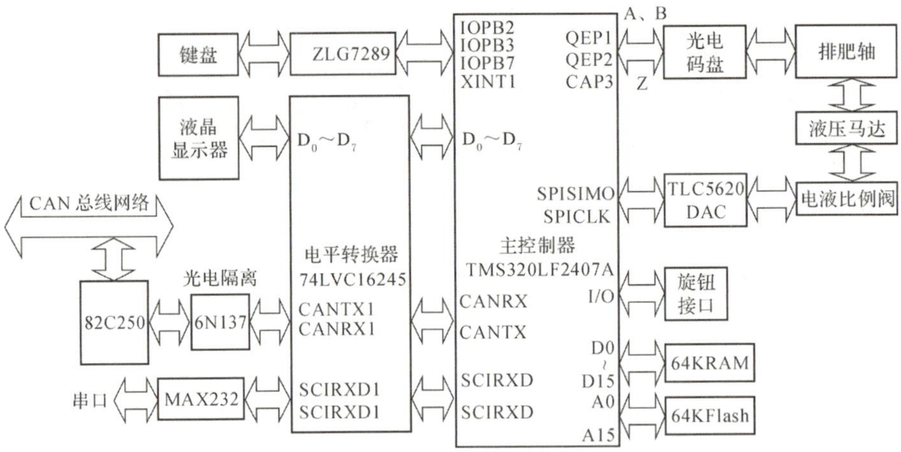

图8.34　变量施肥控制器的原理

当进行自动变量施肥时，将旋钮置于“自动”挡位，施肥量信息通过CAN总线发送给变量施肥控制器；当进行手动施肥时，将旋钮置于合适的挡位，LCD上将显示施肥量大小，可以通过按键对施肥量大小进行微调。拖拉机的速度信息通过CAN总线发送给变量施肥控制器，幅宽信息则事先保存在Flash中。这样，给定了施肥量A_r、幅宽W_i和车速V_t信息，变量施肥控制器便可以根据上述公式计算出当前肥料的瞬间流量F_r，并转换为所需的控制电压，根据反馈得到的转速信息进行PID闭环控制。当施肥量发生变化时，控制器可以实时调整控制电压的输出。

④作业导航指示模块

作业导航指示模块的主要功能是为驾驶员提供作业机械的实际位置与设定好的作业路线之间的偏差信息，通过专用的CAN通信协议，接收上位机测算出的农机相对于既定行驶路线的偏移方向和偏移量，通过面板上的发光二极管（LED）来表示农机当前偏移方向和偏移量，并在LCD屏上显示出来；以直观的方式来辅助驾驶员更好地按照预定的作业路线进行田间作业。驾驶员通过指示灯实时显示的偏移信息及时调整作业机械的方向，减少作业路线的重叠和遗漏，提高作业的效率。该模块也能够接收来自上位机的参数设定（如单个发光二极管代表的偏移量等）。

图8.35为导航指示模块硬件电路原理。电路主要由微控制器W77E58P、独立CAN总线控制器SJA1000、CAN收发器82C250、高速光电耦合器6N137、LCD和LED控制电路组成。微控制器W77E58P负责SJA1000的初始化，并且在正常工作模

式下，由微控制器控制SJA1000的收发操作来完成CAN 总线通信。为了增强模块的抗干扰能力，SJA1000的收发引脚通过高速光耦6N137后与82C250相连，实现了与总线上其他节点间的电气隔离。模块中共有17颗LED灯，其中中间的LED灯为红绿双色LED，用于指示“中点”位置，其余16个红色LED由单片机通过74LS373进行控制。

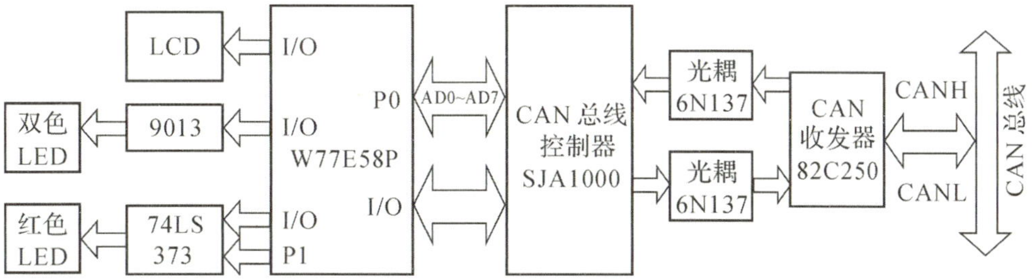

图8.35 导航指示模块硬件电路原理

图8.36为主程序流程，在通电或复位后，单片机对SJA1000控制器进行初始化，从而建立起CAN 通信；接着单片机发送一帧数据给上位机通知自身已经初始化完毕，可以开始接收数据；此时上位机可以向模块发送数据，单片机接收数据并对数据进行解析，根据预定的通信协议来控制LED灯和LCD灯。

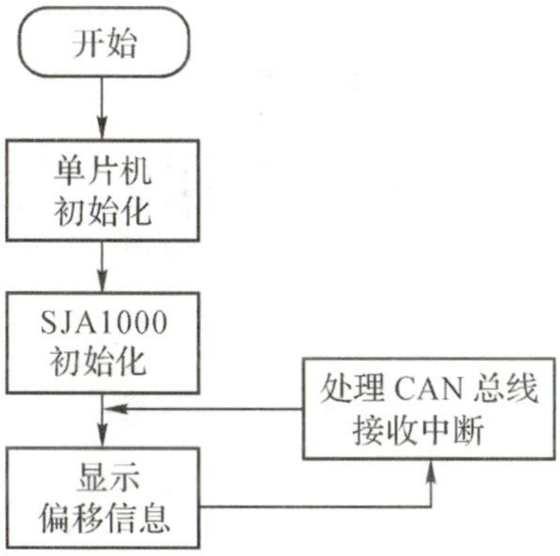

图8.36 主程序流程

⑤地速采集模块

地速采集模块可为变量作业控制系统、智能测产系统以及作业导航系统提供速度信号。作业机械行驶速度测量有多种方法，如多普勒雷达、GNSS和DGNSS等，但这些设备有的造价高，有的精度不能满足要求，且大部分没有CAN 总线接口。

轮速传感器模块实现了基于CAN 总线的低成本地速采集，其利用安装在车轮上的霍尔接近开关产生的脉冲信号来测量地速，通过专用的CAN 通信协议将采集到的地速信息实时发送给CAN 总线上的其他设备，并接收来自上位机的参数设定，其结构如图8.37所示。

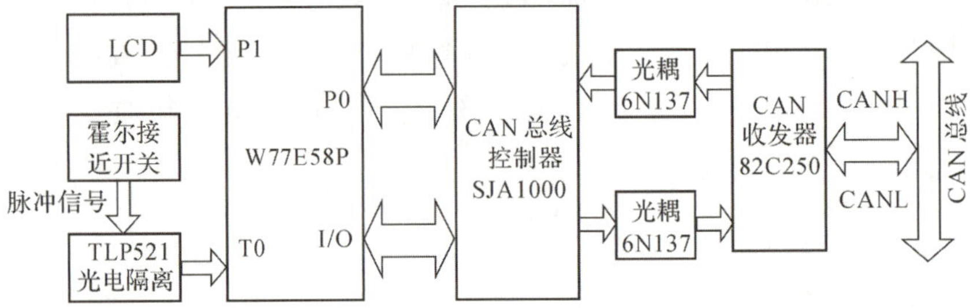

图8.37 轮速传感器模块原理

由于作业机械的工作环境比较恶劣，因此轮速采集模块采用霍尔接近开关传感器。接近开关安装在车轮附近，车轮轮毂圆周上等间距地贴着一定数量的磁钢，当车轮转动，磁钢每经过霍尔电路一次，便输出一个电压脉冲。图8.38为霍尔接近开关安装。

1.霍尔开关；2.磁钢

图8.38 霍尔接近开关安装

地速采集模块的工作原理主要是：上位机通过CAN总线向单片机发送传感器模块所需的参数，单片机根据接收到的参数完成初始化，而后开始对来自霍尔元件的脉冲进行计数，并实时地向上位机发送所采集到的速度信息。

速度采集有测量频率法和测量周期法两种。本传感器模块采用测量周期法，即在确定的采样周期T内，测量霍尔传感器输出的脉冲个数，可得出地速V。其计算公式为：

$$V=\frac{7.2\pi Rm}{TN} \tag{8.2}$$

其中，V为地速（km/h）；R为被测车轮轴心到地面的距离（m）；m为采样周期内霍尔传感器输出的脉冲数（个）；T为脉冲周期（s）；N为被测车轮上磁钢个数（个）。

(4) 基于CAN总线通信协议的变量施肥作业的实现

为了实现基于CAN总线的变量作业系统的稳定运行，制定了适合本地实际的农机变量作业通信协议。CAN报文的ID有标准帧11位ID和扩展帧29位ID两种类型。在ID里可以定义丰富的内容，如源地址、目的地址、功能码等。本协议为每个CAN节点分配唯一的ID号，上位机为1，变量控制器为2，导航指示模块为3，地速采集模块为4。接收节点可以通过接收滤波来确定要接收的消息。因为CAN总线通信每次只能发送8个字节的数据，所以本协议以8个字节为数据帧的基本单位。数据帧的内容包括起始位、语句类型、参数和结束符等。下面分别加以说明：每个数据帧的第一个字节都以$为起始标志；最后一个字节都以#为结尾标志。第二个字节为该数据帧所携带的语句类型，以ASCII码来表示，如V代表速度语句、F为施肥量语句、L为导航指示语句、？为查询语句、！为应答语句。余下的三、四、五、六、七字节为具体的参数。表8.2列出了几个典型的语句。

表8.2 典型的通信语句

1	2	3	4	5	6	7	8
$	F	G	施肥量高8位	施肥量低8位	保留	保留	#
$	V	R	转速高8位	转速低8位	保留	保留	#
$	V	S	车速高8位	车速低8位	保留	保留	#
$	L	L	导航指示灯左偏个数	每个LED灯所代表的偏移量	保留	保留	#
$	L	R	导航指示灯右偏个数	每个LED灯所代表的偏移量	保留	保留	#
$	?	保留	保留	保留	保留	发送者ID	#
$	!	保留	保留	保留	保留	发送者ID	#

作业开始时，各个模块上电复位完成自身的初始化工作，此时上位机根据ID号向各个模块发出查询信号。各模块在收到查询信号后向上位机发送应答信号，在收到所有模块的应答信号后，CAN总线通信便建立起来，各个节点将根据预先制定的通信协议协调地工作。地速采集模块采集当前作业机械的行驶速度，以固定的频率向上位机和变量施肥控制器发送地速信息。上位机读取GNSS位置信息确定当前作业机械所处的位置，根据处方图计算出当前的施肥量，并将其发送给变量施肥控制器。变量施肥控制器在收到来自上位机和地速采集模块的施肥量和地速信息后，根据施肥量公式计算出排肥轴的转速，并对排肥轴转速驱动机构进行闭环PID控制，以达到肥料稳定排出的目的。变量施肥控制器通过光电码盘采集排肥轴的转速，计算出实际的施肥量，并将其发送给上位机，由上位机保存起来用于以后的分析。在作业过程中，为了保证作业机械能按照预定的路线行走，上位机将偏差方向和偏差距离

通过CAN总线发送给导航指示模块。导航指示模块通过点亮不同数目的LED灯为驾驶员提供偏航信息，辅助驾驶员按预定的路线作业。

8.3.3 农田信息获取无线传感器网络

物联网（Internet of Things，IoT）技术的快速发展将农业业务从主观判断转向定量分析，实现智能化、精确化、多存储和以数据为中心的精细农业（Sanjeevi et al.，2020）。无线传感器网络作为物联网的主要驱动力，利用嵌入式传感器感知作物表型、地块温度、湿度、水分、土壤和pH等生产要素，作为数据源协同工作（Hwang et al.，2010）。然后，将感知信息转换为数字数据，通过无线通信方式形成多跳的自组织网络系统将采集数据传递到决策中心。因此，利用无线传感器网络设计一个高可靠、低功耗、易部署的农田信息采集系统，对规划、监控、决策、记录和管理农业生产过程具有重要意义（Feng et al.，2019）。

典型的无线传感器网络系统通常包括三部分：传感节点、管理节点和汇聚节点。传感节点负责信息的采集和发送，管理节点负责对网络的维护和网络中数据的管理，汇聚节点负责对无线传感器网络数据的对外传输。无线传感器网络布设后，各节点以自组织的形式构成网络。传感节点通过多跳网络将农业环境感知数据传递到汇聚节点。数据在汇聚节点按照要求做必要的处理后，被发送到云端或数据存储设备。对于农业无线传感器网络而言，部署区域具有地形复杂、面积广阔、密集作物遮挡等特点，为了在田间/设施中获得准确的作物数据，必须充分考虑传感器的部署方式、节点功耗、传输距离、数据传输方式等问题（Elijah et al.，2018）。基于无线传感器网络的农田信息采集系统框架如图8.39所示。

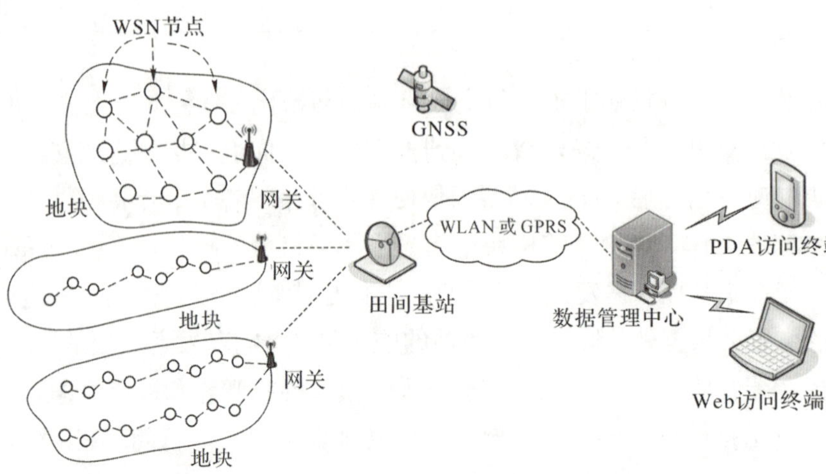

图8.39 无线传感器网络田间信息采集系统框架

下面从田间信息采集传感节点集成开发、无线传感器网络协议设计、田间信息数据远程传输角度对系统进行详细阐述。

（1）田间信息采集传感节点

传感节点是系统数据来源，它被放置在田间，利用其上搭载的传感设备感知田间环境信息，并通过运行其内部的无线通信协议，将采集到的数据通过无线射频模块发送出去。根据农业生产的实际需求，选择对空气温湿度、土壤温湿度、电导率以及地表光照强度等六种物理量进行信息采集。传感节点的硬件结构如图8.40所示。

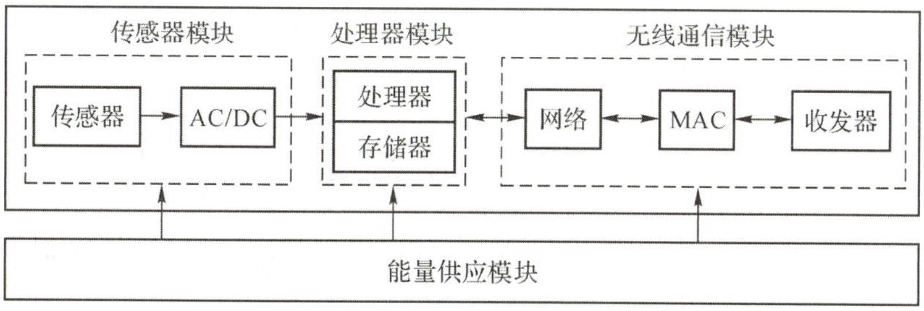

图8.40 无线传感器网络传感节点硬件结构

传感节点是无线传感器网络的重要组成部分，现有的无线传感器存在以下问题：①电源能量有限。无线传感器通常由能量有限的电池供电，由于部分节点部署环境的随机性和特殊性（如土壤传感器需部署在地下），所以不能通过更换电池或充电的方式补充能量。低功耗传感器有助于延长无线网络的监测周期，一般认为，持续工作电流小于0.5 mA的传感器为低功耗传感器。②体积有限。为了收集精确农业生产参数，无线传感器节点一般部署密度较大，较大的节点体积会对周围环境和农事操作造成较大影响。因此，物联网的感知设备通常由微型高精度传感器构成。③节点计算和存储能力有限。微型传感器节点的数据处理能力和存储容量受体积和能量影响，无法进行复杂运算，这对传感器的传输数据容量提出了要求，一般来说，数据量小的传感器更适合农业领域。④传感器工作方式多变。传感节点为了最大限度地利用电池的有限能量，通过休眠机制进行数据感知和传输，根据监测环境要求，灵活改变工作方式，在唤醒状态的短暂时间里可以迅速完成采样，然后进入休眠状态。

针对上述情况，我们基于IIC总线接口芯片TSL2561和SHT11开发完成了地表光照强度和空气温湿度的测量感知。传感器板最小面积可达2 cm^2，瞬间工作电流最大只有50 μA，适合布置在地表或安置在农作物秸秆或株茎上，大大提高了数据采集的密度和精度。

田间土壤参数测量利用美国Meter公司的ECH_2O传感器来完成的。ECH_2O传感器受温度变化、土壤盐碱度的影响较小，具有较高分辨率。更重要的是，该传感器利用2.5 V的低电压供电，还能得到0.1%的土壤水分分辨率。另外，其外部用塑胶封装，可以长时间埋在土壤中，适用于对土壤水分的长时间持续测量。

传感模块在完成状态参数采集后，还预留了5路模拟信号采集通道和8路数字信号通道，以满足更多参数的测量要求。图8.41是无线传感器网络传感节点的实物，图8.42展示了传感节点用于冬小麦田间监测的情况。

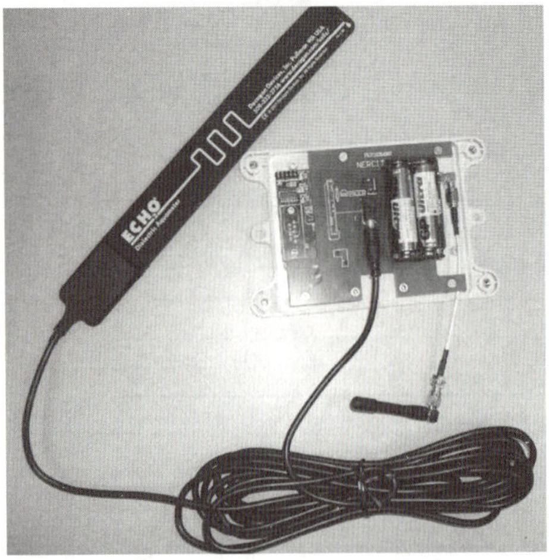

图8.41　无线传感器网络传感节点实物

图8.42　实际应用中的无线传感节点

（2）无线传感器网络节点管理

农业监测环境复杂，存在地势多样、农作物密集分布与监测周期长等一系列特点，如何在有限能量支持下提高传输可靠性，降低节点能耗，延长监测寿命是我们的研究重点。因此，我们为农业传感器网络设计了三套网络拓扑以及相应的节点通信协议栈与能耗控制模块。

节点能量一旦耗尽，就无法工作，如果通信路径上的关键节点能量耗尽，会导致部分网络甚至整个网络失效。这一问题通常有两种解决方案：一是采用太阳能供电，提供可持续能源供给；二是采用休眠机制，降低节点平均能耗。太阳能供电模块体积较大，成本较高，一般应用于对实时性要求较高的监测项目。大型节点布设在农田时对农机自动化作业有一定影响，且农田环境变化一般为连续变化，单位面积经济效益不明显，对于实时性监测要求不高。因此，采用休眠无线传感器网络对低能耗精细农业监测，降低节点平均能耗的能量管理模式更为可行。

网络通常有以下几种基于休眠机制的逻辑拓扑结构：①星形网络。星形网络汇聚节点采用可靠电源供电，如太阳能、风能或市电。利用电池供电的传感器节点完成数据采集后，将采集数据直接发送到汇聚节点，无须进行数据转发。每次采样发送可以认为是瞬时工作，能耗很低。这是一种相对简单的通信形式，节点采用有确认的通信协议以保证通信质量，缺点是成本较高，拓扑逻辑相对固定，网络覆盖范围和可靠性受中心节点影响较大，难以保证数据稳定传输。②对等网络。通过建立同步机制周期性唤醒传感器网络一条通路上的所有节点，集中采集数据。这些信号被进一步处理并通过节点形成的多跳组网传输到汇聚节点或基站。完成数据采集传输后感知节点进入休眠状态。对等网络可实现灵活的网络覆盖，拓展性强，传输可靠性高。③混合网络。当节点数量很大时（一般指超过100个节点），对等网络中节点间通信受干扰明显，特别是采用位置不敏感的通信协议时，由于需要广播发送信息，节点之间通信受干扰严重。混合网络同时结合了星形网络和对等网络的特点，将节点分群（簇），每群包含群首节点与成员节点（或仅包含群首节点），成员节点采用对等网络将感知数据发送至群首，群首节点之间构成另一对等网将数据发送到汇聚节点。因为农业数据采集任务较为稳定，将节点以时间分组，可以降低网络干扰，允许网络规模大幅扩展。

综合三种拓扑结构的特点，我们设计了面向可选网络拓扑的传感器网络节点通信协议栈，通过群控制命令选择合适的网络逻辑拓扑。群控制打开时，如果群首节点与网关节点相同，则传感器网络呈星形网络组态；如果群控制打开时群首节点与网关节点不同，则网络呈混合网络组态；如果群控制关闭，则网络呈对等网络组态。利用简单的拨码开关就可以改变传感器网络的组网拓扑逻辑，根据监测环境可灵活改变通信协议栈。各层协议相互松耦合，向下透明，能够任意组合以适应具体的需求。下面简单介绍协议栈内置各层协议。介质访问控制（media access control，MAC）子层定义了数据包在介质上的传输方式（Bandur et al.，2019），采用分群的CSMA-CA与ALOHA协议。CSMA-CA可以有效提高通信可靠性，但可能造成节点异步，其重发机制有时也会干扰其他节点通信。ALOHA协议则非常简单，对于处理器负担很低，而且节点不会受到外部影响，同步算法非常有效。尽管通信质量被大幅度降低，结合农业领域的应用，我们仍然把它作为一个可选的MAC层协议，将避免碰撞的主要工作放到网络层和应用层。

网络层对节约传感器网络能耗，保障可靠通信具有重要影响。在网络层主要采用位置不敏感的通信协议，并且为其他类型协议提供标准调用接口，实现了两类网络层通信协议，即带自环检测的洪泛协议和层次路由协议。洪泛协议位置完全不敏感，自组网性能优，缺点是对不甄别消息方向，冗余很大，也容易造成通信冲突。层次路由协议通过侦测数据包的传递方向，利用中间传感器节点协助源节点通过路由路径向目的地发送数据包，能够有效解决过度能源消耗的问题（Murat，2018）。然而，此协议对位置有一定的依赖，不适用于拓扑逻辑频繁变化的网络。当使用层次路由协议时，网络可以呈现以群为列、以层为行、以时间为高的立体矩阵拓扑结构。该网络拓扑可以分散无线通信事件，降低节点互扰丢包的概率。

网络层的一个主要功能是提供路由选择，这对于降低传感器网络能耗尤为重要。

洪泛协议是无差别转发，在发射功率相同时全部节点能耗一致。如果采用层次路由协议则各点能耗不同，根据与汇聚节点的距离和节点能量进行数据传输路径选择。然而，因为各点工作负荷不同，靠近汇聚节点的传感器节点能耗接近洪泛协议，而远离网关节点的传感器能耗很小。由图8.43可知，各个节点对传感器网络寿命都有影响，但是越靠近网关节点，其影响的权重越大。因此，一般的层次路由协议比洪泛协议引发通信冲突的概率更低，但是其网络寿命并没有提高。为此，我们在考虑负载均衡的前提下，对层次路由协议进行改进，视情况分散发送数据，达到节约关键节点能量的效果。

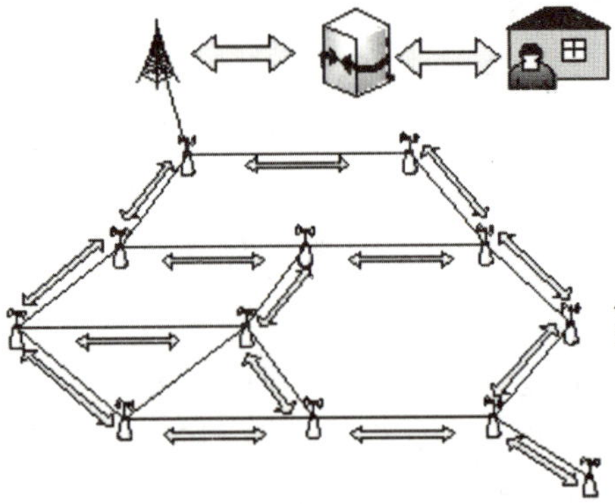

（a）洪泛协议

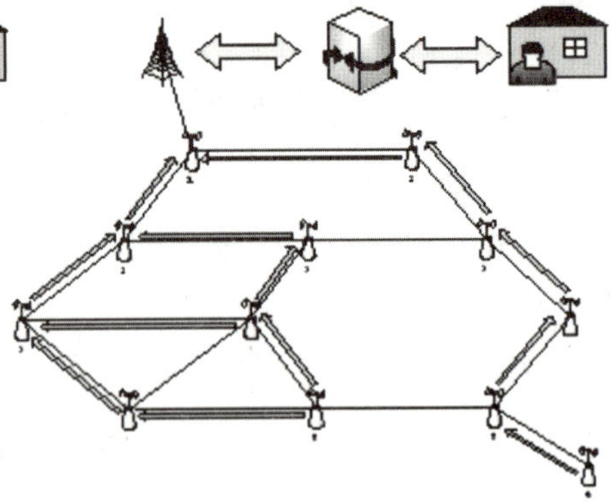

（b）层次路由协议

图8.43　洪泛协议与层次路由协议

在这种拓扑逻辑之下，节点仅接收同群节点所发送的数据包，收到数据之后，节点检查数据包梯度，如果数据包来自高梯度节点则转发数据包，否则丢弃数据包。结合应用层的时间分散机制，该改进协议大幅度降低了传感器网络的维度，使较为简单的通信协议可以用于大规模传感器网络。

传感器网络的应用层控制数据采集。根据应用层的需求建立时间同步机制，使数据发送任务集中在一个极小的时间半径内统一进行，通过控制节点占空比控制节点的休眠周期。根据电池放电特性曲线（见图8.44）与节点各部分放电电流（见图8.45），研究一种节点占空比计算方法，可以计算得到满足预期寿命的节点占空比。由于采样过程能耗极低，将采样与数据发送分离，在节点无线模块休眠期，节点可以单独唤醒计算与采样单元，进行采样。而后将采样结果存入内存，计算单元重新休眠，该操作可以认为是能耗极低的瞬间操作，多次采样后节点在一个发送周期内将数据统一打包发送。为了提高数据的可靠性，每次发送数据都包括前两次的数据包，这样即使发生丢包，在下一次数据到来之后也可以将数据补充完整。

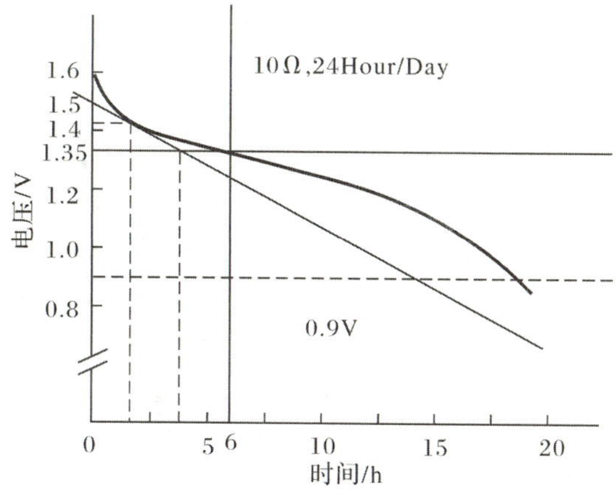

图8.44　电池放电实验

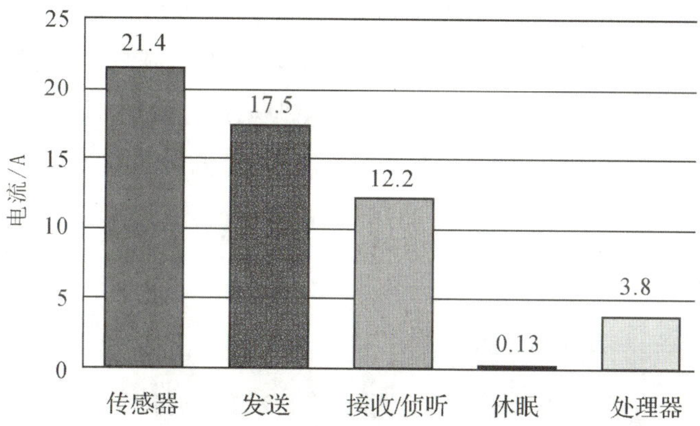

图8.45　节点工作电流

在采集农田土壤温度、湿度、光照等数据采集的实际应用中，双电池供电占空比60约可工作140天，工作180天占空比可设为90，工作一年占空比为1100。实验证明，三电池供电时因为可以利用电池储能较高的部分，大幅度提高了节点寿命，三电池供电占空比60约可工作422天，工作180天占空比可设为20，工作一年占空比为48。

如果节点较多，可以利用应用层的休眠同步机制，将各节点的数据采集任务离散到不同时间段，降低网络维度。分散任务到不同时间段的方法的另一个好处是：在节点异步时，可能无须侦听一个发送周期就可以将异步节点同步到另一个时间点的同群网络中去，通过新的通道向网关发送数据。缺点是随着时间的延长，节点时间分散机制会逐渐失效，目前措施是在节点工作较长时间后，通过单片机的watchdog将节点复位，然后重新建立拓扑逻辑，该方法同时可以对抗植物生长对通信距离的影响。

（3）田间信息数据的远程传输

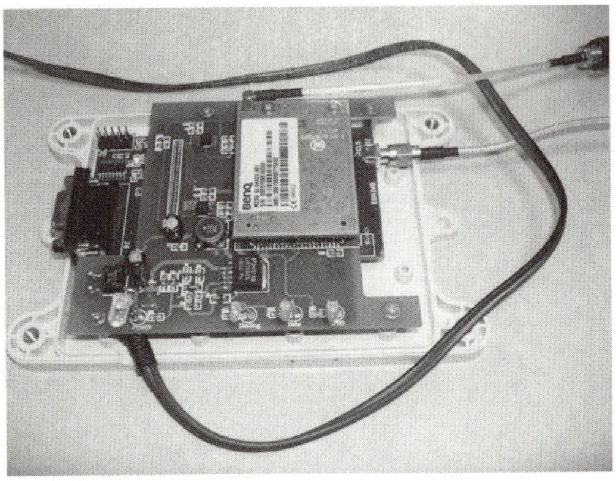

图8.46 WSN-GPRS网关

无线传感节点在田间布置好后，它们自组成网，并互相配合将不同位置传感节点的信息汇聚到田间无线传感器网络节点。不同于工业应用环境的是，田间的汇聚节点很难借助于有线方式将数据发送到Internet或远端数据管理服务器。综合考虑田间实际应用背景，设计的WSN-GPRS网关主要承担两种任务：一是收集底层网络数据，协调其他网络节点的工作，对网络进行简单的维护管理；二是作为无线传感器采集网络与GPRS传输网络的桥梁，实现两种数据包格式的转换，完成两种网络之间透明的数据传输。一方面，它将底层传感器节点的数据经过一定的融合处理发送到GPRS网络；另一方面，它将从GPRS网络上接收到的来自远端数据管理中心的指令发送给传感器网络。通过该WSN-GPRS网关，实现田间无线传感网络与远端PC机的连接，进一步借助Internet对田间信息进行随时、随地监测。图8.46为WSN-GPRS网关。

8.3.4 农机作业远程通信与监控

在精细农业硬件通信集成平台支持下，结合移动通信技术、卫星定位技术、地理信息技术和传感监测技术，设计和开发农机作业远程通信与监控系统，可以准确获取农机的实时位置、油耗等方面数据，对这些数据进行集中记录和管理，实时跟踪显示当前农机的作业情况，提供有效的作业里程、油耗等统计和分析，可对历史行走轨迹进行检索和回放，实现对农机作业的远程监控，辅助管理者进行作业调度。这将大大提高农机作业服务的效率，降低服务成本。

农业作业机械远程监控信息系统分为三部分：各种农业作业机械及安装在其上的车载终端（车台）、监控服务器和远程监控终端。农业作业机械远程监控系统结构如图8.47所示。通过安装在农田作业机械上的车台可以实时将作业位置、状态、工作参量等信息发送给监控服务器端，由监控服务器进行存储和分派；由远程监控终端对这些实时信息数据进行处理和显示，并发出相应的控制和调度指令，为用户提供基于Internet的远程农机作业实时情况监控。该系统主要由调度监控中心和车载终端组成，可对作业农机进行统一集中管理和实时监控调度指挥。

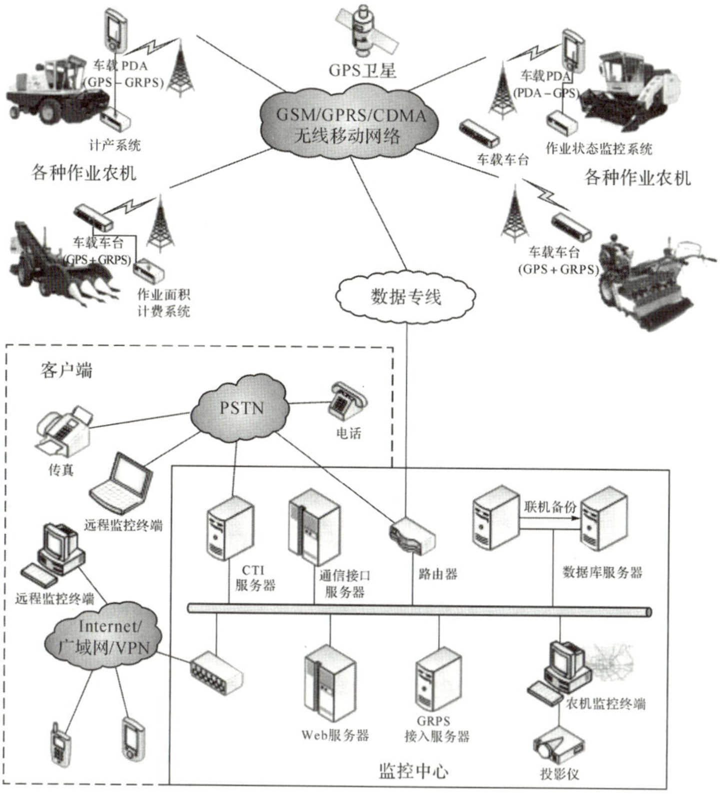

彩图

图8.47 农田作业机械远程监控系统结构

（1）监控调度中心

农机作业监控调度中心主要由服务器、监控终端、管理调度终端等组成。本部分重点是农机作业监控调度系统软件的开发，该系统通过运用组件地理信息系统技术（component object model-GIS，COM-GIS）、无线通信技术和农机作业线路优化技术等，定期采集作业区域内作业机械信息等，按照优化模型计算作业机械的优化作业路线，实时面向作业机械操作人员发布作业调度信息，实现对试验区域内农机进行监管和作业调度。

监控中心位于机房内，主要由通信服务器、数据库服务器及监控终端工作站组成。通信服务器负责接收车载终端回传的定位数据，按照某种规则派发到适当的监控终端，并负责把控制指令、调度信息等发送到车载终端。数据库服务器负责系统中各种数据的存储、查询。监控终端工作站负责把车辆的位置、状态等信息在电子地图上显示，并为用户提供一个友好的操作界面。

（2）车载终端

农机作业车载终端（车台）是集成了GNSS定位模块、无线通信模块、中心控制模块，具有实时田间作业信息采集记录和发送功能的机载终端设备。其原理如

图8.48所示。无线通信模块负责与监控中的数据交换，接收中心发送的指令，发送GNSS信息及车辆信息到监控中心。GNSS接收模块由两部分组成（GNSS天线部分和GNSS数据处理模块），接收GNSS卫星发送的卫星报文，进行计算处理，解算出当前GNSS天线所在的地理位置。中心控制模块解析中心发给终端的指令并做出相应的反应，对GNSS接收模块发送的GNSS信息以及车辆状态信息进行打包，控制通信模块。另外，此车台可与其他车载设备/模块进行通信。

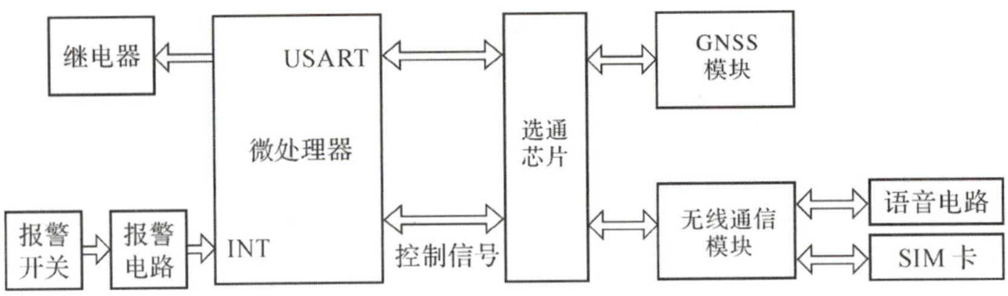

图8.48 车台原理

状态信息传感器用于实时采集作业农机的各种位置、状态、工作参量，实现对作业农机的实时监控，使用的传感器包括以下几种。

灯信号传感器：采集左转向灯、右转向灯、大灯、尾灯等信号，其中有控制正极的开关量和控制负极的开关量，进行电平转换后通过车载终端的IO端口读入。

速度传感器：通过将霍尔传感器的脉冲电平转换后接入车载终端的计数器输入端来获取速度信息。

油耗传感器：通过对油量传感器进行放大处理AD（模数转换）采样后，转换成车辆的油量信息，并处理发动机油耗等信息。

发动机转速传感器：通过将里程传感器的脉冲电平转换后接入车载终端的计数器输入端来读取里程并处理车速、加速度等。

油门位置传感器：通过对油门位置传感器进行放大处理AD采样后，最终转换成车辆的油门位置信息。

温湿度传感器：在农机驾驶室、作业机具附近安装温湿度传感器，以获取这些位置的温湿度信息。

语音电路：通过语音手柄任意接打，实现语音通话功能。

（3）远程监控终端

远程监控终端综合运用组件地理信息系统技术、无线通信技术（global system for mobile communications/GPRS，GSM/GPRS），提供对远程作业农机位置、状态等各种信息的实时监控处理，面向作业机械操作人员发布作业调度信息，实现远程农机作业监管和作业调度。其主要功能包括地图管理、地图浏览、农机跟踪控制、农机查询控制、农机作业情况统计分析、历史作业情况分析、作业田块分析等，可以自动生成作业情况统计报表，从而大大提高农机作业管理工作的效率。

（4）监控服务器端

监控服务器在逻辑上分为车台服务器、监控终端服务器、数据库服务器等部分。车台服务器主要与车台进行通信，负责接收各个车台的数据并将这些数据存储到数据库，同时可以向车台发出控制指令。监控终端服务器主要与监控终端交互，解析、响应终端的请求，做出相应的反馈，包括从存储农机位置、状态、工作参量等数据的数据库服务器中提取数据返回给终端，还可以将终端对车台的控制、响应指令提交给车台服务器。数据库服务器统一存储和管理农机的位置、状态、工作参量等数据，定期对历史数据进行备份和转储，为车台服务器和监控终端服务器提供数据支持。

（5）农机调度远程通信协议

农机车台使用GPRS模块向服务器上传农机的位置、状态、工作参量，通过GPRS网关与监控服务器连接。由于农机车台与服务器通信的数据量小、实时性要求高，因此使用面向连接、可靠的、面向字节流的TCP协议作为底层通信协议，不设计确认机制，服务器不对发送给车台的数据是否被完整正确地接收做确认，车台不对服务器下达的控制命令是否被完整接收和正确执行做确认，由底层协议保证数据的正确收发。车台使用的GPRS网络，没有可以直接被服务器访问到的IP地址。服务器无法主动访问车台，因而在服务器需要向车台发送数据或指令时，采用被动连接方式。服务器将要发送给车台的数据或指令缓存起来，由车台上传数据时主动建立连接，服务器接受连接后再向车台发送被缓存的数据或指令。同时，车台在开机时主动上传全部自有信息和参数，由服务器缓存起来，以减少服务器对车台的查询。

为保证监控服务器可以同时为成百上千的车台提供服务，设计了在通信的每条数据或指令都带有命令类型标识、车台ID标识等唯一标识，同时为尽量减小数据通信流量，设计这些命令标识和ID标识以尽量短小。为减少车台对GNSS定位数据的处理，协议中定位数据部分直接采用GNSS NEMA 0183协议中的规定，车台在获取经度、纬度、高度、地速数据后可以直接向监控服务器上传，不需要额外的转换处理。在协议的设计中，还采用了以下办法，方便数据的解析处理，提高数据上报和处理效率：在协议数据编码设置时，按GB 2312编码明码方式传送，ASCII字符一位为一个字节，汉字一位为两个字节；数据或指令的元素之间以“，”分隔，便于解析及查看；采用较短、定长的指令，便于比较；确定的数据采用定长方式，不足长的在数据前面补零；不确定的数据不采用定长方式。同时，考虑到GPRS网络和农机作业监控的特点，设计了数据采集频度和数据发送积累延迟时间。数据采集频度是位置、状态、工作参量等数据采集的时间间隔，默认值为30 s，可以由服务器请求改变，不能小于10 s。数据发送积累延迟时间是指在有数据或指令需要发送时，可以延迟发送的时间，在数据发送积累延迟时间可以积累、连接多条指令或数据一次发送。设置此时间的目的主要是积累数据，以减少不足1 KB的数据的发送次数，适应GPRS网络以1 KB为单位收取流量费用的特点。车台向服务器传送数据及服务器向车台传送数据都应遵守此延迟时间，默认值为5 min，可以由服务器请求改变。为满足获取数据的要求，此值不能大于10 min。指定时间参数后，车台与服务器之间的通信最小时间为数据采集频度和数据发送积累延迟时间之中的最大值。另外规定车台与服务器之间的最大通信时间为60 min，在60 min内车台必须主动连接到服务器。

服务器可能因意外而关闭，车台也有可能因缺失网络支持而不能上报数据，因此可能引起车台数据传输失败或无法收到响应。在这种情况下，车台应根据自身的硬件条件（处理能力和存储容量）将最近采集的位置或油耗数据保存起来，等待一段时间，重新与服务器建立连接后再发送。

（6）CAN与无线局域网通信的实现

采用系统集成的方式，选用工业化的CAN 与Ethernet转换模块，实现CAN 总线数据和EtherNet数据之间的转换，经转换后的数据再通过无线路由器传送到监控终端，实现数据在CAN 总线网络通过WLAN无线局域网和远程监控终端之间的双向数据传输。系统原理如图8.49所示。

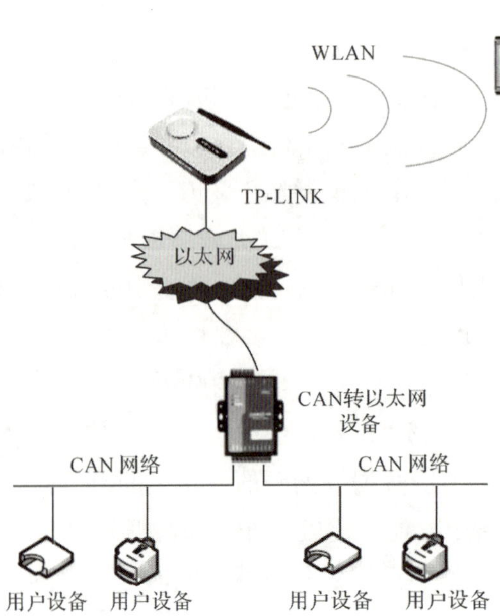

图8.49　CAN 总线和无线局域网通信系统的原理

系统所选用的工业级以太网与CAN-bus数据转换设备为广州致远电子有限公司开发的CAN ET-100 T/200 T，它内部集成了一路/两路CAN-bus 接口和一路EtherNet接口以及TCP/IP协议栈。用户利用它可以轻松完成CAN-bus网络和EtherNet网络的互联互通，进一步拓展CAN-bus网络的范围。它具有10 M/100 M自适应以太网接口，CAN口通信最高波特率为1 Mb/s，具有TCP Server、TCP Client、UDP等多种工作模式，每个CAN口可支持2个TCP连接或多达3×254个UDP连接，通过配置软件用户可以灵活地设定相关配置参数。选用的无线路由器为某公司开发的TP-LINK，型号为TL-WR340G+54M无线宽带路由器。这个无线路由器的作用仅是将监测的PC机与各个CAN 节点形成无线局域网，从而方便数据的传输。

整个系统的工作流程如下：首先，用双绞线将CAN ET设备同USBCAN 接口卡连接起来，使用网线将CAN ET设备同无线路由器连接起来；其次，用USB线将USBCAN 接口卡同PC机连接起来，将无线网卡插到PC机上；最后，给USBCAN 接口卡和CAN ET设备插上电源，在PC机上打开ZLGCAN test软件。

启动ZLGCAN test后需要选择相应的设备类型，先选CAN ET-TCP，然后选中主菜单“设备操作”中的“打开设备”菜单，弹出设备的相关参数设置对话框。因为出厂默认的设备IP 地址为192.168.0.178，工作端口为4001，所以在设备IP 地址和设备端口号中分别填入192.168.0.178 和4001。左键单击“启动CAN”按钮，如果设备连接正常，就不会有任何提示；如果连接不正常，就会提示出错。

再次启动ZLGCAN test软件，这次选择USBCAN 2，然后选中主菜单“设备操作”中的“打开设备”菜单，弹出设备的相关参数设置对话框。设置好参数后左键单击“确认”并“启动CAN”。

接下来就可以实现CAN ET同USBCAN 接收卡之间的通信了。在任一ZLGCAN test软件的主界面中，左键单击“发送”按钮，就可以在另一ZLGCAN test软件接收到刚发送的数据了。

（7）CAN与蓝牙通信的实现

采用系统集成的方式，选用工业化的CAN与RS232转换模块和RS232与蓝牙的转换模块，在实现CAN总线和RS232之间数据转换的基础上，通过RS232与蓝牙的转换，最终将由CAN发送过来的数据再传送到带有蓝牙设备的监控终端上，实现数据在CAN总线网络中通过蓝牙局域网和远程监控终端之间的双向数据传输。CAN总线和蓝牙通信系统原理如图8.50所示。

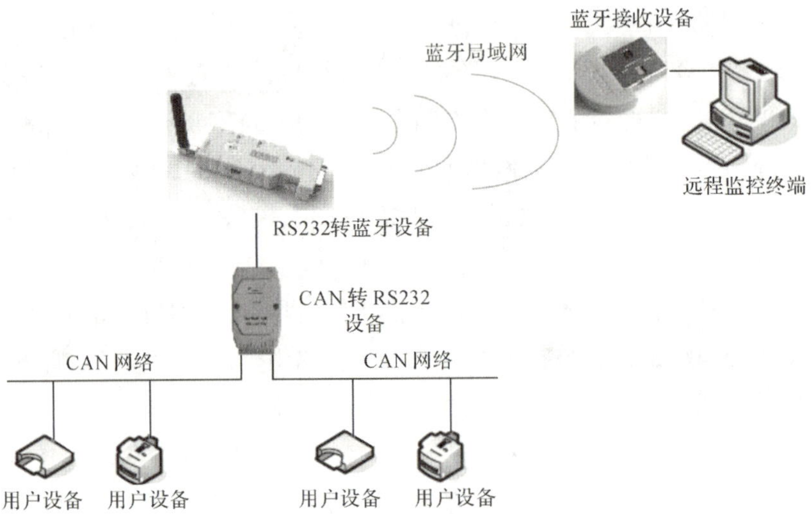

图8.50　CAN总线和蓝牙通信系统原理

系统所选用的CAN 232 MB/CAN 485 MB智能协议转换器可以快速地将RS-232/485通信设备连接到CAN-bus现场总线。转换器支持600 ～ 115200 b/s范围的RS-232/RS-485通信速率，5 Kb/s ～ 1 Mb/s范围的CAN-bus通信速率。转换器提供三种数据转换模式：透明转换、透明带标识转换、Modbus协议转换。支持Modbus RTU协议。CAN 232 MB/CAN 485 MB转换器提供PC配置软件，用户可以灵活设置CAN 232 MB/CAN 485 MB的运行参数。

系统所选用的BT5706型串口蓝牙适配器，可替代传统的RS232串口，可与任何具有标准9-PIN串行端口的设备进行无线通信，可以连接其他串口蓝牙适配器，或者连接支持蓝牙串口通信的笔记本电脑、台式电脑蓝牙适配器，掌上电脑或智能手机。支持蓝牙串口协议（serial port profile，SPP），内嵌蓝牙协议栈，提供丰富的AT命令设置，开放空间通信距离可达100 m。选用BT5601 Class1百米USB迷你蓝牙适配器作为远程监控终端的接收设备，本品是一款基于Bluetooth SIG 2.1规范设计生产的新一代远距离蓝牙适配器，需要插在台式电脑或笔记本电脑的USB接口上使用，可为台式电脑或笔记本电脑添加蓝牙通信功能。

整个系统的工作流程如下：首先，设置BT5601 Class1百米USB迷你蓝牙适配器为主机，BT576 Class1无线串口通信蓝牙适配器为从机。其次，连接适配器BT576到电脑的串口，插入蓝牙适配器BT5601到监控终端，接通电源，蓝牙搜索、配对和连接完成后，开始无线串口通信。最后，从CAN总线局域网往BT576发送数据，打开监控终端上的串口调试助手COM1口，则可以接受从CAN总线上发送来的数据；反之，监控终端上发送的数据也会被CAN总线局域网接收，实现双向数据传输。

思考题

1. 精细农业数据模型如何描述农业相关事务？精细农业数据交换格式如何在精细农业技术系统，以及新建系统之间实现数据的交换？
2. 精细农业软件集成平台如何实现农业模型、专业知识的共享？搭建精细农业集成应用系统时如何获取该平台的资源？建设C/S形式的精细农业系统能否从该平台获取支持？
3. 在精细农业软件集成平台中，企业服务总线ESB和业务流程管理工具BPM分别用于何种用途？试描述上述两类工具在构建精细农业集成应用系统时的作用。
4. 你认为田间信息采集无线传感器网络有何特殊要求？如何实现？
5. 如何基于精细农业软件、硬件通信技术集成平台构建一个规模化农场的精细农业应用？请列举出可能的集成应用系统，以及需要从集成平台获取的资源和技术支撑。

参考文献

[1] 陈燕呢，谢斌，刘柯，等，2017. 电动拖拉机CAN总线通信网络系统设计[J]. 农机化研究，39(9): 233-238.

[2] 王新忠，王熙，王少农，等，2017. 拖拉机CAN总线车载智能终端技术研究[J]. 农机化研究，39(2): 210-214.

[3] Bandur D, Jaksic B, Bandur M, et al., 2019. An analysis of energy efficiency in wireless sensor networks (WSNs) Applied in smart agriculture[J]. Computers and Electronics in Agriculture (156): 500-507.

[4] Elijah O, Rahman T A, Orikumhi I, et al., 2018. An overview of internet of things (IoT) and data analytics in agriculture: benefits and challenges[J]. IEEE Internet of Things Journal (5): 3758-3773.

[5] Feng X, Yan F, Liu X Y, 2019. Study of wireless communication technologies on internet of things for precision agriculture[J]. Wireless Personal Communications, 108(3): 1785-1802.

[6] Hwang J, Shin C, Yoe H, 2010. A wireless sensor network-based ubiquitous paprika growth management system[J]. Sensors, 10(12): 11566-11589.

[7] Murat D, 2018. A new energy efficient hierarchical routing protocol for wireless sensor networks[J]. Wireless Personal Communications (101): 269-286.

[8] Sanjeevi P, Prasanna S, Kumar B S, et al., 2020. Precision agriculture and farming using internet of things based on wireless sensor network[J]. Transactions on Emerging Telecommunications Technologies, 31(12): e3978.

第 9 章

精细农业典型应用

CHAPTER 9

精细农业是综合运用现代信息技术和智能装备技术，对农业生产进行定量决策、变量投入、定位实施的现代农业操作技术系统。精细农业充分体现了农业生产因地制宜、合理投入、科学管理的技术思想，实现了在时间维度和空间维度的农业生产的精细管理，提高农业资源的利用效率。随着近几年互联网、物联网、大数据、云计算、人工智能等新一代信息技术与农艺的深度融合，以信息感知、定量决策、智能控制、精准投入、个性化服务为特征的全新农业生产方式正在改变传统农业生产。精细农业技术体系不断得到完善，为传统农业生产提档升级有效赋能，显著提高了农业生产效率、土地产出率和资源利用率，促进了农业高质量发展。北京、广东、山东、浙江、黑龙江、四川、山西、江苏等省（市）的政府主管部门结合本地区的农业发展需求，积极推进精细农业技术在大田、设施、渔业、畜禽等生产数字化基地的应用，涌现了一批典型示范应用基地，在实践中逐步形成了各具特色的精细农业发展模式，并呈现出智能化、高效化的蓬勃发展态势，对“全面推进乡村振兴，加快农业农村现代化”具有重大意义。

9.1 大田精准生产技术集成示范

9.1.1 典型示范应用基地建设

北大荒集团具备超过400亿斤（1斤=0.5千克）的粮食综合生产能力和商品粮保障能力，粮食生产连续10年稳定在400亿斤以上，实现“十七连丰”，为保障国家粮食安全做出了重大贡献。目前，集团正以推进供给侧结构性改革为主线，实施乡村振兴战略，努力建设现代农业大基地、大企业、大产业。黑龙江农垦赵光农场地处小兴安岭西南麓，处于小兴安岭向松嫩平原过渡地带，地形多以丘陵漫岗为主。土壤类型主要有棕壤、黑土、草甸土和沼泽土4种，平均有机质含量在7.0%以上，黑土面积占总耕地面积的57.4%。平均海拔高度为240 ~ 330 m，地理坐标为东经126° 26' ～ 127° 6'，北纬47° 54' ～ 48° 12'，处于第四积温带。黑龙江农垦赵光农场区域不低于10℃有效活动积温为2200 ～ 2300 ℃，无霜期120天，年平均降雨600 mm，年平均日照2700 h。下辖9个管理区，拥有耕地面积51万亩，其中规模田25.7万亩，机动地13.7万亩，小块地6.5万亩，其他经杂作物5.1万亩。农场总动力4.6万千瓦，拥有各类动力机械322台，配套农机具1260（台）件，田间综合机械化率在99%以上。

围绕玉米、大豆、小麦等作物耕种管收全程精准作业的实际需要，黑龙江农垦赵光农场先后在智慧农机、物联网、遥感监测、无人机巡田、精准施肥、定量播种等精准农业关键技术与装备方面进行了集成应用与示范，主要包括拖拉机自动导航系统、精准播种与施肥技术装备、播种施肥量差报警装置、精准施药技术装备、农机作业信息快速采集系统、农机作业监测与指挥调度系统。通过精准农业关键技术装备的应用，提升了农场生产智能化管理水平，显著提高了农场种、肥、药资源利用率，提升了农场农机作业效率和作业质量。

9.1.2 精细农业技术典型大田应用技术

（1）变量施肥技术

变量施肥技术是根据土壤养分和作物长势的空间变异，决策生成变量施肥处方图，或基于实时传感器获取土壤和作物信息，利用农田精准变量施肥作业机械，在田间因地制宜、定位投入、变量实施，是精准农业生产中的关键步骤之一（安晓飞等，2018；陈满等，2015）。黑龙江垦区采用先拌肥、后施肥的统一施肥方式，但由于肥料颗粒密度不同，在施肥过程中肥料在肥箱中出现分层现象，所以肥料进入土壤中也出现了分层的现象。为进一步提高肥料利用率，解决肥料分层的问题，采用基于处方图的垄作玉米四要素变量施肥技术，实现玉米变量施肥作业，解决由颗粒肥密度不同而造成的肥料分层问题。

（2）试验区域与设备

选择黑龙江农垦赵光农场某地块作为应用区域，范围为东经126.72° ～ 126.75°，北纬48.02° ～ 48.04°，高程最小值为301.564 m，最大值为317.142 m，高差为15.578 m，总体地势为西南高，东北低。玉米种植模式采用110 cm大垄、垄上行距40 cm、垄间行距65 cm的栽培模式。垄上双苗带播种，施肥270 ～ 300 kg/hm^2，氮、磷、钾质量比例为1.6 : 1 : （0.5 ～ 0.8）。选用的玉米品种为德美亚1号，在试验区生长日数为105 ～ 110 d，活动积温为2100 ℃。

施肥方式选用基于处方图的四要素变量施肥和传统混合肥施肥2种方式。其中四要素变量施肥装备采用自主设计的四要素变量施肥控制系统，传统混合肥施肥采用外槽轮式施肥机。图9.1是试验区域分布。施肥深度统一为种下方5 cm处，在

33.33 hm^2地块中，6.00 hm^2采用四要素变量施肥机作业，剩余27.33 hm^2采用传统施肥机作业，其余田间管理作业方式完全一致。

四要素变量施肥装备采用电液比例控制技术分别控制4路排肥轴的转速（安晓飞等，2017），既可以按照用户设定量同步变量施用，也可以按照施肥处方图作业。四要素变量施肥机控制系统总体结构，如图9.2所示。系统由车载终端、电控部分、液压部分和机械传动共4部分组成。根据用户设置的目标施肥量，实时计算液压马达目标转速，并同步向肥料控制器发送转速指令。控制器通过光电编码器反馈的马达转速信号，调节比例阀的开度，一次完成氮肥、磷肥、钾肥和微肥4种单质肥的同步变量施用。

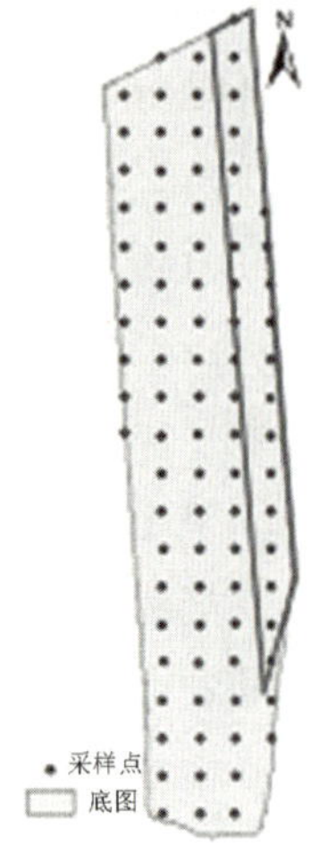

图9.1 试验区域分布

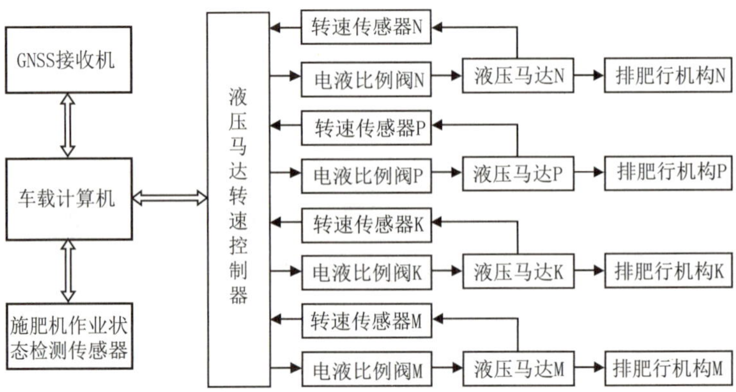

图9.2 四要素变量施肥控制系统总体结构

四要素变量施肥装备总体组成，如图9.3所示。四要素变量施肥机工作电压为12 V，工作幅宽为6.6 m，垄作行宽1.1 m，垄行整倍数；氮肥、磷肥、钾肥、微肥肥箱容积分别为643 L、425 L、326 L和210 L，基本按照垦区肥料推荐比例设置。系统通过三点悬挂方式与拖拉机连接，配套功率为119 ～ 140 kW，作业速度可以达到6 ～ 15 km/h，生产效率可以达到3.9 ～ 9.9 hm^2/h。液压马达与排肥轴间通过链条传动，采用电液比例阀组控制液压马达转速，以控制排肥槽轮转速实现变量施肥。

（3）施肥处方图的生成

四要素变量施肥机控制系统的核心在于基于处方图的变量施肥算法。根据农业农村部测土配方施肥管理中的养分平衡法，对黑龙江农垦赵光农场500亩地块进行了采样、化验和处方图生成。按照网格取样法（60 m × 60 m）共取土壤样品87个，同时用GPS进行定位。土壤经风干后，研究者分别测定了土壤有机质、全氮、碱解

图9.3 四要素变量施肥装备总体组成

氮、硝态氮、铵态氮、有效磷、速效钾含量，在获得了土壤供肥水平的基础上，获得玉米合理养分用量，分别获得氮、磷、钾的预期施用量，进而生成变量施肥处方图（见图9.4）。由于该地块并不缺少微肥，因此没有生成微肥处方图。肥料需要量计算公式为：

$$W = \frac{(U - N_s)R}{C}$$

式中，W为肥料需要量（kg/hm^2）；U为一季作物需要吸收的总养分（kg）；N_s为土壤供肥量（kg）；C为肥料养分质量分数（%）；R为肥料当季利用率（%）。

每生产100 kg玉米需要吸收纯氮（N）2.85 kg、磷（P_2O_5）0.7 kg、钾（K_2O）2.2 kg，按目标产量12000 kg/hm^2计算，每公顷地耕作层所能提供的土壤速效养分系数按照0.15换算，有效养分修正系数分别为0.65、0.50和0.80。肥料中有效成分质量分数分别为40%、30%和60%，N、P、K需肥量计算公式为：

$$N = \frac{8 \times 2.85 - y_N \times 0.15 \times 0.65}{0.4}$$

式中，N为氮肥供应量（kg）；y_N为土壤中碱解氮含量（mg/kg）。

$$P = \frac{8 \times 0.7 - y_p \times 0.15 \times 0.50}{0.3}$$

式中：P为磷肥供应量（kg）；y_P为土壤中有效磷含量（mg/kg）。

$$K = \frac{8 \times 2.2 - y_k \times 0.15 \times 0.80}{0.6}$$

式中：K为钾肥供应量（kg）；y_K为土壤中有效钾含量（mg/kg）。

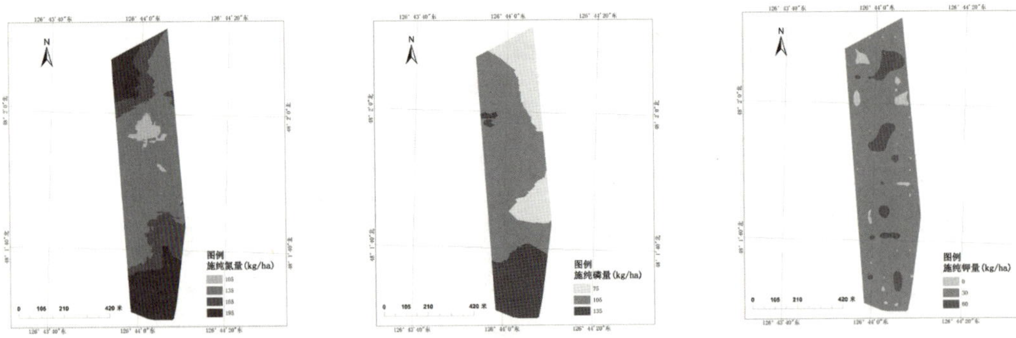

（a）氮肥处方图　　（b）磷肥处方图　　（c）钾肥处方图

图9.4　变量施肥处方图

彩图

（4）四要素变量施肥机性能评价

基于处方图的变量施肥控制系统由轮速检测模块、机载控制终端、变量施肥控制器、电液比例液压系统、排肥执行机构等部分组成。每一个环节的误差都会影响整个系统的精度，在黑龙江农垦赵光农场进行了四要素变量施肥机田间标定和验证试验（见图9.5）。氮肥、磷肥、钾肥分别使用尿素、磷酸二铵和氯化钾，由于试验地块不缺少微肥，因此，试验中微肥肥箱也加满尿素代替微肥进行测试。试验结果如表9.1所示，结果表明，在排肥轮转速为10 r/min、30 r/min、50 r/min条件下，氮肥、磷肥、钾肥和微肥排肥最大误差分别为3.00%、2.86%、2.20%和−2.00%。四要素变量施肥机整体误差小于3.00%，变异系数小于5.00%。

图9.5　四要素变量施肥机田间作业

表9.1　四要素变量施肥机各路排肥数据

序号	肥料	排肥轮转速/（r·min^{-1}）	实际排肥量/kg	系统排肥量/kg	误差/%	变异系数
1	N	10	1.00	0.97	3.00	0.03
2	P	10	1.40	1.39	0.71	0.05
3	K	10	5.00	4.71	1.80	0.05
4	N	10	1.00	0.98	2.00	0.04
5	N	30	1.00	1.00	0.00	0.04
6	P	30	1.40	1.36	2.86	0.04

续表

序号	肥料	排肥轮转速/（r·min⁻¹）	实际排肥量/kg	系统排肥量/kg	误差/%	变异系数
7	K	30	3.60	3.54	1.67	0.03
8	N	30	1.00	1.02	–2.00	0.04
9	N	50	1.00	1.00	0.00	0.04
10	P	50	1.40	1.34	1.43	0.04
11	K	50	5.00	4.89	2.20	0.04
12	N	50	1.00	1.02	–2.00	0.03

施肥作业完成后，对采集的施肥作业数据进行计算分析，对三种化肥的目标施肥量和实际施肥量进行对比，并生成施肥量差值分布图，如图9.6所示。试验数据表明，氮肥（尿素）施用的平均相对误差为9.32%，磷肥（磷酸二铵）施用的平均相对误差为7.89%，钾肥（氯化钾）施用的平均相对误差为10.90%，变量施肥控制系统能够满足田间实际作业的施肥控制要求。

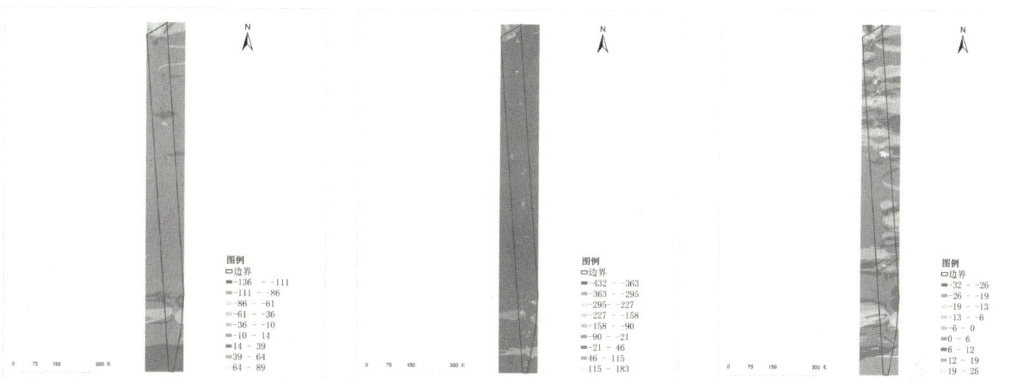

（a）氮肥施肥量差值分布　（b）磷肥施肥量差值分布　（c）钾肥施肥量差值分布

图9.6　变量施肥量差值分布

彩图

（5）应用效果与效益

①四要素变量施肥作业对玉米生长指标的影响

从表9.2可以看出，变量施肥与常规施肥相比，玉米的株高、叶面积、叶干质量、株干质量、地上生物量以及SPAD值的F检验值分别为0.04、5.04、0.15、1.21、0.88、4.34，均小于临界值，在0.05水平下，均无显著性差异，但是明显降低了田块中玉米株高、叶干质量、地上生物量以及SPAD值的空间差异性。变量施肥技术对玉米的生长指标虽然没有数值的显著变化，但是降低了玉米生长空间的变异性。

表9.2 采样样本数据统计

模式	株高/cm	总叶面积/(m^2·hm^{-2})	叶干质量/(kg·hm^{-2})	株干质量/(kg·hm^{-2})	地上生物量/(kg·hm^{-2})	SPAD值
变量	230 ± 5.6	43854 ± 416	2732 ± 99	8788 ± 190	11520 ± 259	54 ± 0.97
常规	231 ± 6.1	45207 ± 957	2698 ± 114	8526 ± 367	11224 ± 481	56 ± 1.35

②四要素变量施肥作业对玉米产量的影响

在玉米成熟期间进行采样测产，每个样点2株玉米，折合成玉米的产量。根据当年肥料价格获得变量施肥效果数据，氮肥（尿素）按零售1800元/t，磷肥（磷酸二胺）按4300元/t，钾肥（氯化钾）按3300元/t，玉米按1.00元/kg计算，结果如表9.3所示。在变量施肥作业中，氮肥和磷肥用量减少，分别减少30.88%和13.79%；钾肥由原来的79 kg/hm^2增加到108 kg/hm^2，增加36.71%。尽管该地块钾肥含量较低，增加了钾肥的施用量，但整体上肥料的投入成本减少160元/hm^2，产量增加217 kg/hm^2，收入增加508元/hm^2。从经济角度分析，采用变量施肥技术实现了氮肥、磷肥用量的显著降低，尤其是氮肥的使用量，可以降低30%以上；从产投比上来对比分析，虽然只有1.81%的增产，但这是在氮肥、磷肥用量都减少的前提下获得的，收入增加508元/hm^2，效果明显。

表9.3 变量施肥效果与效益

模式	面积/hm^2	每公顷施肥量/(kg·hm^{-2})			成本/(元·hm^{-2})	产量/(kg·hm^{-2})	收益/(元·hm^{-2})
		氮肥	磷肥	钾肥			
变量	6	150	200	108	1489	12200	18032
常规	31	217	232	79	1649	11983	17524

四要素变量施肥控制系统可实现氮肥、磷肥、钾肥和微肥4种单质肥同步变量施用。田间试验结果表明，各路施肥管误差均小于3.0%，变异系数均小于5.0%；采用基于处方图的垄作玉米四要素变量施肥技术装备可显著降低氮肥料使用量，肥料的投入成本减少160元/hm^2，解决了肥料分层问题，并实现增产1.81%，收入增加508元/hm^2，完全满足生产的实际需要。

9.1.3 空天地一体化农田精细管理技术与系统

（1）空天地一体化系统架构及关键技术

空天地一体化的农田信息获取与管控系统基于大数据、物联网、人工智能、遥感、GIS等技术，利用自主研发的三维数字地球基础平台，承载农业资源数据、融合农业生产数据、集成遥感大数据，形成农业数字底盘，并建立覆盖时空数据汇聚、融合管理、挖掘分析、共享服务全流程的时空云平台。平台融合空天地一体化感知技术，利用卫星遥感、无人机遥感、地面物联网等手段，对地区种植结构进行分析，形成时空连续的农作物专题地块数据集，动态监测重要农作物的种植类型、种植面积、土壤墒情、作物长势、灾情虫情，及时发布预警信息，达到农作物现代化、智能化、高效化调控管理。空天地一体化的关键技术主要有以下4种。

①遥感数据采集分析技术

该技术主要利用Landsat8卫星影像、高分卫星影像、环境1号卫星影像、商业高分辨率卫星（如WorldView3等）及地面监测站实测数据，提供农作物种植面积调查、土地资源调查、面积测量、估产、农业灾害监测、生态环境监测、生长长势监测等功能，其应用了高时空分辨率的大覆盖面积多光谱传感器、高空间–高光谱传感器。根据卫星数据的精度、地面监测面积的大小、更新频率等选择合适的遥感数据。

②无人机遥感监测技术

无人机在农情监测方面具有明显优势，不仅能够快速、精确地完成高分辨率的图像采集、分析，而且能够实现大范围覆盖，同时完成多任务监测，降低成本，具有很强的灵活性。使用无人机作为新型遥感和测绘平台，实现对大面积农作物的航拍作业，通过图像采集获取土地土壤信息及农作物环境空气信息。此外，还可以结合农作物光谱、色彩及纹理特征对图像进行分析，得出作物的灾害分布情况和受灾面积，以便种植者能够及时了解作物的受灾情况，采取相应的防灾调整措施（见图9.7）。

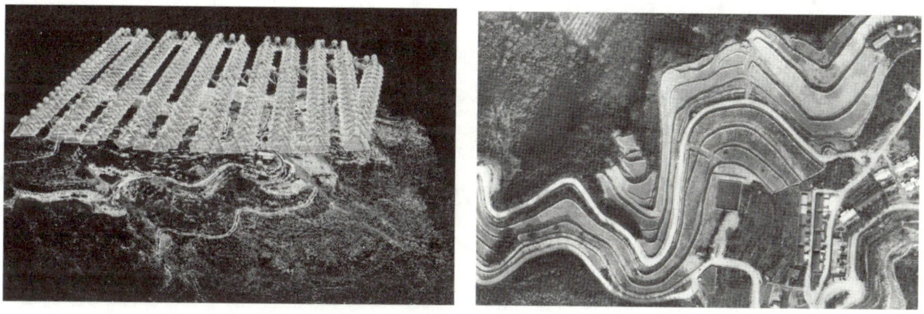

图9.7　无人机高分辨率图像和点云采集

通过无人机搭载多光谱和高光谱传感器，配备NDVI成像功能，用户可在NDVI分析和实时RGB影像之间进行切换，实现对生长发育状况（如生育期、生长状况、叶面积指数、干物质积累、氮含量、氮积累量、叶绿素含量等）、害虫（如瓢虫、潜叶蛾、蚜虫等）、周边生物环境（如杂草植物、面积等）数据的采集，进而监测农作物的生长情况，进行病虫害的分析。

③农田“四情”监测技术

农田“四情”监测技术是指利用物联网技术，动态监测大田的墒情、苗情、病虫情及灾情的监测预警系统。结合系统预警模型，对农作物实时远程监测与诊断，并获得智能化、自动化的解决方案，实现生长动态监测和人工远程精准管理，保证农作物在最适宜的环境条件下生长。

④农业三维数字地球引擎技术

三维数字地球渲染引擎集成或接入基础地理、地理国情普查、遥感、土地、地质、矿产资源、地质环境、不动产、规划、管理等GIS系统所属信息资源，并共享交换农业物联网监测空间基础信息，形成内容全面、更新及时、权威准确的农业时空基础数据资源体系。

农业数据三维GIS基础平台建设内容包括三维数字地球引擎构建和空天地一体化感知获取GIS基础数据。空天地一体化感知数据分为卫星遥感影像数据、无人机遥感数据、倾斜摄影、三维数据、矢量数据、栅格数据、农业资源等各类地理要素原始数据。

（2）金银花标准化种植典型应用

针对山东省临沂市平邑县金银花标准化种植示范区，建设数字化、网络化和智能化的物联网智能管控系统，优化配置农业资源要素，提高农业生产效率，以打造农业生产精准化、自动化、智能化、标准化的金银花种植示范基地。

金银花智慧农业平台主要运用空天地一体化关键技术，可有效助力农业信息技术标准化、规范化，基于融合感知技术，实现分散、多源、异构的农业地理空间数据的规范管理、存储、展示、应用与共享；立足服务山区金银花种植生产，逐步构建农业基础数据资源体系；构建市、县、产业园三级空天地一体化全域地理信息系统，实现全域农业生产数字化和可视化，构建以信息技术为支撑，根据空间变异，定位、定时、定量地实施一整套现代化农事操作与管理的精准农业系统。

①金银花基地数据融合感知

第一，种植面积监测与作物类型监测。由于不同农作物在遥感影像上的特征信息存在一定的差异性，因此通过借助多传感器以及多空间分辨率的方式，不仅可以有效识别农作物种类，还能够统计不同类型农作物的种植面积（见图9.8）。

第二，土壤墒情监测。以耕地土壤含水量和作物水分盈缺为监测目标，结合地面测量数据，建立主要作物不同物候期的土壤墒情评价指标体系和监测模型，通过对监测流程的集成，完成墒情监测的高效业务化。

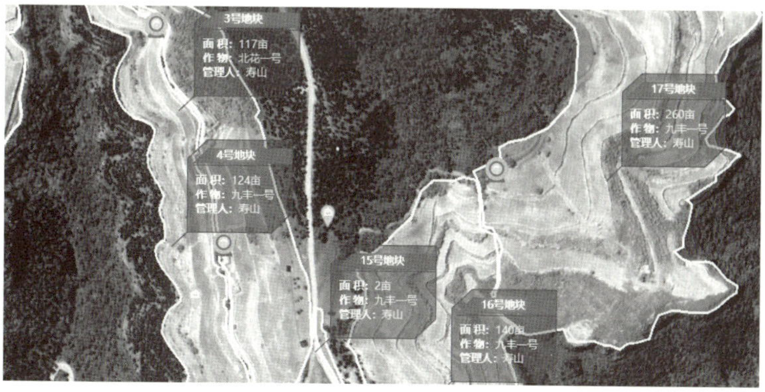

图9.8　金银花种植面积

第三，金银花长势与病虫害监测。一方面，农作物在生长过程中如果受到病虫害的侵袭，其叶片颜色、物理结构以及光合作用等特性均会发生一定的改变，对于植物自身的光谱曲线也会产生比较大的影响，可通过农业遥感卫星对农作物进行光谱测定，探测早期的病虫害，合理评估病虫害危害等级，为后续防治策略提供数据支撑。另一方面，利用无人机低空遥感技术，借助无人机航拍图片，结合人工智能图像识别技术以及作物病虫害识别模型，可自动识别作物病虫害，并提供相关配药方案。

第四，金银花产量监测。通过深度融合人工智能图像识别技术，并借助无人机的高空视角、航拍图片，可任意观测地块实况，掌握作物不同时期长势并分析具体详情，掌握作物成熟节点，同时可以快速预测产量及农作物成熟度。

第五，无人机巡田。山区金银花种植需要下田检查金银花或作物的状况，而平台无人机按规划路线模拟勘察较广泛的区域，巡检过程中使用虚实结合的技术使传感器数据同步显示，可以更快、更直观地发现问题。因此可利用无人机发现问题后再亲自下田确认，这样效率比以往有极大的提升（见图9.9）。

图9.9　无人机巡田

②农田监视系统

监视信号传输系统主要由电源信号的传输、视频信号的传输和控制信号的传输线路三部分组成。本项目建设中，根据施工现场的实际情况，使用有线传输的方案来建设信号传输系统，实现金银花种植区域7×24小时全方位实时监控。

③水肥一体化系统

主要使用水肥一体机进行智能施肥灌溉。通过一台机器，可轻松实现掌控全局——所有的系统安装和操作部件一体化包装，集过滤器、内置储肥罐、灌溉泵、配肥机、电导率（electric conductivity，EC）pH监控、小型气象站、物联网等于一体，结构紧凑，集成度高，使用方便。

水肥一体机运用在金银花种植中可以使金银花整个生长流程运行于经济节能状态，实现金银花种植的无人值守自动化运行，降低运行成本，可以为植物提供一个理想的生长环境，并能起到减轻人的劳动强度、提高设备利用率、改善土壤环境、减少病虫害、增加作物产量等作用，实现集约化、网络化远程管理。主要体现在以下几个方面：

第一，水、肥用量精确计量。根据土壤湿度、作物种类、不同生育期的需肥量进行差异化配置，实现水肥的自动调节，EC/pH监测系统对灌区情况实时监测，并进行精确配比，实现均衡施肥。

第二，采用时序控制的方式即可较准确地控制施肥量。施肥量与施肥时间成正比，通过控制时间来控制施肥量，将肥液均匀准确地输入作物根部土壤，执行精确的灌溉施肥。

第三，节水节肥。从传统的“浇土壤”改为“浇作物”，减少水分的下渗和蒸发，提高水分利用率。施肥均匀、少量多次和及时供应，减少肥料挥发、流失以及养分过剩造成的损失。

第四，智能控制，实时监测。水流量、肥液流量实时监测，可在线远程监测，自主设定灌溉时间、施肥时间、喷药时间、开关机时间和灌溉时段。

④时空大数据可视化

在技术模式上，引入时空模式、地图模式和多维模式等多种方法对海量数据进行可视化展现。实现为本项目的决策提供数据支撑。针对金银花种植区域矢量数据，采用地图直观可视化，并提供面积测算、作物分类与产量估算展示（见图9.10）。

（3）浙江南浔果蔬数字化种植典型应用

湖州南浔红美人AI园区内，建设适合园区实际应用需求的高标准农业数字化基地平台，依托部署在农业生产现场的各种传感设备，采集环境温湿度和通过通信网络实现温室生产环境的智能感知、智能预警、智能决策、智能分析、专家在线指导，为农业生产提供精准化种植、可视化管理和智能化决策。

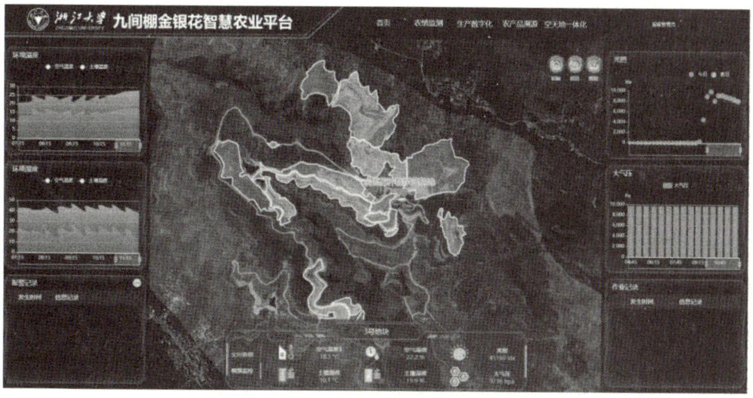

图 9.10 基地时空大数据可视化界面

应用多元信息采集技术、大数据技术、人工智能技术、智能分析和控制技术，结合农业生产技术信息，构建基于空天地一体化的综合管理系统，改变传统的信息采集模式，达到柑橘种植信息的多参数实时监测与控制，最终实现农业生产的智能化和科学化管理，实现分散、多源、异构的农业地理空间数据的规范管理、存储、展示、应用与共享。其特色体现在以下几个方面。

①空天地一体化平台构建

为实现大田果蔬的低成本、大面积全区域性数字化，应用了空天地一体化信息观测网络，充分应用了卫星遥感、无人机遥感、地面定点测量等手段，建成了南浔区果蔬种植区域内植被指数、作物长势、养分、生理等大尺度信息监测平台，实现了全区果蔬种植的大尺度长势与营养评价。对全区果蔬精细化管理具有重要意义，为农药、化肥双减提供科学依据，可有效降低产业数字化成本，节约资源，提高农民收入。

②病虫害防治方面

果蔬病虫害的在线监测诊断是快速有效防治病虫害蔓延、保障农户收益的重要支撑手段。为应对果蔬病虫害在线监测与防治，系统针对性地开发了面向红美人和蔬菜的病虫害实时监测设备，实现在线的病虫害检测。

为防治常见易发的红蜘蛛（红蜘蛛个体微小，识别困难，危害性大）等虫害，使用显微成像装置自动追踪果树叶面，并通过显微成像模式获取叶片显微成像数据（见图9.11），自动识别害虫，可以对蛀干虫、甲壳虫、红蜘蛛、白粉虱、蚜虫等十几种常见虫害进行分析，从而防止病虫害的大规模发生，保障农户经济效益。

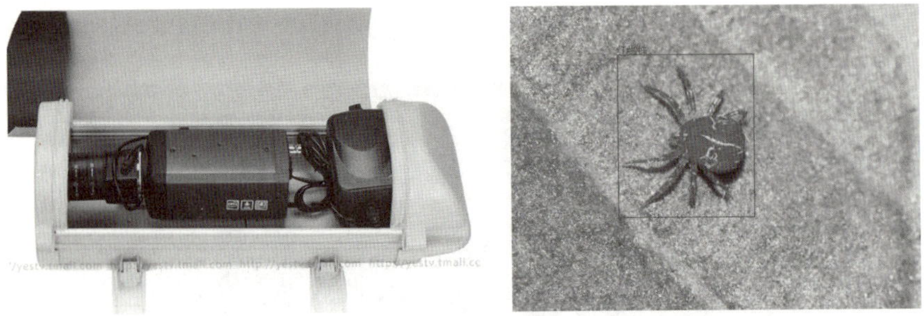

图9.11 虫害智能识别界面

光谱数据反映了植物内部的物理结构和化学成分，利用高光谱成像技术采集农作物的高光谱图像（见图9.12），可得到多组样本数据，结合人工神经网络，建立多种变量指数模型，用以检测柑橘等农作物表面的农药残留；基于人工神经网络、多元线性回归等方法，利用高光谱图像采集系统获取染病和健康农作物叶片的高光谱图像进行对比，进行病害监测，基本涵盖霜霉病、灰霉病、炭疽病、软腐病、细菌性青枯病等几十种常见病害，从而可以早期诊断和提前预警。

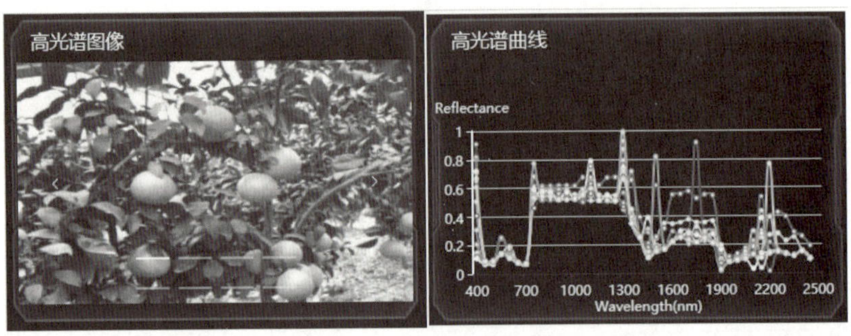

图9.12 高光谱曲线

使用基于灯光与激素诱捕的虫情监测物联网设备，通过灯光或性激素诱捕获取果蔬田间害虫，并实时对害虫开展基于人工智能模式的识别分析，实时准确分析出当前田块的虫情类型及数量、变化趋势等虫情预警报告（见图9.13）和提供预警功能，指导田间虫害的针对性科学防治，有效避免滥用农药，保障食品安全和经济收益。

③智能化温室设施自动控制

控制系统能够实现环境因子的监控与数据储存、显示与管理功能；能够根据用户级别与控制分区进行系统参数设置、显示、数据下载等功能管理；每个单间或分区能够独立进行环境因子的控制，用电设备应具有自动和手动两种控制模式，且现场设置触摸屏进行环境参数显示与设置。同时，控制系统应具有输入、输出分级密码安全管理功能，环境因子指标异常与系统、设备非正常运行报警功能，大风、大雨等恶劣天气下的自我防护功能，并且遇停电、关机，再次开机都能延续原来的工作状态。

图9.13 病虫害概况

（4）水稻信息多尺度监测典型应用

农田多尺度信息获取系统可以实时获取地表地形、植被光谱和结构参数等遥感信息，依据相关评价和诊断模型，制作病虫害分布图、作业处方图、产量分布图等，结合地理信息系统和专家知识决策系统，进行灾难预警和产量预估，提高农业抗风险能力，为农业生产提供科学有效的技术性指导。基于近端高光谱和无人机遥感等技术，我们在田间开展了多尺度作物信息获取，从时间与空间两个维度对监测数据进行收集，实现了对作物叶片、个体及群体长势的动态监测。监控体系主要包括基于近端高光谱技术的叶片生化参数监测、基于无人机和卫星遥感的冠层结构参数和产量综合性状监测，为大田环境和作物生长的精细管理、调控、规划等提供了数据支撑。农田多尺度信息采集体系框架，如图9.14所示。

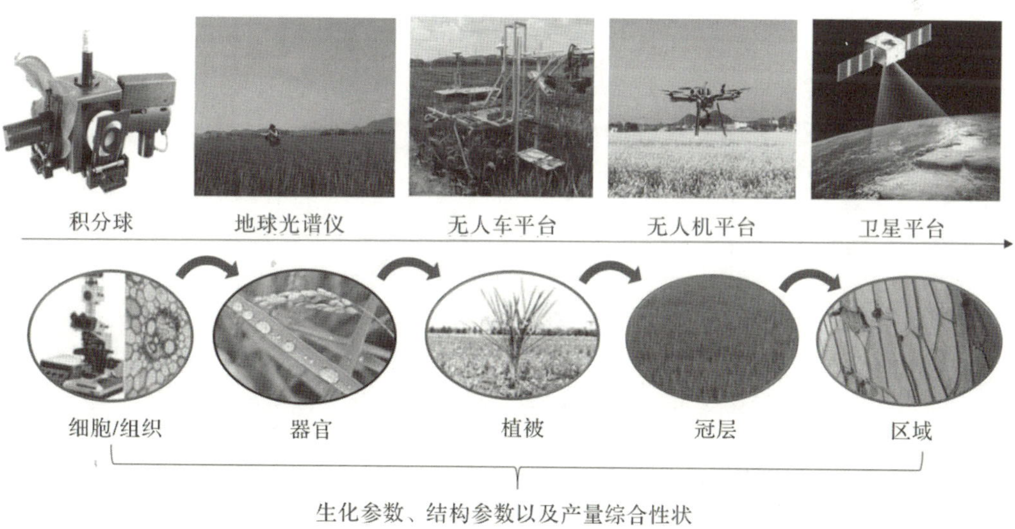

图9.14 农田多尺度信息采集体系框架

①近端高光谱监测技术

近年来，高光谱技术在理论上、技术上和应用上均取得了一定的突破。通过搭载在不同空间平台上的高光谱传感器，在电磁波谱的紫外光、可见光、近红外光和中红外光区域，以数十至数百个连续且细分的光谱波段对目标区域进行监测，从而获得丰富光谱信息。与多光谱技术相比，高光谱技术在光谱信息丰富程度方面有了极大的提高。因而，高光谱技术所具有的影响及发展潜力，是以往技术的各个发展阶段所不可比拟的，已被广泛应用于农田多尺度数据信息采集。高光谱传感器可以搭载在不同的田间平台，获取丰富的光谱信息，从而反映作物的生长变化以及土壤的营养状况，因此被广泛应用于农田多尺度数据信息的监测。目前，高光谱技术主要应用于收集400～2500 nm范围的光谱信息，包括可见光、近红外光和短波红外光区域，如图9.15所示。每个光谱区间都有自己的特性，可以反映不同的生理结构变化。可见光谱主要与作物的色素含量有关，如叶绿素和类胡萝卜素含量，近红外光谱与作物的结构和水分含量有关，而短波红外光谱主要反映了作物的水分含量、干物质含量以及蛋白质含量等。叶片生化参数（如叶绿素含量、类胡萝卜素含量、水分含量和干物质含量）是表征植物光合作用、生长状况、养分循环和初级生产力的重要指标。高光谱技术通过测量作物叶片和冠层的光谱信息可以实现作物叶片到冠层的生化参数监测。

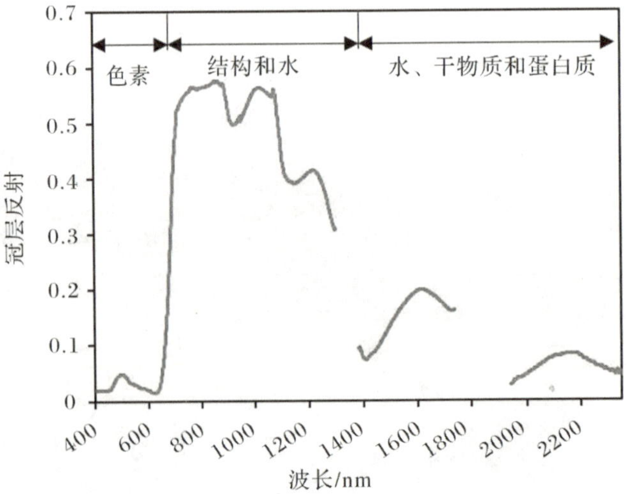

图9.15 典型作物冠层反射光谱以及对应的生化结构参数

目前，虽然光谱技术已被广泛应用于叶片生化参数评估，但是因植物叶片结构复杂，且受植物物种、生育期和生长环境的影响，因此现有高光谱数据解析方法数据依赖性强、鲁棒性低，难以用于不同生长时期和作物品种的叶片生化参数解析。

进一步的研究需要针对叶片生化参数光谱响应机理复杂、解析难度大等问题，突破叶片生化参数的反射光谱解析技术，设计用于近端作物叶片生化参数评估的新型数据分析方法。

②无人机遥感监测技术

研究者使用无人机多光谱相机采集作物不同时期的影像，结合无人机多光谱图像（604 ～ 872 nm）与PROSAIL模型成功地反演了水稻叶片的叶绿素含量、叶面积指数和冠层叶绿素含量。进一步，基于PROSAIL反演的这些参数成功地评估了水稻生物量，其超越了传统的经验模型方法。无人机遥感技术已被广泛应用于作物生长监测以及产量评估，利用从RGB和多光谱图像中提取的植被指数、株高以及冠层覆盖度评估了水稻的生长变化，并分析了田间测量参数、冠层光谱和结构信息在水稻不同生长时期的联系和差异（Wan et al.，2020）。与田间测量的叶绿素含量和生物量相比，无人机图像信息能够很好地反映水稻的生长。株高和冠层覆盖度主要与水稻的营养生长变化有关，无法反映其生殖生长的变化。利用不同时期的图像信息去预测水稻产量会产生不同的预测精度，抽穗初期是最适合预测水稻产量的生长阶段，并且融合无人机多时空光谱和结构信息能够改善水稻产量的预测精度，如图9.16所示。

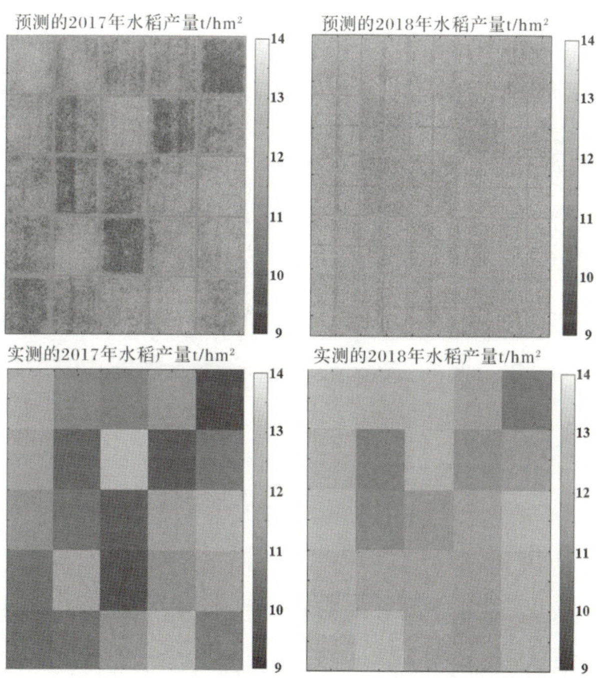

彩图

图9.16　基于无人机可见/近红外图谱的水稻产量评估结果

③卫星遥感监测技术

卫星遥感可以大范围获取农情信息，其与作物产量有良好的线性或非线性的关系，因此能够准确评估作物产量。卫星遥感基于各种卫星平台，通过搭载不同传感器可以获取多种数据信息，如图9.17所示。卫星平台最常用的是光谱传感器，其可以获取不同范围的光谱信息，根据近端光谱响应机理可以设计不同的分析方法用于农田信息获取。卫星平台通过搭载合成孔径雷达和激光雷达可以获取农田的三维结构信息，进一步改善卫星遥感对于农田信息获取的精度。随着机器学习算法的不断发展，多源信息融合开始逐渐用于大尺度的农田信息获取，可实现大面积的农田制图，进而为农业生产和管理提供决策支持。

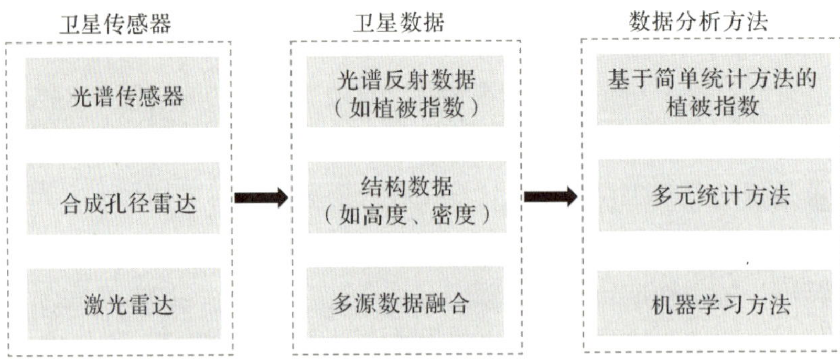

图9.17 卫星遥感数据类型和分析方法

9.2 果园精细管理技术集成应用

9.2.1 典型示范应用基地建设

国家统计局数据显示，2020年，我国果园种植面积为12646.3千公顷，生产28692.4万吨水果，面积和产量均稳居世界第一。果树产业是集产、供、销为一体的技术密集型和劳动密集型相结合的产业，以其较大的经济生态效益、较广泛的从业人员以及其社会生活不可替代的特性，逐渐成为农业经济增长和农民增收致富的重要支柱性产业（朱彬彬等，2020）。

大数据、人工智能、物联网等新一代信息技术产业的快速发展，为果业的转型升级、精细管理、科学决策奠定了坚实的基础。以自主创新为驱动，将传统果园与信息技术深度融合，集成应用果园精细管理技术，借助空天地一体化监测网络、果园宜机化智能装备设施、大数据综合服务平台等为传统果园赋能，已成为当前果园高质量发展的重要途径（何雄奎，2020）。

下面以北京市昌平区智慧苹果园为例，阐述果园精细管理技术的集成应用成效（图9.18为果园精细管理总体技术框架）：以北京市科学技术委员会为主导，北京派得伟业科技发展有限公司、北京市农林科学院信息技术研究中心、北京农学院组建创新联合体，协同研发果园智慧化管理服务关键技术与产品，在昌平天汇园苹果基地开展试点示范，构建了智慧果园建设样板。同时，为打造国家现代农业产业园的核心引擎和产业示范窗口，依托四川资中县和山西省隰县国家现代农业产业园，实施了智慧血橙和玉露香梨精准管理服务建设工程，以数字化、网络化、智能化为特征，实现了精细管理技术在果业上的应用场景搭建和落地转化。

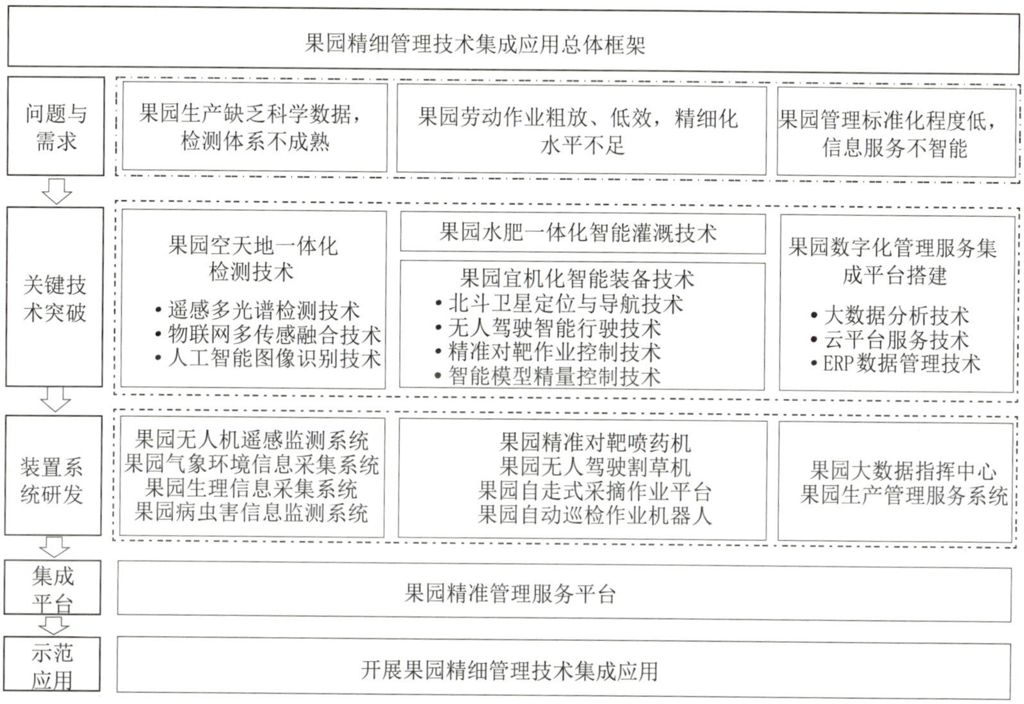

图 9.18　果园精细管理总体技术框架

9.2.2　精细农业技术应用

（1）果园空天地一体化数据信息采集监控体系

基于遥感无人机多光谱、物联网多传感融合、人工智能图像识别等技术，在果园部署了空天地多维立体监控装置，从时间与空间两个维度对监测数据进行存储，实现了对果树群体及个体、环境及长势数据的动态监测，监控体系主要包括空中无人机遥感灾情和长势监测，地面气象环境、虫情、视频图像监测与生理长势监测，以及地下土壤环境监测，为果园环境的精细管理、调控、规划等提供数据支撑。图 9.19 为苹果/血橙果园空天地一体化数据信息采集监控体系框架。

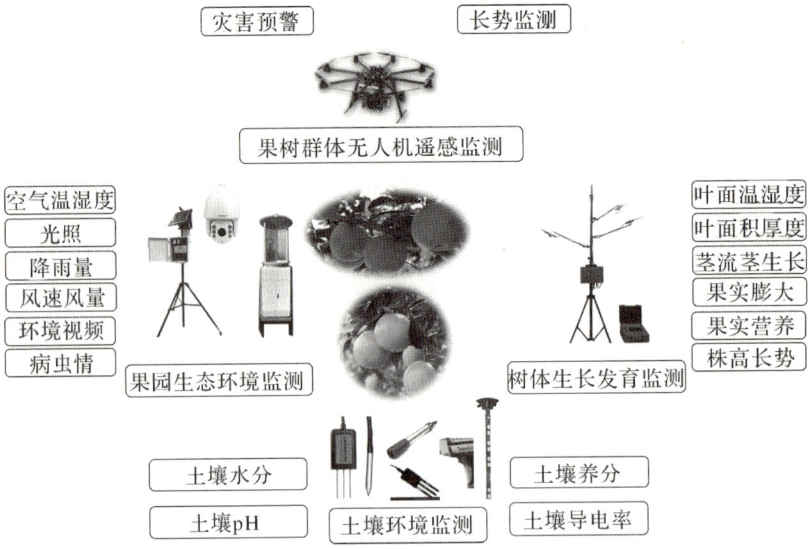

图9.19　苹果/血橙果园空天地一体化数据信息采集监控体系框架

①遥感多光谱监测技术

利用以遥感技术为主的空间信息技术，基于多旋翼无人机遥感平台及地面原位观测光谱传感器构建地空监测网络，通过对大面积果园、土地进行航拍，从航拍的图片、摄像资料中充分、全面地了解果树的环境状态、地形地势、果树养分状态、叶面积、灾害等信息，同时结合地面果树冠层光谱传感器实现空地搭配的监测体系，配合数据采集及服务器端数据管理软件，实现NDVI、叶绿素、长势、灾情等信息实时分析，从而更好地进行田间管理。

第一，高光谱遥感监测技术。果树的反射光谱与各生理生化参数之间存在着相关关系，使用冠层高光谱测量仪对果树叶片的反射光谱进行测量，获取果树叶片光谱信息，并同步采集果树个体的叶片生理生化参数。通过数据降维，完成对高光谱信息中敏感波段的筛选，并建立基于敏感波段的多种植被指数，通过相关性分析，构建最适宜的反演模型，实现单点尺度上基于高光谱遥感的果树生理生化参数的反演。图9.20为高光谱遥感监测体系。

第二，无人机遥感监测技术。单点尺度上的果树生理生化参数的动态模拟，为果树的生长过程及产量提供机理性解释，但当作物模型扩展应用到区域尺度时，地表环境的空间异质性和复杂性带来了作物模型中的输入参数（果园生态环境监测参数、土壤环境监测参数）和初始条件分布的不确定性和获取的困难性。采用数据同化技术通过耦合遥感观测和作物机理模型，实现无人机遥感数据、果园生态环境监测参数、土壤环境监测参数与果树群体生理生化参数间的反演，提高了遥感监测的普适性与精度。图9.21为无人机遥感监测体系。

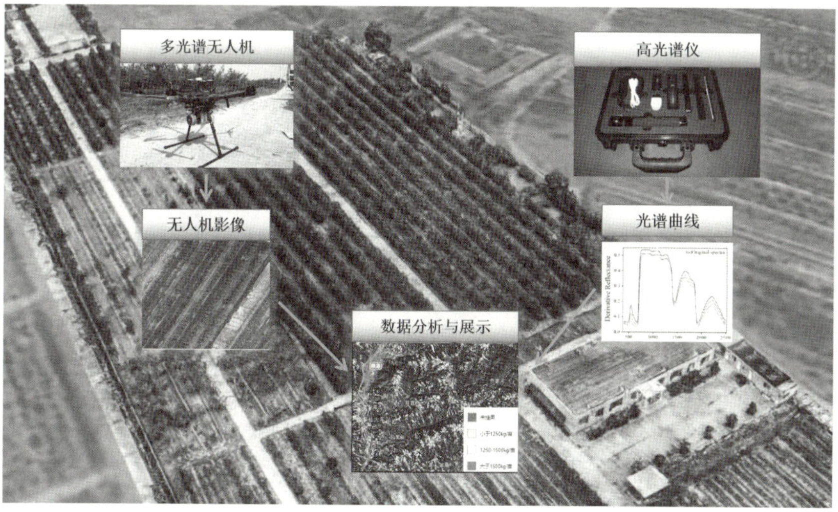

彩图

图9.20 高光谱遥感监测体系

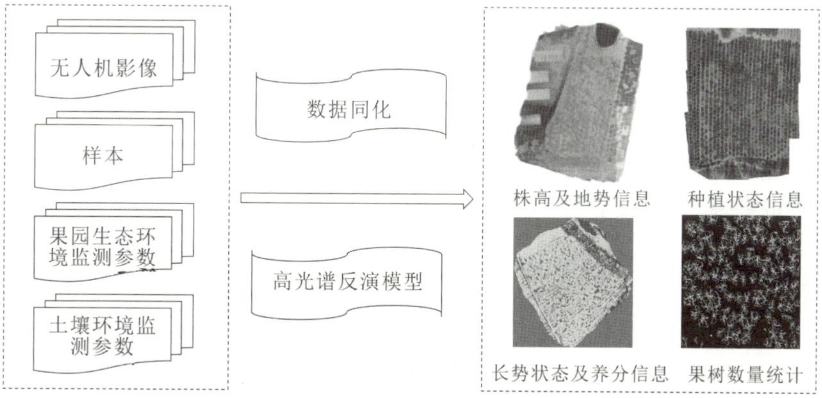

彩图

图9.21 无人机遥感监测体系

②物联网多传感融合技术

果园环境和果树生长数据采集是进行果园精细化管理的基础。在实际生产中，单一传感技术难以满足果园复杂生理生态环境监测的需要。针对果园信息采集、节点能量管理和无线传输等环节中遇到的实际问题，研究者从果园生产管理的实际出发，融合多传感器技术，建立了一套功能完备的果园一体化智能监测系统。

第一，果园气象环境信息采集系统。果园环境温度、湿度、光照等气候因子与果树生长有密切的关系。基于传感感知为主的农业物联网技术，集果园环境信息采集、数据存储、统计、分析和远程发布功能于一体，采集果树生长过程的环境参数，自动实时监测果园空气温湿度、风速风向、降雨量、太阳辐射等气象信息，结合果树生长需要，为果园农户提供灾害预警与气象指导服务。图9.22为部署在北京市昌平区苹果园的小型气象站硬件设备和果园气象站采集监测数据的实时动态软件界面。

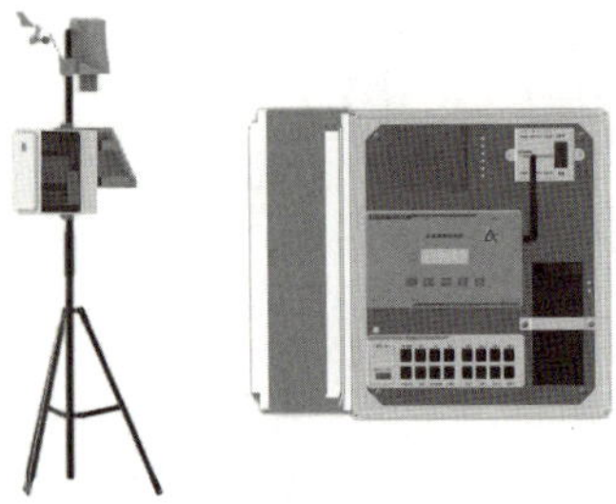

（a）小型气象站硬件设备

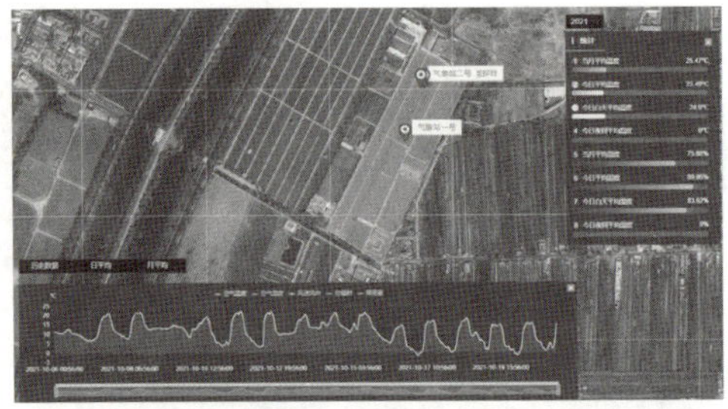

（b）果园气象站采集监测数据的实时动态软件界面

彩图

图9.22　果园气象站采集监测系统

第二，果园土壤环境信息采集系统。土壤水分是果树吸收水分的主要来源，土壤环境直接影响果树的产量和品质。针对果树多年生的根系类型，为了尽可能降低土壤墒情监测探头对原状土体的破坏程度，果园土壤信息监测系统采用多剖面管式一体化结构，基于介电原理，集成了多个传感器探头，每一个传感器探头由两个铜环构成LC振荡电路电容的一部分，互不干扰，可独立进行测量工作。土壤墒情仪自动采集同一土壤剖面表土层、心土层、底土层和潜育层4个深度土壤温度和体积含水量等信息，并将监测数据上传至指定数据中心，结合果树生长需求模型，为果园科学灌溉提供数据依据与智能决策服务。图9.23为部署在北京市昌平区苹果园的农业土壤墒情仪硬件设备和土壤墒情监测系统软件界面。

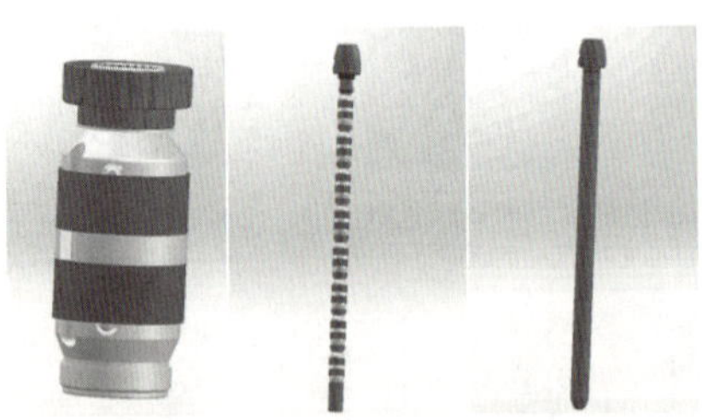

（a）土壤墒情仪硬件设备

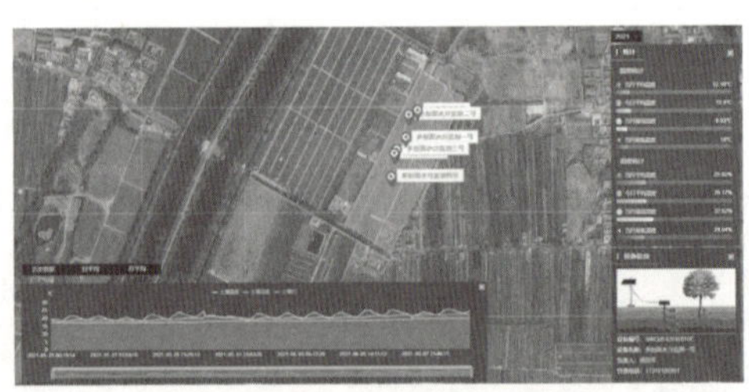

（b）土壤墒情监测系统软件界面

彩图

图9.23　果园土壤墒情采集监测系统

第三，果树本体感知监测系统。该系统（见图9.24）主要包括果树茎生长传感器、果树茎流传感器、冠层微气候传感器、叶面温湿度传感器、果实膨大传感器等植物生理传感器。其贴身感知果树和果实的生长发育情况，实时掌握果实生长微量膨大情况、树干粗细的微量变化、树枝直径的微量变化、叶面温度的变化等果树本体生理状态数据，分析果树的生长状态及长期生理特性，为生产管理人员合理的生产调控提供决策依据。

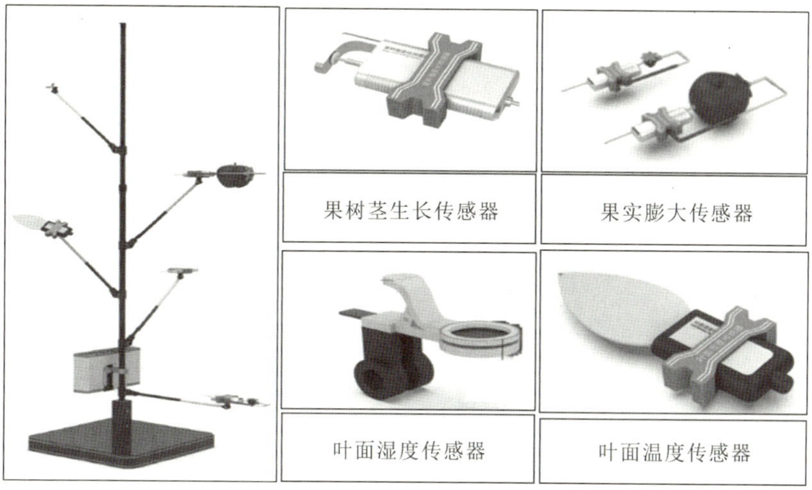

彩图

图 9.24 果树本体感知系统

第四，果园虫情监测系统。该系统（见图9.25）主要利用了现代光、电、数控技术，无线传输技术和互联网技术，构建的害虫生态监测及预警系统，集害虫诱捕和拍照、环境信息采集、数据传输、数据分析于一体，实现害虫的诱集、分类统计、实时报传、远程检测、虫害预警和防治指导的自动化、智能化。通过在地面部署病虫害智能诊断设备进行果树园区虫害的早期识别，有效指导虫害的治理。

彩图

图 9.25 资中县血橙园部署虫情监测仪与分析终端

③人工智能图像识别技术

人工智能是能够模拟人进行感知、认知、决策、执行的人工程序或系统。在农业领域，通过对卫星拍摄图片、航拍图片以及对农业物联网数据进行智能识别和分析，寻找其跟农作物生长之间的关系，进行农作物相关模型的精准预测。图9.26为自主研发的苹果病虫害图像识别流程，应用深度学习算法模型，进行图像自动识别、诊断，实现对苹果蚜虫、金纹细蛾、蓟马、红蜘蛛、炭疽病、白粉病、轮纹病等20余种常见病虫害的识别诊断，达到“早发现、早预防、早治理”的目的，为病虫害绿色防控提供智能服务与决策依据。

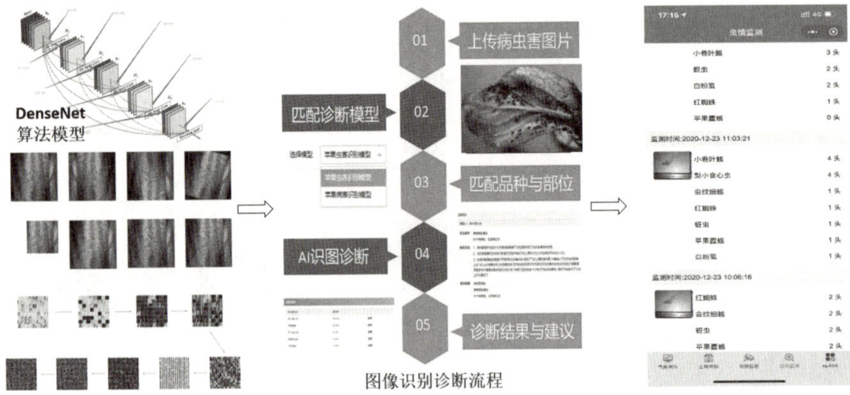

彩图

图9.26　苹果病虫害图像识别诊断

（2）果园精量灌溉技术

围绕果园灌溉过程中“信息感知—科学决策—精准控制”的关键环节，研究者构建了分布式果园精量灌溉控制系统（见图9.27）。系统包括可编程式中央灌溉控制器、低功耗远程无线阀控基站及基于云原生的果园灌溉管控平台。针对果园灌溉空间尺度大等特点，中央灌溉控制器采用多种无线通信技术相融合的通信方式，实现免布线安装，并采用多任务并行的嵌入式操作系统，能够根据气象、土壤、生长等信息进行较复杂的灌溉决策，同时实现大面积果园的独立分区灌溉控制。针对果树冠层较大会对无线信号和阳光遮挡产生干扰的问题，无线阀门控制系统利用低功耗无线通信技术，增强信号的衍射能力，有效增加信号在果树中的传输距离，实现干电池供电下的长时间续航。所构建的分布式果园精量灌溉控制系统实现了根据果树实时水分状况进行远程控制的精准补给，大幅度提高果园水分管理效能。

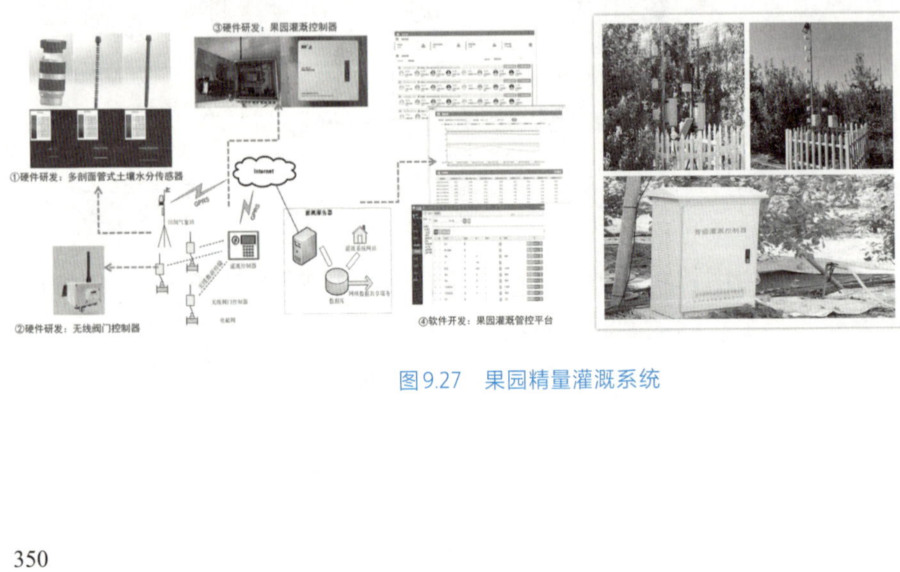

彩图

图9.27　果园精量灌溉系统

（3）果园宜机化智能装备技术

围绕果树产业的生产管理需求，以提高农业生产效率和实现“机器换人”为目标，国内外开展了一系列的数字果园智能农机装备集成应用，如果园自主喷药机器人、无人驾驶割草机、果园自走式采摘作业平台、自动巡检作业机器人等设备，以智能农机装备的集成应用推动果园种植精细化作业管理水平提升。图9.28为果园宜机化智能装备技术体系架构。

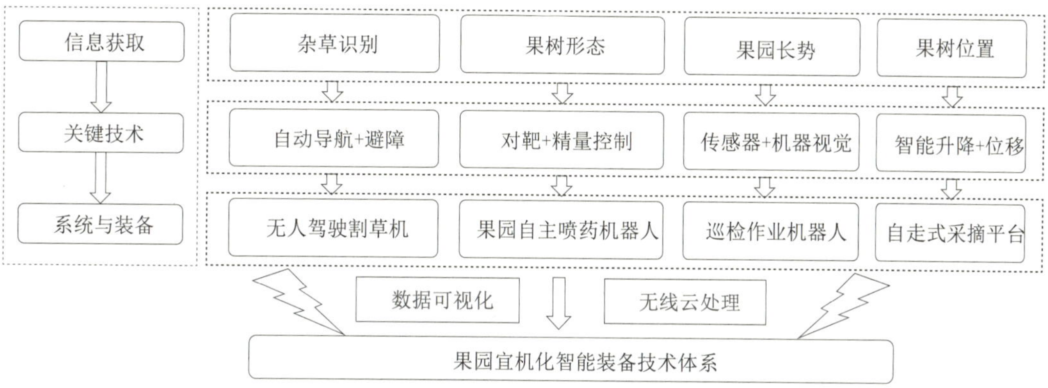

图9.28　果园宜机化智能装备技术体系

①精准对靶变量喷药系统

随着自动化、信息化和传感器技术的发展，精准对靶变量喷药技术发展迅速，如果园精准对靶喷药，是指通过传感系统在线探测果园靶标特征和病害特征信息，根据上述特征信息和施药机运动状态，计算靶标药量和风送施药风力需求，变量调控药量和风力供给，实现农药按需对靶施用，系统组成如图9.29所示。

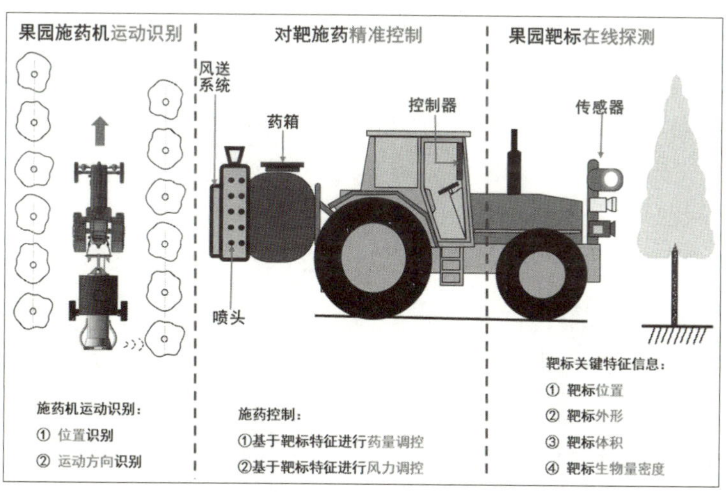

彩图

图9.29　果园精准对靶喷药系统组成

果树药量需求信息与果树冠层信息（如冠层体积、叶面积密度、生物量和病虫害等）有关，而果树冠层特征信息可以通过传感器获取，基于光电传感器、超声波传感器和激光传感器研发精准对靶变量喷药系统（见图9.30）。光电对靶变量喷药系统以探测果树位置进行对靶选择性喷药，可大大减少果树间隙处的农药用量。超声对靶变量喷药系统可实时探测果树位置、冠层体积和叶面积密度信息，根据冠层体积和叶面积密度信息进行农药按需喷施。激光对靶变量喷药系统是目前最有应用前景的果园精准喷药技术，激光雷达相比于光电和超声传感器，可以获取更多果树冠层特征信息，具有探测精度高和响应速度快等优点。美国农业部于2016—2017年开展了传统喷药与精准喷药的技术经济影响研究，研究结果表明，激光对靶变量喷药技术可节约农药用量60%～67%、施药时间27%～32%、劳动力和化学燃料28%，每年可节约杀虫剂使用成本1420～1750美元/公顷（Manandhar et al.，2020）。

（a）光电对靶变量喷药系统　（b）超声对靶变量喷药系统　（c）激光对靶变量喷药系统

图9.30　三种果园对靶变量喷药系统

为降低农药喷施的作业风险和作业强度，更好地实现果园农药的精准投入，研发了基于北斗导航技术的果园自主喷药机器人（见图9.31），其主要包括精准喷药控制、智能喷药监测两大功能模块。在控制方面，针对不同树形树龄，系统可选装红外对靶/超声对靶/激光对靶变量喷药控制系统，实现精准对靶施药；在智能监测方面，通过北斗定位，记录行走轨迹，综合运用喷药量传感器、速度传感器、工业级控制器实现喷药机对施药量的物联网采集，可实现果园全自主导航的精准喷施作业，喷药量监测误差为±5%。

②无人驾驶割草系统

在果园种植过程中，合理有效除草是必不可少的环节，规模化、标准化果园已广泛使用机械化割草，然而现代化宽行密植的果园种植模式，对割草机在作业精度、避障能力、爬坡能力、自动导航、数据分析等方面提出了更高要求。无人驾驶割草机具有自动行走，防止碰撞、爬坡等功能，机型小巧，通过性好，低矮的机身对于一般大型机械难以进入的狭窄果园而言尤为适合，加宽工程橡胶履带使整机行驶更平稳，通过云平台，可实现果园割草作业轨迹、作业时间、作业量的数据采集管理与统计分析。图9.32为四川资中县血橙园部署的无人驾驶割草机，图9.33为山西隰县梨园部署的无人驾驶割草机。

基于北斗导航技术的果园自主喷药机器人

视频：果园自主喷药机器人

图9.31　果园自主喷药机器人系统

图9.32　果园无人驾驶割草机

图9.33　梨园无人驾驶割草机

③果园自走式采摘作业平台

传统果园采摘与修剪作业多依靠梯子辅助人工完成，作业效率低且危险性高。而果园全自动采摘机器人成本高、技术实现难度大，目前多处于实验室研发阶段。研制的果园自走式采摘作业平台，集自走式收获辅助系统和平台操作于一体，有效实现了果园修剪、套摘袋、采摘、输送、收集、装箱等农事活动的联合作业。操控系统可控制行走装置的行走和转向、平台的升降以及左右扩展平台的动作，轻松实现了在行走过程中对果树的修剪、整枝、授粉和果实采摘等作业，并且在果实采摘作业中无须人工上下搬运果箱，提高了工作效率。

④自动巡检作业机器人系统

传统的人工巡检费时费力，存在巡检结果时效性差、指标不全等问题，基于同步定位与地图构建（simultaneous localization and mapping，SLAM）技术辅助巡检机器人执行路径规划、自主探索、导航等任务，感知周围的环境并精准定位，通过激光雷达等传感器侦测前进道路上的障碍物，实现转向、后退、转弯等避障控制功能。针对园区情况，设计巡检路线，实现了果园不同时段、不同地点的无人作业，并基于农业传感器、图像识别等技术，动态监测园区生长情况和环境信息。自动巡检作业机器人还可集成称重等扩展功能，实现果园采摘体验式运输。自动巡检作业机器人系统结构，如图9.34所示。图9.35为部署在北京市昌平区苹果园的自动巡检作业机器人。

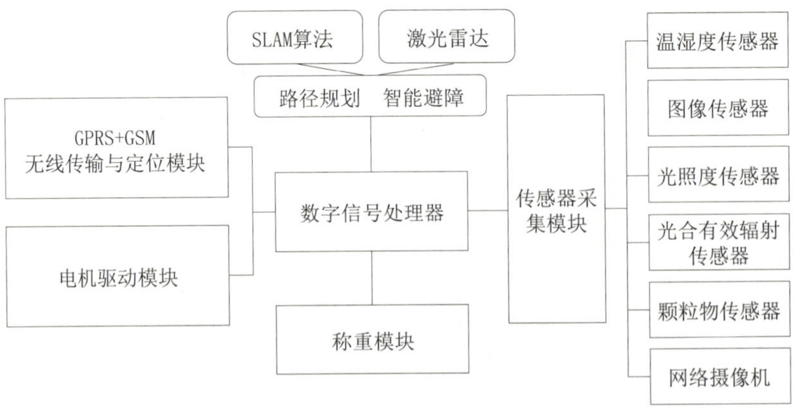

图9.34　自动巡检作业机器人系统

视频：果园精准管理服务平台

图9.35　苹果园自动巡检作业机器人

（4）果园精准管理服务平台搭建

果园精准管理服务平台的搭建，有助于实现果园数据驱动、知识融合、服务集成、资源协同等创新应用。集成应用空天地一体化监测系统、智能装备系统、水肥一体化系统、智能控制系统等，实现了对果园监测数据与智能农机装置设备远程作业信息的统一管理。大数据平台融合了果品生产（产前规划、产中管理、产后采收）、仓储加工（分级管理、冷库贮藏、品质检测）、流通交易（冷链物流、线上交易、质量溯源）等全产业链环节，打造形成了全产业链管理服务的指挥中心、数据中心和服务中心。

系统总体架构可分为基础设施层、数据资源层、应用支撑层和业务应用层（包括决策层和用户层），如图9.36所示。

①基础设施层

基础设施层是支持整个系统的底层支撑，包括网络基础设施、存储资源、计算资源、网络资源及相关安全设备，以及物联网、水肥药灌溉设备、病虫情设备、智能农机装备、遥感装置等设备，为智慧果园平台提供基础设施服务。

②数据资源层

数据资源层包括数据中心的各类数据、数据库、数据仓库，负责整个数据中心数据信息的存储和规划，涵盖了信息资源层的规划和数据流程的定义，为数据中心提供统一的数据交换平台。

③应用支撑层

应用支撑层构建应用层所需要的各种组件，是基于组件化设计思想和重用的要求提出并设计的，也包括采购的第三方组件。同时，包括了智慧果园全产业链底层算法库、AI算法模型与数据监测预警模型，为平台应用功能的实现提供支撑。

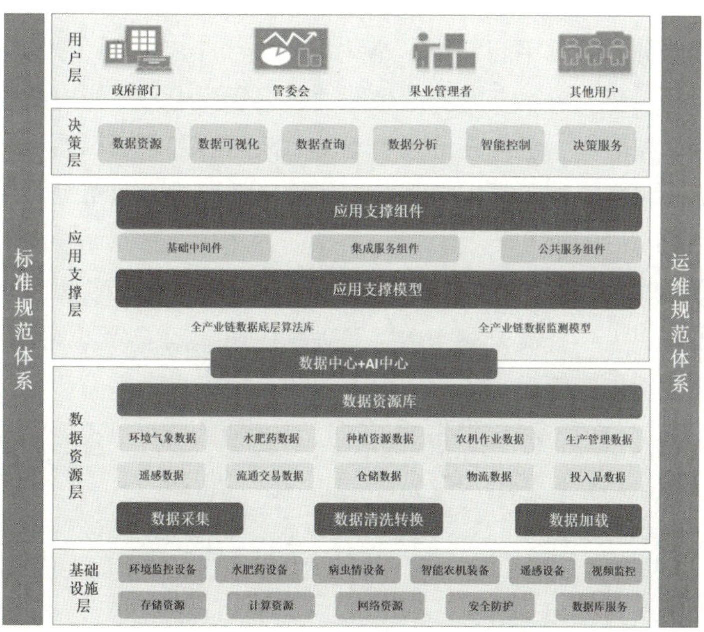

彩图

图9.36 系统总体架构

④业务应用层

业务应用层包括决策层和用户层。业务应用层是指为数据中心定制开发的应用系统，为了便于管理，平台挂接多个业务系统，各业务系统之间松耦合，基于接口实现数据交换和共享。业务决策层主要有数据资源、数据查询、数据可视化、数据分析、智能控制、决策服务等业务功能。用户层结合不同用户的需求，为政府部门、管委会、果业管理者等不同的用户提供业务应用和交互服务，面向政府部门、生产经营主体、农户、社会大众提供多元化信息服务。

（5）应用效果

①建立了覆盖果园环境及果树本体信息采集的空天地一体化监测体系

集成了20余类覆盖果园土壤、生态环境和果树个体及群体的信息获取技术，实现了果园空中群体长势、自然灾害、病虫害监测；实现了地面环境气象参数、视频影像、果树生理生态、病虫情、生长发育、地下土壤墒情、理化性质、养分等高通量数据的监测监控，有效缓解了果园管理缺乏科学数据、信息采集体系不健全等问题。

②推动了适用于平地及山地果园的智能农机装备自主研发与应用

在果园生产的种植、灌溉、施药、除草、剪枝、收获等多个关键作业环节上，创新研制了果园宜机化简约省力系列装置，以适应小农生产、山区作业、特色作物生产，显著提高了果园农事作业的精细水平和工作效率。

③引领了果业的精细化、智能化、融合化高质量发展

果园智慧化管理服务大数据平台汇集了全北京1900余个30亩以上规模化果园，形成了涵盖土、水、肥、药、树、人的智慧果园大数据资源中心。相应的全产业链数字化管理和智能化管控服务，已经在北京、河北、陕西、甘肃、山西、山东、四川等多个省（市）的多种类（如苹果、梨、桃、柑橘、猕猴桃、蓝莓等）果园开展了推广应用。

与传统果园种植模式相比，精量灌溉与水肥药一体化实现了果园节水25%以上，施肥用药节省20%以上；智能监测与数字管理的应用降低了劳动强度，提升了农事效率；全产业链智能生产管理与质量安全溯源的应用可提高果品产量与整体品质，提升渠道收益和品牌价值，线上销售或者通过直播辅助销售额提升约20%，实现了良好的经济效益。

9.3 设施农业精细管理技术集成示范

9.3.1 低能耗大型连栋玻璃温室精细管理技术集成示范

（1）低能耗大型连栋玻璃温室

为了探索适合我国北方地区气候的本土化大型玻璃温室发展道路，适应当地气候特点和地形条件，基于低能耗优先设计要素，国家农业智能装备工程技术研究中心历经十余年的联合攻关，创新提出了“下沉式、大斜面、外保温”的连栋温室设计理念，在山东寿光设计建设了单体8公顷智能下沉式大斜面外保温连栋温室及其智能化生产系统与智慧管控配套设施。

低能耗大型连栋玻璃温室借鉴荷兰温室结构和本土化日光温室的性能特点，将整体结构与温室建设地点环境条件相结合，提出了因地制宜的国产化大型连栋玻璃温室的设计理念。根据地形条件，采用下沉式设计框架，整体降低温室地面外高度，但不降低温室内的空间高度，有效减少了温室的散热面，保证了温室的足够空间，提高了环境调控的缓冲能力；采用三玻两腔玻璃作为外立面透光保温层，一方面减少了荷兰文洛型玻璃温室因通风需要而采取的大量的窗户安装，避免了因窗户密封不严而造成的保温能力降低；另一方面三玻两腔玻璃虽比普通中空玻璃透光率低10%～15%，但是热阻值提高了5倍，大幅度增强了外立面的保温能力。顶部采用大斜面设计，合理的屋面倾角有利于冬季自然光最大限度地进入温室内，便于在南北走向的天沟处安装滑动式外保温被，提高了温室的保温能力，大大降低了冬季采暖热负荷。此外，大斜面设计减少了天沟数量和屋脊数量，可以有效降低5%～10%的热量损耗。外保温被系统能够通过太阳移动方位进行智能控制，实现保温被动态启闭及最合理地利用太阳能光、热资源。同时，大斜面设计还有利于遮阳网空间动态控制，即夏季上午覆盖东侧屋面，散热光由西侧屋面进入温室，下午则反之，在降温的同时保证合理光照。温室顶部采光材料，选用高透光率漫散射玻璃，透光率高达97.5%，漫散射功能使温室内光照更加均匀，降低了温室天沟、骨架结构阴影对室内作物生长的影响。温室采用正压通风，减少了侧立面窗户和湿帘的安装，降低了漏风、漏气的可能性。优化后的温室结构和外保温被创新设计，经测算，本土化玻璃温室冬季严寒时段采暖负荷仅为120 W/m^2，远低于荷兰文洛型玻璃温室220 W/m^2。该类型温室结构为解决玻璃温室在我国北方地区冬季生产能耗大、难盈利问题提供了一种有益的探索，相比于传统日光温室生产模式，大幅度提高了机械化作业能力和智慧化管理水平，是适合未来企业经营发展的一种设施结构类型。

（2）精细农业技术应用

①低能耗大型连栋玻璃温室环境控制的精细化管理

第一，基于正压通风的温室环境综合调控系统创新与应用。温室周年高效、优质、清洁、安全生产是设施园艺产业的发展方向，这需要对温室环境进行综合调控。因此，研究者研发了基于正压通风的温室环境综合调控系统，将加温、降温、增湿、除湿、二氧化碳补施及空气过滤、臭氧消毒等环境调控措施和功能有机集成，以降低温室建造成本，从源头控制空气质量，提高温室环境调控能力。系统主要包括空气源热泵、正压湿帘冷暖风机组、通风管道、循环水管道及控制系统等（见图9.37）。其中，正压湿帘冷暖风机组安装于设备间，相比于负压湿帘风机，具有如下优点：能够定向精准送风或通过风管均匀送风，对温室密闭性要求低，空气置换快；能够对进入温室的空气进行集中过滤、消毒处理，且室内处于正压状态，可有效防止外来虫源、病菌及灰尘等进入室内（孙维拓等，2019）。与传统的加温方式相比，空气源热泵是低碳节能、节省运行成本的加温方式，长期运营凸显优势，是目前应用最广泛的热泵形式。

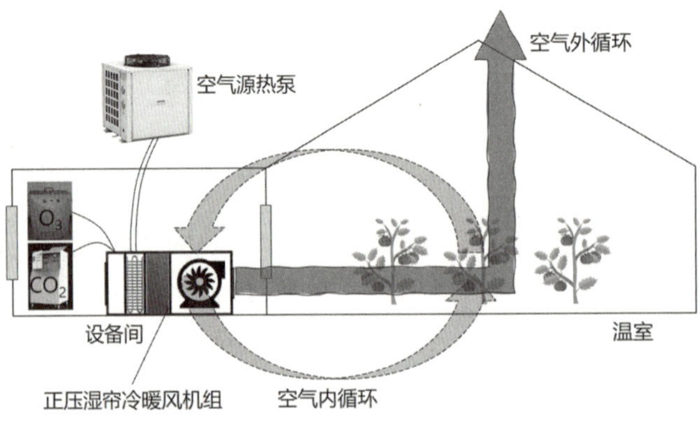

彩图

图9.37　基于正压通风的温室环境综合调控系统

基于正压通风的温室环境综合调控系统在寿光连栋温室的运行模式如下：在高温季节，开启正压湿帘冷暖风机组的离心风机和加湿降温段的湿帘水泵，通过操作温室与设备间通风窗，形成温室空气外循环，完成温室降温、增湿及过滤；在寒冷季节，开启正压湿帘冷暖风机组的离心风机，同时开启空气源热泵为加热段换热器供给循环热水，通过操作温室与设备间通风窗，形成温室空气内循环，完成温室加温、降湿及过滤。二氧化碳或臭氧随温室空气内循环扩散至温室内，完成温室二氧化碳补施或臭氧消毒；此外，系统还具备引进新风除湿及补充二氧化碳、外循环降温降湿、内循环降温除湿等多种功能。

系统应用于连栋温室，配合外遮阳网，与室外环境相比平均降温幅度可达4 ℃，室内外最大温差为6 ℃，配合外遮阳网和高压喷雾，系统可将温室内气温控制在低于室外气温10 ℃，保障了温室安全越夏生产；同时系统加温效果稳定，可根据预设值将室内气温控制在合理范围内。

第二，温室间能量转移加温系统创新与应用。为解决连栋温室冬季生产能耗大、难盈利问题，立足于设施园区能源调度，设计建造了基于双热源热泵的温室间能量转移加温系统（见图9.38），以实现温室能量在时间和空间上的转移，提高日光温室空气余热利用效率（孙维拓等，2015），降低连栋温室加温能耗及成本。其主要包括双热源空气余热热泵机组、蓄热水箱、散热末端（风机与表冷器）、通风管道、循环水泵、循环水管道及控制系统等。其中，双热源空气余热热泵机组为系统核心组件，具有2套蒸发器，分别置于日光温室内和室外空气中，具有日光温室空气余热和室外空气两处热源。热泵机组制热过程中通过启停2个膨胀阀切换使用不同热源。在新建日光温室中，热泵机组室内蒸发器及风机等组件镶嵌于日光温室墙体结构中。热泵机组为模块化机组，采用大功率单压机，管路结构简洁，安装方便。

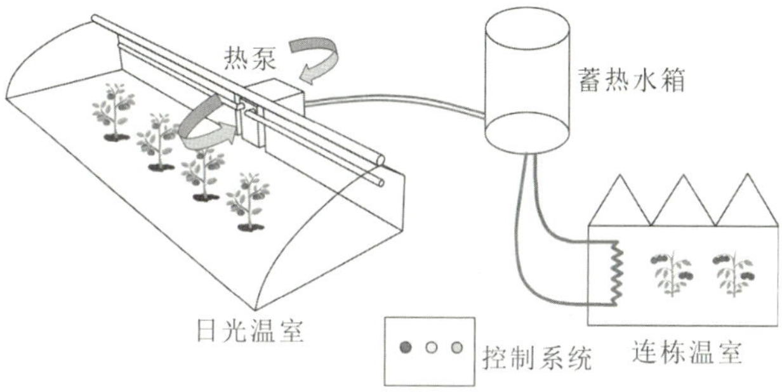

彩图

图9.38 温室间能量转移加温系统原理

图9.39为温室间能量转移加温系统在寿光连栋温室的应用，系统运行方法如下：在冬季白天，热泵机组运行温室空气余热制热工况，将日光温室内空气余热泵取，并通过水循环转移，储存于蓄热水箱中；在阴天、多云天气及极端低温天气条件下，通过余热回收未能使蓄热水箱水温达到预设温度，则热泵机组继续运行室外空气源制热工况进行热量补充；在夜间连栋温室内气温较低时，开启正压冷暖风机组，将蓄热水箱储存的热量释放到温室中；当蓄热水箱水温下降至一定温度，热泵机组运行室外空气源制热工况，将水温维持在一定温度范围内。

系统加温期间连栋温室内气温被控制在预设范围内，且系统泵取日光温室空气余热期间，日光温室内气温不低于26℃，维持在较高水平。系统运行稳定，且不影响日光温室保温蓄热性能。双热源热泵以日光温室空气余热为热源，制热期间性能系数为4.3～4.8，比同期室外空气源制热工况性能系数（coeffrcient of performance，COP）提升23%～26%。系统运行集热期间，双热源热泵总体制热COP达3.4～4.2，与空气源热泵相比提升6%～11%，节能效果明显。

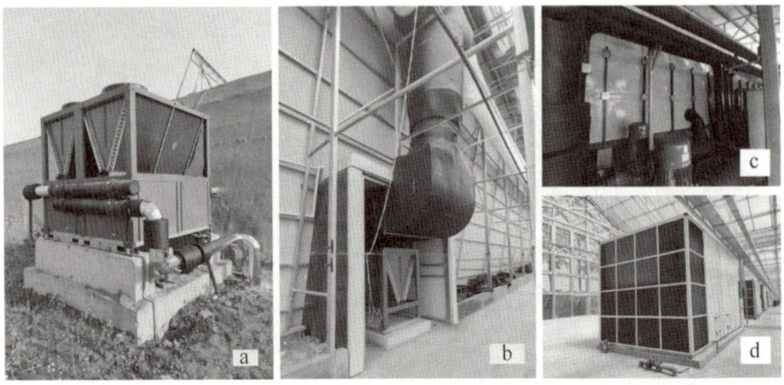

彩图

a：双热源热泵室外组件；b：双热源热泵室内组件；c：蓄热水箱及水泵；d：正压冷暖风机组

图9.39　基于双热源热泵的温室间能量转移加温系统应用

第三，基于光、气配方的温室环境最优控制系统创新与应用。温室环境调控主要依据种植者或设备开发者经验以及设施园艺通用知识，采用启发式控制，并通过简单的开关控制器或PI系列控制器实现。为获得期望的室内环境，种植者可以调整控制器的设置点值。然而这些控制器设置或手动操作无量化指标依据，不能准确解释未来的动态，即种植者并不知道理想的作物产量或经济效益具体是多少，更无法保证所采用的控制方法能够达到期望目标，导致温室环境控制低效（Van et al.，2010）。为提高温室环境控制效率，研究者应用了自主研发的基于光、气配方的温室环境最优控制方法及系统。环境控制系统包含三个决策模块（见图9.40），分别为常规最优控制生成器、设置点（光、气配方）追踪最优控制生成器以及温室本地控制器。计算机主动计算调节本地控制器设置点值，使其与作物生长发育阶段及生长状态契合。该指令由设置点追踪最优控制生成器生成发出，计算周期为24 h。该模型系统及控制算法嵌入云服务平台，作为温室环境调控决策支持系统。在实际生产中，根据当地实时环境变化，以整个生长期最大经济效益或最低能耗为目标，基于温室环境与作物模型，采用最优控制算法，进行温室环境优化管控。同时在长期使用过程中累积经验，自适应优化基础模型，逐渐形成区域适应性的温室环境调控模型系统。

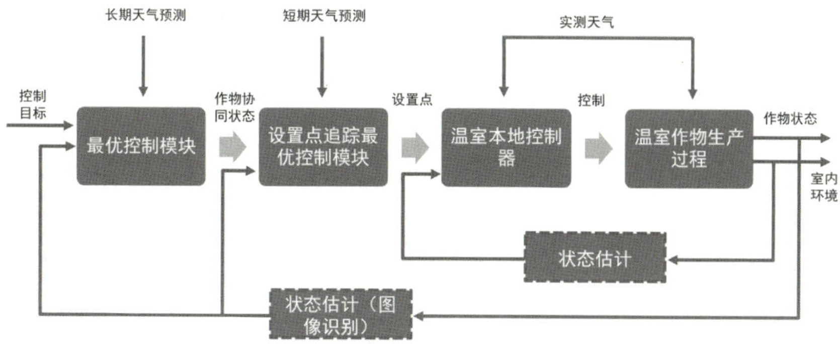

图9.40 智能连栋温室环境控制流程

②大型连栋玻璃温室水肥的精细化管理

第一，大型连栋玻璃温室封闭式水肥一体化系统创新与应用。针对大型连栋玻璃温室设施特点和作物高产高效栽培对水分、养分精确控制的需求（Andrew et al., 2018），设计研发了封闭式水肥一体化系统，包括软化水自动制备系统、传感器物联系统、田间高效栽培系统、营养液消毒过滤系统和面向作物的水肥气一体智能管控系统。该系统兼顾了环境监测调控、封闭式栽培、营养液回收消毒、轨道吊蔓、水肥数字化智能管理、植株生长监测与判别、清洁生产等多种功能。其中，传感器物联系统采用低功耗广域局域网LORA结合 4G 技术构建自组网，可实现对田间环境、水体、栽培介质、生长、生理的多维度感知，通过网络信道的合理分配，很大程度提高了数据传输效率；田间高效栽培系统由多用途栽培床架、密闭式多功能栽培槽/内收几字形栽培槽和轨道式吊蔓组成，支持根际微环境的精细调控，有效提高了农事操作效率；营养液消毒过滤系统由回液池、慢砂过滤消毒装置、紫外过滤消毒装置和储液池组成，协同完成营养液的封闭式循环管理。面向作物的水肥气一体化装备（见图9.41），在水管理方面，协同传感器采集到的实际生长信息和作物生理发育规律，模拟作物生长，估算生育期，进而调整启动灌溉时刻和单次灌溉量；在肥管理方面，根据作物根系对养分吸收的动力学模型，配合生育期，利用PID和PWM原理实现EC值的动态调控（见图9.42）；在气管理方面，利用臭氧-新风清洁生产设备、二氧化碳补施设备，配合通风管道和巡检数据，实现环境与营养液的耦合管理。

第二，自适应水肥光温气协同管控系统创新与应用。以作物实际耗水为水供给依据，以作物生长发育机理为养分供给依据，利用各种信息监测手段，搭建闭环调控系统，充分结合反馈调控机制，在不同的控制指标下，达到水肥自适应供给的目标。强化消耗多少补充多少，需要多少补充多少的少量多次灌溉模式，实现了耦合感知—智慧决策—结果反馈再调节的高度集成化、高度信息化和高度智能化的调控目标。

彩图

图 9.41　水肥药一体化装备

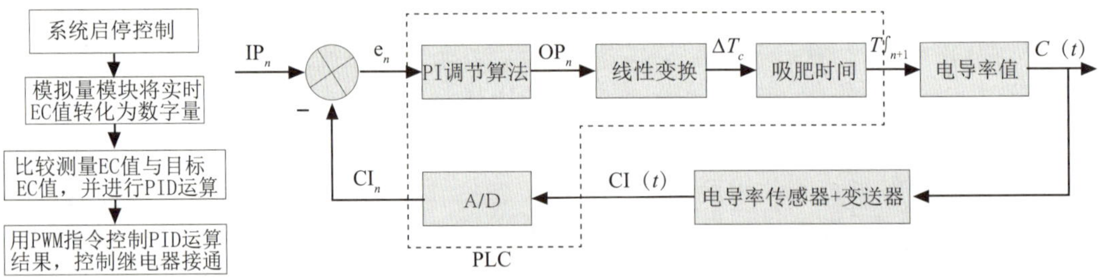

图 9.42　EC 值的 PID 调控原理

彩图

图 9.43　基于机器视觉的作物 AI 管理

在调控方法上，系统首先基于多源感知技术，对作物生产环境信息数据进行采集和分析；其次，系统嵌入了水肥自适应供给算法模型，在精准调控EC和pH的基础上，以生育期模拟为控制基础，引入了机器视觉技术（见图9.43），采用改进的卷积神经网络算法，进行作物集群生长状况判别，辅助水肥决策，逐步形成基于AI的周年智能调控模型；最后，系统采用知识图谱技术，对种植者经验、环境数据和作物图像数据建立标准化的作物种植知识结构，进一步构建智慧决策输出模型，进行全生育期的精细化控制。

③大型连栋玻璃温室可视化智慧管控云服务平台

大型连栋玻璃温室可视化智慧管控云服务平台是一个远程托管式云服务平台，主要用于大型连栋温室蔬菜的种植和生产服务领域，针对作物生长过程的水肥、环境等高精准掌控方面，提供一个科学现代化的管理服务（见图 9.44），实现水肥一体化设备、环境控制装备和智能作业装备的云端托管。平台采用物联网安全保障和物联网标准与规范两大体系，总体架构包括接入层、中间层、支撑层、应用层 4 个层面，如图 9.45 所示。

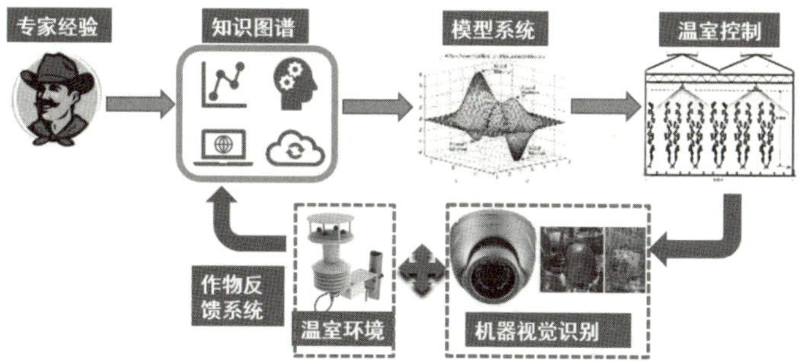

彩图

图 9.44　设施蔬菜生长全程 AI 智慧管理系统

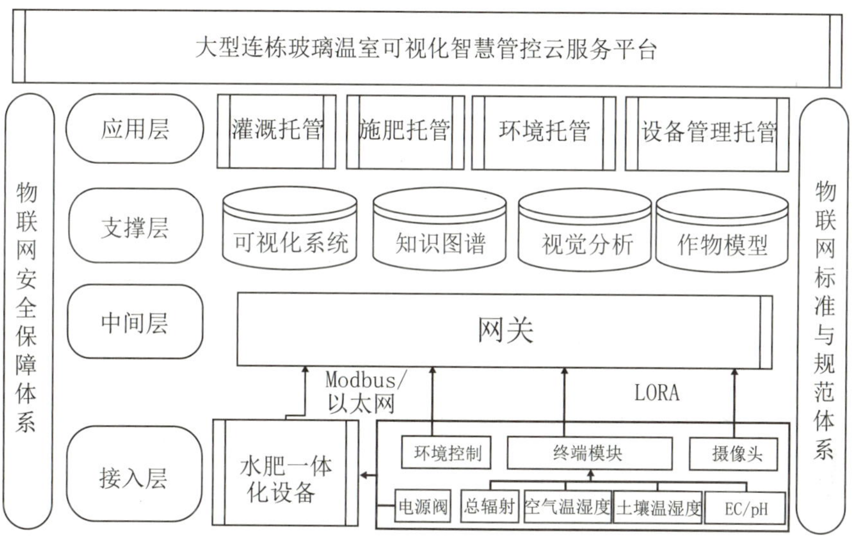

图 9.45　系统总体框架

温室智慧管控云托管服务系统由云组态监控系统、数据采集分析系统、视觉系统、知识推理系统、模型决策系统、展示推送系统和设备巡检系统组成，实现了蔬菜智慧管控过程水肥一体化、环境控制和智能装备的云托管服务。系统将视觉识别技术引入温室管控中，建立了基于作物生长状态反馈的温室智慧管控系统。针对智能设备运维行业的现状，提供了一种基于云服务的智能运维方法。该方法立足于用户日常面临的问题及难点，利用云服务技术、物联网技术、数据库技术和数据分析技术，建立设备远程云服务系统，从云端解决用户运维问题。系统针对不同作物预留多种管理模式，可以根据作物类型给出管理决策和预测信息，从而有效解决大型设施园区种植区域较多、分布范围广、作物众多、管理难度大的问题。

（3）应用效果与效益

大型连栋玻璃温室精细化管理系统在寿光全国蔬菜质量标准中心智慧农业科技园本土化型玻璃温室（单体8公顷）项目中得到应用，年运行总成本约700万元。其中，生产资料占41%，加温降温能耗占37%，人工管理费用占22%。以大果番茄为例，年每平方米产量超过40 kg，市场销售价为4元/kg，年产值为1253万元，周年生产温室运行成本约为97.3元/m^2，每年可实现净利润500万～600万元，是可以实现盈利的一种温室结构和蔬菜生产管理体系。通过盈亏分析表明，番茄销售价格每提高1元，效益可增加313万元，在不计算设施折旧的情况下，2.24元/kg的销售价格即可达到大果番茄的收支平衡点。

大型连栋玻璃温室精细化管理系统的使用，有效地改变了农民的生产理念，由过去的单一追求产量型向质量效益型转变，并使项目区农民掌握了信息化、智能化、装备化的管理技术，温室土地利用率达90%，生产管理运行节能10%，节约劳动力25%以上，节约成本投入、提升生产效率15%以上。

9.3.2 日光温室精细管理技术集成示范

日光温室在保障蔬菜周年均衡供应、增加就业、促进增收等方面发挥了巨大作用。在日光温室生产中，分层次应用智能控制、物联网、互联网、云计算等数字化技术，通过实际生产应用，推进日光温室适度智能化技术装备组合与模式，为温室提供不同层次的智能化套餐（见图9.46）。

基础提升方案：针对设施简陋，成本敏感需求，实现不需要大变动的情况下提升已有的设备（如三参数环境云监测、电动卷膜通风控制器、保温被遥控、灌溉阀远程控制），以设备的电动、远程管理为主。

测控提升方案：通过部署多参数环境监测终端、室外气象、温室智能控制器、单/多通道水肥控制、植保机、生长监控等，利用云平台提供基础业务服务，实现温室简单智能控制，提升温室环控、水肥管理水平。

调控提升方案：在以上方案的基础上考虑补光、保温、内循环、除湿、高压喷雾等提高温室整体环控的能力，最大限度接近玻璃温室环控水平，云平台提供多维数据服务，全方面提升温室环控、自动化、智能化水平。

全程机械化方案：通过集成相关设备实现温室园区耕种管收全程机械化。

智能化提升方案：面向现代化园区建设，从园区整体提升，突出展示效果，打通全部链条需求。

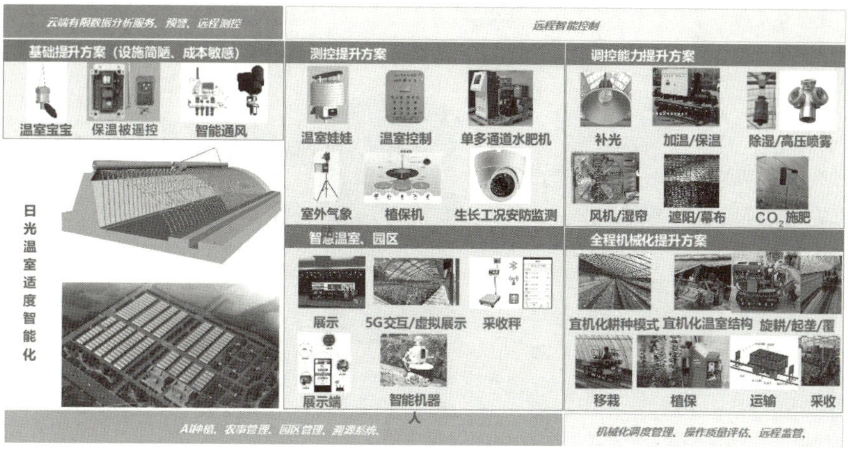

彩图

图9.46 日光温室适度智能化技术装备组合与模式

（1）典型示范应用基地建设

项目区位于山东省临沂市兰陵县，选择1家田园综合体（卜家楼村）、兰陵国家农业园区（新天地现代农业产业园）、5家新型农业经营主体（鸿强种苗基地、佰盟蔬菜种植专业合作社、利源蔬菜种植专业合作社、家瑞蔬菜种植专业合作社及华新合作社）、1家综合性流通市场（兰陵县公益性农产品批发市场）作为项目核心建设区域，依托国家农业智能装备技术工程研究中心开展精细农业集成应用。基地包含以设施蔬菜生产经营为主的日光温室300栋，约600亩；以农业观光旅游为主的田园综合体2000余亩。

（2）精细农业技术应用

①温室集群环境监测控制系统

通过温室集群环境监测控制系统的应用，实现设施温室环境信息实时感知，形成量化的环境指标依据；通过软件内置的目标作物（如茄子、辣椒、黄瓜等）生理生长需求模型，与环境参数进行分析、比较，形成温室调控决策意见。图9.47为温室环境综合调控系统原理。

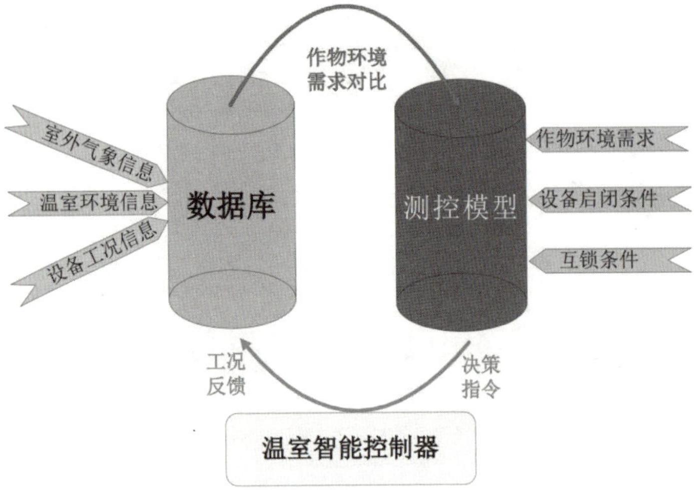

图9.47　温室环境综合调控系统原理

室外气象信息测量系统：该系统能够实现远程监测室外空气温湿度、风速风向、降雨量、太阳辐射等气象信息。监测数据通过GPRS/4G网络上传至云端服务器，用户可通过现场液晶显示屏了解实时环境数据，亦可通过手机App或者Web服务查看实时监测数据，为温室生产环境调控提供气象服务。

温室云环境监测系统：该系统采用锂电池和太阳能供电，能够自动测量温室中的空气温度、空气湿度、土壤温度、土壤湿度、二氧化碳浓度、光照强度，采用GPRS连接云端服务器，能够在电脑、手机等查看实时测量信息。

温室环境信息控制系统：该系统通过分析、处理获取的日光温室空气温度、空气湿度、光照强度、二氧化碳浓度、土壤温湿度等信息，形成量化的环境指标依据；通过软件内在控制逻辑与环境参数进行分析、比较，形成温室调控决策意见。由温室智能控制器作为底层执行机构，对下辖各电气设备进行调控，实现温室物理环境改变，调控使温室内环境符合目标作物生理生态特点。系统运行模式采用手动管理与自动化管理两种模式，根据园区生产实际情况，管理人员可依据专业判断进行手动局部或全盘远程控制，亦可以预先设置好控制逻辑，依据系统判断进行全程自动化、智能化运行。

温室卷膜与通风设备：针对日光温室和塑料大棚通风（放风）管理粗放问题，利用现代数字农业技术配合精细通风管理方法，形成多种决策模式，实现了融合温室蔬菜生产标准农艺、精准传感、智能控制于一体的智能化通风技术体系。系统通过佩戴式卷膜开度传感器在线监测，实现对卷膜开度的精准调控提供位置信息，建立了预防电机超限的多重保护机制，杜绝了过卷、烧机等问题。通过温室内部低成本温湿光传感器配合云端气象信息，实现通风预判断动态管控、集群管理，整体降低生产能耗损失，最大限度提高温室大棚环控能力，用户可通过手机App人为调控或根据云端智能决策远程控制设施卷膜通风，为设施作物提供良好的湿热环境。

温室工况监测系统：通过日光温室定点拍照摄像机、巡检机器人等图像采集硬件设备，结合机器视觉人工智能模型，实现对日光温室作物生长、装备工况等信息的监测（见图9.48）。该系统功能包括温室内撂荒、大棚房问题等自动报警，建立作物品种识别、生育期分类等模型，智能判别温室内作物株高、叶面积、开花数、结果数等生产情况，为获取设备工况信息、重点农事作业执行状况等信息提供高效、便捷的技术手段。

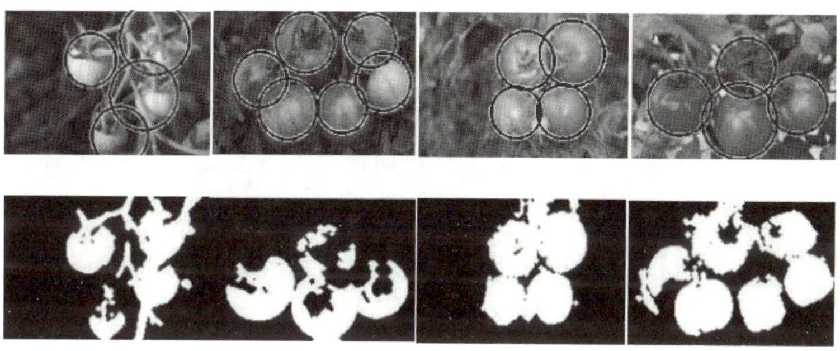

彩图

图9.48 不同阶段果实识别效果

②绿色植保

从绿色生产和生态安全出发，日光温室基地应用了设施蔬菜病虫害智能防控设备，利用物理原理进行病虫害防控，大幅度降低农药使用量，有效保证农产品安全。该设备可实时监测使用环境的温湿度、光照强度等数据，并上传到服务平台，远程控制设备的风机、臭氧、诱虫等动作，也可以通过设置定时控制，使设备按照设置的时间自动工作，达到自动消毒、灭菌、杀虫等功效。

③水肥一体化管理系统

精准水肥一体化系统（见图9.49）支持计量泵、文丘里等多种配肥模式，具备1～3通道配肥管路，适用于单体日光温室，通过液晶触摸屏和模块化灌溉施肥控制器，实现人机界面显示、数据采集储存和设备控制等功能，支持消息队列遥测传输（message queuing telemetry transport，MQTT）物联网协议，实现远程云端管理。可根据用户设定的EC、pH进行自动配肥，配液误差控制在±0.1范围内。内置多种决策模型，针对土壤栽培推荐基于土壤的水肥决策管理模式，针对水培条件推荐基于在线称重的水肥决策管理模式，针对水培条件推荐基于累计光辐射的水肥决策管理模式，与传统施肥灌溉方式相比可节水节肥20%以上。

图9.49　水肥一体化系统日光温室应用

④日光温室智慧管理平台

针对设施农业管理过程的需求，日光温室智慧管理平台（见图9.50）分别实现作物生长环境监控、种植规划、农事日历记录、辅助决策、生产管理分析等功能。

生长环境监控：接入生产过程中实时的环境参数，并以不同的颜色标记环境监测指标状态，同时接入生产过程的实时视频浏览功能，实现对生产过程的全面监控。

种植规划：对设施农作物的种植做出规划，系统收录作物品种的详细信息，以及能够获取作物的市场行情，根据用户选择的种植品种及面积做出种植的收益预测。

农事日历记录：记录所有的农事操作活动并生成农事日历，通过农事日历可以直观地看到种植生产过程完成的农事活动，同时还可以计划未来的农事安排，提醒用户按时开展。另外，农事日历除了显示作物的农事活动之外，还支持标记常规支出和销售信息。

辅助决策：根据作物的实时环境信息，通过作物决策模型和专家咨询的方式得出当前环境下是否适合作物生长等结论，用户可以根据决策结果对温室环境进行调节。

生产管理分析：对设施生产过程所有信息进行高度集成展现，包括生产基地的各项监控数据，如监控视频、实时环境参数、当日的环境参数曲线以及相应的数据表格等信息；还包括作物的生长管理信息，如生长进度、农事活动日程等。

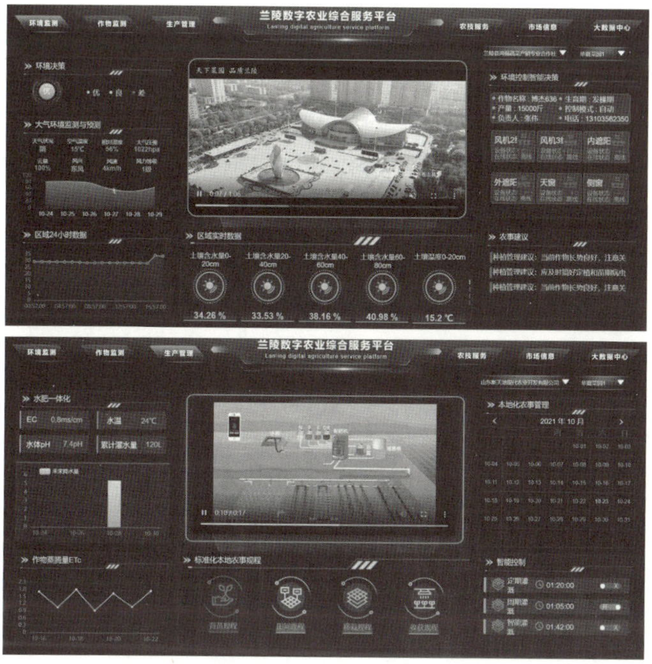

彩图

图9.50 兰陵数字农业日光温室智慧管理平台

（3）应用效果与效益

通过设施环境综合控制，为设施蔬菜提供最佳生长环境，降低病虫害发生概率，实现核心示范区蔬菜增产10%，商品率提高5%；通过提高设施蔬菜生产的智能化水平，提高生产效率，实现核心示范区劳动用工费用减少25%，节约灌溉用水20%，节约肥料投入30%，减少农药投入50%，有效确保“菜篮子”安全供给；通过设施农业生产物联网对设施蔬菜的质量安全监管，实现项目核心示范区蔬菜农药残留检测合格率达到97%以上。

9.4 水产精细养殖技术集成示范

在过去20年中，水产养殖一直是世界范围内食品领域增长最快的行业之一。目前，中国水产品养殖占世界水产品养殖总产量的60%以上，不但解决了我国的水产品需求、粮食安全问题，还为“三农”创造了大量的就业机会，而且中国的水产养殖对环境更为友好。在当前全面贯彻落实科学发展观，建设节约型社会的形势下，我国水产养殖产业布局发生了重大变化，已从沿海地区和长江、珠江流域等传统养殖区扩展到全国各地。养殖品种呈现多样化、优质化的趋势，海水养殖由传统的贝藻类为主向虾类、鱼类和海珍品全面发展。淡水养殖打破了“青、草、鲢、鳙”四大家鱼为主的传统布局，墨瑞鳕、鳗鲡、罗非鱼、河蟹、虹鳟鱼等一批名优特产水产品已形成规模，规模化养殖的水产品种类已达50多种。

传统水产养殖业以牺牲自然环境资源和大量的物质消耗等粗放式饲养方式为主要特征，经济效益低且污染水体环境。越来越多的现代化养殖方式，如网箱养殖、循环水养殖等，利用立体水域、水陆复合生产的生态渔业，以保持渔业资源可持续利用的技术已得到广泛的应用（李道亮等，2010）。传感器、物联网、大数据、人工智能、云计算、5G等新一代信息技术的快速发展为水产精细养殖技术集成创造了条件（李道亮等，2018）。本节将对工程化池塘养殖和陆海接力养殖两种典型示范案例进行详细介绍，首先对案例基地情况进行简要概述，接着围绕水产养殖关键技术应用情况分点论述，最后总结应用效果与效益。

9.4.1 工程化池塘养殖精细管理技术集成示范

（1）示范应用基地建设情况

中华绒螯蟹作为重要水产养殖品种之一，产值占我国水产养殖总产值的10%，且具有产业化基础好、经济效益高等特点。螃蟹养殖是江苏省宜兴市农业生产的优势产业，积极推进水产养殖智能控制技术应用则是战略性调整宜兴农业结构、培育新的经济增长点、配置产业优势的重要措施。与此同时，随着社会生态环境保护意识和消费者食品质量安全意识的日益增强，螃蟹养殖从过去片面追求产量阶段，转向产量、质量、生态三者并重。

2015年初，由农业部全国水产技术推广总站与中国农业大学牵头，江苏中农物联网科技有限公司联合上海海洋大学、中国科学院微电子研究所、中国水产流通与加工协会市场分会等单位，在江苏省宜兴市高塍镇1万亩中心试验区和杨巷、新建、徐舍、官林等镇1万亩示范区实施了河蟹养殖产业化智慧体系建设，实现了养殖环境、生产管理、病害防治与产品质量等智能监控和追溯，信息采集与数据整合和分析，为拓展市场、品牌推广提供了强有力的科技支撑。

精细农业技术应用：水产养殖实时监控与智能管理系统是面向水产养殖集约、高产、高效、生态、安全的发展需求，基于智能传感技术、智能处理技术及智能控制技术等开发的，集水质数据与现场图像实时采集、无线传输、智能处理和预测预警、信息发布与辅助决策等功能于一体的现代化水产养殖支撑系统。通过对水质参数的准确探测、数据的可靠传输、信息的智能处理以及控制机构的智能控制，实现水产的科学养殖与管理，最终实现节能降耗、绿色环保、增产增收的目标。如图9.51所示，该系统由水环境监测点、感知控制网关、现场及远程监控中心与中央云处理平台等子系统组成，并配备气象站。

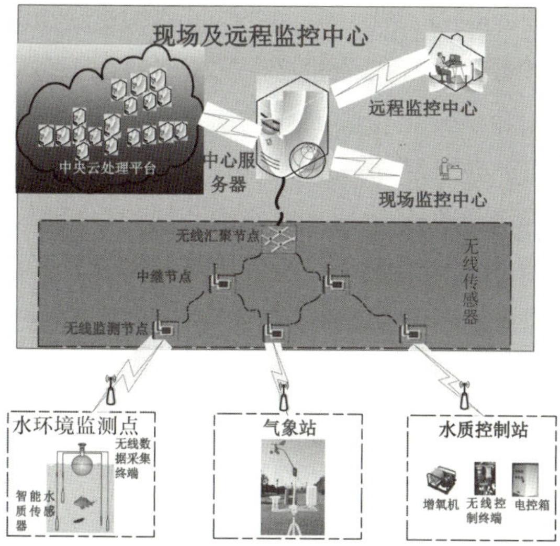

彩图

图 9.51 工程化池塘水产养殖实时监控与智能管理系统

水环境监测点：包括无线数据采集终端与智能水质传感器，主要完成对溶解氧、pH、温度、氨氮等各种水质参数的实时采集、在线处理与无线传输。

感知控制网关（见图 9.52）：集成无线传感网络和GPRS通信模块，可实现现场显示、控制和远程控制。感知控制网关汇聚水环境监测点采集的数据，并接收来自手机短信、电脑网络的控制指令，最终通过岸基电控箱控制相关执行单元调节各种水质。

彩图

图 9.52 感知控制网关

环境小气候气象站：主要完成对风速、风向、空气温湿度、太阳辐射以及雨量等气象数据的实时采集、在线处理与无线传输，依据该气象数据可分析水质参数与天气变化的关系，以便更好地预测水质参数的变化趋势，提前采取调控动作，保证水质良好。

水产养殖物联网运营与服务平台：包括水质监控、预测、预警等功能；并开发了基于感知监控系统的疾病诊断、饲喂决策、质量追溯三大系统，通过建立各自的模型和算法，对实时采集的数据与图像进行分析计算，为用户管理提供科学决策。

基于物联网技术的河蟹养殖监控管理系统具有如下特征：①溶解氧、pH、温度、氨氮等智能水质传感器均具有自识别、自校正、自补偿功能和自净功能，有良好的互换性，便于设备更新维护。②无线网络设备均为3.7 V电池供电，具有低电压、低功耗的特点，并由太阳能补充供电，免除布线，适用于野外安装监控。③该系统集智能传感、智能处理和智能控制于一体，系统自动化水平高、监测精确、控制及时。农户养殖池塘溶解氧、水温、pH等水质参数在现场设备屏幕上可实时显示，农户可以通过对现场设备的简单操作设置，进行定时、自动、手动控制。④该系统提供手机短信查询、遥控以及互联网平台监控功能，并提供3G、4G手机视频监控接口，可实现远程监控。⑤该系统提供云计算服务，特别适合大范围水产养殖的水体疫情、疫病、应急决策服务和养殖信息的咨询。

（2）应用效果与效益

在生态效应方面，系统实现了物联网技术与设施渔业技术、生态修复、健康养殖技术有机融合，对水质进行综合监控与修复，可以改善水产养殖环境，使水产品在适宜的环境下生长，增强水产品的抗病能力，减少和避免大规模病害的发生，从而有效提高水产品质量。

在经济效应方面，全市应用水产养殖智能控制技术的养殖面积已从2015年的2万亩单点试验，发展到2020年的12万亩示范应用，实现了高塍、新建、杨巷、官林、徐舍、和桥等六个水产养殖大镇的全覆盖，有效解决了养殖户的巡塘难题，避免了高温季节缺氧现象，节约了生产成本，提高了生产效率。螃蟹年产量翻一倍，年产值提高了12.8%，每亩增加收入2000～2200元，示范区增效10078多万元，养殖农户人均收入增长15.6%，实现了农业增效、农民增收。

9.4.2 陆海接力养殖精细管理技术集成示范

（1）示范应用基地建设情况

莱州市位于山东省东北部，临莱州湾，海岸线长108 km，–15 m等深线浅海水域达39万公顷，沿海滩涂总面积为4万公顷，规划用于渔业的水域滩涂总面积为13.75万公顷，养殖发展潜力巨大。莱州湾海域是我国重要的河口海湾生态系统，是黄渤海渔业生物的主要产卵场、孵幼场和索饵场。莱州市立足资源优势，实施“海上莱州”发展战略，发展建设“海上粮仓”，坚持养殖面积、产量、质量和效益并重，合理规划水域滩涂资源，积极调整养殖结构，引进工业化园区发展理念，水产养殖产量、产值均超过海洋捕捞，成为海洋经济的支柱产业。

烟台莱州明波水产有限公司成立于2000年6月，专注于海水鱼人工繁育和健康养殖，是省级农业产业化重点龙头企业，牵头成立全国斑石鲷养殖专业合作社、云龙石斑鱼养殖专业合作社，是国家级半滑舌鳎原种场、农业部水产健康养殖示范场、全国现代渔业种业示范场、高新技术企业。公司占地300亩，自有海域12万亩，员工200人，是国内首家实现了从实验室走到工厂化生产的全循环水养鱼企业，建成6万 m^3 水体的工厂化循环水养殖基地（见图9.53），是莱州湾首家开展深水网箱养鱼的企业，拥有22个离岸钢制深水网箱（10 m×10 m×8 m），养殖水体18万 m^3，2017年拓展网箱养殖，建设有1个大型钢制管桩围网（周长为400 m），新增养殖水体16万 m^3，配套完善的设施设备。2012年建立陆海统筹的数字渔业示范基地，与中国农业大学合作，应用创新转化物联网信息化技术成果，实现养殖水质实时监测、视频监控、实时预警，引进开发自动投饵机、鱼类分级筛等设备，实现精准化操作。

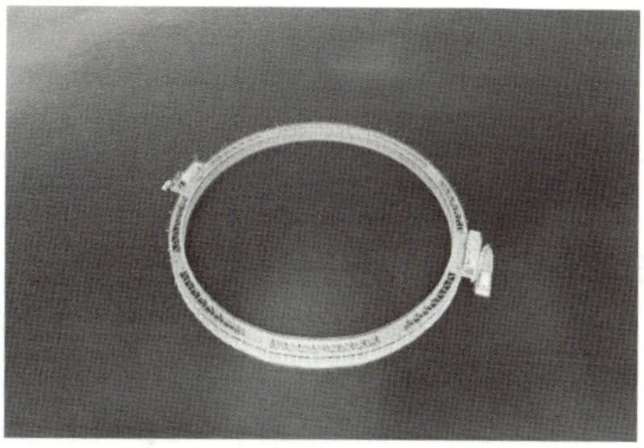

彩图

图9.53 莱州明波工厂化循环水养殖和深水网箱养殖

（2）精细农业技术应用

陆海接力工艺是集约化养殖的新模式，它是陆基工厂化养殖的延伸，养殖鱼种在外界温度不适宜的情况下在工厂车间进行，待外界海水温度达到鱼体正常生长要求时，将鱼转移到海上网箱进行养殖，是一种节能高效的养殖方式（于飞，2016）。这种模式不仅缩短了养殖周期、节约了养殖成本，还提高了经济效益。陆海接力数字渔业示范基地建设实现了陆海接力养殖数字化管理。总体技术路线如图9.54所示，包括升级改造养殖工厂车间、深水网箱、海上养殖平台、运输船只车辆等基础设施，以精准投喂设备、水产参数采集器、水下机器人等设备为基础，匹配数据传感设备，实现生产过程中的水产参数数据、投喂数据、气象数据、生产等数据自动采集；通过特定的传输网络，传输到数据管理中心，并配套建立涵盖在线监测、生产管理等全过程的信息管理系统和数据分析系统，搭建水产养殖陆海接力全过程数据追溯体系，实现企业生产过程数字化管理、产品质量可控与服务在线化。

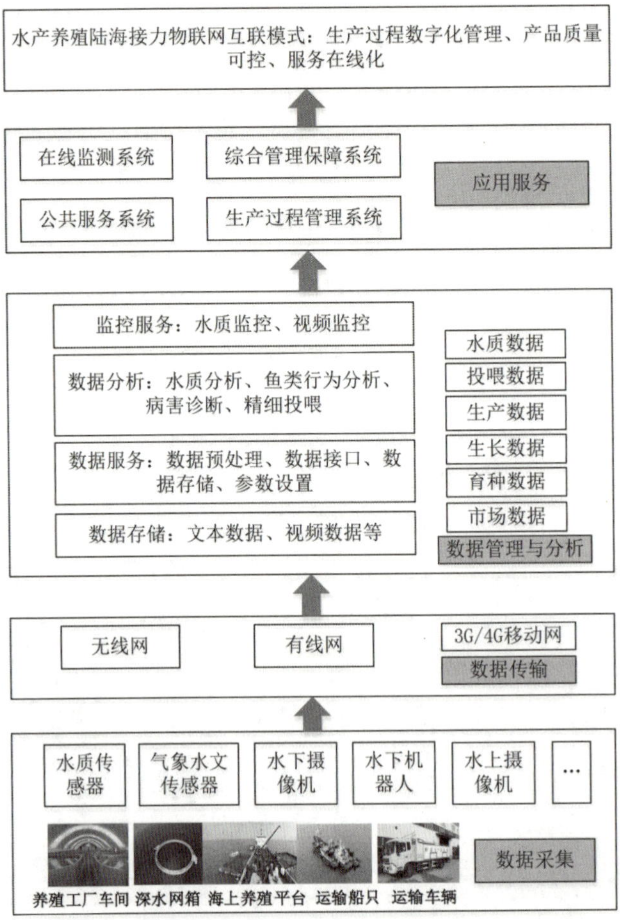

图9.54　陆海接力数字渔业示范基地建设总体技术路线

网络建设中，分别建设集约化工厂、深水网箱及海上养殖平台、运输船只等不同主体的物联网，各网络信息通过多种传输方式与数据管理中心进行通信，实现“信息采集设备—数据管理中心—信息服务终端”的一张网。其中，养殖水质参数或控制信号通过无线网络进行传输，视频图像通过局域网或4G网络传输，利用移动互联网实现移动终端与养殖管理系统的互联互通。

水质在线监测与预警是养殖管理中最重要的部分（见图9.55），其设备主要由水质传感器、无线传感器网络和智能控制系统组成，可实现对水质和环境信息的实时在线监测、异常报警与水质预警。采用无线传感网络、移动通信网络和互联网等信息传输通道，将异常报警信息及水质预警信息及时通知养殖管理人员。根据水质监测结果，实时调整控制措施，保持水质稳定，为水产品创造健康的水质环境。智能控制系统通过控制设备（如控制箱、控制器、计算机等）控制驱动/执行机构（如增氧系统、水循环系统、投饵机、残饵清除系统等），对工厂化水环境(如溶氧、水温、盐度、pH等）进行调节控制，以满足养殖对象的生长发育需要。

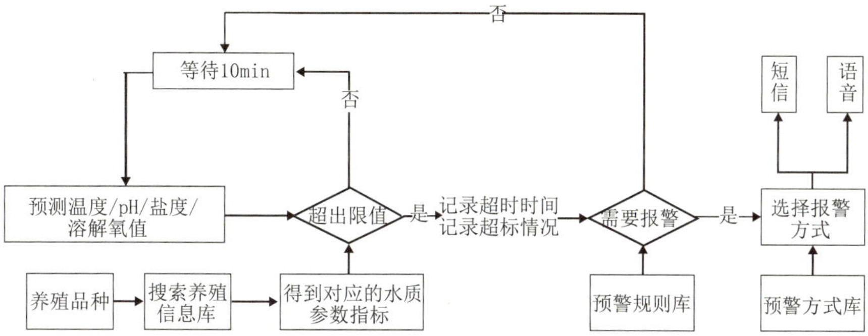

图 9.55　水质在线监测与预警流程

水下鱼类行为监控与识别系统，基于视频图像分析技术对鱼类行为进行识别，如图9.56所示（黄一凡等，2017）。鱼类的行为识别主要分为个体行为和群体行为。个体行为主要包括游速、转向、水面呼吸、失稳，群体行为包括鱼群结构、最小距离等。水下鱼类行为监控与识别系统的主要功能包括视频采集、图像提取、图像分析、信息发布和系统维护，其中图像分析模块包含的功能有鱼群结构分析、鱼类个体生长状态分析、鱼类个体游泳状态分析和鱼类个体异常行为分析等。水下鱼类行为自动监控建立在鱼类个体行为分析的基础上，每隔固定时间对新采集到的视频数据进行一次自动分析，调用鱼类水下行为识别模块，如果发现鱼类有异常行为，则发出鱼类异常行为预警。

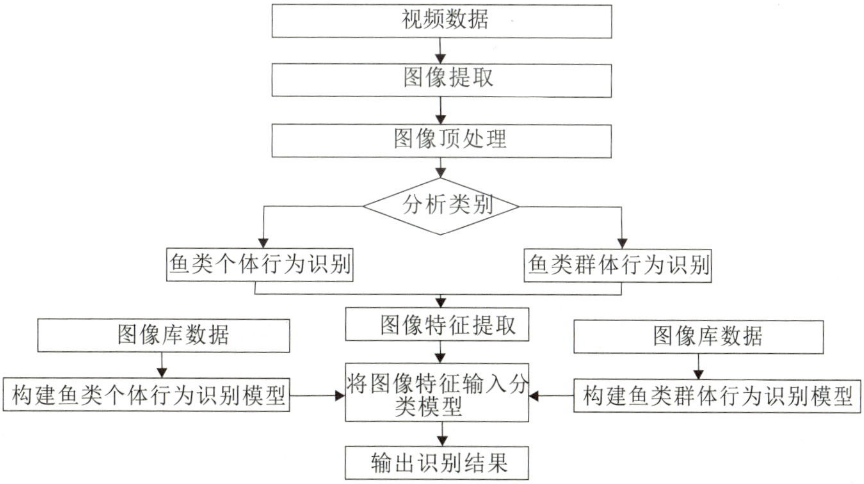

图 9.56　水下鱼类行为识别流程

视频监控系统的主要功能为通过视频采集设备对养殖环境和养殖对象进行监控，其硬件设备包括高清摄像机、水下机器人等，以及与其配套的照明设施、电路设施、网络传输设施和计算机，从而对水下环境和养殖对象的视频和图像信息进行采集。通过监控中心的管理系统，可以随时调取采集的视频进行查看和对比分析。视频监控系统主要包括工厂化养殖视频监控和海上深水网箱视频监控。工厂化养殖车间内安装视频监控装置，通过4G/5G或宽带接入技术，可实时动态展现自动控制效果。并且，该监控系统可以通过中继网关和远程服务器双向通信，服务器也支持进一步的决策分析。海上深水网箱视频监控集成海上深水网箱视频立体监控技术，实时监测生产区域水面、水下、人员活动等情况信息，具备红外探测等功能，夜间可以对活动物体做入侵监测，实现全方位异常物体监测。高清摄像机、照明设施和现场控制平台装载在深水网箱的传感器舱中，视频数据通过光纤网络实时回传至云数据中心保存。

生产全过程数字管理系统实现生产管理的自动化，其主要功能包括生产任务管理、投喂管理、投喂设备控制、产量记录、环境监测、环境预测和预警、自动环境调控和系统维护等。

综合管理保障系统主要包括鱼病远程诊断系统和质量安全追溯系统两个子系统，实现养殖全程疾病提前预警、综合防控与质量可追溯，全程保障水产品安全。其中，鱼病远程诊断系统主要通过物联网采集系统，实时采集与综合分析水质、水产品个体信息特征以及生理状况等信息，确定各类病因预警指标及其对应疾病发生率，建立鱼病预警指标体系与鱼病预报预警模型，实现对鱼病的及时预防；通过采集鱼病图像、进食情况与活动情况，建立鱼病诊断模型，实现鱼病远程诊断。

水产品质量安全追溯系统通过物联网信息采集系统记录原料采购信息、养殖管理信息、疾病信息、用药信息以及防疫与检疫信息等，并结合水产品个体信息，构建水产品养殖档案信息数据库，实现从源头保证水产品质量安全（陈校辉等，2015）。该系统以在线水质监测数据和生产过程记录数据为支撑，通过射频识别标签阅读器读取RFID标签或智能手机扫描二维码的方式查询产品信息，实现对养殖水产品“从池塘到餐桌”全过程的质量追溯，建立以品牌管理为核心的质量控制系统，实现水产品追溯信息链的完整和无缝衔接。

示范项目采用的技术具有以下特点：

首先，基于事件的交互机制，实现对外部环境的感知与反馈。针对水产养殖过程（包括产前、产中、产后）易受各种因素影响的问题，系统基于云计算的事件驱动多引擎运行环境，保障服务性能以及满足高可靠和在线优化的要求，实现与外部环境友好集成与交互，满足水产养殖对外部环境的感知与反馈需求，为养殖生产、质量追溯提供技术指导和信息服务。

其次，支持面向特定领域、特定对象的信息服务定制以及跨领域服务间互操作，可动态伸缩和自动优化支撑环境以应对需求规模变化，实现用户主导的自主构造的应用服务和随情景敏感互动的服务，有效解决重复投入，避免资源浪费，扩展简单灵活。

最后，通过资源抽象与服务建模，对多样、异构的网络应用资源实现一体化管理，向用户提供基础服务和专业服务资源。

（3）应用效果与效益

项目打造陆海统筹的“育繁推、产供销”一体化经营体系，充分利用循环水的恒温优势与深远海的优质海域，实现斑石鲷、石斑鱼等优质鱼类的全年较低成本规模化健康养殖，提升养殖产品品质，推进渔业的供给侧结构性改革。打造水产品质量安全可追溯体系、疾病远程诊断、药残检测等综合管理保障系统，全程保障水产品质量安全，保障消费者利益，对推动渔业稳健发展具有重大作用。

示范项目实现了养殖区域从陆基、近岸到深远海拓展，充分利用深远海优质水域和水交换量大等优势，开展陆海接力养殖，既解决了陆基工厂化养殖车间不足的问题，又避免了陆基养殖对地下水资源的过度抽取和水电煤等能源的大量消耗、近岸养殖由于水域流动较小而造成的环境压力过大等，实现节能减排、保护生态环境；项目建设蒸汽管道直连华电国际莱州电厂，可利用华电排放的废蒸汽对养殖水体升温，实现变废为宝、节能减排。

通过实施山东莱州明波水产有限公司数字渔业建设试点项目，实现养殖过程的在线监测、监控、投喂分级等精细化操作、养殖生产智能化管控、疾病预警与综合防控、产品技术的推广服务等，打造陆海接力的数字化健康养殖示范基地，形成陆海统筹的渔业一体化经营的40万立方米水体优质鱼类健康养殖示范，养殖斑石鲷、石斑鱼、半滑舌鳎等优质鱼类130万尾，产量达900吨以上，产值为8000万元，利润达1000万元，提升了养殖的装备化、信息化、自动化和智能化水平，提高了劳动生产效率，降低了人力成本、能源消耗、生产成本。

9.5 畜禽精细养殖技术集成示范

在畜禽饲养领域，技术密集程度最高、精细饲养难度最大的是繁殖母猪和泌乳奶牛的全生命周期的饲养。繁殖母猪的生命系统，周而复始地肩负着从发情、配种、妊娠、分娩，到产仔、哺乳、断奶及休养调整的任务；对于泌乳奶牛则承担了产乳和产犊的双重任务，包括从发情、配种（人工授精）、妊娠、产犊、产乳、配种、干奶到进入下一泌乳周期或者淘汰的周期性生理和角色的转换，从而进行繁育计划的优化、饲料养分的精确供给与控制、免疫与保健计划的合理实施等，而这些任务具有个体差异性与时效性的要求。因此，通过信息技术、自动控制技术与领域知识的高度结合，达到针对个体的精细饲养管理，最大限度地发挥小群体甚至个体的遗传潜力与生产性能成为现代畜牧业是否发达的标志（熊本海等，2015）。

从国家“十五”计划开始，中国农业科学院北京畜牧兽医研究所组织全国相关优势科研院所和养殖企业，围绕国家现代质量型畜牧业发展的迫切需求，以集约化奶牛场、种猪场和家禽场为研究对象，从畜禽的繁殖、育种、饲料、营养、疾病防治等领域知识出发，以生产要素数字化为基础，以构建动物生产数学模型为驱动力，开发了畜禽个体的标识与信息采集技术与产品、业务逻辑计算的中间件、软件系统，构建了奶牛、猪和肉鸡的商品和种畜禽场的综合技术平台，研究的精细技术平台基本达到实用化水平，已经在北京、天津、山东、山西、黑龙江、江苏等省（市）应用。

9.5.1 奶牛精细管理技术集成示范

（1）典型示范应用基地建设

北京奶牛中心（BDCC）（见图9.57）隶属于首都农业集团北京三元种业科技股份有限公司，是我国建立最早、规模最大、综合实力最强的奶牛良种繁育及供种基地。中国农业科学院北京畜牧兽医研究所联合北京农学院、北京市畜牧总站与北京首农畜牧发展有限公司奶牛中心合作共建“北京奶牛营养调控与环境控制协同创新中心”，充分发挥共建各方在奶业领域的科研、推广和产业化优势，在首农畜牧奶牛中心奶牛良种场建设了大型家畜环境控制仓群（12套）、奶牛精准饲喂系统、奶牛SCR监测系统、机器人挤奶系统等，其中大型家畜环境控制仓群占地近1000 m^2，是目前世界上规模最大、最符合动物福利的大型家畜营养代谢和环境监控研究的人工气候仓体群，可实现甲烷、氢气及二氧化碳气体的实时检测以及温湿度的变频调控等。通过合作研究，形成一批具有自主知识产权的专用智能化技术与装备产品，建立了设施规模牧场智能化生产技术体系，构建了“安全、生态、高效”的奶牛养殖新模式。

图9.57 北京奶牛中心延庆基地

（2）精细农业技术应用

①奶牛精细养殖技术平台

作为一个集约化奶牛场，各种生产过程信息，如奶牛体况数据，饲料、药品消耗数据，产乳数量和质量等数据分散在不同的生产区域，分别由不同的技术和管理人员进行收集、处理。有效处理数据的计算机系统应具有大量或批量录入数据的灵活性，能快速制作各种类型的报表，实现分布式资源信息的内部整合，完成分布式的计算处理和能远程访问企业的内部信息，具有良好的开放性和可扩充性（杨亮等，2015）。因此，根据技术平台的需求，结合客户服务器两层结构（Client/Server，C/S），即所谓的企业内部的Intranet内联网络结构，以及以Internet为技术载体的Brower/Server（B/S）体系结构的各自特点，提出了一种新的技术平台体系结构，把B/S与C/S相结合，形成优势互补的三层体系结构，如图9.58所示。

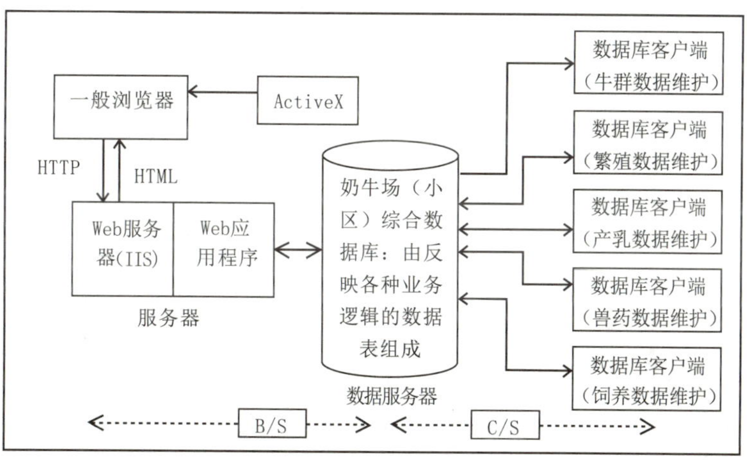

图9.58 奶牛场精细养殖技术平台体系结构（B/S+C/S）

在结构体系中，需要用Web处理以满足企业高层管理人员离场远程访问请求的功能界面（如数据汇总查询界面），主要采用B/S结构，企业内部日常数据则主要采用C/S结构。对于一些实现起来困难的功能或一些需要丰富的HTML页面，可采用在页面中嵌入ActiveX控件的方式来实现。

②平台数据服务器内容设计

本技术平台采用SQL Server 2000作为后台网络数据库系统，构建了一个dairy.dbo数据库，包含了100多个数据表，表9.4列出了主要的数据表，基本实现集约化奶牛场生产运营过程数字化。

表9.4 奶牛场精细养殖技术平台数据库所含主要数据表

数据表名	数据表名	数据表名
公牛基本信息录入表	母牛乳头记录表	药物核对信息表
牛只体况评分表	母牛参数表	药物调拨信息表
母牛基本信息录入表	母牛图片信息表	药物库存量信息表
母牛流产记录表	母牛饲料配方变更表	药物交易详细资料信息表
产犊信息表	母牛复检记录表	牛奶日产量记录表
产犊状况表	母牛牛舍记录表	牛奶第一次参数表
犊牛信息表	母牛牛舌记录表	牛奶最后一次参数表
犊牛日记录表	母牛评定信息表	牛奶发运记录表
母牛初检记录表	母牛状态信息表	牛奶价格信息表
母牛毛色记录表	母牛品种信息表	牛奶生产记录表
母牛疾病记录表	母牛信息临时表	牛奶托运记录表
母牛疾病治疗记录表	母牛生产性能测定表	牛奶标准信息表
母牛干乳记录表	母牛类型信息表	牛奶检测记录表
母牛发情记录表	母牛断奶记录表	公牛近交繁殖信息表
母牛发情阶段表	母牛常见疾病信息表	母牛近交繁殖信息表
母牛发情阶段状况表	干奶类型信息表	近交繁殖线性分析表
母牛疾病类型表	饲料管理信息表	近交繁殖临时记录表
母牛蹄记录表	饲料平衡信息表	配给量分析信息表
母牛配种记录表	饲料核对信息表	配给量参数表
母牛检疫、免疫记录表	饲料调拨记录表	报表管理信息表
母牛乳奶记录表	饲料产品维护信息表	冻精管理信息表
母牛催乳记录表	饲料数量管理信息表	冻精平衡信息表
母牛离群淘汰表	饲料库存量信息表	冻精核对信息表
母牛离群原因表	饲料交易详细资料信息表	冻精调拨信息表
母牛线性评定表	饲料类型信息表	冻精调拨维护信息表
母牛线性评定标准信息表	牛群乳酸限量信息表	冻精数量管理信息表
母牛标记记录表	牛群用奶量信息表	冻精库存量信息表
母牛体尺称重记录表	调拨类型信息表	冻精交易详细资料信息表
母牛日产奶记录表	药物管理信息表	系统参数设定表
母牛移动记录表	药物平衡信息表	药物数量管理信息表

③奶牛个体标识与数据采集

开发的奶牛个体识别与称重系统采用远距离射频识别系统，通过适当选配，如图9.59所示的门柱形天线，控制射频作用距离为1～1.5 m，选用阅读器发送频率为13.56 MHz，射频接口符合ISO 15693的规范。该系统采用的耳牌式射频识别应答器固定在牛头的适当位置，当牛通过系统的自动称重车时，系统中的阅读器将自动读取耳牌中的唯一编号并通过压力传感器完成称重过程，将这两个一一对应的数据（编号-体重）连同采集时间一起通过无线局域网自动发送到养殖场的上位服务器，为数字化养殖平台提供重要的实时数据。

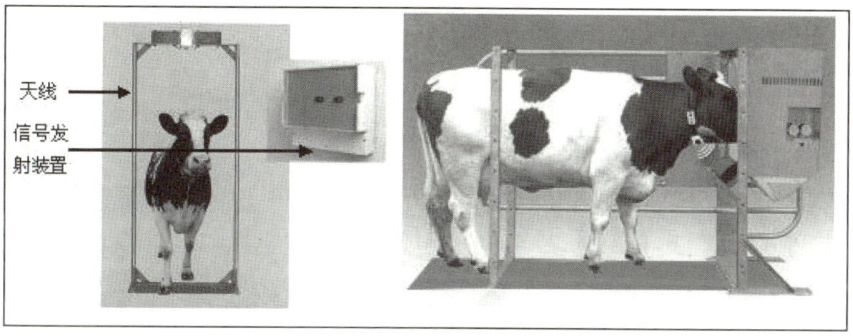

图9.59 奶牛个体识别、称重系统和自动饲喂实施示意

④技术平台实现的主要功能

一是全面实现牛群管理数字化。根据牛场生产管理及牛群移动的规律，设计了动态监测奶牛场各种繁殖状态参数、精准预测个体奶牛日营养需要量、奶牛个体优化营养需要和日粮养分的动态供给、原奶品质（如乳脂、乳蛋白、干物质等）指标监控等13个功能模块，实现了牛群数字化管理。

二是利用二叉函数技术实现奶牛谱系的自动跟踪。奶母牛个体在整个生命阶段，既是繁殖后代的母体，又能周期性泌乳。因此，在不断配种过程中，必须控制近亲繁殖，做好谱系登记，实现奶牛谱系的自动跟踪是奶牛场一项重要的日常性工作。本技术平台基于谱系档案数据，模拟计算与配公牛（或母牛）所产后代的近交系数，严格监控近亲繁殖，一般控制后代的近交系数应小于0.0625%。

（3）应用效果与效益

奶牛是整个家养动物生产中最复杂的生物系统，本技术基于奶牛个体的信息采集和环境参数的信息采集，将采集的信息数据与系统中的数据模型进行结合，实现奶牛个体信息的处理，包括牛群管理、牛群繁殖、奶牛产乳管理、饲料与饲养、疾病与防治、统计与分析等功能。奶牛精细养殖平台通过在山东六合集团实验牛场、天津东海奶牛场、完达山乳业集团等企业的应用，经过一个泌乳期的运行，泌乳母牛平均日产奶量由28.3 kg提高到32.8 kg，提高了15.9%；平均乳脂率由3.1%提高到3.5%；每天的饲料成本由23.7元/头下降到22.6元/头，下降了4.6%；人均饲养泌乳母牛数由25头，提高到60头，增加了140%；泌乳母牛发病率由19.2%下降到6.4%；每头泌乳母牛的纯收入提高了57%。如果该技术平台配合数字化装备的应用，将对改变我国目前奶牛养殖业的现状产生深远的影响。

智能养殖大数据平台（见图9.60）是一个集数据采集、分析和应用等于一体的养殖数据服务平台。平台可在育种、养殖、销售等过程中通过物联网采集的环控数据、环境监测数据、个体生理特征数据、个体生长监测数据、栏舍能耗数据以及相关业务系统数据进行大数据分析，挖掘数据应用价值，为各级养殖从业者提供及时的养殖信息服务。

9.5.2 猪精细管理技术集成示范

（1）典型示范应用基地建设

温氏食品集团股份有限公司创立于1983年，现已发展成一家以畜禽养殖为主业，配套相关业务的跨地区现代农牧企业集团，其组建了国家生猪种业工程技术研究中心、国家企业技术中心、博士后科研工作站、农业部重点实验室等重要科研平台。

彩图

图9.60　温氏智慧畜牧业养殖系统

（2）精细农业技术应用

种猪个体精细饲养管理包括个体标识信息和生产档案数据的采集（见图9.61），主要包括体况数据、繁殖与育种数据、免疫记录、饲料与兽药的使用记录、位置变化记录等（见图9.62）。种猪场养殖平台可对猪群结构、核心群的种猪进行历史配种，对产仔和断奶性能进行分析统计，还可对各种繁殖状态和周期性参数进行可视化分析，为提高繁殖母猪的繁殖效率和服务年限，降低种猪生产的成本，提高仔猪的成活率，从精细营养方面提供了保证。尽管研究平台还要不断优化，但是采集的技术路线体现了数字化技术在畜牧业领域的真正应用（杨亮等，2013）。

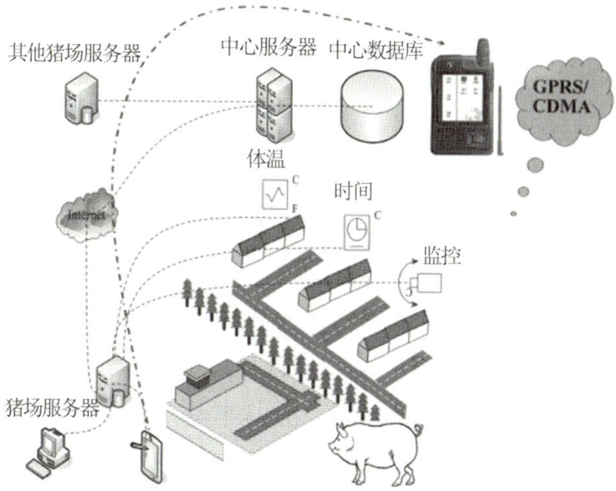

彩图

图9.61 猪场内对猪个体的数据采集解决方案

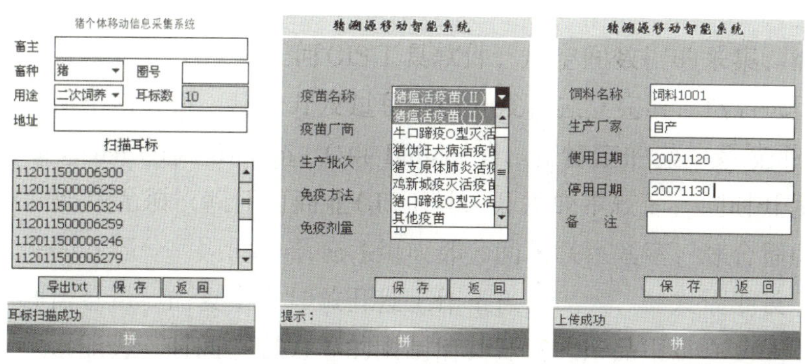

图9.62 猪只个体数据的移动采集、保存与提交

①猪只个体识别技术

基于RFID标签技术的电子耳标是应用最广泛的生猪身份识别技术，但是为猪只佩戴RFID标签是一项耗时费力的工作，且对动物身体（如耳朵等）存在一定的破坏性。随着大数据、深度学习和人工智能技术的不断发展，对动物面部特征的提取以及身份识别已提升到接近人类面部识别的水平。相对于RFID技术，面部识别技术是非侵入式技术，更加符合动物福利要求，在今后的畜禽精细化、福利化养殖模式下，可以更好地适应动物信息识别需要，具有一定的应用前景。

猪脸识别技术主要包含猪脸数据采集、预处理和识别算法开发等关键步骤。生猪面部照片数据主要采用安装于猪舍内部的联网摄像机实时获取，采集的数据质量直接关系个体识别正确率。在现实养殖环境中，猪脸照片的采集受多因素影响，如猪的位置、姿势、舍内照明、脸部污垢等，因此需要对原始猪脸照片集进行预处理。预处理包括删除重复帧、修改图片像素大小等。在完成对猪脸数据集的预处理后，运用神经网络等图片特征提取算法获取不同的猪脸特征实现猪脸识别，并与数据库中已有的生猪个体信息进行匹配，实现个体身份的识别。然而，目前猪脸识别技术还处于研究阶段，可操作性不如人脸识别技术。其主要有以下三点限制：其一，猪脸照片采集难度较大。在采集脸部照片时，猪难以保持固定位置，拍摄角度和距离存在较大差异，因此大大增加了采集有效照片的难度。其二，标签数据库建立工作量大。一头猪的面部数据库需要大量照片来构建，因此在使用猪脸识别技术前的猪脸数据库建立耗时费力。对大型猪场而言，工作量极其庞大。其三，使用成本有待进一步压缩。

②生猪体温监测技术

生猪体温监测在生猪健康监测和疫病评估预警中起到重要作用。猪的正常体温为38～39.5℃（直肠温度）。不同年龄的猪体温稍有不同。猪在染病时（如非洲猪瘟、猪流感、猪伪狂犬病等），都会导致体温上升。因此，通过实时监测猪体温信息来预判其身体健康状况，有助于养殖户及时采取防疫措施，提高猪场的生产率。近年来，非接触红外人体测温仪在技术上得到迅速发展，性能不断完善，功能不断增强，精度也不断提升。比起接触式测温方法，红外测温有着响应时间快、非接触、使用安全及使用寿命长等优点。红外热成像可以根据生猪的体表温度和直肠温度之间的相关性，预测生猪的体温情况，通过体温情况判断生猪的健康状况。

③猪只精细管理的数据元与数据库设计

实施种猪和商品猪精细饲养管理涉及的数据元包括繁殖母猪的生产要素的数字化、猪群存栏记录的数字化、连续流动变化猪群时段分析比较数字化及繁殖猪群与商品猪群的生产性能数字化等。下面以猪群存栏记录数字化项目为例，列出需要通过计算机计算及分析处理的项目。

后备繁育母猪：指农场在期末的后备繁育种群的数量，是现在停留在农场将来要进入繁殖群的母猪，已到达农场但还没有进入繁殖群。

未配种繁育母猪：指期末猪群中未配种的繁育母猪数量，已经入种群但还没有配种。

配种繁育母猪：指期末已入群并交配后的繁育母猪总数量，不包括未配种和后备繁育母猪。

繁育母猪总量：指期末猪群中的繁育母猪的总数量，包括后备繁育母猪、未配种繁育母猪和配种繁育母猪。

被淘汰的繁育母猪：指当前繁育母猪群中标记为“淘汰”的猪的数量，包括所有的入群后被标记为“淘汰”的繁育母猪。“淘汰”标记没有改变当前母猪的现状。“淘汰”不被认为是母猪的状况。

人工授精公猪：指期末公猪群中提供“鲜精子”和“冷冻精子”类型公猪的当前数量。

在群公猪：指期末猪群中在群具有交配能力的公猪数量。

公猪总数：指期末猪群中在群公猪总数量。

未断奶猪：指未断奶猪是期末未断奶的在案小猪总数。

期末未断奶猪=期初哺乳小猪数+刚出生小猪数+记录的死亡小猪数

± 寄养的猪数−断奶猪数（包括未加以说明的猪）

期末繁育猪群存栏总量：指期末繁育猪群中所有猪的总和，包括所有的繁育母猪、公猪和未断奶小猪。

总繁育猪群存栏=总繁育母猪+总公猪+未断奶小猪

养殖过程信息数据库是精准畜牧业畜禽精细饲养技术平台构建的核心，利用数据库建库技术，对畜禽精细饲养相关的环境、个体及群体信息按类别入库管理。该库主要包括饲养环境、繁殖、育种、饲料营养、生产过程、疾病与治疗及畜牧经济等内容，如图9.63所示。为确定数据质量的可靠性与关键性，所有数据库数据的唯一性索引为猪只个体的编码。

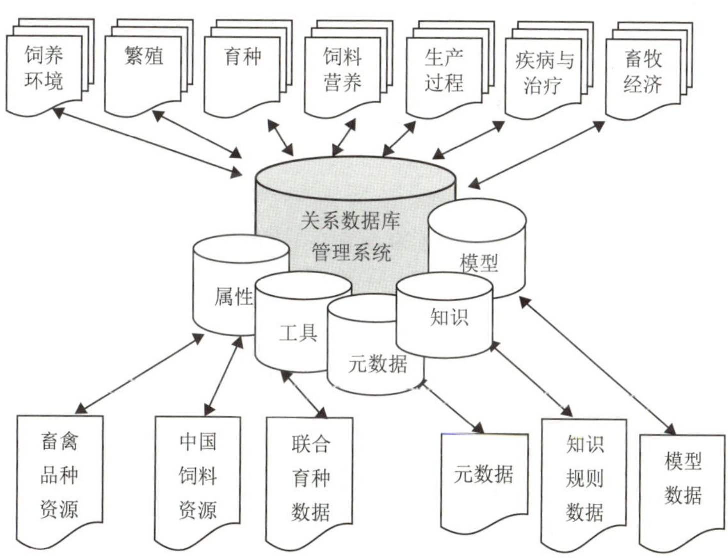

图9.63 种猪与商品猪精细饲养信息数据库结构

④种猪及商品猪精细饲养管理功能模块设计

按“日常管理”“猪群繁殖”“饲养与饲料”“疾病与防疫”“统计与分析”“销售管理”及“系统管理”等7个方面，共设计开发了近80个数据处理与分析功能模块，对多达1500个数据项进行智能分析、计算与结果输出。通过以上模块的设计，可以对猪只个体所有发生的事件进行状态点、指定事件区段的分析。

（3）应用效果与效益

种猪生产是家养动物生产中复杂的生物系统，以种猪精细饲养为出发点，以工厂化养猪生产管理全面数字化为目标，数字化记录种猪从发情、配种、妊娠、分娩，到产仔、哺乳、断奶及调整的周期性生产，系统实现了种猪场的数字化管理，实现了数字化过程管理、数字化繁育、数字化营养和数字化防疫等功能，为养猪企业优化生产过程，减少饲料、兽药的投入，提高养猪企业效益，为养猪业的可持续发展提供了巨大的发展空间。

9.6 精细农业技术应用总结分析

从本章介绍的我国精细农业几个典型示范案例可以看出，随着新一代信息技术的快速发展，精细农业技术在大田、果园、设施、水产、畜禽等领域不断深化应用。在深度方面，精细农业技术能力从信息化、数字化、网络化向智能化不断迭代升级。在广度方面，围绕产业特点与需求，精细农业技术已经从产业单环节突破转向全链条铺开，形成以现代信息技术与农业生产、经营、管理、服务全产业链和全价值链有机融合的产业化创新与应用。在技术方面，今后加快精细农业应用需要遵循的三个基本原则：技术不是越来越复杂而是化繁为简的原则，产品不是越来越贵族化而是大众化的原则，应用不是人围着机器转而是机器围着人转的原则。需要重点考虑以下几个方面：

第一，突破精细农业关键技术瓶颈。在信息获取方面，研究以光学、电化学、电磁学等方法为基础的农业传感新机理，重点突破土壤养分、作物形态等无损快速测试传感器，形成一批高精度、高可靠性的农业专用传感器；在智能决策方面，综合应用图像识别、机器学习等技术，研究面向土壤、作物、天气、市场等多源因素融合的智能决策方法，有效将感知获取的大量结构化和非结构化数据转化为知识模型，为农业管理科学决策提供依据；在作业装备方面，突破场景感知技术，研制负载动力换挡、无级变速、支持高效作业的柔性执行器件和智能操控系统，重点解决适合小规模田块和复杂地形的光机电一体化精细农业智能装备。

第二，降低精细农业技术应用的门槛。要加速研究开发具有自主产权、适合国情的低成本技术产品，大幅度降低精细农业技术的应用成本，要让用户买得起、用得上，改变人们对精细农业只能看、不能做的态度；同时，必须遵循技术的KISS（keeping it simple and stupid）原则把精细农业技术进行简化，既不失精细农业科学理念，又要提高精细农业技术在生产实践中的实用性和易用性，让用户熟练操作使用，用简单操作界面包装复杂的技术过程，做到“简约”但“不简单”。

第三，我国农业生产类型多样化，不同地区经济水平和技术水平差异很大，农业的个性化需求非常突出，采用任何一种单一的精细农业技术应用模式都很难满足农业实际需要，必须针对当地农业特点，采用因地制宜的技术应用模式。对于农户分散经营、经济条件落后、农业机械化程度较低的地区，重点采用精细农业“单项技术应用模式”；在有一定经营规模、经济条件水平中等、具备一定农业机械化基础的地区，可将不同精细农业单项技术组合配套应用，形成“技术套餐式”的精准作业技术应用模式；在大规模经营、经济发达、高度机械化生产的地区，可将各项精细农业技术集成为一个相互衔接的有机整体，形成“集成化应用模式”。

第四，制定统一的行业或国家标准。目前，国内外市场上精细农业的相关技术产品很多，但不同企业软硬件产品自成体系，应加强技术标准建设与数据资源共享，尤其应重点加强数据标准、产品标准、市场准入标准等标准制定，对于进入国内市场的外国企业产品，要求其提供数据接口标准，同时建立国家认可的第三方检测平台。强化各级各地区的信息化平台建设及数据标准推广应用，统一数据接口，提升不同软硬件在精细农业应用中的协同性、串联性。

第五，强化现代农业交叉型学科人才培养。加强现代农业相关学科方向的人才培养，重视农学与数学、计算机科学、物理学、生物学、经济学、社会学、法学等学科专业教育的交叉融合。加强贯通理论、方法、技术、产品与应用等的纵向复合型人才的培养，通过精细农业技术研发任务和基地平台应用，进一步汇聚、强化人才培养。

精细农业是我国全面实现乡村振兴建设的客观要求和重要路径，是保证我国粮食安全、提高农业综合生产能力的重大技术选择。目前，随着精细农业技术的不断创新发展，实施精细农业的技术成本已经大大降低。随着我国农村经济实力的不断增强，以及农村土地的流转，农业经营规模不断扩大，生产组织方式逐步由单家独户向农业合作社统一经营的方向转变，精细农业技术广泛应用时机已经基本成熟。面对新一轮科技革命的迅猛发展，人工智能、物联网、5G、大数据、云计算、区块链等新兴技术的不断更迭，精细农业技术将同步快速发展并进一步广泛应用，将全面促进我国农业生产提质增效，发展前景广阔。

思考题

1. 总结大田变量施肥管理包含的关键环节。变量施肥技术的作用和效果怎么样？
2. 总结果园精细管理包含的主要环节及涉及的关键技术。基于所学知识，思考每个环节是否有更好的解决方案？
3. 连栋温室生产的精细管理有哪些内容？如何实现？传统日光温室设施简陋，通过哪些方法手段可以提高日光温室智能管控能力？
4. 简要阐述水产养殖中溶解氧、pH、氨氮、亚硝酸盐测控的重要性。简要阐述工厂化循环水养殖系统（recirculating aquaculture system，RAS）的系统组成和工作原理。设计一种工程化池塘水产养殖物联网系统解决方案。
5. 随着科学技术的发展，还有哪些新的技术可以集成到畜禽精细养殖中，更好地促进我国畜禽养殖业的发展？

参考文献

[1] 安晓飞，王晓鸥，付卫强，等，2017. 基于处方图的垄作玉米四要素变量施肥机作业效果评价[J]. 农业机械学报，48(s1): 66–70.

[2] 安晓飞，王晓鸥，付卫强，等，2018. 四要素变量施肥机肥箱施肥量控制算法设计与试验[J]. 农业机械学报，49(s1): 149–154.

[3] 陈满，施印炎，汪小旵，等，2015. 基于光谱探测的小麦精准追肥机设计与试验[J]. 农业机械学报，46(5): 26–32.

[4] 陈校辉，钟立强，王明华，等，2015. 我国水产品质量安全追溯系统研究与应用进展[J]. 江苏农业科学，43(7): 5–8.

[5] 何雄奎，2020. 中国精准施药技术和装备研究现状及发展建议[J]. 智慧农业，2(1): 133–146.

[6] 黄一凡，陈欣，袁飞，2017. 鱼类应激行为作用下的水质视频监测分析系统[J]. 厦门大学学报：自然科学版，56(4): 584–589.

[7] 李道亮，杨昊，2018. 农业物联网技术研究进展与发展趋势分析[J]. 农业机械学报，49(1): 1–20.

[8] 李道亮，傅泽田，2010. 集约化水产养殖数字化集成系统[M]. 北京：电子工业出版社.

[9] 孙维拓，郭文忠，徐凡，等，2015. 日光温室空气余热热泵加温系统应用效果[J]. 农业工程学报，31(17): 235–243.

[10] 孙维拓，周波，徐凡，等，2019. 日光温室正压湿帘冷风降温性能及冷负荷计算模型[J]. 农业工程学报，35(16): 214–224.

[11] 熊本海，杨振刚，杨亮，等，2015. 中国畜牧业物联网技术应用研究进展[J]. 农业工程学报，31(S1): 237–246.

[12] 杨亮，吕健强，罗清尧，等，2015. 规模化奶牛场数字化网络管理平台开发与应用[J]. 中国农业科学，48(7): 1428–1436.

[13] 杨亮，熊本海，吕健强，等，2013. 山黑猪繁殖数据网络数据库平台的开发[J]. 中国农业科学，46(12): 2550–2557.

[14] 于飞，陆波，高焕，等，2016. 许氏平鲉幼鱼生长特性初步研究[J]. 水产养殖，37(12): 7–9.
[15] 朱彬彬，陶良如，孔德政，2020. 果树的观赏利用价值及其应用分析[J]. 中国果树 (2): 117–121.
[16] Andrew R C, Malekian R, Bogatinoska D C, 2018. IoT solutions for precision agriculture[C]. In Proceedings of the 2018 41st International Convention on Information and Communication Technology, Electronics and Microelectronics (MIPRO).
[17] Manandhar A, Zhu H, Ozkan E, et al.,2020. Techno-economic impacts of using a laser-guided variable-rate spraying system to retrofit conventional constantrate sprayers[J]. Precision Agriculture (21): 1156–1171.
[18] Van S G, Van W G, Van H E, et al.,2010. Optimal control of greenhouse cultivation[M]. Boca Raton: Chemical Rubber Company (CRC) press.
[19] Wan L, Cen H, Zhu J, et al.,2020. Grain yield prediction of rice using multi-temporal UAV-Based RGB and multispectral images and model transfer-A case study of small farmlands in the South of China[J]. Agricultural and Forest Meteorology (291): 108096.